Geulnuri
2013-B-02

현대인의 생활법률

고영훈 | 김관식 | 김흥수 | 신치재 | 윤영철
이경희 | 이석용 | 정상기 | 조인성 | 한 철

글누리
HNU

현대인의 생활법률

2010년 3월 2일 초판 발행
2013년 2월 20일 2판 발행
2020년 3월 1일 2쇄 발행

지은이 | 고영훈 · 김관식 · 김홍수 · 신치재 · 윤영철
이경희 · 이석용 · 정상기 · 조인성 · 한 철
발행인 | 이 광 섭
발행처 | 한남대학교출판부〈글누리〉
대전광역시 대덕구 오정동 133
TEL.(042) 629-7536, 7722
FAX.(042) 629-7264
인쇄처 | 도서출판 이화
TEL.(042) 255-9707~8

ISBN 978-89-7066-330-2 93360
정가 17,000원

머 리 말

사람들 중에서 법에 대해 부정적인 생각을 가지고 있는 경우를 종종 보게 된다. 선량한 사람을 가리켜 흔히 '법 없이 살 사람'이라고 하는데, 이 경우에 법은 국민의 자유를 제한하고 처벌하는 것으로서, 없으면 좋은 것이라는 의미가 함축되어 있다. 하지만 '법 없이 살 수 있는 사람'은 없다. 법이 없는 사회도 상상할 수 없다. 우리는 실로 법에 둘러 싸여서 살고 있다. 학교생활, 사회생활, 공적인 생활 등이 모두 법의 토대 위에서 유지되고 있는 것이다. 우리가 공기를 의식하지 않고 살지만 공기 없이는 일순간도 부지하지 못하는 것처럼 법도 마찬가지이다. 우리가 교통사고, 이혼, 주택임대차 등과 관련된 법률분쟁을 당면하게 되면, 법이 얼마나 중요한 것인지를 실감하게 된다. 그렇다고 우리 모두 법률 전문가가 될 수는 없다. 하지만 우리가 법에 대해서 약간의 지식을 가진다면, 이는 실제 생활에 있어서 많은 도움이 되며, 그렇지 않은 경우 큰 낭패를 당하게 되는 경우가 있을 수 있다.

이 책은 바로 이러한 필요를 염두에 두고 기획된 것이다. 즉, 법학을 전공하지 않은 일반 시민들에게 일상생활에서 흔히 접하게 되는 법률분야에 관한 기초지식을 제공하기 위한 목적으로 집필되었다. 그렇기 때문에 이 책에는 어려운 한문도 거의 없고, 조문도 최소한만 인용하였으며, 법률적인 논쟁도 거의 다루지 않았다. 따라서 법학 서적을 한 번도 접해 보지 않은 사람도 쉽게 읽을 수 있도록 서술하려고 애썼다.

그렇지만 이러한 애초의 의도가 이 책을 통해서 충분히 구현되었는지를 생각하면 자신이 없다. 여러 필자의 글을 모아 책을 꾸리다 보니 각 장별로 일관성과 통일성이 부족하다. 이러한 결점에도 불구하고 이 책에서 얻은 지식을 통해 법률분쟁을 예방하거나 해결하는 데 조금이나마 도움이 되길 바라며, 또한 법률서적을 처음으로 접하는 사람들이 법(학)에 관해 흥미를 갖게 되는 것이 필자들의 공통된 바람이다. 아울러 이 책의 부족한 부분은 더욱 개선할 것을 약속드린다.

바쁜 일정 중에서 이 책의 출판을 위해 수고해 주신 한남대학교 출판부 관계자 여러분에게 감사하는 마음을 전한다.

필자 일동

Contents

Contents

제 1 장

혼인의 법률문제

Ⅰ. 약　혼
Ⅱ. 혼인의 성립
Ⅲ. 혼인의 효과
Ⅳ. 이　혼
Ⅴ. 사실혼

I 약 혼

> **1** 갑순이는 의사인 갑돌이와 중매로 만나 H호텔에서 약혼식을 성대하게 치루면서 갑돌이와 갑돌이 가족들에게 총 2,000만 원 이상의 약혼예물을 주었고, 갑돌이도 갑순이에게 약혼예물을 주었다. 그런데 약혼 후 갑돌이는 갑순이에게 '예물이 너무 적으니 결혼 후 생활할 아파트 및 자가용을 구입해 달라'는 등 무리한 요구를 하여 갑순이가 이를 거절하자 갑돌이는 파혼을 통보하였다. 이 경우 갑순이는 어떻게 해야 하나? 갑순이는 갑돌이를 상대로 약혼예물을 돌려받을 수 있는가?
>
> **2** 갑순이와 갑돌이가 약혼식을 거행한 바는 없으나 갑돌이가 청혼하고 갑순이가 이를 승낙한 후, 서로 양가 부모님께 인사를 올리는 등 아주 가깝게 지내던 중, 갑순이는 갑돌이의 계속적인 회피로 만날 수 없게 되었으며, 몇 달 후 갑돌이의 친구로부터 갑돌이가 결혼했다는 사실을 알게 되었다. 이 경우 갑순이는 어떻게 해야 할 것인가?

1. 약혼의 의미

약혼이란 장차 혼인을 하겠다는 양 당사자의 합의이다.

2. 약혼의 성립요건

1) 약혼은 장차 혼인하여 부부가 되려는 양 당사자의 합의(결혼약속)만으로 성립된다. 따라서 보통 관행적으로 행해지는 약혼식이나 예물교환 등은 약혼의 성립과는 무관하며, 종래 우리나라에서 있었던 정혼 즉, 부모들이 정한 약혼은 무효이다.

2) 약혼은 남녀 모두 만 18세에 달하여야 할 수 있다(민법 제801조 전단). 이를 약혼연령이라고 하며 혼인연령과 같다. 그러나 약혼연령에 달하였다 하여도 미성년인 경우에는 부모의 동의를 얻어야만 한다. 부모 중 일방이 동의권을 행사할 수 없을 때에는 다른 일방의 동의를 얻어야 하며, 부모가 모두 동의권을 행사할 수 없는 때에는 후견인의 동의를

얻어야 한다(동법 제801조 · 제808조 제1항). 또한 금치산자도 부모 또는 후견인의 동의를 얻어 약혼할 수 있다. 미성년자, 금치산자 모두 부모 또는 후견인이 없거나 동의할 수 없을 때에는 친족회의 동의를 얻어 약혼할 수 있다(동법 제802조). 약혼연령에 미달한 자의 약혼이나 부모의 동의를 얻지 않은 약혼은 취소할 수 있다고 보며, 배우자 있는 자의 약혼이나 이중약혼은 원칙적으로 무효이다.

3. 약혼의 효과

1) 약혼이 성립하면 당사자는 가까운 시기에 혼인으로 이행할 의무가 있다. 그러나 약혼당사자의 일방이 이 의무를 이행하지 않더라도 혼인으로 강제이행을 청구하지 못한다(동법 제803조). 혼인할 의사가 없는 자에게 이를 강제한다는 것은 혼인의 본질에 반할 뿐만 아니라 혼인의 목적을 달성할 수 없기 때문이다. 따라서 약혼당사자는 의무를 위반한 상대방에게 손해배상을 청구할 수 있을 뿐이며, 이때 손해배상의 범위는 약혼의 파기로 인하여 발생한 재산적 손해 및 정신적 손해를 포함한다.

2) 약혼 중에 제3자가 그 약혼관계를 침해하였을 때에는 당연히 불법행위가 성립한다. 즉, 제3자가 약혼한 사실을 알면서 약혼의 일방당사자와 私通하여 子를 출산한 경우 등에는 타방당사자가 제3자를 상대로 약혼상의 권리를 침해한 불법행위를 이유로 손해배상을 청구할 수 있다. 판례는 나아가 약혼을 파기당한 자뿐만 아니라 그로 인하여 당연히 정신적 고통을 받게 되는 그 부모도 손해배상을 청구할 수 있고, 약혼을 부당하게 파기한 약혼당사자뿐만 아니라 그 부모가 부당파기에 가담한 경우에는 그 부모도 손해배상책임이 있다고 하고 있다.

3) 약혼 중에 출생한 자는 혼인중의 출생자가 아니므로 혼인외의 자가 된다. 그러나 그 후 약혼당사자가 혼인하면 그 자녀는 준정(準正)이 되어 혼인중의 출생자의 지위를 취득한다.

4. 약혼의 해제

약혼당사자는 장래 혼인을 할 의무를 가지지만, 이 의무는 그 성질상 강제할 수 없기 때문에 일방이 상대방의 의사를 무시하고 약혼을 해제해도 어쩔 수가 없다. 다만, 정당한 이유 없는 약혼의 파기는 상대방으로부터의 손해배상청구의 원인이 된다. 민법은 정당한 약혼해제사유를 다음과 같이 규정하고 있다(동법 제804조).

1) 약혼해제의 요건

① 약혼 후 자격정지 이상의 형의 선고를 받은 때,

② 약혼 후 금치산 또는 한정치산의 선고를 받은 때,

③ 성병, 불치의 정신병, 기타 불치의 악질이 있을 때,

④ 약혼 후 타인과 약혼 또는 혼인을 한 때,

⑤ 약혼 후 타인과 간음한 때,

⑥ 약혼 후 1년 이상 그 생사가 불분명할 때,

⑦ 정당한 이유 없이 혼인을 거절하거나 그 시기를 지연하는 때,

⑧ 기타 중대한 사유가 있는 때 등이 있다.

'기타 중대한 사유'란 약혼자의 사회적 환경을 감안하여 약혼의 계속이나 그 혼인의 성립이 약혼당사자의 일방에게 사회통념상 정당하다고 할 수 없는 상태가 되는 것을 말한다. 예컨대, 연령이나 직업 등의 사기, 약혼 후 가족을 부양할 수 없을 정도로 재산상태가 악화된 경우, 상대방 또는 그 부모에 의한 중대한 모욕, 심한 불구자가 된 경우, 약혼 전에 자격정지 이상의 형의 선고를 받은 사실이 있는 경우 등이 이에 해당할 수 있다. 임신불능은 정당한 해제사유라고 할 수 없다.

또 약혼은 혼인할 것을 목적으로 하는 혼인의 예약이므로 당사자 일방은 자신의 학력, 경력 및 직업 등 혼인의사를 결정하는 데 중대한 영향을 미치는 사항에 관하여 상대방에게 사실대로 고지할 신의성실의 원칙상의 의무가 있다. 따라서 이 신의성실의무를 위배하여 당사자 사이에 애정과 신뢰에 바탕을 둔 인격적 결합을 기대할 수 없게 된 경우도 '기타 중대한 사유'에 해당한다.

2) 약혼해제의 방법

약혼은 약혼당사자만이 해제할 수 있고, 상대방에 대한 의사표시로 약혼을 해제할 수 있다. 그러나 상대방에 대한 의사표시를 할 수 없는 경우(예컨대, 약혼자의 생사불명)에는 그 해제의 원인이 있음을 안 때에 해제된 것으로 본다(동법 제805조).

3) 약혼해제의 효과

정당한 약혼해제사유에 의하여 약혼을 해제하게 되면 약혼은 없었던 것으로 되며, 이 경우 당사자 사이에 손해배상의 문제와 약혼예물반환의 문제가 발생한다.

① 손해배상청구

약혼을 해제한 때에는 당사자 일방은 과실 있는 상대방에 대하여 이로 인한 손해배상을 청구할 수 있다. 과실이 있었는가의 여부를 판단함에 있어서는 약혼의 파기에 이르는 경위와 책임, 당사자의 연령과 재산상태 등을 종합적으로 고려하여야 할 것이다. 손해배상을 청구하기 위해서는 먼저 가정법원에 조정(調停)을 신청하여야 한다. 손해배상의 범위는 재산상의 손해 및 정신상의 손해를 모두 포함한다. 재산적 손해에는 약혼준비 및 약혼식에 소요된 약혼비용, 혼인준비에 쓴 비용, 예컨대 혼인을 하기 위하여 직장을 사직한 경우와 같은 혼인 때문에 포기한 여러 이익, 중매인에 대한 사례 등이 포함될 수 있으며, 정신적 손해는 정신적 고통에 대한 위자료를 포함한다.

② 약혼예물의 반환청구

약혼할 때 흔히 교환하는 예물은 혼인의 성립을 예정하고 주는 것이며, 혼인이 성립하지 않으면 주지 않았을 것이다. 그러므로 혼인의 불성립을 해제조건으로 하는 증여라고 할 수 있다. 따라서 혼인의 불성립이 확정되었을 때에는 혼인당사자는 서로 교환한 예물을 부당이득의 원리에 따라 반환하여야 하며, 또 그 반환을 청구할 수 있다. 일방당사자의 과실로 인한 약혼파기의 경우에는 책임이 없는 당사자는 예물의 반환청구권을 가지지만, 자기가 받은 예물의 반환의무는 없다. 그러나 자기의 과실로 인하여 약혼파기에 책임이 있는 당사자는 받은 예물을 반환하여야 하고, 상대방에게 준 예물의 반환은 청구할 수 없다.

한편 약혼해소와 함께 예물반환에 관한 합의가 있는 경우에는 당사자의 과실유무에 관계없이 합의된 내용에 따라야 할 것이다.

또한 혼인이 일단 성립한 후에는 혼인이 해소되더라도 예물 기타 증여물의 반환문제는 생기지 않는다.

5. 사례 해설

이상에서 살펴 본 바와 같이 약혼은 두 사람이 장차 혼인을 하겠다는 약속으로 일종의 계약이다. 따라서 갑돌이와 갑순이는 서로 성실하게 교제하면서 가까운 장래에 부부공동체를 성립시킬 의무, 즉 혼인을 할 의무가 있다. 그런데 **〈사례 1〉**에서 보는 바와 같이, 갑돌이는 갑순이에게 일방적으로 무리한 요구를 하고 갑순이가 거절하여 그것이 충족되지 않자 파혼을 통보하였다면 이는 갑돌이가 약혼에 따르는 의무를 이행하지 않은 것이므로 전적으로 갑돌이에게 잘못이 있다고 할 수 있다.

갑순이는 약혼비용은 물론 결혼준비를 위하여 든 비용 등 재산상의 손해와 주위의 친척이나 친구들이 결혼한다는 사실을 모두 알게 되어 정신적으로 받은 충격도 클 것이다. 이 경우 파혼의 책임은 갑돌이에게 있으므로 갑순이는 갑돌이를 상대로 약혼해제로 인한 손해배상과 갑순이가 갑돌이에게 준 약혼예물의 반환을 청구할 수 있다. 그러나 갑돌이는 파혼의 책임자이므로 갑순이에게 준 약혼예물의 반환은 청구할 수 없다. 또한 약혼을 파기당한 갑순이뿐만 아니라 그로 인하여 당연히 정신적 고통을 받게 되는 그 부모도 손해배상을 청구할 수 있고, 만일 약혼을 부당하게 파기한 것에 갑돌이의 부모가 가담한 경우에는 갑돌이뿐만 아니라 그 부모도 손해배상책임이 있다.

〈사례 2〉에서는 갑돌이와 갑순이는 비록 정식으로 약혼식을 올리지는 않았다 하더라도 이미 당사자들은 결혼을 약속하였으므로 약혼관계는 성립된 것으로 볼 수 있다. 왜냐하면 약혼은 반드시 약혼식을 해야만 성립하는 것이 아니라, 장차 혼인을 하겠다는 당사자 간의 약속만으로도 그 관계가 성립한 것으로 인정하기 때문이다.

그러나 살펴 본 바와 같이 약혼을 했다고 해서 결혼을 강요할 수는 없으며, 더구나 위 사례의 경우 갑돌이가 이미 다른 여자와 결혼을 한 상태이므로 갑순이는 갑돌이를 상대로 혼인을 강요할 수는 없다. 다만, 갑돌이가 특별한 이유 없이 갑순이와의 약혼관계를 파기한 것이므로 갑순이는 갑돌이를 상대로 약혼해제로 인한 손해배상청구를 할 수 있을 뿐이다.

Ⅱ 혼인의 성립

1 갑돌이와 갑순이는 대학을 마치고 가까운 시일에 결혼식을 하고 같이 미국 유학을 떠나기로 하였는데 여권신청을 위하여 부득이 혼인신고를 먼저 하였다. 그런데 결혼식을 하기도 전에 둘의 사이가 나빠져서 헤어지고 말았다면 이 혼인신고는 유효한가?

2 27세의 회사원 김갑돌은 직장 동료인 김갑순과 5년 동안 교제를 해왔으며 2007년 결혼식을 올렸는데 결혼식을 하고 나서야 두 사람이 동성동본임을 알게 되었다. 같은 김씨인 것은 알고 있었지만 본까지 같은 줄은 미처 몰랐던 것이 서로의 불찰이었다. 어떻게 하면 되는가?

1. 혼인의 성립요건

1) 혼인의 형식적 요건

① 우리 민법은 신고혼주의를 채택하고 있기 때문에, 가족관계의 등록 등에 관한 법률(이하 "가족관계등록법"이라 함)에 정한 바에 따라 혼인신고를 하여야 법률상 혼인으로서의 효력이 발생한다(법률혼주의).

② 혼인신고는 당사자 쌍방과 성년자인 증인 2인이 연서한 서면으로 하여야 하며(제812조 제2항), 신고는 본인의 등록기준지 또는 신고인의 주소지나 현재지에서 할 수 있다(가족관계등록법 제20조). 혼인신고는 반드시 당사자 본인이 할 필요는 없고 대리인 접수도 가능하다.

③ 혼인신고는 수리에 의하여 효력이 생긴다. 즉, 혼인신고가 수리되면 어떠한 사정으로 호적부에 기재되지 않았다 하더라도 혼인은 성립한다.

2) 혼인의 실질적 요건

① 혼인이 유효하게 성립하기 위해서는 당사자 사이에 혼인의사의 합치가 있어야 한다. 혼인의사란 부부관계를 성립시킨다는 의사이고, 부부관계란 그 시대 그 사회에서 일

반적으로 부부관계로 인정되는 정신적・육체적 결합이라고 볼 수 있다. 그러므로 자를 혼인외의 자로 만들지 않기 위하여 오로지 가족관계등록부상으로만 부부인 것으로 가장하기 위한 혼인신고는 소위 가장혼인에 불과하며, 이는 당사자 사이에 혼인할 의사가 없는 것으로 무효가 된다.

② 남녀 모두 만 18세가 되지 않으면 유효하게 혼인을 할 수 없다(동법 제807조).

③ 미성년자가 혼인을 하는 경우에는 부모의 동의를 받아야 하며, 부모 중 한쪽이 동의권을 행사할 수 없을 때에는 다른 한쪽의 동의를 받아야 하고, 부모가 모두 동의권을 행사할 수 없을 때에는 미성년후견인의 동의를 받아야 한다(동법 제808조 제1항). 그런데 친생부모와 養父母가 모두 있는 경우에는 친생부모의 동의는 필요 없고 養父母의 동의를 얻어야 한다.

④ 8촌 이내의 혈족 사이에는 혼인하지 못한다(동법 제809조 제1항). 여기에서 말하는 혈족에는 부계혈족과 모계혈족은 물론 직계혈족과 방계혈족을 모두 포함한다. 또 親養子의 입양 전의 혈족도 포함한다. 따라서 동성동본(同姓同本)인 혈족 사이에는 촌수에 관계없이 혼인을 할 수 없다는 소위 동성동본금혼규정은 2005년 3월 31일부터 폐지되었다.

⑤ 또 6촌 이내의 혈족의 배우자, 배우자의 6촌 이내의 혈족, 배우자의 4촌 이내의 혈족의 배우자인 인척이거나 이러한 인척이었던 자 사이에는 혼인하지 못하며(동법 제809조 제2항), 또 6촌 이내의 養父母系의 혈족이었던 자와 4촌 이내의 養父母系의 인척이었던 사이에도 혼인하지 못한다(동법 제809조 제3항). 따라서 흔히 논란의 대상이 되는 형부와 처제 사이의 혼인이나 형수와 시동생 사이의 혼인은 법률상 금지되고 있다.

⑥ 중혼이 아니어야 한다(동법 제810조). 민법은 일부일처제를 혼인의 기본이념으로 하고 있기 때문에 배우자 있는 자는 중복하여 혼인할 수 없다.

3) 혼인의 무효와 취소

이상의 사항들에 위배하면 혼인신고가 수리되지 않으며, 설사 혼인신고가 수리된 경우라도 당사자 사이에 혼인의사가 없었던 경우에는 그 혼인은 무효이다(동법 제815조 제1호). 또 제809조의 금혼범위 중에서 당사자 사이에 8촌 이내의 혈족, 직계인척관계가 있거나 있었던 때, 養父母系의 직계혈족관계에 있었던 때에는 그 혼인은 무효이며(동법 제815조 제2

호·제3호·제4호), 그 외의 경우에는 당사자, 그 직계존속 또는 4촌 이내의 방계혈족이 그 혼인의 취소를 청구할 수 있다(동법 제816조·제817조). 그러나 당사자 간에 혼인 중 포태한 때에는 취소할 수 없다(동법 제820조).

그리고 혼인적령(남녀 모두 만 18세)에 미달한 혼인, 부모 등의 동의 없는 혼인 등도 취소할 수 있으나, 혼인적령미달혼인은 혼인적령에 달한 때, 미성년자가 부모 등의 동의를 받지 않은 경우에는 혼인적령에 달하거나 혼인 중 임신한 경우에는 취소할 수 없다. 또 피성년후견인이 성년후견인의 동의를 받지 않은 경우는 성년후견종료의 심판이 있은 후 3개월이 지나거나 혼인 중에 임신한 경우에는 그 취소를 청구하지 못한다(동법 제819조). 위의 경우 외에도 혼인 당시에 당사자 일방에 부부생활을 계속할 수 없는 질병이 있거나 기타 중대한 사유가 있음을 알지 못한 때에는 그 상대방은 그 사유를 안 날로부터 6월 이내에 그 혼인을 취소할 수 있고(동법 제822조), 사기 또는 강박으로 혼인의사를 표시한 자는 사기임을 안 날 또는 강박을 면한 날로부터 3월 이내에 혼인을 취소할 수 있다(동법 제823조). 중혼의 경우에도 당사자 및 그 배우자, 직계존속, 4촌 이내의 방계혈족 또는 검사가 그 취소를 청구할 수 있다(동법 제818조).

무효혼의 경우는 처음부터 혼인의 효력이 생기지 않으며 혼인무효확인재판을 받거나 무효가 명백한 때에는 가족관계등록기준지 관할 가정법원의 허가를 받아 가족관계등록부를 정정할 수 있다. 취소할 수 있는 혼인은 취소된 때로부터 장래에 향하여 혼인의 효력이 소멸하며 취소 전의 효력에는 영향을 미치지 않는다(동법 제824조). 혼인의 취소는 반드시 취소권자가 가정법원에 취소를 청구하는 방법으로 하여야 하며 가정법원의 재판을 받아 가족관계등록부를 정리할 수 있다.

혼인이 무효이거나 취소된 경우에 과실 있는 당사자는 다른 일방에게 재산적, 정신적 손해를 배상할 책임이 있다.

2. 사례 해설

〈사례 1〉의 경우 혼인의 성립요건으로는 실질적인 요건과 형식적인 요건을 모두 갖추어야 하므로 갑돌이와 갑순이는 가까운 시일 내에 혼인하겠다는 의사도 있고 또한 혼인신고에 따른 법률상의 효과를 수용하겠다는 의사로 신고한 것이므로 일은 유효하게 혼인이 성립하였다고 볼 수 있을 것이다. 그러나 갑돌이와 갑순이는 혼인의사는 없이 단지 외국유학을 떠나기 위한 하나의 방편으로 혼인신고를 한 것이라면 혼인의사의 합치가 있었다고 볼 수 없고, 소위 가장혼인에 불과하며 이는 당사자 사이에 혼인할 의사가 없는 것으로 무효가 된다.

〈사례 2〉의 경우 김갑돌과 김갑순은 동성동본이라도 9촌 이상이라면 아무런 제한 없이 혼인할 수 있다. 2005년 3월 31일 민법개정에 의하여 8촌 이내의 혈족 사이에는 혼인할 수 없으므로, 비록 동성동본인 부계혈족이라 하더라도 9촌 이상인 경우에는 금혼범위에서 제외되었다. 그리고 8촌 이내의 혈족 사이의 혼인은 무효이므로, 이들이 8촌 이내인 경우에는 혼인신고가 잘못 수리되더라도 무효이다.

Ⅲ 혼인의 효과

1 갑순이는 전남편이 사망하여 아파트와 대지를 상속받았다. 10년이 지나 갑순이는 사업을 하는 갑돌이를 만나 재혼을 하기에 이르렀는데, 갑순이는 재혼에 앞서 갑돌이와 위 재산에 대하여 약정을 하고 싶어하는데 부부가 혼인시 부부재산계약을 체결할 수 있는지?

2 갑순이는 어릴적 죽마고우의 간곡한 부탁으로 남편 몰래 금전차용에 보증을 서 주었고, 또한 남편 명의의 부동산을 담보로 제공하고 금전을 차용하여 자가용을 구입하였다. 이 경우 남편은 처의 채무를 갚아야 하는가?

1. 혼인의 효과

1) 혼인의 일반적 효과

(1) 친족관계의 발생

부부는 서로 배우자인 신분을 가지고 친족이 되며, 상대방의 혈족과의 사이에 서로 인척관계가 생긴다. 즉, 남편은 처의 4촌 이내의 부계혈족 및 모계혈족과 그 배우자 사이에 인척관계인 친족이 되고, 처는 남편의 4촌 이내의 부계혈족 및 모계혈족과 그 배우자 사이에 인척관계인 친족이 된다.

그리고 1990년까지는 계모와 전처의 출생자 사이에는 계모자관계, 적모와 혼인외의 출생자 사이에는 적모서자관계가 발생하였으나, 현행법상 이들의 관계는 당연히 법률상의 모자관계가 되는 것은 아니다. 이들 사이에 법률상의 모자관계를 발생시키기 위해서는 입양을 할 수밖에 없다. 그러나 입양을 하지 않더라도 '4촌 이내의 인척'으로서의 친족관계는 발생한다.

(2) 가족관계등록부의 기록

혼인을 하면 夫의 가족관계등록부에 처가 배우자로 기록되며, 처의 가족관계등록부에는 夫가 배우자로 각각 기록된다.

2008년 1월 1일부터 종래의 호적제도가 폐지됨으로써, 혼인을 하면 처가 夫의 가(家)에 입적한다는 등의 개념은 완전히 사라졌다.

(3) 동거·부양·협조의 의무

① 동거의무

부부는 동거하여야 한다. 그러나 직업상의 필요나 정신상·육체상의 일시적 장애, 자녀의 교육상 필요, 그 밖의 사유 등 정당한 이유로 일시적으로 서로 동거하지 않는 경우에는 서로 인용하여야 한다. 동거장소는 부부가 서로 협의하여 정하고, 협의가 이루어지지 아니하는 경우에는 당사자의 청구에 의하여 가정법원이 이를 정한다.

정당한 이유 없이 동거를 거부할 경우에는 동거청구에 관한 조정(調停)을 신청할 수 있고, 조정이 성립되지 않으면 심판을 청구할 수 있다. 그러나 강제이행을 할 수 없음은 물론이다. 정당한 이유 없이 동거를 거절할 경우에는 악의의 유기로서 이혼사유가 되며, 동거청구자가 부담하는 부양의무의 이행을 거절할 수 있다.

② 부양·협조의무

부부는 서로 부양하고 협조하여야 한다. 여기에서 부양이란 미성숙의 자녀를 포함하는 부부일체로서의 공동생활에 필요한 것을 서로 제공하는 것으로서 상대방의 생활을 자기의 생활로서 보장하는 것이다. 따라서 상대방의 궁핍을 외부에서 지원하는 친족 사이의 부양과는 그 성질을 달리한다.

부부의 공동생활에 필요한 비용은 당사자 간에 특별한 약정이 있으면 거기에 따르고 특별한 약정이 없으면 부부가 공동으로 부담한다.

(4) 정조의무

부부는 서로 정조를 지킬 의무가 있다. 이 의무에 위반하여 부정한 행위를 한 경우에는 이혼원인이 되고 손해배상책임도 져야 한다.

(5) 성년의제

민법상 만 20세에 달하지 아니한 자는 미성년자로서 단독으로 유효한 법률행위를 할 수 없고, 부모의 친권의 대상이 된다. 그러나 미성년자라도 혼인을 하였을 때에는 성년에 달한 것으로 본다. 이 제도의 취지는 혼인한 미성년자를 친권·후견에 복종시킬 이유나 필요가 없다는 데 있다. 따라서 성년의제가 적용되는 범위는 민법상의 재산거래나 신분법상 성년자로 취급되는 데 그치기 때문에, 예컨대 국회의원선거법, 미성년자보호법, 청소년기본법, 근로기준법 등에서는 여전히 미성년자로 취급된다.

2) 혼인의 재산상 효과(부부의 재산관계)

(1) 부부재산계약

우리 민법은 부부의 재산에 관하여 부부가 재산에 관한 계약을 체결한 경우는 그 계약에 따르고 그러한 계약이 없으면 민법의 규정에 따르도록 하고 있다(동법 제829조 제1항).

부부가 부부재산에 관하여 따로 계약을 체결하는 경우에는 혼인신고 전에 등기하여야 부부의 승계인(예컨대, 상속인)과 제3자에게 대항할 수 있다. 일단 체결한 계약은 혼인 중에는 원칙적으로 변경할 수 없다. 다만, 정당한 사유가 있는 경우에 한하여 가정법원의 허가를 얻어 변경할 수 있다. 즉, 혼인 전의 계약으로 부부의 일방이 다른 일방의 재산을 관리하는 경우에 부적당한 관리로 인하여 그 재산을 위태롭게 한 때에는 다른 일방은 스스로 그 재산을 관리할 것을 청구할 수 있고, 그 재산이 부부의 공유인 경우에는 그 분할을 가정법원에 청구할 수 있다. 그러나 이 경우에도 변경된 내용을 등기하여야 부부의 승계인과 제3자에게 대항할 수 있다.

(2) 부부별산제(夫婦別産制)

우리나라는 법정부부재산제로서 부부별산제를 취하고 있다. 따라서 부부재산계약을 체결하지 않았거나 그 계약이 무효인 경우에는 별산제가 적용된다. 따라서 부부의 일방이 혼인 전부터 가진 재산(고유재산)과 혼인이 계속되는 동안 자기의 명의로 취득한 재산은 그의 개인재산이 되며, 부부는 그 개인재산을 각자 관리・사용・수익한다.

그러나 별산제 하에서도 부부의 공유재산으로 보는 경우가 있다. 즉, 부부의 누구에게 속한 것인지 분명하지 아니한 재산은 부부의 공유로 추정하며(이 공유의 추정은 부부 중 어느 일방에 속한다는 증거에 의하여 깨뜨려 질 수 있다), 또 혼인 중에 부부가 공동으로 협력하여 취득한 재산은 비록 그 명의가 부부 일방의 이름으로 되어 있더라도 역시 공유재산으로 본다. 별산제에서는 재산의 소유명의가 특히 중요한 의미를 가지지만, 그 명의와는 달리 실제적으로는 부부 쌍방의 협력으로 이룩한 재산이 많기 때문이다.

부부의 공동생활에 필요한 비용은 당사자 간에 특별한 약정이 없으면 부부가 공동으로 부담한다.

(3) 일상가사대리권

민법은 부부평등의 원칙에 입각하여 부부는 일상의 가사에 관하여 서로 대리권이 있으며(동법 제827조 제1항), 부부의 일방이 일상의 가사에 관하여 제3자와 법률행위를 한 때에는 다른 일방은 이로 인한 채무에 대하여 연대책임이 있음을 규정하고 있다(동법 제827조 제2항).

부부는 하나의 생활공동체를 이루고 있으므로 그러한 공동체를 인식하고 거래한 제3자를 보호할 필요가 있기 때문에, 부부간에는 서로 일상가사에 관한 대리권을 인정하고 있는 것이다.

일상가사라 함은 부부의 공동생활에서 필요로 하는 통상의 사무를 뜻하며 그 구체적인 내용, 정도, 범위 등은 당해 부부공동체의 생활정도와 사회관습 내지 건전한 사회상식에 의하여 정해져야 할 것이다.

학설이나 판례에 의하면 부부공동생활에 필요한 쌀・의복・연료 등 생활필수품의 구입비, 집세・수도료・전기료 등 거주비용, 자녀의 양육비 등에 관한 사무는 모두 일상가사의 범위 내에 속하는 것으로 보고, 가옥의 임대, 재산의 처분, 부부 각자의 직업상의 사무, 어음행위 등은 그 범위 내에 해당되지 않는 것으로 본다.

그러나 돈을 빌리는 행위 등은 그것이 부부의 공동생활에 필요한 자금조달을 목적으로 하는 것이면 일상의 가사로 보아야 할 것이지만, 일상의 생활비로서 인정될 수 없는 고액을 빌리는 행위는 일상가사로 볼 수 없을 것이다. 따라서 가정주부에게 돈을 빌려줄 경우 그 돈이 자녀들의 학비나 식비 등 일상가사비용으로 사용된다면 그 남편에게도 변제책임이 있으나, 일상가사와 관계없이 주부가 계를 한다든지 사치를 하거나 유흥비로 쓴다든지 하는 경우에는 남편이 별도로 보증을 서지 않는 한, 단지 그러한 사실을 알고 있었다는 것만으로는 변제책임이 없다.

그리고 부부간의 일상가사를 넘는 법률행위에 관하여 소위 표현대리가 인정되는 경우가 있다. 즉, 어느 부부(甲・乙)의 일방(甲)이 일상가사대리권의 범위에 속하지 않는 법률행위를 한 경우일지라도 그 법률행위의 상대방(丙)이 행위자(甲)에게 그 권한이 있다고 믿을 만한 정당한 이유가 있는 때에는 민법 제126조 소정의 '권한을 넘은 표현대리'를 적용하여 행위를 하지 않은 다른 일방(乙)도 그 행위에 대하여 책임을 져야 한다는 것이다.

그러나 일상가사에 속하는 행위라 할지라도 행위당시에 미리 상대방에게 다른 일방이 책임이 없음을 명시한 때에는, 다른 일방에게 책임을 추궁할 수 없다.

2. 사례 해설

〈사례 1〉의 경우 이상에서 살펴 본 바와 같이 우리 민법상으로도 혼인성립 전에 그 재산에 관하여 자유로이 부부재산계약을 체결할 수 있다. 부부재산계약을 약정하는 것은 결혼 전에 남녀가 장차 부부로서 사는 동안에 두 사람의 재산관계를 명확히 해두기 위함이며, 서면계약은 물론 구두계약도 유효하다. 이 부부재산계약은 반드시 혼인신고 전에 체결하여야 하는데, 이는 혼인신고 후 부부간의 계약은 부부간 계약취소권에 의해 언제라도 취소가 가능하기 때문이다. 부부재산계약은 원칙적으로 혼인 중에 이를 변경할 수 없으나 정당한 사유가 있는 경우에는 가정법원의 허가를 얻어 변경할 수 있다. 따라서 갑순이는 혼인신고를 하기 전에 갑돌이와 각자의 재산을 어떻게 관리할 것인가에 관하여 부부재산계약을 체결할 수 있다.

〈사례 2〉의 경우 부부가 아무리 일심동체라고는 하지만 우리 민법은 처의 재산적 지위의 독립성을 인정하고 부부평등의 이념에 입각하여 각자의 재산은 각자가 소유하고 그 관리·사용·수익도 각자가 따로 따로 하도록 하는 부부별산제를 채택하고 있다. 따라서 채무라고 하여 부부가 공동으로 책임져야 할 이유가 없고, 처(갑순이)의 채무는 처의 책임이며 남편이 대신 갚아주어야 할 이유가 없는 것이다.

그러나 남편이 처의 채무에 보증을 섰다거나, 그것이 일상가사에 관한 채무라면 남편도 책임을 지게 된다. 판례와 학설은 일상가사의 범위에 관하여 소비대차, 가옥의 임대, 순수한 직업상의 사무, 어음배서행위 등은 일상가사의 범위에 속하지 않는다고 하며, 또한 부부의 일방이 그 배우자 명의의 부동산을 처분하거나 담보에 제공하는 것은 그 처분이나 담보제공의 목적에 관계없이 일상가사에 포함되지 않는다고 보고 있다.

따라서 위 사례의 경우 갑순이의 금전차용 보증에 대한 채무나, 남편 명의의 부동산을 담보로 제공하고 금전차용을 하여 자가용을 구입한 행위는 일상가사에 속한다고 보기는 어려울 것이다. 따라서 갑순이의 채무에 대하여 남편은 책임이 없다.

Ⅳ 이 혼

1 갑돌이와 갑순이는 25년 전에 아무것도 없는 무일푼 상태에서 사랑이란 이름으로 결혼을 하였다. 갑순이는 아이를 키우면서 부족한 생활비를 위해 열심히 일하여 번 돈으로 계를 들고 저축하여 목돈을 만들어 조그만 가게를 차리게 되었다. 갑돌이의 월급은 생활비로 사용하고 갑돌이의 월급보다 더 많은 가게에서 얻은 수익은 모두 저축하여 아파트도 장만하고 5층짜리 건물도 갑돌이 명의로 사서 임대를 주어 남부럽지 않은 부를 누리게 되었다. 그런데 경제적으로 여유가 생기자 갑순이는 여기저기로 눈을 돌리게 되었고 그러던 중 젊은 남자를 알게 되어 급기야 불륜에 빠지게 되었다. 얼마 후 갑돌이가 이 사실을 알게 되어 갑순이와 그 젊은 남자를 간통으로 고소하고 이혼소송을 제기하게 되었다. 그래도 갑순이는 자기가 고생해서 번 재산을 되찾고 싶은데 이 경우에도 재산분할을 청구할 수 있는가?

2 갑순이는 갑돌이와 10여 년 전에 결혼하여 딸 하나를 낳았으나 3년이 채 못되어 성격차이로 이혼을 하고 혼자서 어렵게 파출부로 일하면서 현재까지 그 딸을 키워오고 있다. 한편, 갑돌이는 다른 여자와 재혼하여 비교적 여유 있는 생활을 하고 있다. 이 경우 갑순이는 갑돌이에게 지금까지 딸을 키우면서 들었던 비용과 앞으로의 비용을 양육비로 청구할 수 있는가?

1. 이혼의 의의

혼인은 부부의 일방이 사망하면 당연히 해소된다. 그러나 부부 쌍방이 생존하고 있는 동안에는 이혼에 의해서만 혼인이 해소될 수 있다. 혼인은 평생에 걸친 부부의 결합이므로 당사자의 생존 중에 혼인관계를 해소하는 이혼은 결코 바람직한 것이라고 할 수는 없을 것이다. 그러나 현실적으로 부부의 공동생활이 오히려 더 큰 폐해를 가져오는 경우도 있어서 오늘날 대부분의 국가에서 이혼을 인정하고 있다.

현재 우리나라에서는 당사자의 협의에 의하여 이혼하는 협의이혼과 협의를 할 수 없거나 협의가 성립되지 않는 경우에 법원의 재판을 받아 이혼하는 재판상이혼의 두 가지 이혼방법을 인정하고 있다.

2. 협의이혼

협의이혼은 당사자의 협의에 의하여 이혼하는 것이다. 협의이혼의 경우에는 이혼의 사유나 가정파탄의 유무 등은 필요로 하지 않는다. 다만 당사자 쌍방이 주민등록증과 도장을 지참하고 등록기준지 또는 주소지 관할법원에 가서 '협의이혼의사확인신청서'를 제출하고, 법원에 의해 지정된 날짜에 출석하여 판사 앞에서 이혼의 의사를 확인받고, 그 확인서를 받아 이혼신고를 함으로써 이혼의 효력이 생긴다. 그러나 법원의 확인을 받은 날로부터 3개월 내에 이혼신고를 하지 않으면 확인은 효력을 잃는다. 이 경우의 이혼신고는 부부의 일방이 이를 할 수 있다.

이혼의 합의가 없는 이혼신고는 무효이며, 사기 또는 강박으로 이혼의사를 표시한 자는 사기를 안 날 또는 강박을 면한 날로부터 3개월 이내에 법원에 이혼의 취소를 청구할 수 있다.

3. 재판상이혼

이혼에 관한 협의가 이루어지지 않을 경우에는, 이혼을 원하는 배우자가 재판상이혼을 청구할 수밖에 없다. 재판상이혼을 할 수 있는 사유는

① 배우자가 부정한 행위를 한 때,

② 배우자가 악의로 다른 일방을 유기한 때,

③ 배우자나 그 직계존속으로부터 심히 부당한 대우를 받은 때,

④ 자기의 직계존속이 배우자로부터 심히 부당한 대우를 받은 때,

⑤ 배우자의 생사가 3년 이상 분명하지 않은 때,

⑥ 기타 혼인을 계속하기 어려운 중대한 사유가 있는 때 등이다.

배우자의 부정으로 인한 경우는 다른 일방이 부정행위에 대하여 사전에 동의를 하거나 사후에 용서한 때 또는 그 부정을 안 날로부터 6개월, 그 사유가 있은 날로부터 2년이 경과되면 이혼을 청구할 수 없다. 기타 중대한 사유가 있는 경우에도 마찬가지이다.

당사자는 재판상이혼소송을 제기하기 전에 가정법원에 조정을 신청할 수 있으며, 조정을 신청하지 않은 경우에도 법원은 직권으로 조정에 회부할 수 있다. 어느 경우에나 조정이 성립하면 확정판결과 동일한 효력이 있다. 또 조정이 성립되지 않은 경우에도 조정담당판사와 조정위원회는 직권으로 조정에 갈음하는 결정을 할 수 있으며, 이 경우 당사자는 2주일 이내에 불복신청을 할 수 있다. 조정이 성립되지 않으면 정식이혼소송 절차에 의한다.

재판상이혼은 재판확정일로부터 1개월 이내에 판결등본과 확정증명서를 첨부하여 이혼신고를 하여야 한다.

4. 혼인을 계속하기 어려운 중대한 사유

우리 민법은 제840조의 제1호에서 제5호까지 구체적인 이혼사유를 규정하고, 제6호에서 "기타 혼인을 계속할 수 없는 중대한 사유가 있을 때"라고 하여 상대적, 추상적 이혼원인을 규정함으로써 현대 이혼법의 새로운 경향인 파탄주의를 도입하고 있다.

혼인을 계속하기 어려운 중대한 사유의 의미는 혼인의 본질에 상응한 공동생활의 회복이 불가능하다고 인정될 만큼 심각하게 혼인을 파괴한 사유라고 할 수 있으며, 그 해당 여부는 결국 개별적 사건에 있어서의 구체적 사실에 따라 판단할 수밖에 없고, 또 혼인계속의 기대가능이라는 주관적 표준에 의하여 결정할 것이 아니라 부부는 대등한 입장에서 애정에 의하여 정신적, 육체적으로 결합하지 않으면 안 된다는 현대적 혼인의 본질에 비추어 당사자의 성장환경, 학력이나 경력, 재산, 건강, 성격 등의 모든 사정을 참작하여 객관적인 표준에 의하여 결정해야 할 것이다.

'혼인을 계속하기 어려운 중대한 사유'로서 판례나 학설에 나타난 것을 보면 다음과 같다.

먼저 불치의 정신병이 이혼사유가 됨은 명백하지만 약간의 정신분열증은 이에 해당한다고 할 수 없다. 그리고 성병을 배우자에게 감염시키거나 불치의 악질에 걸려서 혼인생활의 계속이 어렵다고 판단될 때 및 성기능이 불완전하여 성생활을 유지할 수 없거나, 부부 일방이 정당한 이유 없이 계속해서 성교를 거부하는 경우 등은 중대한 사유에 해당한다고 할 수 있다. 그러나 단순히 임신불능 등의 사유만으로는 이에 해당하지 않는다는 것이 판례의 태도이다.

그리고 배우자가 범죄행위로 처벌되어 혼인생활이 파탄에 이르게 된 때나 마약이나 알콜 등의 중독으로 말미암아 심신의 안정을 잃고 경제적 파탄에 빠지게 된 때에는 중대한 사유에 해당된다고 본다.

또 부부간에 성격이 맞지 않고 애정이 없어 혼인관계가 심각하게 파탄되고, 장차 다시 부부생활을 하는 것을 기대할 수 없게 되었을 때 또는 혼인 전의 부정행위가 탄로되어 부부생활이 심각하게 파탄에 빠지게 된 때 등은 중대한 사유에 해당되겠지만, 단순히 장기간 별거하여 애정이 식어가고 있다는 사실만으로는 이에 해당한다고 보기 어렵다.

그 밖에도 광신적인 신앙으로 인한 가정의 파탄, 피임, 지나친 낭비, 자녀에 대한 학대 등으로 인해 가정생활이 파탄에 이르고 이를 회복할 가능성이 없다면 혼인을 계속하기 어려운 중대한 사유가 있다고 보아야 할 경우가 있다.

5. 이혼의 효과

1) 신분상의 효과

이혼이 성립하면 혼인이 해소되므로 혼인관계의 존속을 전제로 한 일체의 권리의무가 소멸한다. 즉, 부부라는 배우자관계, 부부 사이의 정조의무, 동거 · 부양 · 협조의 권리의무, 배우자의 혈족 및 배우자의 혈족의 배우자 간의 인척관계 등이 모두 소멸한다. 이혼 당사자는 재혼이 가능하게 된다.

2) 양육자의 지정

이혼을 할 때에 미성년의 자녀가 있는 경우, 그 자녀의 양육에 관한 사항에 대해서는 부모의 협의로 정하고, 협의가 되지 않거나 협의를 할 수 없는 경우는 가정법원에 청구하여 가정법원이 그 자녀의 의사, 연령, 부모의 재산상태, 기타 여러 가지 사정을 참작하여 정하도록 하고 있다. 양육자는 반드시 부부의 일방이 되어야 하는 것은 아니고, 조부모, 외조부모, 보육기관 등 제3자가 될 수도 있다.

3) 면접교섭권

면접교섭권은 이혼 후에 친권자나 양육자가 아니기 때문에 현실적으로 자녀를 보호·양육하지 못하는 부나 모가 그 자녀와 직접 만나거나 서신교환, 기타 연락을 할 수 있는 권리이다. 이 제도는 이혼 후에 자를 양육하지 않는 부나 모가 자녀를 보고 싶어 하고 또 자녀도 그를 만나기를 원할 뿐만 아니라, 이들을 서로 접촉하게 하는 것이 여러모로 자녀에게 도움이 될 수 있음에도 불구하고, 양육자 쪽에서 이들의 접촉을 의도적으로 막는 경우에 이를 해결하기 위한 것이다.

따라서 이러한 부모는 방문, 서신교환, 전화 등 접촉방법을 정하여 자녀와 접촉할 수 있다. 그러나 이러한 접촉을 하는 것이 오히려 자녀의 정서나 바른 성장에 해로울 수가 있다. 그러므로 자녀의 복리를 위하여 필요한 때에는 가정법원에 청구하여 면접교섭을 제한하거나 배제할 수 있게 하고 있다.

4) 재산분할청구권

재산분할청구권이란 이혼을 한 당사자의 일방이 다른 일방에 대하여 재산분할을 청구하는 것이다. 부부가 이혼을 하게 되면 부부의 생활공동체는 해체된다. 따라서 부부가 공동으로 운영하던 경제생활은 청산단계에 들어간다.

우리 민법은 부부의 일방이 혼인 중 자기의 명의로 취득한 재산은 그 특유재산으로 하고 있다. 그런데 그 취득재산에 있어서의 다른 일방의 기여는 전혀 평가되지 않았었다. 따라서 공동경제가 종료하는 경우에는 그 실체에 부합하는 청산을 하는 것이 필요하다. 이러한 경우 청산을 청구하게 되는 측은 대체로 처인 경우가 많을 것이다. 이러한 청산 이외에도 생활능력이 약한 배우자에 대해서는 이혼 후에도 능력이 있는 자에게 부양의무를 지우는 것이 타당할 것이다.

재산분할을 할 것인가의 여부와 그 액수와 방법은 당사자의 협의 또는 조정에 의하여 정하게 되는데, 이에 대해서는 아무런 기준이 정해져 있지 않다. 이러한 협의가 되지 않거나 협의할 수 없는 때에는 가정법원이 당사자의 청구에 의하여 당사자 쌍방의 협력으로 이룩한 재산의 액수 기타 사정을 참작하여 분할의 액수와 방법을 정하도록 하고 있다.

재산분할에서 고려될 수 있는 기준으로는 다음과 같은 것이 있을 것이다.

첫째는 부부재산관계의 청산이다. 혼인재산은 부부 중 어느 한 쪽의 특유재산이나 공유재산이 되는데, 이러한 재산 중에서 혼인 전부터 가졌던 각자의 고유재산과 혼인 후에 상속 또는 증여에 의하여 각자가 취득한 것을 제외하고는 부부간의 협력에 의하여 이룩한 것이 대부분이라고 할 수 있다. 따라서 보통은 혼인 후 이혼하기까지의 재산이 바로 그러한 재산이 되는데, 경우에 따라서는 혼인 전의 재산을 유지하는 데 협력한 몫이나 장래의 퇴직금, 기타의 수입도 가산하여 이를 분배하는 것이 부부재산관계의 적절한 청산이 될 것이다. 부부간의 협력이란 부부가 맞벌이를 하여 같이 수입을 얻고 있는 때나 재산취득의 자금공급에 직접 공헌한 경우에는 그 비율에 의한 공유지분의 산정도 가능하지만, 부부의 일방이 노동을 하여 수입을 얻는 경우에는 가사노동 등이 협력이 되며, 남편이 영업주체가 되어 그 수익을 그의 특유재산으로 한 경우에는 그 분담작업이나 가사부담이 협력이 되어 그 남편의 특유재산에 처는 공유지분을 가지게 된다. 공유지분은 혼인 후의 증가재산에 대하여 균등하다는 견해도 나오겠지만, 부부별산제에 비추어 사정에 따라 달라질 수도 있다고 보아야 할 것이다. 그리고 장래의 퇴직금이나 연금수급권의 취득, 영업상의 신용의 확립, 의사나 변호사의 자격취득에 대한 협력이나 공헌에 대해서도 재산분할을 인정하여야 할 것이다.

둘째는 이혼 후의 부양이다. 우리 민법에는 이혼급부에 대하여 명문의 규정이 없지만, 이혼한 배우자의 일방의 생활이 곤궁해질 때에 다른 일방은 그 여력이 있는 한도에서 그를 부양하는 것이 인도적이라고 볼 때에, 혼인의 사후적 효과로서 이를 기타사정으로 고려할 수 있다고 보아야 할 것이다.

그리고 재산분할의 지급방법은 금전급부나 현물급부에 의한다. 현물급부의 경우에는 물건의 특정으로서 족하며, 그 평가액까지 정할 필요는 없을 것이다. 금전급부를 일시급으로 하느냐 분할급으로 하느냐는 구체적인 사정에 따라 정하여야 할 것이다. 정기급으로 한 경우에는 그 후의 사정의 변경을 이유로 이혼시의 협의나 심판의 변경이나 취소를 청구할 수 있다고 보아야 할 것이다.

이 재산분할청구권은 자기가 재산형성에 협력한 몫을 되돌려 받는 것이며, 그 외에 이혼 후의 부양료의 성격도 가지고 있는 것이기 때문에 이혼하게 된 데에 잘못이 있는 유책배우자에 대한 손해배상청구권과는 법적으로 별개의 것이다.

5) 손해배상청구권

재판상 이혼의 경우에는 당사자의 일방이 과실이 있는 상대방에 대하여 이혼으로 인한 재산상의 손해와 정신상의 고통으로 인한 손해의 배상을 청구할 수 있다.

6. 사례 해설

〈사례 1〉의 경우 갑돌이와 갑순이가 결혼하여 25년 이상 살아오면서 모은 재산을 모두 갑돌이 명의로 해 놓았기 때문에 이혼을 할 경우 갑순이는 갑돌이를 상대로 결혼 이후에 함께 노력하여 모은 재산을 그 기여한 몫만큼 분할하여 달라는 재산분할청구를 하여야만 자신의 몫을 분할받을 수 있다. 이때 갑순이가 재산분할을 청구할 수 있는 기간은 이혼한 날로부터 2년 이내이며, 결혼생활을 파탄시킨 책임(간통 등) 여부와는 아무런 관계가 없기 때문에 갑순이의 재산분할청구는 가능하다. 한편, 갑돌이는 혼인생활이 갑순이의 부정행위로 파탄된 것이기 때문에 갑순이를 상대로 위자료를 청구할 수 있다.

〈사례 2〉의 경우 부모는 자녀를 공동으로 양육할 책임이 있으며 그 양육에 소요되는 비용도 원칙적으로 부모가 공동으로 부담하여야 한다. 따라서 부부가 이혼시 부부 중 누가 미성년 자녀를 양육할 것인지와 그 양육에 소요되는 비용을 어떻게 부담할 것인지 등에 관하여 부부 사이에 미리 협의를 해두는 것이 바람직하다. 만일 양육비의 부담에 관한 협의 없이 이혼을 한 후 부모 중 어느 한 쪽만이 자녀를 양육하게 된 경우라면 양육하는 일방은 그 양육이 양육자의 편의적이고 이기적인 목적에서 비롯되거나 자녀의 이익을 위하여 도움이 되지 않거나 양육비를 상대방에게 부담시키는 것이 오히려 형평에 어긋나는 등의 특별한 경우를 제외하고는 상대방에 대하여 과거·현재 및 장래의 양육비에 대하여 적정금액의 분담을 청구할 수 있다. 따라서 갑순이는 딸에 대한 장래의 양육비는 물론 과거의 양육비에 대하여 적정금액의 분담을 청구할 수 있다.

V 사실혼

1 갑순이는 의사인 갑돌이와 중매로 만나 1년 전 결혼식을 올렸으나 갑돌이는 차일피일 혼인신고를 미뤄오던 중 갑순이에게 트집을 잡아 다툼이 계속되어 갑순이는 친정으로 가게 되었고, 그 후 갑돌이는 부자집 딸인 순자와 결혼을 하고 혼인신고까지 마쳤다. 갑순이는 이미 다른 여자와 혼인신고까지 한 갑돌이에 대하여 어떠한 법적 조치를 취할 수 있을까?

2 갑순이는 경찰공무원인 갑돌이와 혼인신고를 하지 않은 채 같이 살면서, 생활비를 마련하기 위해 3년 동안 열심히 식당에 다니면서 저축하여 조그마한 연립주택도 마련하였다. 그런데 갑돌이는 서서히 태도가 바뀌어 "우리는 혼인신고도 안 되어 있으니 남남이다"라며 다른 여자와 바람을 피우기 시작하였다. 이에 갑순이는 갑돌이와 함께 고생하여 모은 재산만이라도 나누어 갖고 싶은데 재산분할청구가 가능한지?

3 갑돌이와 갑순이가 혼인신고는 하지 않았지만 부부로서의 공동생활을 1년여 계속하고 있던 중, 시청 공무원이던 갑돌이가 근무 중 교통사고로 사망하였다. 이 경우 갑순이는 갑돌이의 교통사고로 인한 손해배상을 받을 수 있는지? 또 공무원인 갑돌이의 공무원 연금과 유산을 상속받을 수 있는지?

1. 사실혼의 의의 및 성질

우리 민법상 혼인은 가족관계등록법이 정한 바에 따라 신고함으로써 그 효력이 생긴다(동법 제812조 제1항). 따라서 혼인예식을 올리고 실제로 동거를 함으로써 사회적으로는 혼인관계로 볼 수 있는 남녀관계라도 신고를 하지 않고 있어서 법률상의 혼인이 아닌 남녀관계가 많이 발생하게 된다. 이와 같이 사회적 사실로서의 부부공동생활을 하고 있음에도 불구하고 혼인신고를 하지 않았기 때문에 법률상의 부부로서 인정되지 않는 관계를 사실혼이라고 부른다.

사실혼의 발생에 관하여는 1923년 7월 1일 이래 신고혼주의로 전환함으로써 이미 예상되었던 것이지만, 이 제도는 신고에 의해 혼인과 사실혼을 명확히 구별하고 사실혼에 관하여는 혼인법적인 효과를 인정하지 않는다는 데 그 의의가 있었다. 그러나 우리나라는 신고보다는 예식을 중요시하고 선행시키는 혼인관행과 지나치게 넓은 금혼범위로 인하여 많은 사실혼이 발생하게 되자 사실혼보호의 필요성이 주장되었다. 그리하여 오늘날은 학설·판례가 사실혼은 혼인에 준한 관계라고 하는 준혼이론을 취하고 있고, 여러 특별법에서도 사실혼배우자를 법률상의 배우자와 동일하게 취급하고 있다.

2. 사실혼의 성립

사실혼이 성립하기 위해서는 주관적으로는 사실상의 혼인의사가 있어야 하며, 객관적으로는 당사자 사이에 사회관념상 부부공동생활이라고 인식될 만한 사회적 사실이 존재하여야 한다.

사실상의 혼인의사는 사회적으로나 실질적으로 부부가 되겠다는 합의가 있으면 족하고 다른 특별한 방식을 요하지 않는다. 따라서 혼인의식을 올린 사실이나 명확한 증서 또는 증인의 존재 또는 상당한 기간의 동거사실 등은 사실상의 혼인의사의 존재를 추정하는 자료는 될 수 있으나, 사실혼의 성립요건은 아니다.

그리고 사실혼은 선량한 풍속 기타 사회질서에 반하는 남녀의 결합과는 구분하여야 한다. 즉 혼인적령 미달자의 사실혼, 재혼금지규정을 무시한 사실혼 및 부모의 동의를 얻지 못한 미성년자의 사실혼 등은 보호할 필요가 있으나, 중혼이 되는 사실혼은 보호할 필요가 없을 것이다. 그리고 근친혼금지규정에 위반한 사실혼은 무효혼이 되는 정도의 근친혼이 아닌 한 보호하여야 할 것이다.

3. 사실상 혼인관계존재확인청구

사실혼이 성립되었다고 볼 수 있는 경우에 당사자 일방이 혼인신고에 협력하지 않을 때에는 다른 당사자가 사실상 혼인관계존재확인의 청구를 위하여 가정법원에 조정을 신청할 수 있다. 조정이 성립되면 조정을 신청한 자가 1개월 이내에 혼인신고를 하여야 하며, 만약 조정이 성립되지 않으면 당사자는 조서등본이 송달된 날로부터 2주일 이내에 사실상 혼인관계존재확인심판을 청구할 수 있다.

심판에 의하여 사실혼관계의 존재가 확인되어 재판이 확정되면 심판을 청구한 자가 재판이 확정된 날로부터 1개월 이내에 재판서의 등본과 확정증명서를 첨부하여 혼인신고를 하여야 한다. 이렇게 함으로써 사실혼관계는 법률상의 혼인관계로 전환하게 된다.

4. 사실혼의 효과

사실혼은 준혼관계로서 혼인에 준한 효과를 인정한다. 즉, 사실혼관계에 있는 자도 법률상 혼인관계에 있는 자처럼 부부간에 서로 동거·부양·협조의 의무가 있으며 정조의 의무가 있다. 따라서 사실혼관계에 있는 자 일방이 정당한 이유 없이 사실혼관계를 파혼한 때에는 타방에 대하여 채무불이행 또는 불법행위로 인한 손해배상책임을 진다.

또 사실혼관계는 제3자에 대해서도 보호되는데, 즉 사실혼의 夫를 살해한 자는 사실혼의 처와 그 사이의 자녀의 물질적·정신적 손해를 배상할 책임이 있고, 사실상 혼인관계에 있는 배우자도 다른 배우자가 제3자의 불법행위로 인하여 상해를 입은 경우에는 자기가 받은 정신적 고통에 대한 위자료를 청구할 수 있으며, 사실혼의 처와 정교를 맺은 자에 대하여 사실혼의 부는 불법행위로 인한 손해배상을 청구할 수 있고, 사실혼관계에 부당하게 간섭하여 파탄시킨 자는 손해배상책임을 져야 한다.

그리고 각종 특별법에서 사실혼부부를 보호하기 위해서 법률상의 부부와 동일하게 취급하는 경우가 점점 늘어나고 있다. 즉, 고용보험법 제44조 제1항, 공무원연금법 제3조 제1항 및 제59조 제1항, 국민연금법 제3조 제2항, 군인연금법 제3조 제1항, 범죄피해자구조법 제5조 제1항, 사립학교교원연금법 제2조 제1항, 근로기준법시행령 제44조, 산업재해보상보험법 제4조 등에서는 유족의 범위에 관하여 사실상의 혼인관계에 있던 자를 포함시키고 있으며, 주택임대차보호법 제9조에서는 사실혼의 배우자에게 임차권을 승계시키는 예외를 허용하고 있다.

그러나 아무리 사실혼을 보호한다 하더라도 혼인신고를 전제로 하는 효과까지 인정할 수는 없다. 따라서 사실혼관계에 있는 자 사이에는 아무런 호적의 변동도 일어나지 않으며, 친족관계도 발생하지 않으며, 사실혼관계에 있는 자가 혼인하더라도 중혼이 되지 않는다. 그리고 사실혼의 부부는 서로 배우자로서의 상속권이 없으며, 그 사이에서 출생한 자는 혼인외의 자가 되고, 부(父)가 인지하지 않는 한, 모(母)의 가족관계등록부에만 기록되며, 모의 성과 본을 따르게 된다.

5. 사실혼의 해소

사실혼관계는 당사자 일방의 사망이나 당사자의 사실혼해소의 합의에 의해 해소됨은 물론, 그 당사자 일방이 파기하여 공동생활의 사실이 없어지면 해소된다. 이와 같이 사실혼관계는 자유로이 일방적으로 해소할 수 있으나, 정당한 이유가 없는 한, 유책자는 상대방에 대하여 손해배상책임을 부담한다. 이 경우에도 재산상의 손해 및 정신적인 손해를 포함한다.

6. 사례 해설

〈사례 1〉의 경우 갑순이와 갑돌이는 비록 혼인신고를 하지 않아 법률상 부부는 아니지만, 장차 혼인할 의사를 갖고 결혼식을 올리고 동거생활을 한 것으로 판단할 수 있는바, 이는 사실혼관계로서 법률상의 혼인에 준해 법의 보호를 받을 수 있게 된다. 따라서 사실혼관계에 있어서 정당한 이유 없이 사실혼관계를 파기한 상대방에게 불법행위의 책임을 물을 수 있다. 즉, 당사자 일방이 정당한 이유 없이 재판상의 이혼원인에 속하는 행위나 사실이 있는 때에는 과실 있는 일방은 사실혼파기로 인한 손해배상을 하여야 한다. 따라서 갑순이는 갑돌이에게 사실혼관계 부당파기로 인한 손해배상 및 위자료를 청구할 수 있다.

〈사례 2〉의 경우 갑순이와 갑돌이는 혼인신고는 되어 있지 않지만 실질적으로 부부로서 생활해 왔고 갑돌이의 부정행위로 인하여 사실혼관계가 파기되었으므로 갑순이는 갑돌이에게 사실혼관계 부당파기로 인한 손해배상을 청구할 수 있을 뿐 아니라, 갑순이가 열심히 일하여 갑돌이와 함께 마련한 아파트 등 그의 기여도를 감안하여 재산분할도 청구할 수 있다.

〈사례 3〉에서도 사실혼 배우자인 갑순이는 교통사고로 인한 손해배상을 청구할 수 있으며, 또 공무원연금법상 유족 중의 배우자에 '사실상 혼인관계에 있는 자'도 포함되므로 연금을 수령할 수도 있다. 이 경우 입증자료로는 주민등록표, 결혼예식증명서 또는 사진, 이웃이나 동장 등의 동거확인서, 사실혼의 처를 피보험자로 하는 의료보험증 등이 있다. 그러나 유산을 상속받을 수는 없다.

제 2 장

재산상속의 법률문제

Ⅰ. 상 속

Ⅱ. 혼인외의 자의 상속

I 상 속

> **1** 집에서 잠을 자고 있던 중 가스폭발사고로 父 甲과 子 丙은 즉사하고 母 乙은 병원에서 응급처치 중에 사망하였다. 甲은 시가 5억 상당의 토지와 주택을 소유하고 있었다. 甲·乙 사이에는 丙 이외에 다른 자녀는 없었으며, 甲에게는 동생 丁이 있고 乙에게는 부모인 戊와 己가 생존하고 있었다. 이들의 상속관계는 어떻게 될 것인가? 甲·乙·丙이 모두 즉사하였다면 상속관계는 어떻게 될 것인가?
>
> **2** 甲은 妻 乙이 丙을 포태하고 있는 동안에 교통사고로 사망하였고, 甲의 父인 丁은 乙이 丙을 출산하기 일주일 전에 사망하였다. 이때 丙의 상속법상의 지위는 어떠한가?
>
> **3** 갑돌이는 유족으로 처와 1남 2녀가 있는데 아들을 특별하게 편애하였고, 10억 원이나 되는 전 재산을 전부 아들에게 상속한다는 유언을 남기고 사망하였다. 후에 이 사실을 안 딸들이 아버지의 유언이라서 어쩔 도리가 없지만 그래도 일부라도 받을 수 있는 방법은 없는 것인지?

1. 법정상속

1) 상속개시원인

상속은 자연인의 사망에 의하여서만 발생한다. 상속은 사망에 의하여 상속이 당연히 개시되는 것이므로, 상속인이 피상속인의 사망사실이나 자기가 상속인이 된 사실을 알았느냐와 관계없이 개시되고, 또 신고나 상속등기가 있어야 비로소 상속이 개시되는 것은 아니다.

실종선고를 받은 자는 실종기간이 만료한 때에 사망한 것으로 보아 그것에 의해 상속이 개시된다. 인정사망의 경우에도 마찬가지다.

2) 법정상속인

(1) 법정상속인의 범위

법정상속인의 범위는 피상속인 즉, 사망자의 직계비속·직계존속·형제자매·4촌 이내의 방계혈족 및 배우자이다. 여기서의 배우자는 혼인신고를 한 법률상의 배우자를 말하며, 사실혼의 배우자는 상속인의 범위에 포함되지 않는다.

이러한 범위에 속하는 법정상속인이 없는 경우에는 상속재산은 국가에 귀속한다.

다만, 피상속인은 이러한 법정상속인의 범위에 구애됨이 없이 유언으로 재산을 물려받을 자를 지정할 수 있다.

(2) 법정상속인의 순위

상속의 순위는 아래와 같으며, 선순위상속인이 없는 경우에만 차순위의 상속인이 상속인이 된다. 상속인이 참칭상속권자로부터 자기의 상속권을 침해당한 경우에는 그 침해를 안 날로부터 3년, 상속권의 침해행위가 있은 날부터 10년 이내에 상속회복의 소를 제기할 수 있다.

① 피상속인의 직계비속(제1순위)

직계비속이 여러 명 있는 경우에는 촌수가 같으면 그 직계비속들은 같은 순위로 상속인이 되고, 촌수가 다르면 촌수가 가까운 직계비속이 먼저 상속인이 된다. 예컨대, 자녀가 여러 명인 경우에는 같은 순위의 상속인이 되고, 직계비속으로서 아들과 손자가 있을 때에는 아들이 손자보다 우선하여 상속인이 된다.

직계비속에 대하여는 자연혈족이건 법정혈족이건 차이가 없으므로 친생자이건 양자이건, 혼인중의 출생자이건 혼인외의 출생자이건, 남자이건 여자이건, 기혼이건 미혼이건, 같은 호적 내에 있건 혼인·분가·입양 등에 의하여 다른 호적에 있건, 그 상속순위에는 아무런 차이가 없다. 따라서 양자는 양부모와 친생부모에 대하여 각각 양면으로 제1순위의 상속인이 된다.

태아는 상속순위에 관하여는 이미 출생한 것으로 보기 때문에 상속인이 될 수 있다.

② 피상속인의 직계존속(제2순위)

피상속인의 직계비속이 없을 때에는 직계존속이 상속인이 된다. 직계존속이 여러 명인 경우에는 그 직계존속이 촌수가 같으면 동순위로, 촌수가 다르면 최근친이 상속인이 된다. 직계존속은 부계이건 모계이건, 양가측이건 생가측이건 불문한다.

③ **피상속인의 형제자매(제3순위)**

이들은 피상속인의 직계비속・직계존속 및 배우자가 없는 경우에만 상속인이 된다.

형제자매에 대하여도 남녀의 성별, 기혼・미혼의 차별, 호적의 이동, 자연혈족・법정혈족의 차별, 동복(同腹)・이복(異腹)의 차별은 하지 않는다.

④ **피상속인의 4촌 이내의 방계혈족(제4순위)**

이들은 피상속인의 직계비속・직계존속・배우자・형제자매가 없는 경우에만 상속인이 되고 촌수가 같으면 공동상속인이 된다.

⑤ **배우자의 상속순위**

배우자가 사망한 경우에는 생존배우자가 그 직계비속과 동순위로 공동상속인이 되고, 직계비속이 없는 경우에는 피상속인의 직계존속과 동순위로 공동상속인이 되고, 피상속인의 직계비속도 없고 직계존속도 없는 경우에는 단독상속인이 된다.

⑥ **상속의 결격**

어떤 상속인이 고의로 피상속인이나 다른 상속인에 대하여 어떤 범죄행위를 하거나 상속에 관한 유언에 대한 부정행위를 한 경우에는 그 상속인은 상속의 자격을 상실한다. 이를 상속의 결격이라고 하는데 그 결격사유는 다음과 같다. 즉,

i) 고의로 직계존속, 피상속인, 그 배우자 또는 상속의 선순위나 동순위에 있는 자를 살해하거나 살해하려 한 자,

ii) 고의로 직계존속, 피상속인과 그 배우자에게 상해를 가하여 사망에 이르게 한 자,

iii) 사기 또는 강박으로 피상속인의 양자 기타 상속에 관한 유언 또는 유언의 철회를 방해 한 자,

iv) 사기 또는 강박으로 피상속인의 양자 기타 상속에 관한 유언을 하게 한 자,

v) 피상속인의 양자 기타 상속에 관한 유언서를 위조・변조・파기 또는 은닉한 자 등은 피상속인의 사망 후에 상속에서 배제된다.

3) 대습상속

상속인이 될 사망자의 직계비속 또는 형제자매가 상속개시 전에 사망하거나 결격자가

된 경우에 그 직계비속이 있는 때에는 그 직계비속이 사망하거나 결격된 자의 순위에 갈음하여 상속인이 되고, 상속개시 전에 사망 또는 결격된 자의 배우자도 그 직계비속과 함께 동순위로 공동상속인이 되며, 그 직계비속이 없을 때에는 단독상속인이 된다. 이를 대습상속이라고 한다.

4) 법정상속분

(1) 동순위상속인의 상속분은 균분상속주의를 원칙으로 한다.

(2) 장남(과거의 호주상속인)도 그 상속분은 아무 차이도 없다. 즉, 과거의 5할 가산제도는 폐지되었다.

(3) 출가한 딸이라 하더라도 다른 상속인과의 사이에 상속분은 아무런 차이가 없다.

(4) 피상속인의 배우자의 상속분은 직계비속과 공동으로 상속하는 때에는 직계비속의 상속분의 5할을 가산하고, 직계존속과 공동으로 상속하는 때에는 직계존속의 상속분의 5할을 가산한다.

(5) 대습상속인의 상속분은 피대습상속인의 상속분에 의한다. 대습상속인이 여러 명인 때에는 그 상속분은 피대습상속인의 상속분의 한도에서 위의 법정상속분에 의하여 정한다.

5) 특별수익제도

(1) 의의

공동상속인 중에 피상속인으로부터 재산의 증여 또는 유증을 받은 자(특별수익자)가 있는 경우에 이러한 증여 또는 유증의 가액을 고려하지 않고 상속분을 산정하면 다른 상속인과의 관계에서 불공평한 결과가 발생하고, 또한 피상속인의 의사에도 반할 것이므로, 민법은 이러한 증여 또는 유증을 상속분의 선급으로 보고 상속분의 산정에서 이를 참작하는 규정을 두고 있다. 이것이 소위 특별수익자의 상속분이다.

(2) 특별수익의 반환의무자

특별수익을 받은 공동상속인이라도 상속을 포기하면 반환의무가 없다. 따라서 반환의무를 부담하는 수증자 또는 수유자는 상속을 포기하지 않은 법정상속인이다. 그리고 공동상속인의 직계비속, 배우자, 직계존속 등이 유증 또는 증여를 받았다 하더라도 그 공동상속인이 반환의무를 부담하지는 않는다.

대습상속의 경우에 대습상속인이 피상속인으로부터 특별수익을 받은 경우에도 반환의무가 있다고 보아야 한다.

(3) 특별수익의 범위

① 증여

특별수익으로 반환의 대상이 되는 증여는 상속분의 선급으로서의 의미를 가지는 모든 증여가 포함된다. 어떠한 증여가 특별수익에 해당하는가는 피상속인의 생전의 자산, 수입, 생활수준, 가정상황 등을 참작하고 공동상속인들 사이의 형평을 고려하여 결정하여야 한다. 혼인자금으로 받은 증여, 생계의 자금으로서 받은 증여, 주택건축자금으로 받은 증여 등이 그 전형적인 것이며, 고등교육을 위하여 소요된 비용은 피상속인의 자산·수입·사회적 지위에 적합한 것이면 부양의 일환으로 보아 증여에는 포함하지 않는 것이 타당할 것이다.

② 생명보험금

상속인 중의 한 사람을 수령인으로 한 보험금은 상속재산에는 포함되지 않으나, 특별수익에는 해당한다고 보아야 할 것이다. 피상속인인 보험계약자가 그 재산 속에서 보험료를 지급한 대가로서 실질적으로는 수익자에 대한 증여라고 할 수 있기 때문이다. 그러나 이를 특별수익으로 보더라도, 실제로 지급한 보험료액을 특별수익으로 보기보다는 피상속인의 사망시의 해약반환금을 특별수익으로 보는 것이 타당하다.

③ 사망퇴직금

피상속인의 사망에 의하여 상속인 중의 한 사람이 사망퇴직금을 취득한 경우에도 이를 특별수익으로 보는 것이 타당할 것이다. 그러나 그 전액을 특별수익으로 볼 것인가, 아니면 일부를 특별수익으로 볼 것인가의 문제는 다툼이 있다.

④ 유증

모든 유증은 특별수익으로 보아 반환대상이 된다. 유증의 목적물은 상속개시시에는 상속재산 중에 포함되어 있으므로 생전증여의 경우처럼 상속재산에 가산할 필요가 없다.

(4) 특별수익의 평가기준시와 평가방법

특별수익으로 반환되는 것은 현물이 아니라 가액이다. 따라서 반환재산의 가액을 평가하는 基準時를 언제로 할 것인가의 문제는 매우 중요하다. 유증은 상속개시시로부터 비로소 이행되기 때문에 유증목적물의 평가시기에 관하여 특히 문제가 되지는 않지만, 증여는 증여시와 상속개시시 사이에 상당한 시간적 간격이 있을 수 있기 때문에 분할시, 상속개시시, 이행시 등으로 학설이 나누어지고 있다.

그러나 수증자의 행위에 의하여 증여목적물이 멸실하거나 그 가액이 증감한 경우에는 증여 당시의 상태대로 존재한다고 보아 상속개시시의 시가로 평가하여야 할 것이다. 금전이 증여된 경우에도 상속개시시의 화폐가치로 환산・평가한다.

특별수익을 산정한 결과, 수증재산이 수증자의 상속분에 미달하는 경우에는 부족한 부분의 한도에서 상속분을 더 받을 수 있다.

6) 기여분제도

(1) 의의

특별수익제도와는 반대로 공동상속인 중에서 상당한 기간 동거・간호 그 밖의 방법으로 피상속인을 특별히 부양하거나 피상속인의 재산의 유지 또는 증가에 특별히 기여한 상속인이 있는 경우에, 이러한 기여를 무시하고 법정상속분에 따라 상속분을 산정하는 것은 매우 불공평한 결과가 될 것이다. 이에 그 상속분의 산정에 있어서 그 기여액을 가산하는 것이 상속인 간의 공평을 유지하는 데 필요할 것이다. 이것을 기여분제도라고 한다.

(2) 기여분권리자

기여분을 청구할 수 있는 자는 상속인에 한한다. 상속인 이외의 자, 예컨대 사실혼 배우자나 사실상의 양자는 기여분청구권자가 될 수 없다.

(3) 특별한 기여의 의미

기여분권리자는 '상당한 기간 동거・간호 그 밖의 방법으로 피상속인을 특별히 부양하거나', '피상속인의 재산의 유지 또는 증가에 관하여 특별히 기여한 자'이어야 한다.

상속인이 상당한 기간 피상속인을 요양·간호한 경우에는 피상속인의 재산의 유지 또는 증가에 기여하지 않았더라도 기여분권리자가 될 수 있다. 그러나 피상속인의 재산의 유지 또는 증가에 관하여 특별한 기여를 하였다고 볼 수 있는 것은,

i) 수인의 직계비속 중 1인이 무상으로 아버지의 사업을 위하여 장기에 걸쳐 노무를 제공하거나 재산상의 급여를 제공한 경우,

ii) 부동산매입에 있어서 금전을 제공한 경우,

iii) 부동산 등의 재산관리를 통하여 피상속인의 재산의 유지나 증가에 특별히 기여한 경우

등이다.

(4) 기여분의 결정절차

기여분은 먼저 공동상속인의 협의로 정하고, 협의가 되지 않거나 협의할 수 없는 때에는 기여자의 청구에 의하여 가정법원이 이를 정한다.

(5) 기여분의 산정방법

가정법원은 '기여의 시기, 방법 및 정도와 상속재산의 액, 그 밖의 사정을 참작하여 기여분을 정한다. 이는 기여분이 절대적인 가액으로서 독립하여 산정될 수 있는 것이 아니고 다른 상속인과의 상대적 관계에서 정해지는 것을 의미한다.

또 기여분은 상속이 개시된 때의 재산가액에서 유증의 가액을 공제한 액을 넘지 못한다고 하고 있다.

7) 특별연고자에 대한 상속재산의 분여제도

(1) 의의

특별연고자에 대한 분여제도란 상속인과 생계를 같이 하였거나 피상속인의 요양·간호를 하였거나 기타 피상속인과 특별한 연고가 있었던 자에게 상속재산의 전부 또는 일부를 나누어 줄 수 있는 제도를 말한다. 예컨대, 사실혼의 배우자나 사실상의 양자 또는 특별히 보살펴 준 친구나 양로원 등이 있는 경우에, 이러한 개인이나 단체는 상속재산의 전부나 일부에 대하여 분여청구를 할 수 있을 것이다.

다만, 이것은 상속인이 전혀 없는 경우에 한해서 인정되며, 상속인이 단 한 사람이라도 있는 경우에는 이 특별연고자에 대한 재산분여는 인정되지 않는다.

(2) 특별연고자

i) 피상속인과 생계를 같이 하고 있던 자,

ii) 피상속인을 요양·간호한 자,

iii) 기타 피상속인과 특별한 연고가 있던 자 등이다.

(3) 분여청구

특별연고자로부터 가정법원에 청구가 있어야 한다. 청구기간은 상속인수색공고기간 만료 후 2개월 이내이다.

이 청구가 있으면 가정법원에서는 그 청구의 상당성을 인정하기 위하여 특별연고자의 종류, 성별, 직업, 나이, 교육정도, 잔여상속재산의 종류·가액·내용·소재지 등을 종합적으로 고려하여야 할 것이다.

(4) 분여의 효과

가정법원에서 특별연고자의 분여청구권이 인정되면 상속재산의 전부 또는 일부에 대한 분여처분이 있게 된다. 이 특별연고자가 받은 분여재산은 원시취득으로 보아야 할 것이기 때문에 변제를 받지 못한 상속채권자나 수증자는 이에 대하여 아무런 청구도 할 수 없다고 보아야 할 것이다.

8) 상속의 승인 및 포기

(1) 의의

상속인은 상속개시된 때에 피상속인의 재산에 관한 포괄적인 권리의무를 승계하며, 공동상속의 경우는 각자의 상속분에 상응하는 비율로 피상속인의 권리의무를 승계한다. 즉 상속의 대상은 적극재산뿐만 아니라 소극재산, 즉 채무 등도 당연히 승계되는 것이다. 그리고 이러한 상속의 효력은 상속인의 의사와 관계없이 또 상속인이 알든 모르든 법률상 당연히 생기는 것이다. 따라서 상속재산이 채무가 많을 때에는 상속은 도리어 상속인의 부담이 되어 곤란하기 때문에 이러한 상속인을 보호하기 위하여 상속의 승인과 포기 제도를 두고 있다.

(2) 상속의 승인

상속인은 상속개시 후 일정한 기간 내에 상속의 개시에 의하여 발생할 효과의 승인 여부를 결정할 수 있다. 즉 상속인은 자기를 위하여 상속개시가 있은 것을 안 날로부터 3개월 이내에, 상속분에 따라 취득할 재산의 한도 내에서, 그 상속분에 상응하는 피상속인의 채무와 유증을 변제할 것을 조건으로 상속을 승인할 수 있는데, 이를 한정승인이라고 한다.

그런데 3개월의 숙려기간 내에 한정승인이나 후술하는 상속포기를 하지 않으면, 단순승인을 한 것으로 간주되어 상속개시에 의한 상속의 효과를 전면적으로 인정하는 결과가 된다(동법 제1019조) 즉, 민법 제1019조에 의하면 상속포기나 한정승인은 상속개시 있음을 안 날로부터 3월 이내에 하여야 하고, 이 기간 내에 한정승인이나 포기를 하지 않으면 단순승인한 것으로 보고 있으므로, 상속개시 있음을 안 날로부터 3월 내에 채무초과라는 사실을 알지 못하고 고려기간을 도과한 경우에는, 그 후에 이러한 사실을 알았다 하더라도 피상속인의 채무를 고스란히 승계할 수밖에 없게 되어 불합리한 결과가 된다.

이에 민법은 상속개시 후 고려기간 내에 상속채무가 상속재산을 초과함을 알지 못하고 또 그 채무초과사실을 알지 못함에 중대한 과실 없이 단순승인을 한 경우나 한정승인 또는 포기를 하지 아니한 상태로 고려기간을 도과함으로써 단순승인한 것으로 되는 경우에도 채무초과사실을 안 날로부터 다시 3월 내에 한정승인을 할 수 있도록 하였다(동법 제1019조 제3항). 이를 특별한정승인이라고 한다.

(3) 상속의 포기

상속의 포기는 상속의 개시에 의하여 발생하는 효과를 상속개시시에 소급하여 소멸시키는 것을 말한다. 상속의 포기 역시 상속인이 상속이 개시되었음을 안 날로부터 3개월 이내에 하여야 한다.

(4) 방식

상속의 한정승인 및 포기의 방식은 상속인이 숙려기간 내에 가정법원에 신고함으로써 성립한다. 또 상속인은 승인 또는 포기를 하기 전에 상속재산을 조사할 수 있으며, 또 조사의 필요상 혹은 상속인이 원거리에 있는 경우 등을 예상하여 이해관계인 또는 검사의 청구에 의하여 가정법원이 이 3개월의 기간을 연장할 수 있다.

특별한정승인의 경우에도 채무초과사실을 안 날로부터 3월의 기간 내에 상속재산의 목록을 첨부하여 가정법원에 특별한정승인의 신고를 하여야 한다(동법 제1030조 제1항).

2. 유언

1) 유언의 의의

유언이란 유언자의 사망과 동시에 일정한 법률효과를 발생시키는 것을 목적으로 일정한 방식에 따라서 하는 의사표시이며, 만 17세에 달한 자는 누구든지 사망하기 전에는 유언을 할 수 있다.

만약 재산에 관하여 유언을 하게 되면 법정상속분에 의하지 않고 유언의 내용에 따라 재산을 분배받게 된다. 그러므로 유언을 하는 사람이 법정상속분에 따른 상속을 원하지 않는 경우에는, 사망하기 전에 유언을 함으로써 자기의 의사에 따른 재산분배를 할 수 있다.

유언을 할 수 있는 내용은 법률로 정하여져 있으며, 그 정해진 내용에 대해서 유언을 한 경우에만 법적인 효력이 생긴다. 그 사항은 ⅰ) 재단법인의 설립, ⅱ) 친생부인, ⅲ) 인지, ⅳ) 후견인지정, ⅴ) 상속재산분할방법의 지정 또는 위탁, ⅵ) 상속재산분할금지, ⅶ) 유언집행자의 지정 또는 위탁, ⅷ) 유증, ⅸ) 신탁 등이다.

2) 유언의 방식

유언은 유언자가 사망하여야 그 효력이 발생하기 때문에, 그 유언이 유언자의 진의인지 아닌지 또는 유언이 있었는지 없었는지를 확인하기가 매우 어렵다. 따라서 민법은 유언자의 진의를 명확히 하고 분쟁과 혼란을 피하기 위하여 유언에 일정한 방식을 요구하고 이 방식에 따르지 않는 유언은 무효로 한다. 민법이 인정하는 유언의 방식에는 ① 자필증서, ② 녹음, ③ 공정증서, ④ 비밀증서, ⑤ 구수증서 등 5가지가 있다.

유언을 할 때에는 이러한 5가지 유언방식 중에서 그 장·단점을 고려하여 유언 당시의 상황 및 사정에 적합한 유언방식을 선택하여 그 방식에 따라야 한다. 각 유언방식의

장・단점을 간단히 살펴보면 다음과 같다.

(1) 자필증서에 의한 유언

가장 간단한 방식의 유언으로 유언자가 그 전문과 작성년월일, 주소, 성명을 자서하고 날인함으로써 성립한다.

이 유언방식은 유언자가 혼자서 비용도 들이지 않고 간이하게 작성할 수 있는 반면, 유언자가 법률을 잘 모르는 경우 방식의 불비, 내용의 불명확 때문에 그 효력에 대하여 분쟁이 일어날 위험성이 있고 분실・은닉・변개의 우려도 있다.

(2) 녹음에 의한 유언

유언자가 유언의 취지, 그 성명과 녹음년월일을 구술하고 이에 참여한 증인이 유언의 정확함과 그 성명을 구술함으로써 성립한다. 이 유언방식은 유언자의 육성을 사후에도 그대로 보전할 수 있는 점이 장점이나 녹음된 것이 자칫 소멸할 우려가 있다는 단점이 있다.

(3) 공정증서에 의한 유언

유언자가 증인 2명이 참여한 공증인의 앞에서 유언의 취지를 말하여 주고, 공증인이 이를 받아 적은 다음 낭독하여 유언자와 증인이 그 정확함을 승인한 후 각자 서명 또는 기명날인함으로써 성립한다.

이 유언방식은 공증인이 관여하므로 유언의 존재와 내용을 명확히 할 수 있고, 분실・은닉・변개될 염려도 없으나 비용이 드는 것이 단점이다.

(4) 비밀증서에 의한 유언

유언자가 필자의 성명을 기입한 증서를 엄봉날인하고, 이를 2명 이상의 증인의 앞에 제출하여 자기의 유언서임을 표시한 후 그 봉서 표면에 제출년월일을 기재하고 유언자와 증인이 각자 서명 또는 기명날인함으로써 성립한다. 그리고 그 유언봉서는 그 표면에 기재된 날로부터 5일 이내에 공증인 또는 법원서기에게 제출하여 그 봉인상에 확정일자인를 받아야 한다.

이 유언방식은 비밀이 유지된다는 장점이 있으나, 유언의 내용에 대해서 다툼이 생길 우려가 있고 검인절차가 필요한 것이 단점이다.

(5) 구수증서에 의한 유언

질병 기타 급박한 사유로 인하여 다른 방식으로 유언을 할 수 없는 경우에 유언자가 2명 이상의 증인의 참여로 그 1인에게 유언의 취지를 구수하고 그 구수를 받은 자가 이를 필기 낭독하여 유언자와 증인이 그 정확함을 승인한 후 각자 서명 또는 기명날인하는 것이다. 그리고 이 방식에 의한 유언은 그 증인 또는 이해관계인이 급박한 사유가 없어진 날로부터 7일 이내에 가정법원에 그 검인을 신청해야 한다.

이 유언방식은 급박한 경우에 간단한 형식으로 할 수 있다는 장점이 있으나, 가정법원의 검인절차를 반드시 밟아야 한다는 것이 단점이다.

3) 유증

유증이란 유언에 의한 재산의 무상증여이다. 이처럼 유증은 재산을 목적으로 하는 것이므로 유언의 자유란 바로 유증의 자유를 말한다고 할 수도 있을 것이다.

유증에는 포괄적 유증과 특정적 유증의 두 가지가 있다. 포괄적 유증은 적극재산과 소극재산을 포함하는 상속재산의 전부 또는 그 분수적 부분 내지 비율에 의한 유증을 말한다. 예컨대, 상속재산의 3분의 1 또는 2할을 준다는 형태의 유언이다. 이에 비하여 특정적 유증은 개개의 재산상의 이익을 구체적으로 특정하여 유증의 내용으로 하는 것이다. 예컨대, 어떤 부동산, 몇 번지의 토지를 준다든가 현금 몇 만 원을 준다든가 하는 유언이다.

포괄적 유증과 특정적 유증은 그 효력에 있어서도 차이가 있다. 즉, 포괄적 유증을 받은 자는 재산상속인과 동일한 권리의무를 가진다. 따라서 유증의 비율만큼의 상속분을 가지는 상속인이 한 사람 늘었다고 생각하면 된다. 그러나 특정적 유증의 경우에는 그 목적물이 상속재산으로서 일단 상속인에게 귀속되며, 유증을 받은 사람은 상속인에 대하여 유증의 이행을 청구할 수 있는 권리를 가질 뿐이다. 그리고 유증의 목적물인 그 특정재산권은 이행에 의하여 비로소 유증 받은 자에게 이전된다.

3. 유류분

1) 의의

사유재산제도 하에서는 원칙적으로 사람은 자기의 재산을 자유로이 처분할 수 있다.

이 원칙은 생전의 처분자유뿐만 아니라 유언에 의한 사후처분의 자유까지 포함한다. 그러나 유언에 의한 재산의 사후처분을 무제약적으로 인정하면, 피상속인의 처자 등 피상속인의 재산에 의존하여 생활하던 상속인의 생계를 불안하게 하는 등의 폐해가 발생할 우려가 있다.

유류분제도는 피상속인의 증여 또는 유증에 의한 재산처분의 자유를 제한하여 상속인들의 생활을 보장하는 데에 그 목적을 두고 있는 것이다.

유류분이란 일정한 범위의 상속인이 상속이 개시되면 확보할 수 있는 피상속인의 재산의 일정한 비율을 말하며, 상속인의 이러한 권리를 유류분권이라고 한다. 이 유류분권은 상속개시 후에 비로소 행사할 수 있다. 따라서 피상속인의 생전에 비록 유류분을 침해하는 것이 명백한 증여가 행해지더라도 상속인으로서는 유류분권을 바탕으로 한 보전처분 등의 법률적 수단은 인정되지 않는다. 또 유류분권은 상속개시 후에는 자유로이 포기할 수 있으나 상속개시 전에는 포기할 수 없다.

2) 유류분권리자

유류분은 모든 상속순위자에게 인정되는 것이 아니고 피상속인의 직계비속·배우자·직계존속·형제자매에게만 인정되는 것이고, 유류분권을 행사할 수 있는 자는 재산상속의 순위상 상속권이 있는 자이어야 한다. 그러므로 제1순위의 상속인인 직계비속과 배우자가 있는 경우에는 제2순위 상속인인 직계존속은 유류분권을 행사할 수 없다.

태아도 살아서 출생하면 직계비속으로서 유류분을 가지며, 대습상속인도 피대습자의 상속분의 범위 내에서 유류분을 가진다.

3) 유류분

유류분의 비율은 다음과 같다. 즉,

① 피상속인의 직계비속은 그 법정상속분의 2분의 1,

② 피상속인의 배우자는 그 법정상속분의 2분의 1,

③ 피상속인의 직계존속은 그 법정상속분의 3분의 1,

④ 피상속인의 형제자매는 그 법정상속분의 3분의 1이다.

4) 유류분의 산정

유류분산정의 기초로 삼는 재산은 피상속인이 상속개시시에 있어서 가진 재산의 가액에 증여한 재산의 가액을 가산하고 그것으로부터 채무의 금액을 공제함으로써 산정한다.

증여에 관해서는 상속개시가 있기 전의 1년 사이에 행해진 것에 한해서만 그 가액을 산입한다. 다만, 당사자 쌍방이 유류분권리자에 대하여 손해를 가할 것을 알고 증여를 한 경우에는 1년 전에 한 것이라도 산입한다. 그러나 공동상속인 중에 피상속인으로부터 특별수익을 받은 것이 있다면 그것은 비록 상속개시 1년 전의 것이라 하더라도 모두 산입한다.

유류분산정시 공제의 대상이 되는 채무라고 하는 것은 이른바 상속채무를 가리키나 유증으로 인하여 상속인이 부담하게 된 채무는 반환의 대상이 되는 것이기 때문에 공제할 필요가 없다.

5) 유류분반환청구권

유류분을 갖는 상속인이 받은 상속재산이 유류분을 침해하는 증여 또는 유증으로 말미암아 그 유류분에 부족함이 생겼을 경우에는 그 부족한 한도 내에서 그 재산의 반환을 청구할 수 있다.

반환청구권자로서는 유류분권리자 뿐만 아니라 그 승계인도 포함되며 반환청구의 상대방은 수증자・수유자는 물론 그 상속인도 해당된다.

유류분을 침해하게 된 피상속인의 행위로서 증여와 유증이 있는 경우에는 반환의 순서가 있는데, 증여에 대해서는 유증을 반환받은 후가 아니면 반환을 청구할 수 없다. 그리고 증여 또는 유증을 받은 자가 여러 명 있는 경우에는 각자가 얻은 증여 또는 유증의 비례로 반환하여야 한다.

반환청구권은 유류분권리자가 상속의 개시와 반환하여야 할 증여 또는 유증을 한 사실을 안 때로부터 1년 내에 행사하지 아니하면 시효로 소멸하며, 상속이 개시된 때로부터 10년이 경과한 때에도 마찬가지로 소멸한다.

4. 사례 해설

〈사례 1〉 우선 甲과 丙은 동시에 사망하였다. 따라서 甲과 丙 사이에는 상속의 문제가 발생하지 않으므로, 甲의 재산은 상속개시시에 乙이 생존 중이므로 일단 배우자로서 乙이 상속을 받고, 丙의 재산 또한 乙이 직계존속으로 상속을 받은 후, 乙이 사망하면 결국 甲·乙·丙의 전 재산을 戊와 己가 상속한다.

또 甲·乙·丙이 모두 동시에 사망한 경우에는 甲의 재산은 甲의 상속인으로 3순위 상속인인 甲의 동생인 丁이 상속을 받고, 乙의 재산은 2순위 상속인인 戊와 己가 상속을 받으며, 丙의 재산은 상속인으로 2순위 상속인인 직계존속 戊와 己가 있고, 4순위 상속인인 丁이 있으므로 2순위인 戊와 己가 상속을 받는다.

〈사례 2〉 우선 甲의 사망으로 인한 상속재산은 그 상속인으로 甲의 처 乙과 태아 丙이 상속을 받는다. 원래 태아는 사람이 아니어서 권리능력이 없으나 태아에 대한 개별적 보호주의에 따라, 우리 민법은 태아도 상속순위에 관하여는 이미 출생한 것으로 보기 때문이다. 한편, 丁의 사망으로 인한 상속에 있어서는 乙과 丙은 대습상속에 의해 丁에 대한 상속권을 가진다.

〈사례 3〉에서 아들을 제외한 상속인들은 자신들의 상속지분에 상당하는 재산을 유류분으로 반환할 것을 아들에게 청구할 수 있다. 갑돌이에게는 유언의 자유가 있으므로 갑돌이가 자신의 재산을 누구에게 주기로 유언하든 그것은 갑돌이의 자유이나, 유언의 자유를 완전히 인정하면 남아 있는 상속권자들에게는 많은 희생을 강요하는 것이어서 유언의 자유를 인정하면서 거기에 제한을 두는 제도가 바로 유류분제도인 것이다.

위의 사례처럼 갑돌이가 아들에게 전 재산을 주기로 유언한 경우 처와 다른 상속인들은 기대했던 상속을 받을 수 없으나 일정한 범위 내에서 반환을 청구할 수 있다. 이때 처와 다른 자녀들은 자신들의 상속지분의 2분지 1에 해당하는 재산을 유류분으로 반환할 것을 장남에게 청구할 수 있다. 갑돌이가 사망하기 1년 이전에 전 재산을 장남에게 증여한 경우에도 처와 다른 자녀들은 유류분청구를 할 수 있고, 갑돌이와 아들이 다른 상속인에게 손해를 가할 것을 알고 증여한 경우에는 1년 이전에 증여한 것도 포함된다. 그러나 유류분청구를 포기하는 것은 상속인들의 자유이며, 따라서 처는 유류분청구를 포기하고 딸들만 청구하는 것도 가능하다.

유류분의 반환청구는 언제나 할 수 있는 것이 아니라 상속의 개시와 반환하여야 할 증여 또는 유증을 한 사실을 안 날로부터 1년 이내에 행사하지 않으면 시효로 소멸하고 상속이 개시한 때로부터 10년이 경과한 때에도 역시 소멸한다.

Ⅱ 혼인외의 자의 상속

갑순이는 유부남인 갑돌이를 만나 사귀던 중 임신을 하게 되어 길동이를 낳았다. 그러나 갑돌이가 유부남인지라 길동이를 갑돌이의 가족관계등록부에 올리지 못하고 있던 중, 갑돌이는 가끔 생활비를 보내주기도 하고 찾아오기도 하였으나 어느날 갑자기 발길을 끊었다. 그 후 갑돌이가 8개월 전에 암으로 사망하였다는 소식을 듣게 되었다.

갑순이는 길동이의 장래를 위하여 갑돌이의 가족관계등록부에 기재하고 또 상속도 받고 싶은데 갑돌이가 이미 사망한 상태에서 어떻게 하면 좋을까?

1. 친생자

1) 의의

친자관계 중에서 부모와 자연적 혈연관계에 있는 자를 친생자라 하며, 친생자는 혼인중의 출생자와 혼인외의 출생자로 나누어진다.

그리고 혼인중의 출생자는 다시 친생자로 추정을 받는 자와 추정을 받지 못하는 자로 나누어진다.

2) 혼인중의 출생자

혼인중에 처가 출산한 자는 부부의 혼인중의 출생자가 된다. 이때 모자관계는 출산이라는 사실관계를 바탕으로 친생 여부가 확인되지만, 부자관계는 반드시 명확하지는 않다. 따라서 혼인중에 출생한 자라 하더라도 법률적으로 그 친생 여부를 결정할 필요가 있다. 즉, 처가 혼인중에 포태한 자는 그 남편의 자로 추정을 한다. 그러나 혼인중의 포태 여부의 증명도 매우 어렵기 때문에, 다시 혼인성립일로부터 200일 이후 또는 혼인관계 종료 후 300일 이내에 출생한 자는 혼인중에 포태한 것으로 추정한다.

그런데 여자가 이혼하거나 남편과 사별 후에 곧바로 재혼하고 해산한 때에는, 전남편의 자로도 추정을 받으며 또 뒤의 남편의 자로도 추정을 받으므로, 아버지를 정할 수 없는 경우가 생긴다. 이 경우에는 당사자의 청구에 의하여 가정법원에서 아버지를 정하게 된다. 이를 부(父)를 정하는 소라고 한다.

그런데 추정을 받는 혼인중의 출생자는 그 부(夫)에 의한 친생부인의 소에 의하지 아니하고는 아무도 그 친생 여부를 다툴 수 없다. 따라서 그의 친자법상의 지위는 매우 안정적이다.

3) 친생부인의 소

혼인중의 출생자가 부(夫)의 자로 추정을 받는 경우에는, 친생부인의 소에 의하지 아니하고는 그 추정을 깨뜨릴 수 없다. 그런데 친생부인의 소(訴)는 부 또는 처만이 제기할 수 있다(민법 제846조). 예외적으로 남편이나 아내가 피성년후견인인 경우에는 그의 성년후견인이 성년후견감독인의 동의를 받아 친생부인의 소를 제기할 수 있으며, 성년후견감독인이 없거나 동의할 수 없을 때에는 가정법원에 그 동의를 갈음하는 허가를 청구할 수 있다(동법 제848조 제1항). 성년후견인이 친생부인의 소를 제기하지 아니하는 경우에는 피성년후견인은 성년후견종료의 심판이 있은 날부터 2년 내에(동법 제848조 제2항), 부(夫)가 자(子)의 출생 전에 사망하거나 부(夫) 또는 처(妻)가 제847조 제1항의 기간 내에 사망한 때에는 부(夫) 또는 처(妻)의 직계존속이나 직계비속에 한하여 그 사망을 안 날부터 2년 내에 친생부인의 소를 제기할 수 있으며(동법 제851조), 부 또는 처가 유언으로 친생부인의 의사표시를 한 때에는 유언집행자가 친생부인의 소를 제기하여야 한다(동법 제850조). 따라서 자의 생부라 하더라도 추정을 받는 자의 친자관계를 먼저 다툴 수는 없다.

그리고 친생부인의 소는 부(夫) 또는 처(妻)가 다른 일방 또는 자(子)를 상대로 하여 그 사유가 있음을 안 날부터 2년 내에 이를 제기하여야 하며(동법 847조 제1항), 상대방이 될 자가 모두 사망한 때에는 그 사망을 안 날부터 2년 내에 검사를 상대로 하여 친생부인의 소를 제기할 수 있다(동법 848조 제2항).

2005년 개정전민법이 제소기간의 기산점에 관하여 '子의 출생을 안 날로부터 1년'인데 비하여, 개정민법은 '그 사유 있음을 안 날부터 2년'으로 변경되어 사실상 소제기기간이 거의 무한정으로 늘어나게 되었다.

4) 혼인외의 출생자

父를 알 수 없는 혼인외의 출생자는 母의 성과 본을 따르도록 하고 있으며(2005년 개정 전민법 제781조 제3항), 父가 누구인지 알 수 있는 경우에는 부의 성을 따를 수 있다. 그러나 어느 경우에도 친자관계는 父로부터 인지를 받기 전에는 母와의 사이에서만 생기고, 母의 친권에 복종한다. 따라서 친족 · 부양 · 상속관계도 母의 혈족과의 사이에서만 발생한다.

5) 인지

인지는 자기의 자임을 확인하는 행위로서 혼인외의 출생자는 생부나 생모가 스스로 인지할 수 있다. 이를 임의인지라고 한다. 자가 사망한 뒤라도 직계비속이 있으면 이를 인지할 수 있고, 포태 중의 자에 대해서도 인지할 수 있고, 유언으로도 인지할 수 있다.

인지는 가족관계등록부가 정한 바에 따라 신고하여야 효력이 생기고, 그 효력은 출생시에 소급하여 효력이 발생한다. 자나 이해관계인은 인지신고가 있음을 안 날로부터 2년 이내에 인지이의의 소를 제기할 수 있고, 부 또는 모가 사망한 때에는 사망을 안 날로부터 2년 이내에 검사를 상대로 인지이의의 소를 제기할 수 있다.

부 또는 모가 임의로 인지를 하지 않으면 자나 그 직계비속 또는 그 법정대리인은 부 또는 모를 상대로 인지청구의 소를 제기할 수 있고, 부 또는 모가 사망한 경우는 사망을 안 날로부터 1년 이내에 검사를 상대로 인지청구의 소를 제기할 수 있다. 이를 강제인지라고 한다.

6) 친생자관계존부확인의 소

위에서 본 친생부인의 소, 부를 정하는 소, 인지청구의 소, 인지이의의 소 등은 모두 친자관계를 발생 또는 소멸시킬 목적으로 하는 소송이다. 이러한 소를 제기할 수 있는 자는 다른 사유를 원인으로 하여 친생자관계존부확인의 소를 별도로 제기할 수 있다. 친생자관계존부확인의 소에는 출소기간을 제한하는 규정이 없기 때문에 언제라도 제기할 수 있다. 그리고 당사자의 일방이 사망한 경우에는 그 사망을 안 날로부터 2년 이내에 한하여 검사를 상대로 소송을 제기할 수 있다.

7) 준정제도

법률상의 혼인관계가 없는 부모 사이에서 출생한 혼인외의 자가, 그 후에 부모가 혼인을 함으로써 당연히 혼인중의 자로서의 신분을 취득하는 것을 준정제도라고 한다. 이 제도는 자의 이익을 위해서나 또 혼인외의 남녀관계를 정상적인 혼인관계로 이행시킬 수 있다는 정책적 고려에서 그 타당성이 인정된다.

준정에 의하여 혼인외의 자는 혼인중의 자로서의 신분을 취득하게 되지만, 이러한 준정의 효력은 부모가 혼인한 때로부터 발생하게 되고, 그 자의 출생시까지 소급하지는 않는다.

준정은 결국 사실상의 부모가 혼인을 하는 것을 요건으로 하는데, 현행민법상 인정되는 것은 혼인으로 인한 준정, 혼인중의 준정, 혼인후의 준정 등 세 가지 경우가 있다.

① 혼인외의 자가 이미 부모의 인지를 받고 있는 경우에는, 부모의 혼인 전에 이미 친생자관계가 명확하게 되어 있기 때문에 그 자는 부모의 혼인에 의하여 당연히 혼인중의 자로서의 신분을 취득하는데, 이를 혼인으로 인한 준정 또는 혼인준정이라고 하며 민법도 명문으로 이를 인정하고 있다(동법 제855조 제2항).

② 혼인외의 자가 부모의 혼인 전에 인지되어 있지 않는 경우에는, 아직 부자관계가 명확하지 않기 때문에 부모가 혼인한 후 부의 인지신고가 있은 때로부터 비로소 혼인중의 자로서의 신분을 취득하게 되며, 기아(棄兒)와 같이 모자관계도 판명되어 있지 않는 경우에는 모도 인지하여야 모에 대한 준정의 효과도 발생하게 되는데, 이를 혼인중의 준정이라고 하며 명문의 규정은 없으나 해석상 당연하다.

③ 혼인외의 자가 부모의 혼인중의 인지가 없어서 혼인중의 자로서의 신분을 취득하지 못한 채 그 혼인관계가 종료한 후에 부모의 인지가 있는 경우에는 친생자관계가 명확하게 되는데, 이를 혼인후의 준정이라고 하며 역시 명문의 규정은 없으나 해석상 당연히 인정된다.

2. 사례 해설

자녀를 인지하지 않은 상태에서 부 또는 모가 사망한 경우에는 그 사망을 안 날로부터 2년 내에 검사를 상대로 하여 인지청구의 소를 제기할 수 있으므로, 갑돌이가 사망한 것은 8개월 전이고 이 사실을 안 것이 최근이므로 길동이는 검사를 상대로 인지청구의 소를 제기할 수 있다.

또한 인지청구의 소에 의하여 길동이가 갑돌이의 子로 판명되면 길동이는 갑돌이의 가족관계등록부에 기록될 수 있고 자녀로서 갑돌이의 유산도 상속받을 수 있다. 다만, 길동이가 상속재산분할 후에 인지를 받아 공동상속인이 되었다면 다른 상속인들에게 가액반환의 청구를 할 수 있을 뿐이다. 실질적으로는 상속회복청구이지만 거래의 안전을 위하여 현물반환이 아니라 가액반환을 인정하는 것이다.

제 3 장

부동산매매의 법률문제

▌사 례▌

1 甲은 원룸아파트를 신축할 목적으로 대전광역시 오정동 소재 乙의 대지에 관하여 등기부를 열람하여 등기부상 乙이 소유권자라는 것을 직접 확인하고 이를 매수하여 등기이전을 하였다. 그런데 몇 달이 지난 후 丙이라는 사람이 나타나 자기가 실제소유자라며 대지를 돌려줄 것을 요구하였다. 이 경우에 갑은 반환하여야 하는가? 또한 부동산 매매시 유의사항으로는 어떤 것들이 있는가?

2 甲은 얼마 전에 아버님의 유산을 형님과 함께 상속받았으나, 아이들의 교육 등 생활문제로 상속재산 중 부동산을 팔 수밖에 없게 되었다. 그런데 아직 甲 앞으로 등기는 이전하지 않았는데 등기하지 않은 상태로 팔아서 매수인의 이름으로 직접 등기할 수 있을까?

3 甲은 친구인 乙이 계속 살고 있던 가옥을 매매하겠다고 하여 아무런 의심 없이 이를 믿고 매입하였다. 대금을 완불한 후 등기부를 열람하였는데 甲과의 계약 이전부터 가등기가 설정되어 있었다. 乙은 甲에게 친구로서 전혀 손해가 가지 않도록 할테니 염려말라고 하지만, 甲은 어떻게 해야 할 것인가?

I 매매의 의의

매매라 함은 당사자 중 일방이 일정한 부동산을 상대방에게 팔 것을 약정하고, 상대방은 그 대가로 일정금액을 지불할 것을 약속함으로써 효력이 발생하는 계약에 의해 이루어지는 거래를 말한다. 이때에 부동산을 공급하는 자가 매도인이고, 그 대가로서 일정금액을 지급할 채무를 부담하는 자를 매수인이라고 한다.

원래 매매계약은 재산권의 이전에 관하여 대금을 지급하는 것을 목적으로 하는 계약이므로, 이 두 가지 점에 관한 당사자의 의사표시의 합치만 있으면 유효하게 성립한다. 그리고 이때의 의사표시는 구두 또는 서면으로 할 수 있으며, 기타 어떠한 방법에 의하여도 무방하다. 그러나 부동산매매에 있어서는 후일 분쟁의 소지를 없애고, 또 그 내용을 확실히 하기 위해서 반드시 계약서를 작성하여야 한다.

매매계약이 성립하면 매도인은 매매의 목적인 재산권을 매수인에게 이전할 의무를 부담하고, 매수인은 매매대금을 매도인에게 지급할 의무를 부담한다. 이때 매매의 목적인 재산권에 흠(하자)이 있거나 매매목적물에 흠이 있는 경우에는 매도인은 담보책임을 지게 된다.

II 계약금

1. 의의

계약금이란 계약을 체결할 때에 당사자의 일방으로부터 상대방에게 교부되는 금전 기타의 유가물이다. 계약금의 교부도 일종의 계약으로서 유가물의 교부에 의하여 성립한다. 매매는 매매의사의 합치만으로 성립하므로 계약금이 계약의 성립요건은 아니다. 따라서 계약금은 단순한 계약성립의 효과로서(증약금), 또는 계약위반의 경우에 몰수하는 위약벌로서(위약계약금), 또는 해제권의 유보로서의(해약금) 성질을 갖는다. 현행민법에서는 계약금은 원칙적으로 이 해약금의 성질을 갖는 것으로 본다.

2. 해약금

매수인은 해약금액을 포기하고, 매도인은 그 배액을 상환하여 매매계약을 해제할 수 있다. 이 경우에 손해배상청구권은 발생하지 않는다. 그러나 계약금이 수수되어 있더라도 당사자는 채무불이행을 이유로 하는 해제를 할 수 있음은 물론이다. 이때에는 다른 특약이 없는 한, 손해배상 및 해약금의 반환 등의 원상회복도 청구할 수 있다. 다만, 이 경우에는 이미 지급한 계약금은 이를 공제 또는 가산하게 될 것이다. 계약금으로 지급한 것이 부당이득으로서 반환청구의 대상이 되기 때문이다. 계약이 이행된 때에는 계약금은 부당이득으로 반환청구되는 대신에 매매대금에 충당되는 것이 보통이다.

3. 해약금의 추정

민법은 당사자 사이에 다른 약정이 없는 한, 내금·약정금·보증금·계약금·전도금·착수금·선금 등의 명칭여하에 구애됨이 없이, 이를 해약금으로 추정한다. 위에서 본 바와 같이 계약금의 성질이 여러 가지가 있기 때문에, 실제의 경우 그 계약금의 성질이 분명하지 않기 때문에 이러한 규정을 두고 있다.

따라서 해약금이 교부되었을 때에는 상대방이 계약의 이행에 착수할 때까지 계약을 해제할 수 있다. 착수는 이행의 준비와는 구별되어야 한다. 즉, 중도금의 제공 등 채무의 이행행위의 일부를 행하거나 또는 이행에 필요한 전제행위를 하는 것을 말한다. 따라서 중도금을 받은 이후에는 계약을 해제할 수 없다.

Ⅲ 매매계약서

1. 매매계약서의 작성

부동산의 매매를 위해서는 일반적으로 시중에서 판매하는 인쇄된 계약서용지나 부동산중개업자가 준비하고 있는 '부동산매매계약서'라고 표제가 된 계약서용지를 사용한다.

2. 매매계약서의 기재사항

매매계약서를 작성하는 것은 후일의 분쟁의 여지를 없애고 그 내용을 명확히 하기 위한 것이기 때문에 다음의 사항을 기재하여야 한다.

① 매도인과 매수인의 표시
② 매매대금(계약금 · 중도금 · 잔금)의 액과 그 지불방법과 시기
③ 목적물의 표시
④ 소유권이전등기의 시기
⑤ 목적물의 명도시기
⑥ 기타 특별한 사항이나 조건 등

그리고 토지의 실제면적과 등기부상의 면적이 다른 경우가 가끔 있다. 그러므로 면적(평방미터)당 산정가를 표시하고 총액을 산출하더라도, 등기부상의 면적으로 매매하는 경우에는 실제면적이 많든 적든 서로 일체의 이의를 제기하지 않도록 할 것인지, 혹은 실제면적에 의하여 매매계약을 체결한다는 뜻을 명확히 기재해 두는 것이 좋다. 후일 대금의 증액이나 감액을 둘러 싼 분쟁을 미리 막기 위해서이다.

3. 매매계약서의 검인

매매계약을 체결한 뒤 그 내용을 기재한 계약서를 가지고 매매대상 목적물이 소재하는 시 · 군 · 구청에 가면 검인을 받을 수 있다. 부동산등기특별조치법에서는 매매, 교환

등 계약으로 인한 소유권이전등기를 신청할 때에는 시・군・구청장의 검인을 받은 계약서를 첨부하여야 등기를 할 수 있게 한다. 검인제도는 미등기전매 등 불법적인 부동산거래행위를 규제하여 부동산투기를 방지하고 건전한 부동산거래질서를 확립하기 위하여 1988년 10월 1일부터 시행한 제도이다.

4. 부동산거래신고제도

그런데 토지나 주택을 매매하는 때에는 계약일로부터 60일 이내에 부동산거래계약신고서를 작성하여 관할 시・군・구청에 신고하여야 한다. 이는 이중계약 등 잘못된 관행을 없애고 부동산거래를 투명하게 하기 위하여 2006년 1월 1일부터 시행하는 것으로, 중개업자나 거래당사자로 하여금 부동산의 실제거래가격을 포함한 거래사실의 신고를 의무화한 것이다.

부동산중개업자가 매매계약서를 작성교부한 경우에는 중개업자가 신고하여야 하며, 매도인과 매수인이 직접 매매한 경우에는 당사자가 공동으로 신고하여야 한다. 이 신고는 방문신고와 인터넷신고 모두 가능하다.

부동산거래신고서를 제출하면 신고필증을 교부받게 되는데, 이는 부동산등기특별조치법에 의한 검인을 받은 것으로 본다. 그리고 신고된 가격은 등기부등본에 기재되며, 2007년부터 이를 기준으로 양도소득세가 부과된다.

Ⅳ 매매부동산의 조사

1. 토지거래허가제 실시지역

토지거래허가제는 소유권 등의 이전 또는 설정계약을 체결하고자 할 때, 시・군의 허가를 받아 계약을 체결해야 하는 것을 말한다. 허가대상지역에서 허가를 받지 않고 계약을 체결하면 그 계약의 효력이 인정되지 않으므로 등기를 할 수 없게 되고, 또 처벌을 받게 되므로 이를 반드시 확인하여야 한다.

2. 농지매매

농지를 취득하고자 하는 자는 농지의 소재지를 관할하는 시장 · 구청장, 읍장 또는 면장으로부터 농지취득자격증명을 발급받아야 한다(농지법 제8조).

3. 토지의 형상과 위치

매매의 목적이 된 토지를 확인하려면 토지등기부등본과 지적도면(도시계획확인원 · 환지예정지증명)을 지참하고 현장을 직접 확인하는 것이 좋다. 지적도는 토지의 형상을 선으로 표시한 500 내지 240의 축척인 지도이므로 가옥의 소재 등을 확인할 필요가 있다.

4. 공법상의 제한

주택지의 이용은 일반적으로 도시계획관계법규(도시계획법 · 토지구획정리사업법 · 건축법 · 도시재개발법 등)에 의하여 그 용도가 제한되기 때문에 그 적용유무를 조사하여야 한다. 예컨대, 도시계획구역이라면 도시화를 촉진하고자 일정한 지역을 정하고, 그 정한 지역마다 각각 상이한 토지이용의 특성을 부여하며, 그 특성에 따라 건축물의 용도 · 규모 · 대지면적 · 건폐율 · 용적률 등의 제한에 차이가 있다.

건물을 매수하는 경우에는 그 건물의 연혁과 건축의 건물면적 · 용도 · 구조 등이 정당하게 취득되었는지, 즉 위반건물이거나 위반부분이 없는지를 살펴보아야 한다. 의심이 나는 부분이 있으면 관할청에 건축허가관계서류를 열람할 필요가 있다.

현행지적법상 토지용도는 전, 답, 과수원, 임야, 대, 공장용지, 학교용지, 도로, 공원, 사적지, 잡종지 등 28종류의 구별이 있다.

V 등기의 실행

1. 의의

우리나라의 부동산법은 매매계약의 성립만으로는 소유권이 이전되지 않고 등기를 하여야 소유권이 이전되기 때문에, 잔금을 치루고 등기에 필요한 서류를 교부받았다 하더라도 등기를 하지 않고 있는 사이에 소유권을 남에게 빼앗기는 사례가 가끔 있다. 또 등기를 하지 않고 있는 동안에 소유권을 잃지는 않는다 하더라도 그 절차가 복잡해지는 경우도 있다. 즉, 매도인이 사망하고 그의 상속인이 여러 명 있을 때에는 많은 시간과 비용이 필요하게 되고, 또 경우에 따라서는 이들을 상대로 소유권이전등기청구소송을 제기해야 하는 경우도 생긴다. 따라서 매매가 끝나면 즉시 등기를 하는 것을 잊어서는 안 된다.

특히 부동산등기특별조치법은 계약의 당사자가 서로 대가적인 채무를 부담하는 경우에는 반대급부의 이행이 완료된 날로부터 60일 이내에 소유권이전등기를 신청하도록 하고 있으며(동법 제2조 제1항), 이에 위반하는 경우에는 그 부동산 등록세액의 5배 이하에 상당하는 금액의 과태료에 처하도록 하고 있다(동법 제11조 제1항).

2. 공동신청

부동산소유권이전등기를 하기 위해서는 매도인과 매수인이 공동으로 관할 등기소에 소유권이전등기를 신청하면 된다. 따라서 매수인이 자기의 명의로 이전등기를 하기 위해서는 매도인의 협력이 필요하다. 이때 매도인이 등기신청에 협력하지 않으면 등기를 할 수 없으므로, 매수인은 매도인에 대하여 등기에 협력해 줄 것을 청구할 수 있다. 이를 등기청구권이라고 한다.

그러나 판결에 의한 등기·상속에 의한 등기·미등기부동산의 보존등기·멸실회복등기 등은 단독으로 신청할 수 있다. 또 가등기는 가처분명령의 정본을 첨부하거나 또는 가등기의무자의 승낙서를 첨부하면 역시 단독신청이 가능하다.

3. 등기신청에 필요한 서면

① 신청서

등기를 신청하기 위해서는 반드시 신청서를 제출하여야 하며, 신청서에는 일정사항을 기재하고 신청인이 서명날인하여야 한다.

② 등기원인을 증명하는 서면

예컨대 매매에 의한 소유권이전등기의 신청에 있어서는 매매계약서가 바로 등기원인을 증명하는 서면이 된다.

③ 등기의무자의 권리에 관한 등기필증(등기권리증)

등기신청에 요구되는 등기의무자의 권리에 관한 등기필증은 이제 등기를 신청하고자 하는 권리관계의 기점이 되는 등기의무자의 권리에 관하여, 등기의무자가 이전에 등기권리자로서 등기를 신청하였을 때에 등기소로부터 교부받았던 등기필증을 말한다(등기필증에 관한 설명 참조).

④ 대리권한을 증명하는 서면

대리인으로 하여금 등기신청을 하는 경우에는, 그 대리인의 권한을 증명하는 서면을 제출하여야 한다. 여기서 대리인은 임의대리인 · 법정대리인 · 법인의 대표기관도 포함되고, 위임장 · 가족관계등록부 · 법인 또는 회사등기부의 등본 등이 대리권한을 증명하는 서면이 될 것이다.

⑤ 신청인의 주소를 증명하는 서면

주민등록등본 등을 말한다.

⑥ 인감증명서

부동산매도용의 인감증명서는 그 유효기간이 발행일로부터 3개월이라는 특칙(부동산등기법 시행규칙 제55조 제1항)이 있으므로 매수인은 이를 특히 주의하여야 한다. 실무에서는 통상 발행일로부터 1개월 내의 인감증명서를 요구한다.

4. 이전등기

매매에 의해 甲이 소유하고 있던 부동산을 乙이 취득하면, 등기부의 '갑구'란에 甲으로부터 乙에게 언제 매매가 되고 언제 접수가 되어 등기가 되었는지 등 소유권에 관한 사항이 명확하게 기재된다. 이를 이전등기라고 하며, 이 등기에 의하여 乙은 비로소 소유권을 취득하게 되고 제3자로부터 소유자로 인정받게 된다. 따라서 부동산을 취득하면 즉시 소유권이전등기를 신청하여야 하는 것이다.

5. 중간생략등기

중간생략등기라 함은 부동산소유권을 비롯한 부동산물권이 최초의 양도인으로부터 중간취득자를 거쳐 최후의 양수인에게 직접 권리가 변동된 것과 같이 등기가 이루어지는 경우에 바로 그 등기를 가리키는 것이다. 예컨대 甲이 乙에게 자기 부동산을 매도하였는데, 乙은 자기 앞으로 이전등기를 함이 없이 다시 丙에게 매도하면서, 甲에게서 丙에게로 직접 이전등기를 하는 경우 등이 그 대표적인 것이다. 이러한 중간생략등기는 주로 부동산소유권의 이전에 있어서 절차와 비용을 절감하기 위하여 많이 이용되고 있다.

이 중간생략등기에 관하여는 진실한 권리변동의 과정을 표시하지 못하므로 그 유효성이 다투어지고 있다. 대체로 이러한 중간생략등기가 엄청나게 많이 행해지고 있는 현재의 거래관행 하에서 거래의 안전을 보호해야 한다는 명분으로 일반적으로 이를 유효한 것으로 보고 있다. 그러나 이러한 중간생략등기는 탈세와 투기의 목적으로 이용되는 경우가 많으므로, 후술하는 부동산등기특별조치법에 의하여 이를 금지하고 형사처벌의 대상으로 하고 있음을 주의하여야 한다. 중간자도 반드시 등기하여 등기부에 채권관계의 연속적 과정이 나타나야 하는 것이다(부동산등기특별조치법 제2조 제2항).

그래서 조세부과를 면하거나 다른 시점 간의 가격변동에 따른 이득을 얻으려 하거나 소유권 등 권리변동을 규제하는 법령의 제한을 회피할 목적으로 중간생략등기를 한 자는 3년 이하의 징역이나 1억 원 이하의 벌금에 처한다고 규정한다(동법 제8조 제1호).

이러한 중간생략등기의 문제는 상속인의 재산처분에서도 많이 발생한다. 즉, 상속인이 상속에 의하여 취득한 부동산물권에 관하여 상속에 의한 이전등기를 하지 아니한 채 제3자와 물권행위를 하고, 피상속인으로부터 직접 제3자 앞으로 이전등기를 해주는 경우가 그것이다. 판례는 이러한 경우에 있어서의 중간생략등기도 마찬가지로 유효한 것으로 보고 있다.

6. 가등기

일반적으로 매매대금 중 잔금을 지급하였을 때는 매도인으로부터 이전등기에 필요한 모든 서류를 받는다. 그러나 매매계약이 성립되어 계약금을 지급하였거나 중도금을 지급하였다면 매수인의 권리를 확보하기 위하여 소유권이전청구권보전을 위한 가등기를 해두는 것이 좋다. 그렇지 않으면 이중매매 등으로 곤란한 경우가 발생할 수 있다. 즉, 부동산이 이중으로 매매된 경우에는 매매계약일자에 관계없이 먼저 본등기를 한 사람이 소유권을 취득하게 되지만, 먼저 가등기를 해둔 사람이 있으면 본등기를 먼저 하여도 소유권을 취득할 수 없게 된다.

7. 등기필증(등기권리증)

등기필증이라 함은 등기공무원이 신청된 어떤 등기를 완료하였을 때, 당사자가 등기신청시에 제출하였던 '등기원인을 증명하는 서면'에 등기를 필하였다는 취지를 기재하고 등기소인을 압날하여 등기권리자에게 교부하는 것을 말한다.

이 등기필증은 당해 부동산의 소유자가 그 부동산을 처분하여 다른 사람에게 이전등기를 해주려고 할 때 등기신청서에 첨부하도록 되어 있으며, 멸실한 경우 다시 발급해주지 않는다(부동산등기법 제40조 제1항, 제67조). 그러나 등기필증을 멸실한 경우 등기의무자 또는 그 법정대리인이 등기소에 출석하여 등기공무원으로부터 등기의무자 본인임을 확인받아 신청을 할 수 있다.

따라서 비록 어떤 사람이 자기 앞으로 매매된 등기필증을 가지고 있더라도, 그것만으로는 그 사람이 현재까지도 등기명의인이라고 단정할 수는 없다. 그리고 부동산매수인이 매도인으로부터 등기필증만 받아 놓고, 이것만 가지고 있으면 자기가 소유자인 것으로 생각하는 것은 매우 위험하다. 그러므로 부동산을 매수하려는 자는 최소한 등기부를 통하여 직접 부동산의 소유권 등 권리관계를 확인해야 하고, 또 매도인으로부터 등기필증을 교부받으면 즉시 이전등기를 마쳐야 할 것이다.

8. 부동산등기특별조치법

부동산투기가 만연하므로써 불로소득으로 인한 빈부의 격차가 심화되고 건전한 근로의식이 저하되는 것을 우려하는 사회적 분위기가 점증됨에 따라 미등기전매, 명의신탁, 등기원인 및 목적의 허위기재 등 탈법과 편법을 이용한 부동산투기행위에 대한 직접적인 규제가 필요할 뿐만 아니라 부동산투기 억제를 위한 각종 거래제한 법률을 회피해 나가는 탈법행위를 방지하는 제도를 보완하기 위하여 부동산등기특별조치법이 1990년 9월부터 시행되고 있다.

(1) 부동산소유권이전등기신청의 의무화

부동산의 소유권이전을 내용으로 하는 계약을 체결하는 경우에는, 계약의 당사자가 서로 대가적인 채무를 부담하는 쌍무계약(예컨대, 매매 등)의 경우에는 반대급부의 이행이 완료된 날(예컨대, 잔금지급일), 계약당사자의 일방만이 채무를 부담하는 경우(예컨대, 증여 등)에는 그 계약의 효력이 발생한 날로부터 60일 이내에 소유권이전등기를 신청하여야 한다(동법 제2조).

그리고 소유권보존등기가 되어 있지 않은 부동산 소유권의 이전을 목적으로 하는 계약의 경우에는 보존등기를 할 수 있게 된 때로부터 60일 이내에 보존등기를 신청하여야 한다(동법 제2조 제5항).

이러한 등기신청의무를 위반하였을 경우에는 등기권리자(매수인)에게 과태료를 부과하며, 등기권리자에게 책임이 없는 경우에는 등기의무자(매도인)에게 부과한다. 이때 과태료는 등록세의 5배 이하에 상당하는 금액으로 한다(동법 제11조).

(2) 등기원인 등의 허위기재 금지

등기원인이 매매인 것을 증여로 하는 등의 허위기재나 소유권이전등기를 가등기나 저당권설정등기 등으로 허위신청을 하여서는 안 된다(동법 제6조).

(3) 투기목적 등의 미등기전매행위 금지

부동산소유권의 이전을 받을 것을 내용으로 하는 계약을 체결한 사람이 조세부과를 면하려 하거나 다른 시점 간의 가격변동에 따른 이득을 얻으려 하거나 소유권 등 권리변동을 규제하는 법령의 제한을 회피할 목적으로, 소유권이전등기신청을 할 수 있음에도 불구하고 이를 하지 아니하고 제3자에게 전매하여서는 안 된다. 이를 위반한 때에는 3년 이하의 징역이나 1억 원 이하의 벌금형에 처해진다(동법 제8조).

(4) 미검인전매행위(未檢印轉賣行爲)의 금지

부동산의 소유권을 이전받을 것을 내용으로 계약을 한 자는, 그 부동산에 대하여 다시 제3자와 소유권이전을 내용으로 하는 계약이나 제3자에게 계약당사자의 지위를 이전하는 계약을 체결하고자 할 때에는 먼저 체결된 계약서에 검인을 받아야 한다(동법 제4조). 즉, 매수인이 계약금이나 중도금만 지급한 상태에서는 등기를 신청할 수 없으나, 제3자에게 전매하는 것은 계약자유의 원칙에 따라 인정하되, 전매를 하고자 할 때에는 기존 계약서에 시장 등의 검인을 받도록 하는 의무를 부과한 것이다.

9. 부동산실권리자명의등기에 관한 법률

부동산에 관한 소유권 기타 물권을 실체적 권리관계에 부합하도록 실권리자 명의로 등기하게 함으로써 부동산등기제도를 악용한 투기·탈세·탈법행위 등 반사회적 행위를 방지하고 부동산거래의 정상화와 부동산가격의 안정을 도모하여 국민경제의 건전한 발전에 이바지하기 위하여 부동산실권리자명의등기에 관한 법률, 일명 부동산실명법을 제정하여 1995년 7월부터 시행하고 있다.

(1) 실권리자명의등기의무 등

누구든지 부동산에 관한 물권을 명의신탁약정에 의하여 명의수탁자의 명의로 등기하여서는 안 되며, 채무의 변제를 담보하기 위하여 채권자가 부동산에 관한 물권을 이전받는 경우에는 채무자·채권금액 및 채무변제를 위한 담보라는 뜻이 기재된 서면을 등기신청서와 함께 등기공무원에게 제출하여야 한다(동법 제3조).

(2) 명의신탁약정의 무효

명의신탁약정에 따라 행하여진 등기에 의한 부동산에 관한 물권변동은 무효로 한다. 다만, 부동산에 관한 물권을 취득하기 위한 계약에서 명의수탁자가 그 일방당사자가 되고 그 타방당사자는 명의신탁약정이 있다는 사실을 알지 못한 경우에는 그러하지 아니하다(동법 제4조).

(3) 과징금 등

실권리자명의등기의무 등을 위반한 자에 대하여는 당해 부동산가액의 100분의 30에 해당하는 과징금을 부과한다(동법 제5조). 과징금을 부과받은 자는 지체 없이 당해 부동산에 관한 물권을 자신의 명의로 등기하여야 하며, 이를 위반한 자에 대하여는 과징금부과일로부터 1년이 경과한 때에 부동산평가액의 100분의 10에 해당하는 금액, 다시 1년이 경과한 때에 부동산평가액의 100분의 20에 해당하는 금액을 각각 이행강제금으로 부과한다(동법 제6조).

또 이와 함께 실권리자명의등기의무를 위반한 자나 그를 교사하여 당해 규정을 위반하도록 한 자는 5년 이하의 징역 또는 2억 원 이하의 벌금에 처한다(동법 제7조). 그 외 장기미등기자에 대한 벌칙 등을 별도로 규정하고 있다(동법 제10조).

Ⅵ 사례 해설

〈사례 1〉의 경우

공시의 원칙이란 물권변동은 언제나 외부에서 인식할 수 있는 어떤 표상 즉, 공시방법을 수반해야 한다는 원칙이다. 다시 말해서 그러한 공시방법을 갖추지 않으면 물권변동의 효과는 부정된다는 원칙이다. 현행법은 공시원칙을 실현하기 위하여 이를 강제하는 방법을 쓰고 있는데, 그 하나는 공시방법을 갖추지 않으면 제3자에 대한 관계에 있어서는 물론이며 당사자 사이에서도 물권변동은 생기지 않는 것으로 하는 것이고(성립요건주의), 다른 하나는 당사자 사이에서는 물권변동이 일어나지만 공시방법을 갖추지 않는 한 그 물권변동을 제3자에게 대항하지는 못하는 것으로 하는 것이다(대항요건주의).

우리 민법 제186조는 "부동산에 관한 법률행위로 인한 물권의 득실·변경은 등기하여야 그 효력이 생긴다"고 함으로써 이른바 성립요건주의의 원칙을 채용하고 있다. 그러므로 물건을 매수하였더라도 등기하지 않으면 법률상으로는 소유권자가 되지 못하는 것이다.

공신의 원칙이란 물권의 존재를 추측케 하는 표상 즉 공시방법을 신뢰해서 거래한 사람이 있는 경우에 비록 그 공시방법이 진실한 권리관계에 일치하고 있지 않더라도 마치 그 공시된 대표권리가 존재하는 것처럼 다루어서 그 사람의 신뢰를 보호해야 한다는 원칙이다. 부동산 거래를 하려는 사람은 등기부상의 권리관계를 조사하고 그것을 기준으로 거래하게 되는 것이다. 진정한 권리자와 등기부상의 권리자가 다를 때는 문제가 생기는데 그것이 공신력의 문제이다. 동산의 경우에는 "평온, 공연하게 동산을 양수한 자가 선의이며 과실 없이 그 동산을 점유한 경우에는 양도인이 정장한 권리자가 아닌 때에도 즉시 그 동산의 소유권을 취득한다"는 선의취득 규정을 통해 보호받고 있다. 그러나 부동산에 관해서는 이러한 제도가 없어 문제가 된다.

공신의 원칙은 거래안전을 보장하고 공시제도의 신용을 위해 필요하다고 하지만 한편으로는 진실한 권리자의 희생이 따른다는 점에서 간단한 문제가 아니다. 현재 우리나라에서는 등기에 공신력이 없기 때문에 다른 사람으로부터 부동산을 매수하는 데 있어서는 등기부를 보고는 확신할 수 없는 것이다.

따라서 사례의 경우, 乙 소유로 등기가 되어 있다 해도 그것이 진실에 부합되지 않는 경우가 있을 수 있으며 이 경우에는 실제소유자 丙은 乙에게 대지를 매도하지 않은 것이므로 등기는 이전되어 있어도 대지의 소유권은 전혀 이전되지 않았으며, 甲은 무권리자인 乙로부터 부동산을 매수한 것이므로 비록 소유권이전등기를 하였다고 하더라도 대지의 소유권을 취득한 것은 아니다. 따라서 乙로부터 이전한 등기는 무효이므로 甲은 실제소유자인 丙에게 부동산을 반환해야 한다.

따라서 부동산을 매매하는 데 있어서는 다음의 점에 유의할 필요가 있다.

① 당사자의 확인

매매계약은 매도인과 매수인의 의사표시의 합치로서 성립하는 계약이므로 먼저 매도인과 매수인이 누구인가를 확인하여야 한다. 즉, 자연인인지 법인인지를 확인하여야 한다. 법인에는 주식회사·유한회사·합자회사·합명회사와 같은 영리법인과, 사단법인 · 재단법인 등의 비영리법인이 있다. 그런데 법인도 자연인과 마찬가지로 권리능력이 있기 때문에 매매계약의 당사자가 될 수 있으므로, 먼저 매도인이나 매수인이 자연인인가 법인인가를 명확히 알 필요가 있다. 보통 '××주식회사 대표이사 ○○○'라고 할 때 회사와 개인은 전혀 별개의 인격이기 때문이다. 그리고 회사가 당사자인 경우에는 설립등기가 되어 있는지 여부를 확인하여야 한다. 설립등기가 되어 있지 않는 회사는 법률상 당사자가 될 수 없다.

② 등기부상 소유자의 확인

반드시 부동산의 소유자가 누구인지를 확인하여야 한다. 이를 확인하기 위해서는 등기부등본의 열람이 필요하다. 토지나 건물의 부동산등기부는 부동산의 소재지를 관할하는 법원이나 등기소에서 이를 비치하고 있으며, 등기부등본의 발급 및 열람업무를 관장하고 있다. 또 토지와 건물의 등기부는 별개로 편제되어 있으나, 공동주택(아파트나 연립주택 등의 집합건물)은 건물등기부에 자기소유분의 토지면적까지 등재되어 있으므로, 이러한 주택의 등기부에는 토지와 건물이 함께 편제되어 있다.

등기부에는 소유자의 성명 · 주소 등이 기재되어 있으므로 우선 이 등기부상의 등기명의인이 매도인과 일치하는지를 확인하여야 한다. 이것이 일치할 때는 등기명의인이 소유자라고 생각할 수 있다. 그러나 등기부상의 등기명의인이 실제로는 무권리자인 경우에는, 매수인이 그 잘못된 등기부를 믿었다 하더라도 소유권을 취득할 수 없다. 우리나라의 등기부에는 공신력이 없기 때문이다. 그러므로 현재의 등기명의인의 앞의 등기명의인에게 이를 확인할 수 있으면 반드시 확인해 보는 것이 좋다.

③ 등기부의 확인

등기부는 반드시 직접 열람하거나 등본을 발급받아 이를 확인하여야 한다. 복사기술의 발달로 인하여 얼마든지 변조가 가능하기 때문이다. 부득이한 경우에는 상대방이 제시한 등본에 관계공무원의 인증이 있는가를 반드시 확인하여야 할 것이다.

그리고 등기부는 계약금지급, 중도금지급, 잔금지급시마다 그 직전에 다시 확인하여야 한다. 계약금이나 중도금을 받고도 다시 이중으로 매도하는 수가 있기 때문이다.

이와 관련하여 부동산거래를 빈번하게 하지 않는 일반주택이나 기타 부동산의 소유자도 적어도 1년에 1회 정도는 거래가 없더라도 자기의 등기부를 확인해 볼 필요가 있음에 유의하여야 한다.

④ **복잡한 등기부의 사실관계 확인**

등기부가 복잡한 것은 일단 의심해 보아야 한다. 즉 토지나 건물의 등기부등본을 보면, 표제부・갑구・을구란에 예고등기・가등기・가압류・가처분・압류・저당권・근저당권・전세권・임차권・경매신청 등의 등기가 복잡하게 있는 경우에는 반드시 그 내용을 정확하게 확인하여야 한다.

⑤ **최근에 등기가 이루어진 부동산에 대한 주의**

매매계약 직전에 비로소 보존등기가 되거나 기타 상속등기나 회복등기가 된 부동산을 매수할 경우에는 특히 신중을 기하여야 한다.

⑥ **충분한 확인시간의 확보**

의외로 관공서가 쉬는 토요일 오후나 일요일에는 계약을 하는 경우에 함정에 걸릴 확률이 높다. 상대방이 의도적으로 확인방법이 없는 시간을 이용하는 경우가 많기 때문이다. 충분한 시간을 두고 확인하여야 할 것이다.

⑦ **거래가 빈번하고 복잡한 부동산에 대한 주의**

단시일 내에 권리자가 수 명씩 바뀌는 등 권리변동관계가 빈번하고 복잡한 부동산의 거래는 가급적 피하는 것이 좋다.

⑧ **상대방에 대한 확인**

특히 매도인의 나이, 사회적 지위, 직업 등이 대상부동산과 어울리지 않는 경우에도 거래에 신중을 기하여야 한다. 또 소송으로 확정판결을 받은 물건을 매수할 때는, 패소판결을 받은 사람을 찾아서 사실 여부를 확인하는 것이 좋다. 그리고 재산세납세자가 소유자와 다른 경우가 많은데 그 이유를 반드시 알아보아야 한다.

⑨ **상대방의 행위능력 확인**

상대방의 가족관계등록부를 열람하여 행위무능력자가 아닌지를 확인하여야 한다. 즉 상대방이 미성년자, 한정치산자, 금치산자인 경우에는 그 법정대리인의 동의가 있어야 유효한 법률행위를 할 수 있다. 법정대리인의 동의가 없는 행위무능력자의 거래행위는 법정대리인이나 본인이 취소할 수 있다. 따라서 중요한 거래에 있어서는 먼저 상대방의 가족관계등록부를 열람함으로써, 한정치산선고나 금치산선고여부를 확인하고 또 만 20세에 달한 자인가를 확인하여야 한다. 만약 상대방이 행위무능력자인 경우에는 거래를 피하거나 법정대리인의 동의를 요구하여야 한다.

⑩ 대리인 자격의 확인

본인이 아닌 사람과 거래할 때에는 상대방의 자격을 반드시 확인하여야 한다. 실제의 매매계약에 있어서는 매도인과 매수인이 직접 계약을 하는 경우도 있지만, 그들의 대리인이라고 칭하는 사람과 계약하는 경우가 많다. 이 경우에 대리인이라고 칭하는 사람이 매도인 또는 매수인으로부터 정당하게 대리권을 수여받은 경우에는 문제가 없지만, 대리권도 없이 대리인이라고 하는 경우도 있게 되는데, 이러한 권한 없는 대리인과 체결한 계약은 원칙적으로 무효이다(이를 무권대리라고 한다). 그러나 예외적으로 유효가 되는 경우도 있다(표현대리). 아무튼 대리인이라고 칭하는 사람과 거래할 때에는 대리인의 자격과 권한의 범위를 반드시 확인해야 한다.

⑪ 종합적인 정보의 활용

특히 부동산중개업자의 말만 믿고 계약해서는 안 된다. 매도인측의 말만 믿고 부정확한 정보를 매수인에게 제공할 수도 있고, 또 계약을 성립시키기 위해서 과장된 말을 할 수도 있기 때문이다.

⑫ 시가보다 싼 부동산에 대한 주의

시가에 비하여 현저히 싸거나, 별 이해관계도 없는 사람들이 매수할 것을 권유하는 부동산은 계약하지 않는 것이 현명하다. 매수만 하면 금방 돈을 번다고 하고서도 자기들이 사지 않고 남보고 사라고 권유하는 것 자체가 이상한 것이다.

⑬ 부동산업자들의 광고에 대한 주의

특히 신문지상의 광고만을 믿고 경솔하게 계약해서는 안 된다. 왜냐하면 광고에는 유리한 것만 나오지 부동산 자체의 결함은 나오지 않기 때문이다.

⑭ 관련대장의 확인

토지대장 · 임야대장 · 가옥대장 등을 열람하여 등기부와의 일치 여부를 확인하여야 하고, 일치하지 않을 때는 그 이유를 알아본 후에 결정하여야 한다.

⑮ 기타 부동산에 대한 공법상의 제한 여부 확인

도시계획여부, 개발제한구역여부 등도 확인하여야 한다. 그리고 건물을 매입할 경우에는 그 건물이 무허가건물인지 또는 건축법위반건물이 아닌지 등에 관하여 알아보아야 한다.

⑯ 현장 확인

현장상황과 등기부·토지대장·임야대장·가옥대장 등과의 일치 여부를 확인하여야 한다. 토지의 용도, 방향과 위치, 교통편의, 도로의 인접여부, 기타 급수 또는 배수, 전력의 상태 등의 이용가치와 주위환경 상태를 살펴보아야 하는 것이다. 그리고 매매의 목적물이 건물의 경우에는 일조, 통풍관계, 냉난방시설, 건축재료, 거실 및 주방 등의 배치상황에 대해서도 확인해 보아야 한다.

⑰ 계약서작성상의 주의

우리나라에서는 계약서를 지나치게 간단하게 쓰는 경향이 있으나 계약서는 가능한 한 구체적으로 써야 한다. 불명확하거나 애매한 표현으로 인한 손해를 미리 방지할 수 있도록 주의를 하여야 하며, 특히 중개업자가 인쇄한 용지를 사용할 때에는 이를 면밀히 검토하여야 한다. 그리고 특약이 있으면 그 특약을 명확히 기재하여야 한다.

⑱ 법률전문가의 조언

부동산거래를 함에 있어서 무엇보다 중요한 것은 반드시 변호사나 기타 법률전문가와 상의를 하는 것이 필요하다. 전문가에 대한 상담도 부동산거래로 인한 분쟁이 발생하고 난 후에 하는 것이 아니라, 부동산거래를 앞두고 사전에 하여야 한다.

〈사례 2〉의 경우

앞에서 살펴 본 바와 같이 등기제도의 이상으로 보면 유산의 상속등기를 하고 그 다음에 매수인 앞으로 소유권이전등기를 하는 것이 가장 합법적이라 할 수 있지만 판례와 학설은 중간과정의 등기를 생략하는 경우에도 현재의 등기가 실제 권리관계와 일치할 때는 그것을 유효하다고 보고 있다. 즉, 아버지로부터 직접 양수인 앞으로 소유권이전등기를 하는 것도 유효하게 된다. 이런 경우의 등기를 중간생략등기라고 한다. 이 방법은 등록세 등의 조세부담을 적게 하고 그 밖의 절차와 비용을 절약하기 위하여 과거부터 널리 관행적으로 행해지고 있다.

그러나 만일 甲의 아버지가 생전에 제3자에게 부동산을 양도하고 이전등기를 하지 못하고 사망한 경우에는 어떻게 될 것인가 관하여 살펴보면, 먼저 상속등기를 하지 않고 아버지 명의로 양수인에게 직접 소유권이전등기를 할 수도 있고, 상속등기를 한 다음 상속인 명의로 소유권이전등기를 이행할 수도 있다. 그리고 상속등기를 했을 때에는 이것을 말소하고 피상속인, 즉 아버지를 양도인으로 하는 등기를 해야 할 것이지만 판례는 상속인 명의로 등기를 이행해도 유효하다고 판시하고 있다.

〈사례 3〉의 경우

가등기는 보전목적으로 일정한 청구권을 공시하는 등기로서 본등기를 할 수 있을 정도의 실체법적・절차법적 요건을 구비하지 못한 경우에 장래 그 요건이 구비된 때에 행해질 본등기를 위하여 미리 그 순위를 보전하여 두는 효력을 갖는 예비등기의 일종이다.

부동산의 물권변동을 일어나게 할 청구권을 가지고 있다고 해도 본등기를 하기 위해서는 여러 가지 요건을 갖추어야 하기 때문에 시간이 걸리게 된다. 이때 청구권에 관한 권리자를 보호하기 위해 그 청구권을 확보 또는 보전할 수 있는 방법으로 인정하게 된 것이 가등기제도이다.

가등기에는 보존가등기와 담보가등기가 있으며 이는 가등기 목적에 의한 분류로서 보존가등기는 단순히 청구권을 보존하기 위한 가등기이고, 담보가등기는 채권담보의 목적으로 행해지는 가등기이다.

가등기가 행해진 후에 그에 의거하여 본등기가 행해지면 그 본등기순위는 가등기순위에 의한다(부동산등기법 제6조 제2항). 이는 본등기로 인한 물권변동의 효력발생시기가 가등기를 한 당시에 소급한다는 뜻이 아니고 다만 본등기순위가 가등기순위로 소급한다는 것을 의미할 뿐이다. 즉, 가등기가 있은 후 행해진 다른 등기는 비록 그 가등기에 의거하여 행해진 본등기보다 먼저 행해진 것이라도 본등기가 행해지면 그 본등기보다 후순위가 된다는 뜻에 지나지 않는다. 따라서 본등기효력은 일반원칙에 의하여 등기를 한 때에 발생하지만 그 순위만은 가등기순위를 차지하게 되는 것이다. 예컨대, 甲으로부터 乙에 대한 소유권이전가등기가 있은 후에 甲으로부터 丙에 대한 소유권이전의 본등기가 있었고, 그 후 甲으로부터 乙에 대한 소유권이전의 본등기가 있었다면 乙에 대한 이전등기가 丙에 대한 이전등기보다 우선하게 되는 결과로서 丙의 소유권취득은 부정된다. 그리하여 이러한 경우 丙의 소유권이전등기는 직권으로 말소된다. 또 甲에 대한 저당권설정가등기가 있은 후에 乙에 대한 저당권설정본등기가 있었고 그 후에 甲의 저당권이 1번, 乙의 저당권은 2번으로 된다.

이처럼 가등기는 순위보전의 효력이 있기 때문에 가등기에 의거하여 본등기를 하면 그에 저촉하는 중간처분이 본등기를 갖추었다 하더라도 가등기에 저촉하는 범위에서 전부 효력을 잃거나 또는 후순위가 된다.

이상과 같이 가등기의 효력은 본등기의 순위를 보전하고자 하는 데 있으므로 가등기가 본등기로 되지 않는 한, 그 자체로서는 실체법상 아무런 효력도 없다. 따라서 가등기가 있더라도 등기의무자인 본등기명의인은 그 부동산을 처분할 권리를 갖고 있다.

따라서 위 사례의 경우 가등기는 후에 가등기권리자가 본등기를 하였을 때 순위보전적효력을 가지므로 현재 가등기만 되어 있는 상태라면 甲이 소유권이전등기를 마쳐 소유권을 주장할 수 있으므로 가등기된 원인을 먼저 알아보아야 한다.

매도인 乙의 말과 같이 스스로 가등기의 원인을 소멸시키고 甲에게 완전한 소유권을 취득시켜주기만 하면 그 같은 위험에도 불구하고 甲의 지위는 안전할 수도 있으므로 본등기가 되기 전에 매도인에 대하여 가등기말소를 재촉하여 이행하도록 하는 것이 급선무이다.

제 4 장

부동산임대차의 법률문제

Ⅰ. 주택임대차보호법

Ⅱ. 대항력이 미치는 제3자의 범위

Ⅲ. 보증금의 반환

Ⅳ. 소액보증금

Ⅴ. 보증금의 증감청구권

Ⅵ. 임대차 기간

Ⅶ. 임차권의 전대

Ⅷ. 상가건물임대차보호법에 의한 임대차

I 주택임대차보호법

1 전세계약 후에야 근저당권이 설정된 것을 알고 계약을 해제하겠다며 계약금을 돌려 달라고 했더니 거절하는데 돌려받을 방법은 없는지?

2 철수는 시골 출신으로 대학 1학년생인데 현재 방 1칸을 임차하여 입주와 전입신고를 하였다. 임대차계약은 시골에 거주하는 아버지가 체결하였는데, 이러한 경우에도 주택임대차보호법의 보호를 받을 수 있는가?

3 등기부등본과 다른 주소로 전입신고를 한 경우로서, 철수는 연립주택의 2층 201호(등기부상)에 전세로 입주했는데 등기부상 내용과 각 세대 현관문, 편지함의 표시가 달랐다. 현관문에 적힌 301호로 전세계약서를 작성하여 전입신고를 하고 확정일자까지 받은 경우 주택임대차보호법의 보호를 받을 수 있는가?

1. 입법취지 및 의의

타인의 주택을 빌려 전세금을 지급하고 전세권설정등기까지 마치게 되면 전세권자는 전세금을 돌려받지 못할 경우 곧바로 경매를 신청하여 경매대금에서 우선적으로 전세금을 변제받을 수 있다. 뿐만 아니라 소유자의 동의나 승낙 없이도 전세권을 양도하거나 다시 전세를 줄 수 있고 전세권 자체를 담보로 제공할 수 있다. 이러한 전세권자는 매우 강력한 권리를 누릴 수 있으므로 그 전세권 자체로서 충분히 보호를 받게 된다. 그러나 경제적으로 강자인 주택소유자는 대부분 우월한 지위를 차지하려 하므로 현실적으로 자기 주택을 전세주면서 전세권설정등기를 해주는 경우는 찾아보기 힘들다. 결국 전세권에 관한 민법규정은 실질적으로는 주택 세입자보호에 큰 도움이 되지 못하고 있으며 대부분의 전세입자들은 부득이 전세권설정등기를 하지 못한 채권적 전세의 단계에 머무르고 있는 실정이다.

타인의 주택을 빌려 주거용으로 사용하는 자가 가장 손쉽게 이용하는 법률관계가 바로 임대차이며, 주택임대차란 당사자의 일방(임대인)이 상대방에게 주거용 건물을 사용·수익하게 할 것을 약정하고, 상대방(임차인)이 이에 대하여 차임을 지급할 것을 약정함으로써 성립하는 계약이다. 그러므로 임차인은 임대인에게 목적물을 사용·수익하게 할 것을 요구할 수 있는 채권을 가질 뿐이다. 그리고 그 채권은 임차권이라고 부른다.

따라서 주택임대차보호법이 시행되기 전에는 임차권의 등기가 경료된 경우를 제외하고는 임대인이 임대차목적물인 주택의 소유권을 제3자에게 이전하거나 저당권 등의 제한물권을 설정한 경우에, 임차인은 그 임차권을 가지고 새로운 소유자나 제한물권자에 대하여 대항할 수 없었다. 따라서 집주인이 집을 팔고 달아나거나, 그 집이 경매되어 다른 사람의 소유가 되는 경우에 임차인은 보증금도 받지 못하고 쫓겨나는 일이 많았다.

이와 같이 전세권은 물권으로서 전세금의 우선변제권, 전세금 반환청구권, 전세권자의 경매청구권을 갖고 있어서 강력한 보호를 받고 있는 반면에 임대차는 민법상 채권적 효력만 있으므로 집주인이 집을 매매하거나 경낙에 의해 소유권이 변동된 경우에, 미등기 전세권자는 소유권이전등기를 마친 새로운 집주인에게 임대차를 이유로 대항하지 못하고 길거리로 쫓겨나는 경우가 자주 있었다.

민법 제621조 제1항은 "부동산임차인은 당사자 간에 반대약정이 없으면 임대인에 대하여 그 임대차등기절차에 협력할 것을 청구할 수 있다"고 규정하고 있다. 그러나 경제적 약자인 무주택자가 주택을 임차할 때 임대인에 등기를 요구한다는 것은 사실상 매우 어려운 일이어서, 실제 임차권등기가 이루어지는 경우는 거의 없었다. 그래서 남의 집에 세들어 사는 영세서민은 항상 불안한 지위에 있게 되어 큰 사회문제가 되었다. 이러한 점을 고려하여 정부는 주거용건물의 임대차에 관하여 민법상의 특례인 주택임대차보호법을 1981.3.5. 제정하고 여러 차례의 개정을 함으로써 무주택서민의 주거생활의 안정을 보장하고 있다. 즉, 주택임대차보호법을 제정하여 주택임차인이 주택의 인도 및 주민등록을 마친 때에는 그 등기가 없는 경우에도 그 다음날로부터 제3자에 대항할 수 있도록 함으로써 주택임차인을 보호하기에 이르렀다.

임대차와 전세권의 비교

① 등기되어 있는 전세권은 물권이므로 제3자에게도 대항할 수 있는 권리이나, 임대차는 채권이므로 임대인에게만 주장할 수 있다. 다만, 주택임대차의 경우 목적물의 인도와 주민등록전입신고를 갖추면 제3자에 대한 대항력이 인정된다.

② 전세권은 목적물이 경매될 때 후순위권리자보다 우선변제권이 인정되지만, 임대차의 경우 물권(전세권이나 저당권)에 우선하여 변제받을 수 없고 다른 채권자와의 관계에 있어서도 채권액에 비례하여 배당받을 수 있을 뿐이다. 다만, 주택임대차의 경우 목적물의 인도와 주민등록전입신고 외에 계약서에 확정일자를 받아 두면 후순위물권자나 채권자에 우선하여 보증금을 변제받을 수 있다.

③ 계약기간 종료 후 전세금을 돌려받지 못한 전세권자는 목적물을 경매할 수 있지만 임차인에게는 경매청구권이 인정되지 않는다. 주택임차인도 경매청구권은 없다.

④ 전세권의 경우 목적물의 유지 및 수선은 전세권자가 하여야 하지만, 임대차의 경우 임대인의 의무이므로 계약 종료시 임차인에게는 필요비상환청구권이 인정되나 전세권자에게는 인정되지 않는다.

⑤ 전세권자는 설정자(소유권자)의 동의 없이도 전세권을 양도하거나 전전세할 수 있지만, 임차인은 임대인의 동의가 없으면 할 수 없고 이를 위반하면 계약을 해지당할 수 있다.

2. 적용범위

주택임대차보호법은 주거용 건물 즉, 주택의 전부 혹은 일부의 임대차에 관하여 적용된다(동법 제2조 전단). 주택이라 함은 토지에 정착하는 공작물 중 지붕 및 기둥 또는 벽이 있는 것과 이에 부수되는 시설로서 사람의 주거의 용도에 사용되는 것을 말하며, 주택 즉 주거용 건물의 여부는 가옥대장이나 건축물대장 등 공부상 표시에 구애받지 않고 그 실제용도에 따라 정한다. 즉, 공부상으로는 비주거용 건물로 되어 있어도 사실상 건물내부구조를 변경하여 실제로 주거용으로 사용하고 있으면 이 법의 적용을 받는다. 그리고 무허가주택이나 미등기주택이라 하더라도 임대차의 목적이 되어 있는 경우에는 이 법의 적용대상이 된다.

또 주택임대차보호법은 그 임대주택의 일부가 주거 외의 목적에 사용되는 경우에도 적용된다(동법 제2조 후단). 이때 주택의 일부라는 개념은 이 법의 입법취지를 고려하여 임차인의 주택생활의 안전을 보장하는 데 중점을 두고 비주거용부분과 주거용부분의 면적비율, 임대차의 목적 등 구체적인 상황을 참작하여 합목적적으로 결정해야 한다. 또 이 법은 임대차계약체결 당시를 기준으로 해서 그 건물의 구조상 주거용으로 건물의 형태가 실질적으로 갖추고 있는 경우에만 적용되고, 계약체결 당시에는 주거용건물분이 존재하지 아니하였는데 임차인이 그 후 임의로 주거용으로 개조하였다면 임대인이 그 개조를 승낙하였다는 등의 특별한 사정이 없는 한 이 법은 적용되지 않는다고 보아야 한다.

한편 주택임대차는 집세의 지급방법에 따라 전세, 월세, 사글세 등의 여러 형태가 있으나, 이 모든 형태에 주택임대차보호법은 적용된다. 특히 주택의 미등기전세계약에 대해서는 이 법을 준용한다는 규정이 있고, 이 경우 전세금은 이 법에서 말하는 임대차의 보증금으로 본다(동법 제12조).

임대차계약에 있어서 임차인은 등기부상의 소유자와 계약을 체결하는 것이 가장 바람직하다. 임차인으로서는 계약상대방에게 주민등록증 등의 제시를 요구하여 본인 여부를 확인하고 더 나아가 주택의 등기부등본에 기재되어 있는 소유자의 인적사항(이름, 주민등록번호, 주소)과 일치하는지 여부를 확인하는 것이 중요하다.

임대인의 대리인과 계약을 체결할 경우에는 그 사람에게 임대차계약을 체결할 대리권이 있음을 나타내는 위임장과 인감증명서를 요구하여 정당한 대리권 유무를 반드시 확인하여야 한다.

3. 주택임차권의 대항력

1) 대항력의 발생요건(주택의 인도와 주민등록전입신고)

(1) 주택의 인도

주택임대차보호법 제3조 제1항은 "임대차는 그 등기가 없는 경우에도 임차인이 주택의 인도와 주민등록을 마친 때에는 그 익일부터 제3자에 대하여 효력이 생긴다"고 규정하고 있다. 이와 같이 제3자에 대하여 임대차관계를 주장할 수 있는 임차인의 권리를 임차권의 대항력이라고 한다.

'제3자에 대하여 효력이 생긴다'는 의미는 대항력이 있는 임차권의 목적물인 주택에 대하여 소유권을 취득하거나, 전세권 등 그 임차권과 양립할 수 없는 용익권을 취득한 자에 대하여, 임차인은 그 임차주택을 계약기간 만료시까지 사용·수익할 수 있는 권리와 그 기본적인 권리에서 파생되는 부수적인 권리까지도 주장할 수 있다는 것이다.

이 법에 의하여 주택임차인이 대항력을 취득하기 위해서는 임차주택의 인도와 임차인의 주민등록이라는 두 가지 요건이 필요하다.

우선 인도에 관하여 살펴보면, 임대차계약을 체결한 후 직접 집주인으로부터 집을 인수하여 이사를 하는 경우(현실의 인도), 자기 소유의 집에서 살다가 그 집을 매도함과 동시에 매수인과 매도한 집에 관하여 임대차계약을 체결하고 계속해서 그 집에서 사는 경우(간이인도), 이미 제3자가 세들어 살고 있는 집을 임대차하고, 그 집의 인도청구권을 양도받아 자기가 그 제3자로부터 인도를 받기로 한 경우(반환청구권의 양도에 의한 인도) 등이 포함된다.

그리고 또 하나의 요건인 주민등록은 전입신고를 한 날을 기준으로 하므로 임차인은 주택의 인도를 받고 주민등록전입신고만 하여 두면 그 다음날로부터 대항력을 취득한다. 이때 주민등록전입신고가 먼저 이루어지고 그 뒤에 임차주택을 인도받은 경우에는 임차인은 주택의 인도를 받은 다음날로부터 제3자에 대하여 대항력이 생긴다.

이와 같이 주택임차인은 주택의 인도와 주민등록을 마친 다음날로부터 제3자에 대하여 대항력을 취득하기 때문에, 그 이전에 임차주택에 대하여 권리를 취득한 제3자에게는 대항할 수 없다. 그러나 이때 주의할 점은 그 집의 등기부상에 아무런 가압류, 압류, 가등기, 가처분, 저당권, 근저당권 등의 제한물권이 등기되어 있는지 확인하여야 한다. 왜냐하면, 입주와 전입신고를 하기 이전에 성립된, 즉 선순위인 저당권, 또는 가등기 등에 기하여(경매 또는 본등기의 이행방법으로) 소유권자가 변경된 경우에는 임차권도 소멸되어 임차인은 새로운 소유자에게 임차권을 주장할 수 없기 때문이다. 그래서 집을 구할 때 등기부등본을 철저히 확인하여야 한다.

계약 당시와 이사할 때까지만 해도 아무런 제한물권 등이 없었는데 주민등록을 이전하는 사이에 저당권 등이 등기되게 되면 대항할 수 없게 된다. 따라서 계약시 등기부가 깨끗한 집이라고 하더라도 집주인이 신의를 어기게 되면 큰 피해를 볼 수 있으니 필히 유의해야 한다.

(2) 주민등록

주택의 인도와 함께 대항력의 요건으로 규정하고 있는 주민등록은 거래의 안전을 위하여 임차권의 존재를 제3자가 명백히 인식할 수 있는 공시방법으로 마련된 것이다.

아파트, 연립주택, 다세대주택 등 공동주택의 경우에는 건물의 소재지 지번 다음에 공동주택의 명칭과 동·층·호수를 반드시 기재하여야만(예 : ○○빌라 ○동 ○호) 주택임대차보호법의 보호를 받을 수 있다. 주민등록에 동·호수를 기재하지 않으면 제3자의 입장에서 임차인의 주소를 정확히 알 수 없기 때문이다.

그러나 공동주택이 아닌 다가구주택의 층, 호수는 편의상 구분한 것에 불과하므로 임차인이 전입신고 때 지번만 적고 호수를 적지 않아도 주택임대차보호법상 대항력을 갖춘 것으로 인정한다.

2) 대항력 발생시기

주택임대차법 제3조 제1항은 대항력의 발생시기에 관하여 임차인이 주택의 인도와 주민등록을 마친 때에 그 익일부터 생기는 것으로 규정하고 있다. 즉, 대항요건을 모두 마친 다음날 오전 0시부터 대항력이 생기는 것이다. 만약 주민등록을 먼저 마치고 나중에 주택을 인도받은 경우에는 그 인도를 받은 다음날부터 대항력이 생긴다.

주택의 인도와 주민등록은 대항력의 취득요건일 뿐만 아니라 존속요건이다. 따라서 대항력이 존속하기 위해서는 거주 및 주민등록이 계속되어야 한다(다만, 1999년 1월 21일 신설된 임대차법 제3조의 3에 따라 1999년 3월 1일부터는 법원에 임차권등기명령을 신청하여 그 임차권등기가 마쳐진 이후에는 주민등록을 옮기거나 이사를 하여도 대항력을 상실하지 아니한다). 즉, 주택임차인이 그 주택의 소재지로 전입신고를 마치고 그 주택에 입주함으로써 일단 임차권의 대항력을 취득한 후 어떤 이유에서든지 그 가족과 함께 일시적이나마 다른 곳으로 주민등록을 이전하였다면 이는 전체적으로나 종국적으로 주민등록의 이탈이라고 볼 수 있으므로 그 대항력은 그 전출 당시 이미 대항요건의 상실로 소멸되는 것이고, 그 후 그 임차인이 얼마 있지 않아 다시 원래의 주소지로 주민등록을 재전입하였다 하더라도 이로써 소멸되었던 대항력이 당초에 소급하여 회복되는 것이 아니라 그 재전입한 때부터 그와는 동일성 없는 새로운 대항력이 재차 발생하는 것이다. 그러나 가족과 함께 점유를 계속하면서 가족의 주민등록은 그대로 둔 채 임차인만 다른 곳으로 주민등록을 옮긴 경우라면 대항력을 상실하지 않는다. 따라서 부득이한 사정으로 임차인이 주민등록을 다른 곳으로 이전하는 경우에도 배우자나 가족들의 주민등록은 그대로 남겨두어야 하는 점을 유념하여야 할 것이다.

한편 주택임차인이 대항력을 취득하고 임대차계약서상에 확정일자를 갖춘 후 다른 곳으로 주민등록을 이전하였다가 재전입한 경우 다시 확정일자를 받지 않았더라도 임차인이 재전입 이후에 그 주택에 관하여 담보물권을 취득한 자보다 우선하여 보증금을 변제받을 수 있다.

3. 사례 해설

〈사례 1〉의 경우 계약을 체결할 당시 계약당사자로서 주의의무를 다 하지 않은 과실이 있으므로 계약을 해제할 경우 계약금을 돌려받기 어렵다.

〈사례 2〉의 경우는 보호를 받을 수 있다. 왜냐하면 임차인인 부친이 철수를 통하여 점유하는 것으로 되기 때문에(이러한 경우 철수는 부친의 점유보조자. 타인의 지시를 받아 물건에 대한 사실상의 지배를 하는 자) 철수가 점유와 주민등록이라는 대항요건을 갖춘 이상 임차인인 아버지가 대항력을 취득하는 것으로 되기 때문이다(즉, 임차인이 주민등록 전입신고를 하지 못하고 가족들만 전입신고를 했더라도 대항요건을 갖추었다고 본다 – 동거가족만 전입신고를 한 경우).

〈사례 3〉의 경우에는 보호를 받을 수 없다. 그 이유는 주민등록이 실제 등기부 지번과 일치하지 아니하여 주택임대차보호법상의 유효한 공시방법을 갖추었다고 볼 수 없기 때문이다. 따라서 갑은 제3자가 임차주택을 양수받거나 저당권, 가압류, 압류의 등기가 되기 전에 실제 지번에 맞도록 주민등록을 신속하게 정정하여야만 그때부터 비로소 보호를 받을 수 있다. 그러나 주민자치센터 직원이 자기의 잘못으로 주소를 잘못 기재한 경우에는 대항력을 인정해 주며, 대항력 취득시기도 최초 전입신고한 날로 해준다.

그러나 주민등록상 동・호수의 표시가 등기부상의 표시와 다소 차이가 있더라도 다른 동・호수로 오인될 여지가 없어 사회통념상 제3자가 충분히 인식할 수 있는 정도의 것이라면 유효한 공시방법에 해당한다고 하여 그러한 주민등록으로도 대항력이 인정된다고 한 하급심판례가 상당수 있다.

Ⅱ 대항력이 미치는 제3자의 범위

1 2013년 2월 1일 대전시 오정동에서 보증금 8,000만 원에 집주인과 임대차계약을 체결하고, 2013년 4월 1일 이사와 동시에 당일 주민자치센터에서 전입신고를 하였다. 그 이후인 2013년 5월 집주인은 은행에서 임차주택을 담보로 5,000만 원에 저당권을 설정하였다. 이 경우 경매가 진행되면 세입자는 어떤 권리가 있는가?

2 같은 날 주택의 인도와 전입신고를 한 경우와 담보물권이 설정된 경우로서 2013년 4월 1일 대전시 오정동에서 보증금 8,000만 원에 집주인과 임대차계약을 체결하고, 2013년 5월 1일 이사와 동시에 당일 주민자치센터에서 전입신고를 하였다. 집주인은 같은 날, 2013년 5월 1일 은행에서 임차주택을 담보로 5,000만 원에 저당권을 설정하였다. 이 경우 경매가 진행되면 세입자는 어떤 권리가 있는가?

1. 대항력이 미치는 제3자의 범위

이 법에 의하여 주택임대차로 대항할 수 있는 제3자의 범위에는 임차목적물인 임차주택의 소유권취득자, 전세권자 등의 용익권자, 가등기권자, 담보가등기권자 등이 모두 포함된다.

임차주택의 새로운 소유자가 경매에 의하여 소유권을 취득한 경낙인인 경우에는 모든 경낙인에 대하여 임차권을 주장할 수 있는 것은 아니다. 이를 나누어 살펴보면,

첫째, 임차주택을 인도받고 주민등록을 마칠 때까지는 그 주택에 저당권이 설정되지 않았으나, 그 이후에 저당권이 설정되고 또 그 저당권이 실행(경매)되어 경낙인에게 경낙된 경우에는, 임차권은 저당권보다 선순위의 권리이므로 그 임차권은 소멸하지 아니하고 경낙인에 대해서도 효력이 있다.

둘째, 임차주택에 관하여 대항력을 취득하기 전에 이미 저당권이 설정되어 있었으며, 후에 그 저당권에 의하여 경매가 되어 경낙인이 새로 소유권을 취득한 경우에는 저당권이 임차권보다 선순위의 권리가 되므로 임차권은 소멸되며 임차인은

보호를 받지 못하고 그 주택에서 쫓겨나게 된다.

셋째, 제1번 저당권과 제2번 저당권 사이에 대항력 있는 임차권을 취득하였는데 제2번 저당권자의 경매신청에 의하여 경매가 되어 경낙인이 새로 소유권을 취득한 경우에는 문제이다. 경매법은 1990년에 폐지되었다. 따라서 1989년 12월 30일에 개정된 주택임대차보호법은 이러한 불합리를 보완하기 위하여 임차인에게 우선변제권을 인정했다. 즉, 주택의 인도와 주민등록의 전입신고를 마치고 임대차계약증서상의 확정일자를 갖춘 임차인은 민사집행법에 의한 경매나 국세징수법에 의한 공매시 임대주택 등의 환가대금에서 후순위권리자 기타 채권자보다 우선하여 보증금을 변제받을 수 있도록 하였다(우선변제권의 인정). 이에 관하여는 확정일자부 임차인의 우선변제권부분에서 상세히 설명한다.

넷째, 민사집행법의 강제집행절차에 의하여 임차주택이 경매되는 경우에는 대항력이 있는 임차권은 일반채권자에 대하여 대항할 수 있으므로 경낙으로 인하여 소멸되는 일은 없다고 할 것이나, 가압류 또는 압류의 등기가 되어 있는 주택을 임차한 자는 가압류 또는 압류집행의 처분금지효력 때문에 그 후 계속 된 집행에 의하여 그 주택의 소유권을 취득한 경낙인에게 그 임대차의 효력을 주장할 수 없다.

가등기는 부동산물권, 부동산임차권의 변동을 목적으로 하는 청구권을 보전하기 위하여 하는 등기를 말하는데, 가등기의 기본적 효력은 순위보전에 있다. 따라서 주택임차권이 대항력을 취득하기 전에 가등기가 되어 있으면 비록 그 가등기에 기한 본등기가 임대차성립 후에 되었다 하더라도 임차인은 그 가등기권리자에 대하여 자기의 권리를 주장할 수 없으며, 대항력 있는 임대차가 성립한 후에 가등기가 된 경우에는 그 가등기에 기하여 본등기가 경료되었어도 임차인은 새로운 소유자인 본등기경료자에 대하여 임차권을 주장할 수 있다.

그러나 이 경우에도 주택임대인과 임차인 사이에 그 가등기 후에 그 임차보증금을 인상하기로 하였다면 그 인상분에 대해서는 가등기권리자에게 대항하지 못한다.

담보가등기는 채권담보를 목적으로 경료된 가등기를 말하는데, 담보가등기가 설정되어 있는 주택을 임차한 경우에는 비록 그 가등기가 임차권보다 먼저 설정되었다 하더라도 임차인은 담보가등기권리자에 대하여 그가 집주인에게 반환하여야 할 청산금(물권편의 가등기담보에 관한 설명 참조)의 범위 안에서 보증금을 반환하지 않으면 그 주택을 비워줄 수 없다고 주장할 수 있다.

이상에서 살펴 본 바와 같이 임차주택에 저당권, 전세권, 가등기 등이 설정되어 있는 경우에는 임차인이 불의의 손해를 입을 우려가 있으므로 주택을 임대차할 때에는 반드시 등기부를 열람하여 이를 확인하여야 함은 이미 말한 바와 같다.

2. 사례 해설

〈사례 1〉의 경우, 등기부가 깨끗한 집에 입주와 주민등록전입신고를 하면 그 다음날부터 대항력(즉, 그 집이 팔렸거나 또는 담보로 잡혔다가 경매되어 바뀐 새 집주인에게도 전 집주인에게 갖고 있는 권리)이 생긴다. 왜냐하면 새 집주인은 종전의 임대차계약에서 정해진 임대인의 권리와 의무를 모두 승계하기 때문이다. 따라서 세입자는 임대차계약 만료일인 2014년 3월 31일까지 계속해서 살 수 있는 권리가 있다. 임대차계약이 만료하는 때에는 종전의 집주인이 아닌 새 집주인에게 보증금 전액을 받을 때까지 집을 비워주지 않아도 되는 권리를 갖는다(대항력을 갖춘 임차권 있는 주택의 소유권이 양도되어 양수인이 임대인의 지위를 승계할 경우에는 임대차보증금의 반환채무도 부동산의 소유권과 결합하여 이전되는 것이므로 양도인이 갖고 있는 임대인의 지위나 보증금 반환채무는 소멸한다).

〈사례 2〉의 경우, 대항력은 임차인이 주택의 입주와 주민등록전입신고를 한 다음날부터 제3자에 효력이 생긴다. 그러므로 같은 날 저당권 설정등기가 경료되었다면 저당권이 선순위가 되어 담보물권이 먼저 효력을 발생하므로 임차인은 제3자에 대하여 대항력이 없다. 즉, 임차인은 임차주택을 경낙받은 경낙인에게 대항할 수 없어 집을 비워주어야 한다.

Ⅲ 보증금의 반환

1 甲은 2013년 4월 1일 대전시 오정동에서 보증금 8,000만 원에 집주인 乙과 임대차계약을 체결하고, 2013년 5월 1일 이사와 동시에 당일 전입신고와 주택임대차계약서에 확정일자를 받았다. 乙은 같은 날인 2013년 5월 1일 은행에서 임차주택을 담보로 5,000만 원의 저당권을 설정하였다. 이 경우 경매가 진행되면 甲은 어떤 권리가 있는가?

2 위의 사례에서 2013년 5월 1일까지는 등기부상에 아무런 담보물권도 설정되지 않았는데, 乙이 2013년 6월 1일 은행에서 임차주택을 담보로 5,000만 원의 저당권을 설정하였다면, 그 후 경매가 진행되었을 때 甲은 어떤 권리가 있는지?

3 그 후 乙이 丙에게 주택을 매도하였다면 甲은 확정일자를 다시 받아야 하는가? 또 甲이 확정일자부계약서를 분실하였다면 그 효력은 어떻게 되는가?

1. 보증금의 반환

주택임대차에 있어서 보증금은 그 임대차계약관계에서 발생하는 임차인의 채무를 담보하기 위하여 임차인 또는 제3자가 임대인에게 교부하는 금전을 말한다.

보증금의 법적 성질은 정지조건부 반환채무를 수반하는 금전소유권의 이전 즉 임대차가 종료한 후 임차인이 임차목적물인 주택을 임대인에게 명도할 때까지 차임의 부지급, 주택의 멸실·훼손 등 임차인의 채무불이행이 없으면 전액을 반환하고, 만약 임차인의 채무불이행으로 인하여 임대인에게 손해가 발생하였으면 그 금액 중에서 당연히 변제에 충당하는 것으로 하며 잔액을 반환한다는 조건으로 금전소유권을 임차인 또는 제3자가 임대인에게 양도하는 것이다.

임차보증금은 차임의 부지급, 임차주택의 멸실·훼손 등 임대차관계에서 발생하는 임차인의 모든 채무를 담보하는 것이지만, 특별한 약정이 없는 한 임차인은 보증금의 존재를 이유로 임대인에게 차임의 지급을 거절하지 못한다. 따라서 임차인이 차임의 지급을 연체한 경우, 연체차임보다 훨씬 많은 보증금이 존재한다고 하더라도 임차인은 채무불이행책임을 면치 못하며, 연체차임액이 2기에 달한 때에는 임대인은 계약을 해지할 수 있다.

그리고 주택임대차가 기간의 만료, 계약해지 등으로 종료한 경우 임대인의 보증금반환의무와 임차인의 임차주택반환의무는 동시이행의 관계에 있다. 따라서 주택임대차가 종료한 후 임대인이 임차인에게 임차주택의 명도를 청구하여도 임차인은 보증금을 반환받을 때까지 임차주택의 명도를 거절할 수 있으며, 임대인이 보증금을 반환할 때까지는 지체책임을 지지 않는다.

또 주택임대차가 종료한 경우에도 임차인이 보증금을 반환받을 때까지 임대차관계는 존속하는 것으로 본다고 함으로써, 주택임대차가 종료된 후 임차인이 보증금을 반환받지 못하고 있는 동안, 임차주택의 소유권이 제3자에게 이전되는 경우에도 임차인이 제3자로부터 보증금을 반환받지 못하고 명도소송을 당하여 쫓겨나는 일이 없도록 하였다.

임대인의 입장에서는 담보적 성격이 강한 임차보증금을 임차인으로부터 얼마나 많이 받아내느냐 하는 점이 중요한 반면, 임차인으로서는 임대차 종료시 이미 임대인에게 지급하였던 보증금을 얼마나 신속하고 확실하게 반환하느냐 하는 것이 대단히 중요한 문제이다. 특히 보증금이 주택매매가의 60~70%에까지 육박하고 있는 현실에서 임차인의 전 재산에 가까운 보증금의 반환을 확실히 보장하는 것이야 말로 주택임차인의 주거생활의 안정을 통한 생존권 보장과 직결되는 것이다.

주택임대차보호법은 확정일자부 임차인의 우선변제권과 보증금 중 일정액의 최우선변제권을 인정함으로써 직접적으로 보증금 회수를 보장하고 있다. 보증금 회수에 있어서 확정일자는 절대적으로 중요하다.

1) 확정일자의 우선변제권

(1) 확정일자의 의의

여기에서 임대차계약증서상의 확정일자라고 하는 것은 그 날짜 현재에 그 문서가 존재하고 있었다는 것을 증명하기 위한 것으로, 임대차계약서상의 확정일자는 임대인의 동의 없이 임차인이나 계약서 소지인이 임대차계약서 원본을 제시하고 구두로 공증사무소나 법원, 등기소, 읍·면·주민자치센터에서 청구하면 받을 수 있다. 요즘에는 주민자치센터에서 전입신고와 함께 확정일자를 부여해 주고 있다. 확정일자는 반드시 임대차 계약서에 받아야 우선변제권의 효력이 있다.

확정일자인은 세입자가 전세권등기를 하려고 하면 강자의 입장에 있는 집주인이 비협조적이라는 현실을 감안하여 약자인 세입자를 보호하기 위해 만든 제도이며, 후일 법률분쟁이 발생하였을 경우에는 문서작성의 시기를 판단하는 데 강력한 증명력을 발휘하게 될 것이다.

따라서 임대차계약증서에 확정일자인을 받지 않았을 때에는 우선변제권이 인정되지 않으므로 법률을 알지 못하여 불이익을 받지 않기 위해서는 임대차계약서에 반드시 확정일자인을 받아 두어야 한다.

(2) 확정일자의 우선변제권 성립요건

임차인이 이사와 주민등록 그리고 계약서상에 확정일자를 받은 경우, 이 중 가장 늦은 날짜(또는 그 다음날)를 기준으로 하여 그 날짜에 해당하는 순위로 배당요구에 의해 법원경매 배당시 배당을 받을 수 있다. 즉, 계약하자마자 계약서에 확정일자를 받았다고 하더라도 이사와 주민등록전입신고가 늦어진다면 법원배당시의 기준일은 주민등록전입신고일이 기준일이 되고, 효력발생일은 그 다음날이 된다.

확정일자를 받은 세입자의 우선변제권은 전세집의 소유권이 경매·공매에 의하여 변경된 경우에만 적용되고, 매매·증여 등 법률행위에 의하여 양도된 경우에는 인정되지 않는다.

(3) 확정일자의 효력

주민등록을 이전하고 확정일자인을 받으면 전세권등기와 비슷한 효력을 발휘하여 일반 채권자나 후순위물권자에 우선하여 변제받을 수 있다.

등기부상에 근저당권이 확정일자의 기준일보다 빠를 경우 그 근저당권자가 받고 남은 금액에 확정일자부 임차인이 배당을 받게 된다. 이때 보증금의 액수에는 제한이 없다. 확정일자부 임차인의 순위에 이르기까지 매각대금이 남아 있다면 그 한도 내에서 보증금을 배당받을 수 있다.

(4) 대항력을 갖추고 확정일자까지 받았을 때

주택임대차보호법상의 대항력과 우선변제권을 갖춘 경우에는 주택이 경매를 당할 경우에도 임차인은 우선변제권을 행사하여 후순위담보물권자보다 우선하여 보증금을 변제받거나, 또는 대항력을 행사하여 남은 계약기간 동안 더 살고 계약기간이 끝난 후 새로운 집주인에게 보증금 반환을 청구할 수 있다. 낙찰된 돈이 보증금보다 적으면 나머지 돈을 받을 때까지 집을 비워주지 않아도 된다.

(5) 배당요구신청서 제출

주택의 인도와 주민등록전입신고를 하고 계약서상에 확정일자를 받았어도 법원경매 매각대금으로부터 보증금을 받기 위해서는 반드시 배당요구를 배당요구 종기일 전에 해야 하며 그 전에 주민등록을 옮기면 안 된다. 주택임차인은 반드시 경매법원에 배당요구를 하여야만 우선변제를 받을 수 있다. 따라서 확정일자가 찍혀 있는 임대차계약서 사본, 주민등록표 등본 등을 첨부하여 배당요구서를 경매법원에 제출하여야 한다.

소액임차인의 경우도 마찬가지이다. 이때 첨부서류는 확정일자인이 찍힌 임대차계약서 사본, 주민등록등본, 보증금계산서를 경매법원에 배당요구신청서와 함께 제출하면 된다.

왜냐하면 전세권등기를 한 경우에는 별도의 배당요구 없이도 순위에 의한 배당을 받을 수 있지만, 확정일자를 갖춘 경우에는 경매나 공매절차에서 별도의 배당요구를 하여야만 배당을 받기 때문이다.

주택의 인도와 주민등록전입신고를 하고 계약서상에 확정일자를 받았어도 선순위담보물권이 있는 경우에는 특히 주의하여야 한다.

이때에는 대항력이 없이 세입자가 배당요구를 하지 않으면 보증금을 한 푼도 받지 못하게 되고 경낙인에게 집을 비워주어야 한다. 세입자는 단지 대부분 변제능력이 없는 경매주택의 원소유자에게만 보증금반환을 청구할 수 있다.

확정일자일과 저당권설정등기일이 같은 날짜인 경우로서, 주택임대차계약을 체결하고 입주 및 주민등록을 모두 갖춘 다음 날에 계약서에 확정일자도 받았으나 확정일자를 받은 날에 저당권설정등기가 된 경우가 있을 수 있다. 이 경우 확정일자와 저당권은 같은 순위이다. 따라서 저당권자와 같은 순위에서 채권액에 비례하여 평등(안분)배당을 받는다.

또한 저당권자에 우선하는 임차인이 여러 명일 경우, 즉 세 들어 사는 주택에 세입자가 여러 명 있고, 각 세입자는 모두 입주와 전입신고를 마친 후 확정일자도 갖추었는데 대항요건 및 확정일자를 갖춘 최종 시점이 모두 저당권자보다 우선할 때에는 세입자별로 저당권자에 대한 우선변제권을 인정하되 그들 상호간에는 대항요건 및 확정일자를 최종적으로 갖춘 순서대로 우선순위가 결정된다.

(6) 임차인이 일시적으로 주민등록을 이전한 경우

주택을 임차하여 입주 및 주민등록을 마치고 계약서에 확정일자까지 받고서 임대기간 중에 개인사정으로 잠시 다른 곳으로 주민등록을 이전했다가 다시 전입신고를 했다면 확정일자를 다시 부여받을 필요가 없다. 그러나 주민등록을 전출한 시점에 우선변제권을 상실했다가 재 전입신고를 하면 그때부터 다시 우선변제권을 취득하게 된다. 따라서 주민등록을 다시 전입한 때를 기준으로 후순위담보권자에게는 우선하지만, 일시 주민등록을 이전한 사이에 설정된 저당권자 등 다른 담보권자보다는 후순위권자가 된다.

(7) 확정일자와 전세권설정등기의 차이점

주택임대차보호법상의 대항요건과 계약서상에 확정일자를 갖춘 경우에는 그 확정일자에 전세권설정등기를 한 것처럼 주택이 경매나 공매될 경우에 후순위 권리자나 기타 채권자보다 우선하여 보증금을 변제받을 수 있는 점은 같다. 그러나 다음과 같은 점에서 차이가 있다.

① 보증금 반환을 지체하는 경우

전세권등기를 한 경우는 전세집에 대하여 경매를 청구할 수 있으나, 확정일자는 경매청구권이 없기 때문에 보증금반환청구의 소를 제기하여 판결을 받아야만 일반적인 강제집행을 할 수 있다.

② 대항요건의 필요 여부

확정일자에 의한 보증금우선변제를 받기 위해서는 입주와 전입신고라는 대항요건을 갖추어야 하나, 전세권등기를 한 경우는 이러한 요건이 필요 없다.

③ 별도의 배당요구

확정일자만 갖춘 경우는 경매절차에서 별도의 배당요구를 해야 하나, 전세권등기를 한 경우에는 별도의 배당요구 없이도 순위에 의한 배당을 받을 수 있다.

2. 사례 해설

〈사례 1〉의 경우, 대항력은 임차인이 주택인도와 주민등록전입신고를 마친 다음날부터 제3자에게 효력이 생긴다. 그러므로 확정일자를 입주 및 주민등록전입신고와 같은 날 또는 그 이전에 받았어도 우선변제권 효력은 대항력과 마찬가지로 확정일자를 갖춘 날이 아닌 인도와 주민등록전입신고를 마친 그 다음날부터 발생하기 때문에 저당권이 선순위이다. 담보물권이 먼저 효력을 발생하므로 임차인 甲은 제3자(경낙인)에게 대항력이 없고, 배당요구를 하여 경매절차에서 우선변제권이 있는 은행의 저당권이 선순위로 5,000만 원을 배당받고 남은 금액이 있으면 그 한도에서 변제받을 수 있다.

〈사례 2〉의 경우에는 주택임대차보호법상의 대항력과 우선변제권을 갖추었다. 주택이 경매를 당할 경우에도 임차인 甲은 우선변제권을 행사하여 후순위담보물권자(은행)보다 우선하여 보증금을 변제받거나, 또는 대항력을 행사하여 남은 계약기간 동안 더 살고 계약기간이 끝난 후 새로운 집주인에게 보증금 반환을 청구할 수 있다. 낙찰된 돈이 보증금보다 적으면 나머지 돈을 받을 때까지 집을 비워주지 않아도 된다.

〈사례 3〉의 경우, 전세기간 중에 집주인이 바뀌었더라도 세입자 권리는 자동승계되므로 새로 계약서를 작성하거나 다시 확정일자를 받지 않아도 된다. 또 주택임대차계약서에 확정일자를 받아 보관하던 중 부주의로 분실한 경우에는 집주인의 동의 하에 임대차계약서를 다시 작성하더라도 소급하여 최초 계약서에 받은 확정일자인과 같은 날짜의 확정일자를 받을 수 없다.

따라서 분실한 경우에 대비해서 확정일자를 받은 다음에는 계약서를 복사해서 사본을 만들어 원본과는 별도로 보관하는 것이 좋다. 확정일자가 찍힌 임대차계약서의 사본이라도 있다면 법원에서 이를 인정받기는 쉽다.

Ⅳ 소액보증금

1 소액임차인이 경낙기일까지 배당요구를 하지 않으면 어떻게 되는가?

2 주택임대차보호법상 우선변제권과 최우선변제권의 차이점은 무엇인가?

3 甲은 2013년 4월 1일 대전시 오정동에서 보증금 5,000만 원에 집주인 乙과 임대차계약을 체결하고, 2013년 5월 1일 이사와 동시에 당일 주민자치센터에서 전입신고를 하였다. 나중에 등기부를 열람하여 보니 전입신고를 하기 전에 이미 저당권 4,000만 원이 설정되어 있었다. 이 경우 경매절차가 실시된다면 세입자 甲은 어떤 권리가 있는가?

4 대전시 오정동에 있는 주택이 2013년 3월 경매에 들어가 낙찰된 금액에서 경매비용을 뺀 금액이 2억 5,000만 원이다. 이 주택에 2012년 11월 1일 甲의 1번 저당권(1억 원)이 설정되었고, 2012년 11월 30일 乙이 보증금 8,000만 원에 이사와 주민등록전입신고를 마쳤고, 2012년 12월 15일 丙의 2번 저당권(8,000만 원)이 설정되었다. 또 2012년 12월 30일 丁이 보증금 2,000만 원에 이사와 주민등록전입신고를 마쳤다. 乙과 丁은 주민등록전입신고시 임대차계약서상에 확정일자인을 받았고 2013년 3월 丙의 신청으로 주택이 경매되었다면 각자 받을 수 있는 변제액은 얼마인가?

5 위의 사례에서 만약 乙과 丁이 전입신고만 하고 임대차계약서상에 확정일자를 받지 않은 경우에 각자 받을 수 있는 변제액은 얼마인가?

1. 소액보증금의 우선변제권

이미 저당권이나 가등기가 설정되어 있는 주택을 임차한 경우에, 그 저당권이나 가등기가 실행되어 제3자가 임차주택의 소유권을 취득하면, 임차인은 제3자에게 대항할 수 없다. 따라서 실제로 임차주택에 저당권이나 가등기가 설정되어 있는 사실을 모르고 임대차계약을 체결한 후 보증금을 내고 세 들어 살고 있다가, 그 저당권이나 가등기가 실행되어 보증금을 한 푼도 받지 못하고 그 집에서 쫓겨나는 경우가 많이 발생한다.

그러므로 영세임차권자의 경우에는 순위에 관계없이 그들의 전 재산에 해당한다고 볼 수 있는 보증금을 절대적으로 반환받을 수 있도록 하는 제도가 필요하다. 즉 일반채권자나 후순위담보권자는 물론이고, 자기보다 먼저 담보권을 설정한 담보권자보다도 우선하여 보증금을 변제받을 수 있는 권리 즉, 우선변제권(우선특권)을 인정할 필요가 있는 것이다.

현재 주택임대차보호법상의 우선변제권은 서울특별시는 7천 500만 원, 「수도권정비계획법」에 따른 과밀억제권역(서울특별시는 제외한다)은 6천 500만 원, 광역시(「수도권정비계획법」에 따른 과밀억제권역에 포함된 지역과 군지역은 제외한다), 안산시, 용인시, 김포시 및 광주시는 5천 500만 원, 그 밖의 지역은 4천만 원 이하인 임차인에게 적용된다(동법 시행령 제4조). 그리고 여기에 해당하는 임차인이라 하더라도 실제로 그 주택에 입주하고 있어야 하며, 그 주택에 대한 경매신청 전까지 주민등록전입신고가 되어 있어야만 우선변제권이 인정됨은 물론이다. 이 경우에는 임대차계약서에 확정일자인이 없어도 우선변제를 받을 수 있다.

또 이러한 요건을 갖춘 임차인이라 하더라도, 그 보증금 전액에 대하여 우선변제권이 인정되는 것은 아니다. 즉 서울특별시는 2천 500만 원, 「수도권정비계획법」에 따른 과밀억제권역(서울특별시는 제외한다)은 2천 200만 원, 광역시(「수도권정비계획법」에 따른 과밀억제권역에 포함된 지역과 군지역은 제외한다), 안산시, 용인시, 김포시 및 광주시는 1천 900만 원, 그 밖의 지역은 1천 400만 원 이하까지만 우선변제권이 인정된다(동법 시행령 제3조 제1항).

그리고 우선변제권이 인정되는 금액의 합계가 그 주택가액의 2분의 1을 초과하는 경우에는, 2분의 1의 범위 내에서만 우선변제권이 인정된다(동법 시행령 제3조 제2항). 또 하나의 주택에 임차인이 2인 이상이고, 그 우선변제권이 인정되는 금액의 합계가 주택가액의 2분의 1을 초과하는 경우에는, 각 우선변제권이 인정되는 금액의 합계에 대한 각 임차인의 우선변제액이 인정되는 금액의 비율로, 그 주택가액의 2분의 1에 해당하는 금액을 분할한 금액을 각 임차인에게 인정되는 우선변제금액으로 본다(동법 시행령 제3조 제3항).

그리고 위에서 살펴 본 바와 같이 임대차계약서에 확정일자인을 받았을 경우에는 임차인에게 순위에 의한 우선변제권이 인정되기 때문에, 소액보증금에 의한 우선변제권(우선특권)이 인정되고 난 나머지 보증금은 순위에 의한 우선변제를 받을 수밖에 없다. 그러므로 우선변제권이 인정되는 임차인이라 하더라도 확정일자인을 받아 두어야만 보증금 전액을 보장받을 수 있게 된다.

이러한 소액임차인 우선변제의 혜택을 보려면 이사와 주민등록일이 임차주택경매에 붙여진다는 경매기입등기일 이전에 마쳐져 있어야 한다. 즉, 아무리 소액임차인이라고 하더라도 이미 경매기입등기가 된 뒤에 이사를 와서 주민등록을 하여서는 소액임차인 우선변제제도의 혜택을 볼 수는 없다.

1) 소액임차인의 최우선변제 효력이 없는 경우

소액보증인의 경우 무조건 최우선변제 효력이 있는 것은 아니다. 세입자의 대항요건(입주+전입신고)보다 먼저 등기한 가등기권자(매매계약에 의한 소유권이전등기청구권 보존의 가등기), 가처분권자(주택의 처분금지, 인도금지 등기), 예고등기권자(소유권이전등기의 원인무효를 위하여 소송을 제기하고 등기)에게는 효력이 없다는 것에 유의해야 한다. 또한 임차권등기명령제도에 의하여 주택임차권이 등기되어 있는 경우에도 효력이 없다.

2) 대항력과 우선변제권의 구별

대항력은 임차주택의 소유자가 바뀔 경우에 새로운 소유자에 대하여 임차권을 주장할 수 있느냐 하는 문제인데 비하여, 우선변제권은 임차주택이 경매된 경우에 그 경매대금으로부터 보증금을 다른 채권자들보다 우선적으로 배당받을 수 있느냐 하는 문제인 것이다.

구 분	개 념	요 건	효 과
대항력	집주인이 바뀌어도 임차기간 및 보증금을 반환받을 때까지 계속 살 수 있는 권리	주택의 입주 주민등록 전입신고	보증금 전액에 대하여 소유자, 양수인, 경낙인에게 대항
우선 변제권	후순위권리자보다 우선하여 보증금을 변제받을 수 있는 권리	주택의 입주 주민등록 전입신고 계약서상 확정일자	보증금 전액을 순위에 의해 우선변제
최우선 변제권	선순위권리자보다 우선하여 소액보증금을 변제받을 수 있는 권리	경매개시등기 전에 주택의 입주 주민등록 전입신고	보증금 중 일정액을 최우선변제

3) 소액보증금의 변제절차

주택임대차보호법에 정한 대항요건을 갖추어 대항력을 취득한 소액임차인은, 임차주택의 양수인에게 대항하여 보증금을 반환받을 때까지 임대차관계의 존속을 주장할 수 있는 권리와 소액보증금에 관하여 임차주택의 가액으로부터 우선변제를 받을 수 있는 권리를 동시에 가진다. 그리고 이 두 가지 권리는 그 어느 하나를 선택하여 행사할 수 있으므로, 임차인이 임차주택의 경매 당시 우선변제권을 행사하지 않았다 하더라도 그 임차보증금에 대한 대항력행사에는 아무런 지장이 없다.

소액임차인이 경매절차에서 소액임차보증금의 우선변제를 받기 위해서는 확정판결 등 별도의 채무명의는 필요 없다. 그러나 배당요구 종기일까지는 배당요구를 하여야 하며, 만약 배당요구를 하지 않으면 소액보증금의 우선변제권은 실권된다. 배당요구는 배당요구서를 작성하고 임대차계약서 사본 1통과 주민등록표등본 1통을 첨부하여 경매법원에 제출함으로써 할 수 있다.

다만 다른 담보물권자, 기타의 채권자가 당해 임차주택에 관하여 경매를 신청하지 않아 경매절차가 진행되지 않고 있는 경우에는, 소액임차인에게는 경매청구권이 없으므로 소액보증금 반환청구권에 의하여 직접 임차주택의 경매를 신청할 수는 없고, 법원에 보증금반환청구소송을 제기하여 확정판결을 받는 등 채무명의가 있어야 경매를 신청할 수 있다.

경매절차가 이미 진행 중이라도, 임차주택의 소유권이 이전되기 전까지 주택의 인도와 주민등록을 마친 소액임차권은 모두 우선변제를 받을 수 있다. 그리고 압류 전에는 임차보증금이 소액보증금에 해당되지 않았는데 압류 후의 임대차계약 내용의 변경에 의하여 소액보증금으로 된 때에는, 그 계약변경이 탈법적인 의사표시 없이 진정한 의사로 적법하게 이루어진 것이라면 우선변제권이 인정된다.

또 임차인으로부터 임차주택을 적법하게 전차(轉借)한 소액전차인에게도 역시 우선변제권은 인정된다.

4) 임차주택양수인의 임대차지위 승계

임차주택의 양수인 기타 임대권을 승계한 자는 임대인의 지위를 승계한 것으로 본다. 따라서 종전의 임대인과 임차인 사이에 존재하는 임대차계약관계가 그대로 새로운 임차주택의 양수인에게 승계된다.

임차주택의 양수인이란 매매, 증여, 교환 등 법률행위에 의하여 임차주택의 소유권을 취득한 자와 상속이나 경매, 법원의 판결 등 법률의 규정에 의하여 소유권을 취득한 자를 말한다.

그러나 임차주택의 양수인이라고 하여 모든 임대인의 지위를 계승하는 것은 아니다. 임차주택의 양수인이라고 하더라도 임차인이 입주와 전입신고를 하기 전에 이루어진 저당권등기, 가압류 또는 압류 등에 따른 경매나 가등기에 기한 본등기에 의하여 소유권을 취득한 경우에는 임차인은 그 양수인에 대하여 임차권을 주장할 수 없다.

5) 임차권등기명령제도

종전에는 임대차가 종료한 후에 집주인으로부터 임차보증금(전부뿐 아니라 일부)을 반환받지 못하는 경우와 이사할 필요가 있는 경우에도 이사를 하면 대항력 및 우선변제권을 상실하게 되어 이사를 하지 못하는 문제점이 야기되어 개정법은 임차권등기명령제도를 신설하였다.

임대차 종료 후 보증금을 반환받지 못한 세입자는 임대인의 동의가 없어도(세입자의 신청에 의하여 등기부에 임차권 등기를 한 다음 임대인에게 통보한다) 임차주택의 소재지를 관할하는 지방법원, 지방법원지원 또는 시, 군법원에 임차권등기명령을 신청할 수 있게 되었다. 이러한 임차권등기는 전세권등기와 같은 효력을 지니며, 전입신고와 확정일자를 받은 날짜에 소급하여 변제순위를 인정해 주는 획기적인 제도이다.

임차권등기명령의 집행에 의한 임차권등기가 되면 임차인은 주택의 점유와 주민등록의 요건을 갖추지 아니하더라도 임차인이 종전에 가지고 있던 대항력과 우선변제권이 유지되어 임차인이 자유롭게 주거를 이전할 수 있도록 하였다.

임차권등기가 되어 있는 주택에(임차권의 목적이 주택의 일부분인 경우에는 해당 부분에 한다) 새로운 임차인이 대항요건(주택인도와 주민등록)을 갖추어도 소액임차인의 최우선변제권은 없다.

임차인은 임차권등기명령의 신청 및 그에 따른 임차권등기와 관련하여 소요된 비용을 임대인에게 청구할 수 있다.

2. 사례 해설

〈사례 1〉의 경우, 배당요구를 하지 않으면 우선변제를 받을 수 없다. 왜냐하면 소액임차인이라도 경매법원에 배당요구 종기일까지 배당요구를 해야만 우선변제를 받을 수 있기 때문이다. 따라서 경낙인이 명도를 청구할 경우 무조건 집을 비워주어야 한다.

〈사례 2〉의 경우, 최우선변제권은 민법상 물권에 대한 특례로서 보증금이 일정액 이하(서울특별시는 7천 500만 원, 「수도권정비계획법」에 따른 과밀억제권역[서울특별시는 제외한다]은 6천 500만 원, 광역시[「수도권정비계획법」에 따른 과밀억제권역에 포함된 지역과 군지역은 제외한다], 안산시, 용인시, 김포시 및 광주시는 5천 500만 원, 그 밖의 지역은 4천만 원 이하인 임차인으로 함)인 임차주택이 경매신청되기 전에 주택의 인도와 주민등록전입신고를 한 경우(확정일자인을 받지 않았어도), 보증금 중 일정액(서울특별시는 2천 500만 원, 「수도권정비계획법」에 따른 과밀억제권역[서울특별시는 제외한다]은 2천 200만 원, 광역시[「수도권정비계획법」에 따른 과밀억제권역에 포함된 지역과 군지역은 제외한다], 안산시, 용인시, 김포시 및 광주시는 1천 900만 원, 그 밖의 지역은 1천 400만 원 이하로 함)을 선순위나 후순위의 모든 담보물권자나 채권자보다도 최우선적으로 받을 수 있다.

이에 비하여 우선변제권은 임차권보다 후순위담보물권자나 기타 다른 채권자보다 우선하여 보증금을 변제받을 수 있는 권리로서, 주택의 인도와 주민등록전입신고와 임대차계약서에 확정일자인을 받아야만 인정된다. 확정일자인을 받지 않은 경우, 최우선변제를 받은 일정액 이외에 나머지 보증금은 우선변제권이 인정되지 않기 때문에 후순위담보물권자보다 순위가 뒤진다.

〈사례 3〉의 경우, 세입자 甲은 저당권이 설정된 후에 전입신고를 하였기 때문에 경낙인에 대하여 대항력이 없어 집을 비워주어야 한다. 그러나 甲은 보증금 액수가 5,500만 원 이하인 소액 세입자이므로 선순위 담보물권이 설정되어 있어도 보증금 중 1,900만 원을 최우선적으로 배당받을 권리가 있다.

〈사례 4〉의 경우, 먼저 최우선변제권의 인정 여부에 관하여 살펴보면, 2010년 7월 21일 주택임대차보호법시행령의 일부개정 이후 대전광역시에서는 5,500만 원 이하의 보증금으로 입주한 임차인에게만 1,900만 원의 최우선변제권이 인정되므로 乙은 5,500만 원이 넘어 해당이 안 되고, 丁만 1,900만 원의 최우선변제를 받는다.

다음으로 우선변제권의 인정 여부에 관하여 살펴보면, 乙은 대항요건과 확정일자인을 받아 놓았으므로 최우선변제액 1,900만 원을 공제한 나머지 2억 3천 1백만 원에 대해서는 순위에 의한 변제권이 인정된다. 乙의 경우 선순위 저당권자인 甲이 1억 원을 변제받고, 나머지 금액인 2억 3천 1백만 원 중에서 8천만 원을 변제받는다. 丁은 대항요건과 확정일자인을 받았지만 丙보다도 후순위이기 때문에 丙이 먼저 받고 남은 금액으로 변제받게 된다. 이때 주의하여야 할 점은 乙과 丁이 선순위담보물권으로 인하여 대항력(새 집주인에게 요구할 권리)이 없기 때문에 반드시 배당요구를 하여야 한다는 것이다. 왜냐하면 확정일자를 갖춘 경우에는 경매나 공매절차에서 별도의 배당요구를 하여야만 배당을 받기 때문이다. 따라서 배당요구를 하지 않은 경우 세입자인 乙과 丁은 경낙인에게 집을 비워주어야 하고 경매주택의 원소유자에게만 보증금반환을 청구할 수 있다.

결국, 甲은 1억 원, 乙은 8천만 원, 丙은 5천 1백만 원, 丁은 1천 9백만 원을 변제받게 된다. 丙과 丁이 못 받은 금액은 경매되었던 주택의 원래 소유자에게서 받을 수밖에 없다. 그 방법은 그에게 그 주택 외에 다른 재산이 있는지 알아보고, 만약 있다면 그 재산을 가압류한 다음 그를 상대로 나머지 금액을 돌려달라는 소송을 제기하여야 할 것이다.

〈사례 5〉의 경우, 乙과 丁의 순위에 의한 우선변제권은 인정되지 않지만, 丁의 최우선변제권은 인정되므로 丁이 우선 1,900만 원을 변제받고 나머지 금액 2억 3천 1백만 원은 순위에 의하여 甲이 1억 원, 丙이 8,000만 원을 변제받으며, 나머지 5천 1백만 원은 乙과 丁이 채권액에 비례하여 변제받게 된다.

V 보증금의 증감청구권

甲은 2012년 8월 1일 전세금 5,000만 원에 乙소유의 주택에 이사를 하였는데, 얼마 전 乙은 주변에 있는 다른 집에 비하여 전세금이 너무 싸다며 2013년 3월 1일부터 전세금을 500만 원 더 내라고 요구하는데 甲은 어떻게 해야 할 것인가?

1. 차임 또는 보증금의 증감청구권

경제사정의 변동으로 인하여 차임 또는 보증금이 적정하지 않게 되었다면, 당사자는 그 증감을 청구할 수 있다. 감액청구의 경우에 금액비율이나 기간에 대한 별도의 규정이 없으므로 얼마든지 아무 때나 청구할 수 있다고 본다.

2. 사례 해설

보증금의 증액청구는 약정한 차임들의 20분의 1(5%)을 초과할 수 없다. 또한 이러한 증액청구는 임대차계약 또는 약정한 차임의 증액이 있은 후 1년 이내에는 못하게 되어 있다. 즉, 집주인은 2013년 8월 1일부터 보증금을 250만 원까지 증액청구할 수 있으며 아직 1년이 되지도 않았기 때문에 응하지 않아도 된다.

1년이 지나 집주인이 계속 500만 원의 증액을 요구할 경우에는, 세입자는 보증금의 5% 범위(250만 원) 내에서 올려주면 된다.

Ⅵ 임대차기간

1. 임차인의 임대차기간 선택권

주택임대차보호법은 주택임대인의 횡포를 막고 주택임차인의 주거생활의 안정을 기할 수 있도록 주택임대차의 존속기간에 관하여 특별규정을 두고 있다. 그 내용을 살펴보면 주택임대차의 기간은 임대인과 임차인이 자신들의 의사에 따라 정할 수 있으나, 기간의 정함이 없거나 기간을 2년 미만으로 정한 임대차는 그 기간을 2년으로 본다(동법 제4조 제1항). 다만, 임대차기간을 2년으로 한 것은 임차인의 보호를 위한 것이기 때문에 임차인이 임대인과 합의하여 2년 미만 또는 2년 이상으로 정할 수 있음은 물론이다. 실제로 2년까지 임대차를 할 필요가 없는 사람들도 많을 것이기 때문이다.

그러나 이것은 최소한의 임대차기간을 2년으로 한다는 것이기 때문에, 2년 동안 보증금을 인상하지 못한다는 의미는 아니다. 주택임대차보호법은 오히려 임대인은 약정한 보증금이 임차주택에 관한 조세, 공과금 기타 부담의 증감이나 경제사정의 변동으로 인하여 상당하지 아니한 때에는 보증금의 증감을 언제든지 청구할 수 있도록 하고 있다. 이 경우에 임대인이 언제든지 보증금의 증감을 청구할 수 있도록 한다면 임차인의 주거가 매우 불안정하게 될 우려가 있기 때문에, 주택임대차보호법 시행령에서는 임대차계약 또는 약정한 차임 등의 증액이 있은 후 1년 이내에는 보증금의 증액청구를 할 수 없게 하고, 또 1년 이후에 증액을 하더라도 보증금이나 약정한 차임 등의 20분의 1의 금액을 초과할 수 없도록 하고 있다(동법 시행령 제2조).

2. 갱신의사 통보기한 및 묵시의 갱신

또 이 법 제6조 제1항은 주택임대인이 임대차기간 만료 전 6월부터 1월까지 사이에 갱신 거절 또는 조건을 변경한다는 뜻의 통지를 하지 아니한 경우에는 그 기간이 만료된 때에는 전임대차와 동일한 조건으로 다시 임대차한 것으로 간주되며, 다만 이 경우에 임대차의 기간은 2년으로 본다고 규정함으로써 주택임대차의 자동경신을 인정하여 주택임차인을 더욱 보호하고 있다(동법 제6조). 즉, 예컨대 甲과 乙이 2011년 3월 1일 甲소유의 주택 1동에 관하여 계약기간을 2년으로 하는 주택임대차계약을 체결하고, 乙이 그 주택에 입주하여 거주하고 있었는데, 임대인 甲이 2013년 2월 1일까지 임차인 乙에게 더 이상 주택을 임대하지 않겠다거나 차임보증금 또는 차임을 올려주지 않으면 주택을 임대하지 않겠다는 등의 의사표시를 하지 않은 때에는, 그 임대차는 2013년 3월 1일부터 종전의 임대차와 동일한 조건으로 다시 성립한 것으로 본다. 따라서 임차인 乙은 종전의 차임으로 계속 그 주택에 거주할 수 있다.

그러나 임대차기간을 최소한 2년으로 한다든가 또는 임대차계약의 자동경신을 인정하는 것은 임차인이 자기의 의무를 다 하지 않음에도 불구하고 무조건 보호한다는 것은 아니다. 따라서 임차인이 2기의 차임액에 달하도록 차임을 연체하거나 기타 임차인으로서의 의무를 현저히 위반한 경우에는 위와 같은 혜택을 받을 수 없다. 임차인으로서의 의무를 현저히 연체한 때라 함은 임차인이 임차목적물인 주택을 파손시켰다든지 주거용으로 임차한 주택을 비밀요정으로 사용하고 있다는 등 임차인으로서 이행하여야 할 의무를 이행하지 않은 경우 등을 말한다.

요컨대 묵시적 갱신의 경우 임차인은 임대차의 존속을 원할 경우에는 2년간의 기간을 주장할 수 있고, 원하지 않을 경우에는 언제든지 자유롭게 계약을 해지할 수 있다. 다만, 임차인의 해지통고는 임대인에게 도달한 날부터 3개월이 지나야만 효력이 발생하는 것이다.

3. 임차료의 연체

세입자가 임대료를 2회 이상 연체하거나, 연속해서 연체하지는 않더라도 연체차임이 두 차례에 달한 때에는 임대인이 계약을 해지할 수 있다. 여기서 2기의 차임액은 계속적으로 2번 차임을 연체한 경우뿐만 아니라, 수회 간격을 두고 차임을 2회 연체한 경우도 포함되어 임차주택의 소유자가 변경된 경우 전소유자에게 1회, 신소유자에게 1회 차임을 연체하여 계약기간 동안 도합 2회 연체된 경우도 이에 해당된다.

Ⅶ 임차권의 전대

甲은 임대차계약 체결시 전세집에 살고 있던 乙을 소유자로 알고 임대차계약을 체결하고 입주하여 주민등록을 마쳤다. 그런데 나중에 알고 보니 소유자는 따로 있고 乙은 임차인으로 집주인의 동의도 얻지 않고 전대를 한 것이었다.

현재 주택소유자가 甲에게 전세집을 비워달라고 요구하고 있는데 임대보증금을 반환받을 때까지 이를 거부할 수 있는지?

1. 임차권의 양도·전대

집주인 동의 없이 세입자한테 다시 세를 얻은 경우는 쫓겨나도 할 말이 없다. 임차권의 동일성을 유지하면서 이전하는 계약이 임차권의 양도이다. 세입자가 임대인(전대인)

이 되어 제삼자(전차인)에게 임차물의 사용수익을 하게 하는 계약이 전대이다. 임대인의 동의를 얻지 않은 임차권의 양도 내지 전대차도 전부가 무효는 아니고, 임대인에게 대항할 수 없을 뿐이다(판례).

2. 임차권의 승계

임차인이 상속권자 없이 사망한 때에는 그 주택에서 가정공동생활을 하던 사실상의 혼인관계자가 임차인의 권리와 의무를 승계하고, 임차인이 사망한 경우에 사망 당시 상속권자가 함께 가정공동생활을 하지 않은 때에는 그 주택에서 가정공동생활을 하던 사실상의 혼인관계에 있는 자와 2촌 이내의 친족은 공동으로 임차인의 권리와 의무를 승계한다. 임차인이 사망한 후 1개월 이내에 승계권자가 임대인에게 승계하지 않겠다는 의사표시를 하면 승계되지 않는다. 따라서 아무런 의사표시를 하지 않으면 자동으로 승계되고, 승계권 발생 사실을 몰랐어도 1개월이 지나면 자동승계된다.

3. 사례 해설

임대인의 동의 없이 전대차계약을 체결한 경우로서 거부할 수 없다. 왜냐하면 세입자가 임대기간 중에 전세집을 다른 사람에게 전대하였더라도 집주인의 동의가 없으면 전차인은 집주인에게 자신의 전차권을 주장할 수 없기 때문이다.

따라서 이 경우는 甲은 비록 대항요건을 갖추었더라도 소유자에게 세입자 乙과 체결한 임대차계약 관계를 주장하여 명도를 거부할 수 없고 임대보증금도 세입자 乙에게 청구할 수 있을 뿐이다.

Ⅷ 상가건물임대차보호법에 의한 임대차

상가건물의 임대차에 관하여 민법에 대한 특례를 정하기 위해 상가건물임대차보호법이 제정되었다(2002년 11월 1일부터 시행). 대체로 주택임대차보호법과 유사한 내용을 정하고 있는데, 그 개요는 다음과 같다.

1. 적용범위

동법은 사업자등록의 대상이 되는 상가건물에 대해 일시 사용이 아닌 임대차에 적용하되, 대통령령이 정하는 보증금액을 초과하는 임대차에 대하여는 적용하지 않는다(동법 제2조 제1항·제16조). 현재 보호대상이 되는 상가임대차의 범위는,

① 서울특별시 : 3억 원

② 「수도권정비계획법」에 따른 과밀억제권역(서울특별시는 제외한다) : 2억 5천만 원

③ 광역시(「수도권정비계획법」에 따른 과밀억제권역에 포함된 지역과 군지역은 제외한다), 안산시, 용인시, 김포시 및 광주시 : 1억 8천만 원

④ 그 밖의 지역 : 1억 5천만 원

다만, 보증금에는 계약보증금과 월세에 100을 곱한 환산보증금을 포함한다.

2. 대항력

임대차는 그 등기가 없는 경우에도 임차인이 건물의 인도와 사업자등록을 신청한 때에는 그 다음날부터 제3자에 대하여 효력이 생긴다(동법 제3조 제1항).

3. 보증금의 회수 등

(1) 위 대항요건을 갖추고 관할 세무서장으로부터 임대차계약서상의 확정일자를 받은 임차인은 민사집행법에 의한 경매 또는 국세징수법에 의한 공매시 임차건물(임대인 소유의 대지를 포함)의 환가대금에서 후순위권리자 그 밖의 채권자보다 우선하여 보증금을 변제받을 권리가 있다(동법 제5조 제2항).

한편, 주택임대차보호법에서 정한 바와 같은 '임차권등기명령'과 '민법의 규정에 의한 임대차등기의 효력'을 규정한다(동법 제6조·제7조).

(2) 임차인은 건물에 대한 경매신청의 등기 전에 대항요건을 갖추는 것을 전제로 임대

건물가액의 3분의 1의 범위 안에서 보증금 중 일정액을 다른 담보물권자보다 우선하여 변제받을 권리가 있다(동법 제14조).

4. 임대차기간 등

(1) 기간의 정함이 없거나 기간을 1년 미만으로 정한 임대차는 그 기간을 1년으로 본다. 다만, 임차인은 1년 미만으로 정한 기간이 유효함을 주장할 수 있다(동법 제9조 제1항).

(2) 임대인은 임차인이 임대차기간 만료 전 6월부터 1월까지 사이에 행하는 계약갱신요구에 대하여 정당한 사유 없이 이를 거절하지 못한다(동법 제10조 제1항). 임차인의 계약갱신요구권은 최초의 임대기간을 포함한 전체 임대차기간이 5년을 초과하지 않는 범위 내에서만 행사할 수 있다(동법 제10조 제2항).

5. 차임 등의 증감청구권

차임 또는 보증금이 상당하지 아니하게 된 때에는 당사자는 장래에 대하여 그 증감을 청구할 수 있다(동법 제11조 제1항). 다만, 증액청구는 임대차계약 또는 약정한 차임 등의 증액이 있은 후 1년 이내에는 이를 하지 못한다(동법 제11조 제2항).

6. 기타

① 전대차관계에도 일정한 규정의 적용이 있으며(동법 제13조),

② 동법의 규정에 위반된 약정으로서 임차인에게 불리한 것은 효력이 없고(동법 제15조),

③ 등기하지 아니한 전세계약에 관하여도 동법이 준용된다(동법 제17조).

제 5 장

보험관련 법률문제

Ⅰ. 문제 제기

Ⅱ. 보험법의 기초개념

Ⅲ. 보험계약의 체결

Ⅳ. 보험계약의 효과

Ⅴ. 손해보험계약의 기본원칙

Ⅵ. 보험자대위

Ⅶ. 사례 해설

Ⅷ. 연습문제

▌사 례▐

甲은 자신의 승용차에 관하여 A보험회사와 자동차종합보험계약을 체결하였다. 그 약관에는 무보험자동차에 의한 손해담보특약 조항 및 보험회사가 보험금을 지급한 때에는 피보험자의 배상의무자에 대한 손해배상청구권을 보험회사가 대위행사할 수 있다는 조항이 들어 있었다.

乙은 자기의 친구인 丙의 승용차를 운전하다가 중앙선을 침범하여, 甲의 차와 충돌하면서 그 자리에서 사망하였고, 甲과 그 가족에게 중상을 입혔다.

책임보험에만 가입한 丙은 甲의 차량이 무보험자동차 상해담보특약에 가입되어 있음을 고려하여, 甲에게 2천만 원을 지급하고, 향후 만형사상 일체의 이의를 제기하지 않겠다는 취지의 합의서를 받았다.

한편 丙의 보험회사인 B는 甲에게 치료비 등으로 1천 9백만 원을 지급하였는데, A는 무보험자동차 손해담보특약에 따라 甲이 B보험사로부터 지급받은 1천 9백만 원을 초과하는 손해인 4천만 원을 甲에게 보험금으로 지급하였다. A보험회사는 丙에게 4천만 원의 지급을 청구할 수 있는가?

I 문제 제기

1. 손해보험에서는 보험자대위를 인정하지만, 인보험에서는 이를 인정하지 않는 것이 원칙이다(상법 제729조 본문).

2. 인보험 중에서 상해보험의 경우에는 당사자 간에 다른 약정이 있는 경우에는 보험자는 피보험자의 권리를 해하지 않는 범위 내에서 피보험자의 권리를 대위하여 행사할 수 있다(상법 제729조 단서).

3. 사례에서는 약관으로 무보험자동차에 의한 손해담보약정을 하고 있다. 이는 상해보험의 성격을 가지는 것으로서 대위약정이 효력이 있는가 하는 점이 문제가 된다.

4. 대위약정의 효력이 인정된다면, 피보험자가 가해자로부터 배상금을 받고 일체의 민·형사상 이의를 제기하지 않기로 한 합의가 보험자에 대하여 유효한가 하는 점이 문제가 된다.

5. 대판, 2000. 2. 11, 99다50699 참조.

II 보험법의 기초개념

1. 보험제도

보험은 동질적인 위험에 놓여 있는 사람들이 하나의 위험단체를 구성하여 통계적인 기초에 의해 산출된 금액(보험료)을 모아 공동기금을 마련하고, 우연한 사고를 당한 사람에게 재산적 급여(보험금)를 함으로써 경제생활의 불안을 없애거나 덜고자 하는 제도이다.

2. 보험계약 관계자

① **보험자**

보험사업의 주체로서 보험을 인수하는 하는 자이다. 보험자는 다수의 보험가입자를 상대로 보험계약의 체결과 유지 및 보험금 지급업무를 수행해야 하므로 보험대리상, 보험중개인, 보험모집인, 보험의 등 많은 보조자가 필요하다.

② **보험계약자**

자기명의로 보험자와 보험계약을 체결하는 자이다.

③ **피보험자**

손해보험의 경우에는 보험사고 발생시 보험금을 수령하는 자이며, 인보험에서는 보험사고발생의 객체가 되는 자이다.

④ **보험수익자**

인보험계약에서 보험금 수령자로 지정된 자이다.

3. 보험의 목적

보험사고발생의 객체를 말한다. 손해보험에서는 특정한 물건 또는 피보험자의 전 재산이며, 인보험에서는 사람의 생명이나 신체이다. 인보험에서는 피보험자라고도 한다.

4. 보험기간

보험자의 책임이 개시되어 종료될 때까지의 기간, 즉 책임기간을 말한다. 보험자는 이 보험기간 내에 발생한 보험사고에 대하여만 책임을 지고, 보험기간은 보험계약이 성립한 이후부터 개시하는 것이 원칙이지만, 여기에는 다음과 같은 예외가 있다.

1) 승낙전 보험사고

보험자가 보험계약자로부터 보험계약의 청약과 함께 보험료 상당액의 전부 또는 일부를 받은 경우에, 그 청약을 승낙하기 전에 보험계약에서 정한 보험사고가 발생한 때에는 그 청약을 거절할 사유가 없는 한 보험자는 보험계약상의 책임을 지게 된다(동법 제638조의 2 제3항).

2) 소급보험

보험계약 성립 전의 어느 시기를 보험기간의 始期로 할 수 있으며(동법 제643조), 이를 소급보험이라 한다.

5. 보험사고

보험자의 보험금지급책임을 구체화시키는 우연한 사고를 말한다.

6. 보험금과 보험료

보험금은 보험사고가 발생한 경우 보험자가 지급할 금액이며, 보험료는 보험자가 위험을 인수한 대가로 보험계약자가 지급하는 금액이다.

Ⅲ 보험계약의 체결

1. 보험계약의 성립

보험계약은 이론적으로는 청약과 승낙의 합치에 의하여 성립되는 불요식의 낙성계약이지만, 현실적으로는 보험계약서에 의한 청약과 제1회 보험료의 납부 및 보험료 가수증의 교부, 신체검사, 보험증권의 교부와 같은 가시적인 절차를 거쳐서 성립되고 있다.

1) 청약

보험계약의 청약자가 보험자에 대하여 일정한 보험계약을 체결할 것을 목적으로 하는 일방적 의사표시이다. 그 방법에는 제한이 없으나, 거래계에서는 거의 예외 없이 보험청약서를 사용한다. 청약자가 보험청약서에 있는 질문란에 기재함으로써 고지의무를 이행하게 된다. 청약시에 제1회 보험료를 함께 지급하는 것이 일반적이다.

임의로 청약을 철회할 수 없지만(민법 제527조), 장기간에 걸치는 생명보험의 경우에는 재고의 기회를 준다는 차원에서 청약 후 15일 이내에 자신의 청약을 철회할 수 있도록 한다.

2) 승낙

특정한 청약에 대하여 보험계약의 성립을 목적으로 하는 보험자의 의사표시이다. 보험계약은 보험자가 승낙통지를 발송한 때에 성립한다. 승낙의 의사표시는 방법의 제한은 없으나, 일반적으로는 보험증권을 작성하여 발송한 시점을 계약성립시로 본다.

3) 낙부통지의무

보험자가 청약을 받은 후 지나치게 오랜 기간 승낙여부가 불분명한 상태에 있게 되면, 청약자의 지위가 불안정해지므로, 상법은 보험자가 청약과 함께 보험료 상당액의 전부 또는 일부를 지급받은 때에는 30일 내에 상대방에게 諾否의 통지를 하도록 하였다. 보험자가 이 기간 내에 낙부의 통지를 하지 않은 때에는 승낙한 것으로 본다(承諾擬制).

4) 승낙 전 사고

보험자가 보험계약자로부터 보험계약의 청약과 함께 '보험료 상당액의 전부 또는 일부를 받은 경우에' 그 승낙을 하기 전에 보험사고가 발생한 때에는, '그 청약을 거절할 사유가 없는 한' 보험자는 보험계약상의 책임을 진다.

5) 약관의 교부·설명의 의무

보험자는 보험계약을 체결할 때에는 보험계약자에게 보험약관을 교부하고, 그 약관의 중요한 내용을 알려주어야 한다. 그러나 약관의 내용 중에 가입자가 잘 알고 있는 사항이나, 거래상 널리 알려진 사항 및 법령이 정한 사항 등은 설명하지 않아도 된다(판례). 보험자가 이 의무를 위반한 경우에는 보험계약자는 보험계약이 성립한 날로부터 1월 이내에 그 계약을 취소할 수 있다(상법 제638조 제3항).

그런데 만약 1월 이내에 계약을 취소하지 않은 경우에는 어떻게 되는가? 통설은 약관규제법의 적용이 배제된다고 보아 보험계약은 약관의 내용대로 유지된다고 본다. 그러나 판례 및 소수설은 양 규정은 중복 적용된다고 보아, 약관규제법에 따라 그 약관의 내용을 보험계약의 내용으로 주장할 수 없다고 한다(대판, 1998. 11. 27, 98다32564).

보험자 등이 약관의 명시 설명의무를 위반하여 계약자에게 손해를 가한 경우에는 보험사업자는 무과실책임을 부담하고, 모집인과 대리점은 무과실에 가까운 책임을 진다(대판, 1999. 4. 27, 98다54830).

2. 고지의무

1) 의의

보험계약자 또는 피보험자가 보험계약을 체결함에 있어서 중요한 사항에 대하여 고지하지 아니하거나 부실한 사실을 고지하지 아니하여야 할 의무를 말한다. 계약당사자가 자신에게 불리한 정보를 상대방에게 적극적으로 알려주어야 한다는 이 의무는 "계약상의 중요 정보는 자기 책임과 판단 하에 취득하여야 한다"고 하는 계약법의 일반원칙에 비추어 보아 이례적인 것이다. 그리하여 이 의무를 인정하는 근거로는 위험측정설과 선의계약설이 제시되고 있다.

고지의무의 이행 여부는 보험계약의 유효한 체결에 있어서 매우 중요한 것이며, 실제 보험분쟁의 많은 부분이 고지의무와 관련되어 있다.

2) 당사자

고지의무를 부담하는 자는 보험계약자와 피보험자이다. 고지의무를 이행한 것으로 되려면, 고지를 수령할 권한이 있는 자에게 고지하여야 할 것이다. 보험자와 체약대리상은 계약체결권한이 있으므로 고지수령권도 있으며, 보험의는 계약체결권한은 없으나 그 전문성을 감안하여 고지수령권을 인정하는 것이 타당하다고 본다. 그러나 계약체결권한이 없는 중개대리상, 보험중개인, 보험모집인 등은 고지수령권이 없다.

3) 내용

고지해야 할 시기는 보험계약의 성립기까지이다. 그러므로 청약 후 새로 알게 된 사항이 있으면, 보험자의 승낙이 있을 때까지 고지하면 된다.

고지의 방법에는 제한이 없다. 보통 보험청약서 안에 인쇄된 질문표에 기재하는 방법으로 하지만, 반드시 그 안에 기재하여야 효력이 있는 것은 아니다.

고지할 사항은 보험계약상 '중요한 사항'이다. 중요한 사항이란 보험자가 보험가입청약의 인수 여부 또는 보험료액을 결정하는 데 영향을 미치는 모든 사항을 말한다. 보험자가 질문표에 의하여 서면으로 질문한 사항은 중요한 사항으로 추정한다.

4) 고지의무위반

고지의무위반이 되기 위하여는 중요한 사항에 대한 불고지 또는 부실고지가 있어야 하며(객관적 요건), 중요사항의 불고지 또는 부실고지가 고지의무자의 고의 또는 중대한 과실로(주관적 요건) 인한 것이어야(인과관계) 한다.

고지의무위반이 있으면, 보험자는 보험사고의 발생 전후를 불문하고 보험계약을 해지할 수 있다. 보험계약을 해지한 경우에는 보험금을 지급할 필요가 없고, 이미 보험금을 지급한 경우에는 그 반환을 청구할 수 있다. 그러나 보험자가 계약 당시에 고지의무위반의 사실을 알았거나, 중대한 과실로 인하여 알지 못한 경우에는 계약을 해지할 수 없다. 고지의무위반을 이유로 하는 계약해지는 그 사실을 안 날로부터 1개월 내에, 그리고 계약을 체결한 날로부터 3년 내에 하여야 한다(제척기간).

보험자가 약관의 교부 설명의무를 다하지 못한 때에는 비록 피보험자측의 고지의무위반이 있는 경우에도 보험계약을 해지하지 못한다고 본다(대판, 1996. 4. 12, 96다4893).

Ⅳ 보험계약의 효과

1. 보험자의 보험금지급의무

1) 의의

보험계약이 성립하면 보험자는 보험증권 교부의무, 보험료 반환의무 등 여러 가지 의무를 부담하지만, 보험자의 의무 중에서 가장 본질적인 것은 보험사고 발생시의 보험금 지급의무이다. 보험자는 보험기간 내에 보험사고가 발생한 때에는 피보험자(손해보험) 또는 보험수익자(인보험)에게 일정한 보험금액 기타의 급여를 지급할 의무를 부담한다.

2) 보험금지급의무의 이행

보험급여는 금전으로 지급하는 것이 원칙이며, 의료보험과 같이 보험의 종류에 따라서는 금전지급 이외에 현물 또는 요양급여의 방식으로 보상의무를 이행하는 경우도 있다.

보험자는 다른 약정이 없으면, 보험사고발생 통지를 받은 후 지체 없이 보험자가 지급할 보험금액을 정하고(손해사정), 정한 날로부터 10일 이내에 보상의무를 이행하도록 되어 있다.

보험금청구권은 2년간 행사하지 않으면 소멸시효가 완성된다. 시효기간의 기산점은 보험사고의 발생시이다.

3) 상법상의 보험자의 면책사유

① 고의 · 중과실의 면책

보험사고가 보험계약자 또는 피보험자나 보험수익자의 故意 또는 중대한 과실로 인하여 생긴 때에는 보험자는 보험금액을 지급할 책임이 없다. 보험금을 노리는 사고유발의 위험성이 크기 때문에 도덕적 위험을 방지하기 위하여도 보험자를 면책시키는 것이 당연하다.

보험사고가 보험계약자의 가족이나 피용자와 같이 보험계약자가 그 대표자로서 타인에 대하여 배상책임을 부담하는 자의 고의나 중과실에 의하여 발생하는 경우에도 보험계약자 자신의 고의 · 중과실로 보아 보험자를 면책시킬 것인가? 독일에서는 대표자책임 이론에 의하여 보험자를 면책시키고 있다. 우리나라의 판례는 피보험자 등이 가족 피용자 등과 적극적으로 共謀나 敎唆 또는 傍助가 있는 경우에 한하여 보험자가 면책된다고 보는 입장을 취하고 있다(대판, 1984. 1. 17, 83다카1940).

② **전쟁위험의 면책**

보험사고가 전쟁 기타의 변란으로 인하여 생긴 때에는 당사자 간에 다른 약정이 없으면, 보험자는 보험금액을 지급할 책임이 없다. 보험은 일상적인 상황에서의 위험률에 근거하여 산정된 보험료를 기초로 하기 때문에, 전쟁 등과 같이 위험발생 가능성이 현저히 높은 비정상적인 상황에서는 유지될 수 없기 때문이다.

2. 보험계약자 등의 보험료 지급의무

1) 의의

보험계약자 등은 위험유지의무, 손해방지의무 등을 부담하며, 특히 보험자의 보험금지급의무에 대한 대가로 보험계약자의 본질적 의무라고 할 수 있는 보험료지급의무를 부담한다. 즉, 보험계약자는 계약체결 후 지체 없이 보험료의 전부 또는 제1회 보험료를 지급해야 한다.

2) 지급의무자와 수령권자

원칙적으로 보험계약자가 지급의무를 진다. 다만, 타인을 위한 보험에서 보험계약자가 파산선고를 받거나 보험료의 지급을 지체한 때에는 그 타인은 자신의 권리를 포기하지 않는 한, 보험료지급의무를 부담한다.

보험료를 수령할 권한이 있는 자는 보험자, 대리인, 상업사용인, 체약대리상(점) 등이다. 문제는 계약체결권한이 없는 보험모집인과 보험의(의사, doctor)이다. 판례에 따르면 보험모집인이 청약서와 함께 제1회 보험료를 수령하는 경우에 한하여 수령권한을 인정한다(대판, 1989. 11. 28, 88다카33367).

3) 보험료의 지급지체

최초의 보험료의 지급을 지체한 경우에는 보험자의 책임이 개시하지 않으며, 계약성립 후 2개월이 경과할 때까지 지급이 없으면 보험계약은 해제된 것으로 본다. 계속 보험료의 납입이 없으면 보험자는 상당기간을 정하여 보험계약자에게 납입을 최고하고, 그 기간 내에 지급이 되지 않으면 보험자는 계약을 해지할 수 있다.

계속보험료의 해태시 보험자가 보험계약을 해지하기 위해서는 최고와 해지통고를 해야 하는데, 이에는 많은 비용과 시간이 소요된다. 그리하여 보험실무에서는 일정한 유예기간을 두고 그 기간의 경과로 보험계약은 자동적으로 해지된다고 하는 '실효약관' 또는 '실효조항'을 두고 있다. 그런데 이 실효조항은 보험법 제650조 제2항에서 요구하는 최고와 해지통고를 생략하고 있으므로 보험계약자에게 불리한 변경으로서 무효가 아닌가 하는 문제가 제기된다. 초기의 판례는 이에 대한 입장이 혼란스러웠다. 그리하여 전원합의체 판결로 위와 같은 실효조항은 상법에 위배되어 무효라고 판시하였다(대판(전), 1995. 11. 16, 94다56852).

3. 보험계약자 등의 위험의 변경 증가와 관련된 의무

1) 위험유지의무

보험기간 중에 보험계약자, 피보험자 또는 보험수익자의 고의나 중과실에 의하여 사고발생의 위험이 현저하게 변경 또는 증가된 때에는 보험자는 그 사실을 안 날로부터 1개월 내에 보험료의 증액을 청구하거나 계약을 해지할 수 있다. 즉, 보험계약자 등에게 보험기간 동안 위험을 계약체결시의 상태대로 유지할 의무를 부과한 것이다.

2) 위험변경 증가의 통지의무

보험기간 중에 보험계약자 또는 피보험자가 사고발생의 위험이 현저하게 변경 또는 증가된 사실을 안 때에는 지체 없이 보험자에게 통지해야 한다. 이를 해태한 때에는 보험자는 그 사실을 안 날로부터 1개월 내에 한하여 계약을 해지할 수 있다. 위험변경 증가의 통지를 받은 보험자는 1개월 이내에 보험료의 증액을 청구하거나 계약을 해지할 수 있다.

3) 보험사고발생의 통지의무

보험계약자, 피보험자 또는 보험수익자는 보험사고의 발생을 안 때에는 지체 없이 보험자에게 그 통지를 발송하여야 한다. 이러한 통지에 의하여 보험자는 사고의 원인을 신속히 조사하여 손해의 종류 범위 등을 확정할 수 있고, 사후책을 강구할 수 있게 된다.

그러나 보험자가 이를 안 경우에는 통지의무가 없다. 이 의무를 해태함으로써 손해가 증가한 경우에는 보험자는 그 증가된 손해를 보상할 책임이 없다.

V 손해보험계약의 기본원칙

1. 의의

손해보험계약은 보험자가 보험사고로 인하여 피보험자가 입은 재산상의 손해를 보상할 것을 약정하고, 그 대가로 보험계약자가 보험료를 지급할 것을 약정하는 계약이다.

2. 피보험이익

손해보험에서 보험사고가 발생함으로써 피보험자가 손해를 입을 염려가 있는 경제적 이익을 말한다. 즉, 손해보험계약은 손해의 보상을 목적으로 하는 것이므로, 손해의 전제로서 손해라는 것이 문제될 수 있는 어떤 이익의 존재가 필요하며, 이것이 피보험이익이다. 그러므로 피보험이익은 손해보험계약에 있어서 불가결의 요소이다.

3. 보험가액과 보험금액

보험가액이란 피보험이익의 금전적 평가액을 말한다. 손해보험은 피보험자의 손해를 보상하는 것이므로, 이론상 보험자의 책임은 보험가액을 초과할 수 없다. 그러므로 이는 보험자의 책임의 법정 한도액이 된다.

보험금액이란 보험사고 발생시 보험자가 지급하기로 약정한 최고 한도액을 말한다.

4. 보험금액과 보험가액

보험금액과 보험가액이 반드시 일치하는 것은 아니다. 양자의 불일치는 초과보험, 일부보험, 중복보험 등의 문제를 발생시킨다.

1) 초과보험

(1) 의의

보험금액이 보험가액을 초과하는 경우를 말한다. 초과보험의 경우에는 피보험이익이 존재하지 않는 부분에 대하여 당사자 일방이 부당하게 이득을 보게 될 가능성이 있기 때문에, 손해보험의 본질에 반할 뿐만 아니라 고의로 보험사고를 유발하거나 도박화할 우려가 있다.

(2) 효과

초과보험은 보험계약자가 사기로 계약을 체결한 경우에 한하여 보험계약의 전부를 무효로 한다. 그에 대한 입증책임은 보험자가 부담한다. 그러나 당사자가 선의인 경우에는 보험금액을 현저하게 초과한 때에 한하여 보험자 또는 보험계약자는 보험료와 보험금의 감액을 청구할 수 있으며, 이 감액청구권은 형성권이다.

2) 일부보험

(1) 의의

보험금액과 보험가액이 일치하는 경우를 전부보험이라고 하고, 보험금액이 보험가액에 미달되는 경우를 일부보험이라고 한다.

(2) 효과

일부보험의 경우에는 보험자는 보험금액의 보험가액에 대한 비율에 따라 보상할 책임을 진다. 당사자 간에 다른 약정이 있는 경우에는 보험자는 보험금액의 한도 내에서 그 손해를 보상할 책임을 진다.

실제에 있어서는 당사자 간의 특약으로 보험금액의 범위 내에서 전부보험의 경우와 마찬가지로 손해액의 전부를 보상하기로 약정하는 경우도 많다(실손전보부특약).

3) 중복보험

(1) 의의

수인의 보험자가 각기 동일한 피보험자를 주체로 하는 동일한 피보험이익에 대하여 보험사고와 보험기간을 공통으로 하는 여러 개의 보험계약을 체결하여, 그 보험금액의 합계가 보험가액을 초과하는 경우를 말한다.

(2) 효과

피보험자가 보상액으로서 보험금의 전부를 지급받으면 보험가액 이상의 이득을 취하게 되므로, 초과보험의 경우와 같은 폐해가 생길 수 있다. 그러므로 상법은 수인의 보험회사가 각자의 보험금액의 한도에서 연대책임을 지게 하면서, 각 보험자의 보상책임은 각자의 보험금의 비율에 따르게 하는 비례분담주의를 취하고 있다.

그러나 보험계약자가 사기로 중복보험계약을 체결한 경우에는 무효가 된다.

보험계약자는 각 보험자에 대하여 각 보험계약의 내용을 통지하여야 할 의무가 있다. 또 수인의 보험자 중 1인에 대한 권리의 포기는 다른 보험자의 권리의무에 영향을 미치지 않는다.

5. 손해보험계약의 효과

손해보험의 경우에도 보험계약 일반에 관한 효력이 적용되지만 이에 관하여는 이미 설명하였으므로, 여기에서는 손해보험계약에 있어서 중요한 몇 가지 보험자의 의무에 대하여만 논한다.

1) 보험자의 손해보상의무

보험자는 보험사고가 발생한 경우에 일정한 요건에 따라서 피보험자의 재산상의 손해를 보상할 책임이 있다(상법 제665조).

(1) 요건

보험사고와 손해와의 사이에는 상당인과관계가 있어야 하며, 보험사고는 보험기간 내에 발생하여야 하고, 보험사고는 면책사유에 해당하지 않는 사고이어야 한다.

(2) 손해액 산정

손해보험은 피보험자의 실손해를 보상하는 것이므로, 정확한 손해액의 산정이 중요하며 상법은 이에 관한 구체적인 내용을 별도로 정하고 있다.

보험사고로 인하여 상실된 피보험자가 얻을 이익이나 보수 등의 간접손해는 당사자간에 다른 약정이 없으면 보험자가 보상할 손해액에 산입하지 않는다.

(3) 손해보상의무의 이행시기

이 의무의 이행시기는 다른 약정이 없으면 보험사고 발생의 통지를 받고 보험자가 지급할 보험금액을 정한 날로부터 10일 이내이다.

(4) 소멸시효

보험자의 손해보상금의 지급의무는 2년의 시효에 의하여 소멸한다.

2) 보험계약자와 피보험자의 손해방지 및 경감의무

(1) 의의

손해보험에 있어서 보험계약자와 피보험자는 보험사고가 발생한 경우에 손해방지 및 경감을 위하여 노력하여야 한다. 이는 신의성실 및 공익보호의 관점에서 인정되는 의무이다. 이 의무는 보험사고가 발생한 것은 보험계약자 등이 안 것을 전제로 손해의 방지와 경감을 위하여 노력할 것을 내용으로 한다.

(2) 의무위반의 효과

이 의무를 위반한 경우의 효과에 관하여는 상법에 규정이 없다. 이에 관하여는 고의 또는 중과실로 인한 의무위반의 경우에만 법정의무의 위반으로 보아 보험자는 그로 인한 손해의 배상을 청구할 수 있고, 또 상계에 의하여 지급할 손해배상액으로부터 이를 공제할 수 있다는 것이 다수설이다.

(3) 비용의 부담

손해의 방지는 직접적으로 보험자의 이익이 된다. 그러므로 상법은 이 의무의 이행을 위하여 필요 또는 유익한 비용은 보상액과 합계하여 보험금액을 초과하는 때에도 보험자가 부담하게 한다.

실제에 있어서 약관으로 보험자가 손해방지비용을 부담하지 않는다거나 보험금액의 한도 내에서만 부담한다는 것을 정하고 있는 경우가 있다. 그러나 이러한 약관은 공익보호규정(상법 제680조)과 보험계약자 등의 불이익변경금지의 원칙(제663조)에 위배되므로 무효라고 보아야 할 것이다.

Ⅵ 보험자대위

1. 의의

보험사고에 관하여 손해가 발생한 때에 보험계약자 또는 피보험자에게 가치 있는 잔존물이 있거나, 이들이 제3자에 대하여 손해배상청구권이 있음에도 불구하고, 보험자가 이에 관계없이 보험금을 지급하게 되면 피보험자 등이 이득을 보는 결과가 생긴다. 그러므로 상법은 보험자가 보험금을 지급한 경우에 보험계약자 또는 피보험자가 보험의 목적이나 제3자에 대한 권리는 보험자가 법률상 당연히 취득하도록 하고 있다. 이것을 보험자대위라고 한다.

피보험자가 보험사고의 발생을 기화로 이중의 이득을 보는 것을 방지하고, 보험사고에 대한 책임을 면하는 자가 없도록 하기 위하여 인정되는 것이다.

2. 보험목적에 관한 보험대위

보험목적이 전부멸실한 경우에는 보험금액의 전부를 지급한 보험자는 그 목적에 대한 피보험자의 권리를 취득한다. 이러한 권리는

① 보험의 목적의 전부멸실,

② 보험자의 보험금의 전부 및 비용의 지급의 요건을 갖춘 경우에 취득한다.

요건이 충족되면 보험자는 보험의 목적에 대한 피보험자의 권리를 취득한다. 보험의 목적에 대한 권리란 화재보험의 경우에 주로 화재 후에 남는 잔존물이나, 변형물인 석재, 철근 등에 대한 소유권과 같은 것을 말한다.

3. 제3자에 대한 보험대위

1) 의의

손해가 제3자의 행위로 인하여 생긴 경우에 보험금을 지급한 보험자는 그 지급한 한도 내에서 그 제3자에 대한 보험계약자 또는 피보험자의 권리를 취득한다. 보험사고가 제3자의 행위로 인하여 생긴 경우에는 피보험자는 제3자에 대한 손해배상청구권과 보험자에 대한 보험금청구권을 동시에 취득한다.

이때 보험자대위를 인정하는 이유는 피보험자가 이중의 이득을 얻는 것을 방지하고, 보험사고의 발생에 책임이 있는 자가 책임을 면할 수 없도록 하기 위한 것이다.

2) 제3자의 범위

제3자란 보험자와 보험계약자 또는 피보험자가 아닌 자를 말한다. 또 피보험자의 동거가족은 고의로 손해를 발생시킨 경우가 아니면, 제3자에 포함되지 않는다고 본다.

타인을 위한 손해보험의 경우에 보험계약자도 제3자에 포함된다고 하는 것이 판례의 입장이다.

3) 대위가 인정되는 권리

방화행위와 같은 제3자의 불법행위에 의한 손해배상청구권은 물론이고, 임차인의 실화에 의한 건물반환채무의 이행불능의 경우와 같은 채무불이행에 의한 손해배상청구권 등이 포함된다(판례). 또 선장의 적법한 공동해손 처분행위(상법 제832조)로 인하여 피보험자가 공동해손 채무자에 대하여 가지는 분담청구권과 같은 적법행위에 의한 청구권도 포함된다.

제3자가 피보험자의 가족인 경우에는 가족에 대한 손해배상청구권에 대하여는 보험자대위에 관한 규정이 적용되지 않는다고 본다. 이를 인정한다면, 결과적으로 피보험자로부터 보험의 이익을 박탈하는 결과를 가져오게 되기 때문이다.

4) 권리이전의 요건 및 효과

당사자의 의사표시를 요하지 않으며 채무자 기타 제3자에게 대항하기 위한 지명채권양도의 대항요건(민법 제450조)을 필요로 하지 않는다. 권리이전의 시기는 보험금 지급시기이다. 보험금의 지급에 의하여 권리이전의 효과가 생긴 다음에는 피보험자 등은 제3자에 대한 권리를 행사하거나 처분할 수 없다.

4. 인보험의 보험자대위

인보험계약은 보험자가 사람의 생명 또는 신체에 관하여 보험사고가 생길 경우에 계약에서 정한 바에 따라 보험금액 기타의 급여를 할 책임을 지는 보험계약이다. 보험사고가 사람에 관하여 생긴 것이라는 점에서 손해보험계약과 다르다.

인보험에서는 원칙적으로 보험자는 보험사고로 인하여 생긴 보험계약자 또는 보험수익자의 제3자에 대한 권리를 대위하여 행사하지 못한다(상법 제729조 본문). 손해보험의 경우와는 달리 인보험에서는 보험목적의 멸실이라고 하는 것이 존재할 수 없기 때문에 보험자대위를 생각할 수 없는 것이다.

그러나 상해보험의 경우에는 당사자 간에 다른 약정이 있는 때에는 보험자는 피보험자의 권리를 해하지 아니하는 범위 안에서 그 권리를 대위하여 행사할 수 있다(동법 제729조 단서). 상해보험계약은 손해보험과 같은 성질을 가지고 있기 때문에 보험자대위를 부정할 이유가 없기 때문이다. 이 경우에는 손해보험에서의 보험자대위에 관한 법리가 적용되게 된다.

Ⅶ 사례 해설

1) 인보험에서는 원칙적으로 보험사고로 인하여 생긴 보험계약자 또는 보험수익자의 제3자에 대한 권리를 대위하여 행사하지 못한다(상법 제729조 본문). 인보험에서 보험목적이 사람이므로 성질상 잔존물대위는 있을 수 없지만, 제3자에 대한 청구권대위는 논리적으로 반드시 불가능하다고는 할 수 없다.

그러나 인보험에서는 보험수익자가 보험회사로부터 일정한 보험금을 지급받음으로써 그가 입은 손해가 다 보상되었다고 할 수 없으므로 정액보험의 특성 및 보험수익자의 이익을 보호하기 위하여 보험자대위를 금하고 있다.

2) 그러나 본 사례의 경우와 같이 인보험의 일종인 상해보험은 그 보상내용이 수술비나 입원비와 같이 피보험자가 실제로 입은 손해를 보상하는 손해보험적 성격을 가지는 경우가 많다. 그러므로 우리 법은 당사자 간에 다른 약정이 있는 경우에는 피보험자의 권리를 해하지 않는 범위 내에서 피보험자의 권리를 대위하여 행사할 수 있게 하고 있는 것이다.

3) 본 사례에서는 약관으로 무보험자동차에 의한 손해담보약정을 하고 있다. 이 경우에 당사자 간의 대위약정이 효력이 있는가가 문제가 된다.

판례에 의하면, "무보험차에 의한 상해담보특약은 손해보험으로서의 성질과 함께, 상해보험의 성격을 가지고 있는 손해보험형 상해보험으로서, 상법 제729조 단서의 규정에 의하여 당사자 사이에 다른 약정이 있는 때에는 보험자는 피보험자의 권리를 해하지 않는 범위 안에서 피보험자의 배상의무자에 대한 손해배상청구권을 대위행사할 수 있다"고 판시하였다.

4) 그리하여 보험자가 피보험자에게 보험금을 지급하면, 피보험자가 제3자에 대하여 가지는 4천만 원의 손해배상청구권은 보험자에게 이전하게 되므로 이를 피보험자가 임

의로 처분할 수 없게 된다.

그런데 피보험자와 가해자가 배상금을 2천만 원에 합의하고 일체의 민·형사상의 책임을 묻지 않기로 한 합의는 보험자에 대하여 유효한가가 문제된다.

본 사례의 경우 특약은 보험자가 피보험자에게 보험금을 지급하는 경우 피보험자의 가해자에 대한 손해배상청구권을 취득하여 이를 대위행사하도록 규정하고 있었다. 그러므로 피보험자가 보험자인 보험자의 동의 없이 가해자에 대한 권리를 임의로 처분함으로써 보험자의 대위권을 침해한 경우에는 그 한도에서 보험금청구권을 잃게 되어 원고로부터 보험금을 받지 못하게 되는 것이다.

판례는 이 점을 고려하여 합의로서 가해자로 하여금 장차 보험회사에 대한 구상책임을 비롯한 교통사고로 인한 일체의 손해배상책임까지 면제하는 취지로 합의하였다기보다는, 보험자가 피보험자에게 지급하는 보험금의 범위 내에서 보험자가 취득하게 되는 대위권의 행사를 유보한 채 손해배상금의 일부를 수수하기로 합의한 것으로 본 것이다.

Ⅷ 연습문제

1 甲은 乙보험회사와 승합차 1대에 관한 업무용자동차종합보험계약을 체결함에 있어서 甲은 그가 경영하는 영업소의 종업원 A로 하여금 그 차량을 운행하게 할 예정이었음에도 불구하고 주운전자를 甲으로 표기한 보험청약서를 작성하여 원고에게 제출하였다. 원고는 보험계약의 청약을 승낙하고, 보험약관과 주운전자제도 안내문을 甲에게 송부하였다.

A는 보험기간 내에 자동차사고를 야기하여 동 차량에 승차하고 있던 C는 사망케 하고, 자신과 다른 2사람은 상해케 하였다. 이에 甲이 보험금지급을 구하자, 乙보험회사는 甲이 보험약관에 정한 바, 주운전자에 관한 고지의무위반을 이유로 상법 제651조에 따라 보험계약을 해지하고, 나아가 보험금지급채무 부존재확인의 소를 제기하였다.

이 경우의 법률관계를 설명하라.

힌트 : 이 사례에서는 다음과 같은 점이 문제가 될 것이다. 보험자의 보험약관의 중요 내용에 대한 명시·설명의무를 위반한 경우에 보험계약자 등의 고지의무위반을 이유로 보험계약을 해지할 수 있는가? 보험계약체결 후 보험자가 보험약관을 우송하면서 주운전자를 허위로 기재하면 보험금을 지급 받지 못할 수 있으므로 즉시 수정 신고하여야 한다는 취지의 안내문을 동봉한 것만으로 주운전자에 관한 보험약관의 명시·설명의무를 이행한 것으로 볼 수 있는가? 아울러 약관의 중요 내용에 대한 설명의무의 이행방법과 시기, 주운전자를 고지하게 하는 제도의 정당성 여부의 문제 등이 검토되어야 할 것이다.

참조 : 대판, 1997. 9. 26, 97다4494.

2 甲은 보험자 乙과 자기를 보험수익자로 하는 보험계약을 체결하면서 보험료를 매월 25일에 분할하여 지급하기로 약정하였다. 그런데 이 보험약관에는 납입기일로부터 30일간의 유예기간이 지난 다음 날에 계약의 효력이 상실된다는 뜻의 실효약관이 정하여져 있었다. 甲은 매월 25일에 보험료를 납부하다가 사정이 생겨 2개월 분의 보험료를 미처 납입하지 못하고 있는 사이에 보험사고가 발생하였다.

이때 甲은 乙에게 연체된 보험료를 납입하고, 보험금을 청구할 수 있는가?

힌트 : 이 사례에서는 보험약관에 포함된 실효약관의 효력에 관한 것이다. 이러한 실효약관의 상법 제650조에 대한 저촉 여부가 문제가 된다. 계속 보험료의 불지급이 있는 경우에 보험자는 보험계약을 해지할 수 있는데, 이러한 해지권의 행사를 위하여 요구되는 요건 및 그 효과를 검토하여야 할 것이다. 또 보험실무상 실효약관을 두는 경우가 있는데, 이러한 조항은 상법 제663조에서 규정하는 "이 편의 규정은 당사자 간의 특약으로 보험계약자 또는 피보험자나 보험수익자의 불이익으로 변경하지 못한다"고 하는 규정에 위배되어 무효가 되는 것이 아닌가 하는 점이 문제가 된다. 이에 관한 판례의 입장은 변화가 심하였지만, 1995년 11월 16일자 대법원전원합의체판결에서 그 입장을 정하게 되었다.

참조 : 대판, 1995. 11. 16, 92다23629.

제 6 장

어음 · 수표의 법률문제

I 어음·수표법의 기초지식

1. 어음·수표란 무엇인가?

금전이나 물품을 거래하면서 많은 경우 어음이나 수표를 주고받고 있다. 어음·수표는 일정금액의 지급을 목적으로 하는 유가증권이다.

어음에는 환(換)어음과 약속(約束)어음의 두 가지가 있다. 환어음은 갑(발행인)이 을(지급인)에 대하여 일정금액을 병(수취인)에게 지급할 것을 위탁하는 지급위탁증권이고, 약속어음은 갑(발행인) 자신이 을(수취인)에 대하여 일정금액의 지급을 약속하는 지급약속증권이다.

No.______ **환 어 음**

주 소
(지 급 인) ________ 귀하

인 수	년	월	일	㊞

금 ₩______________

위의 금액을 이 환어음과 상환하여 (수취인) 또는 그 지시인에게 지급하여 주십시오.

지급기일	년	월	일	발행일	년	월	일
지 급 지				발행지			
지급장소				주 소			
				발행인			㊞

No.______ **약 속 어 음**

(수 취 인) ________ 귀하

금 ₩______________

위의 금액을 귀하 또는 귀하의 지시인에게 이 약속어음과 상환하여 지급하겠습니다.

지급기일	년	월	일	발행일	년	월	일
지 급 지				발행지			
지급장소				주 소			
				발행인			㊞

수표(手票)는 갑(발행인)이 을(지급인)에 대하여 일정금액을 병(수취인) 기타 그 증권의 정당한 소지인에게 지급할 것을 위탁하는 지급위탁증권이고, 지급위탁증권이라는 점에서 환어음과 형식을 같이 하지만 그 경제적 기능은 환어음과 다르다.

수 표 No.

지 급 지
주식회사 은행 앞

금 ₩__________

위의 금액을 이 수표와 상환하여 소지인에게 지급하여 주십시오.

발행일 년 월 일
발행지
발행인 ㊞

2. 당좌계정거래란 무엇인가?

수표는 발행하는 사람이 은행에 대하여 그 수표를 가지고 오는 사람에게 일정한 금액의 지급을 부탁하는 형식의 유가증권이다. 수표의 지급인은 은행이기 때문에 그 발행하기 전에 은행에다 자금을 맡겨 놓아야 하는데 이를 위해 당좌예금이라는 것을 하여야 하나, 어음은 당좌예금을 이용할 수도 있지만 당좌예금이 없이도 발행할 수 있다. 당좌예금(當座預金)이란 예금주가 은행을 지급인으로 하는 수표를 언제든지 발행하여 수표자금으로 사용할 수 있는 예금을 말한다. 당좌예금의 환급에는 당해은행이 교부한 수표용지를 사용하도록 되어 있다.

당좌계정거래계약(當座計定去來契約)이란 발행인이 은행에 수표의 지급자금을 예금하고(당좌예금) 은행은 예금 잔고의 범위 내에서 거래처에서 발행한 수표의 지급을 약속하는 계약이다. 따라서 수표는 제시한 때에 발행인이 처분할 수 있는 자금이 있는 은행을 지급인으로 하고(수표자금), 발행인이 그 자금을 수표에 의하여 처분할 수 있는 명시 또는 묵시의 계약(수표계약)에 따라서만 이를 발행할 수 있다.

수표는 지급인의 자격을 은행에 한정하고 있고 은행거래와 불가분의 관계에 있지만(수표법 제3조), 어음에는 법률상 그러한 제한이 없다. 그러나 실제적으로는 어음도 은행거래와 결합하여야 비로소 어음거래의 기능을 발휘할 수 있다. 상인은 보통 은행점포와 당좌예금계약을 체결하고 있다. 당좌예금이란 수표발행인의 지급자금으로서 은행에 예입된 예금이지만, 당좌거래약정서에서 예금자가 그 은행을 지급장소로 하여 발행한 약속어음이나 인수된 환어음의 지급자금으로도 충당할 수 있다는 약정이 되어 있는 수가 많다.

Ⅱ 어음·수표의 발행

1. 어음 · 수표는 어떻게 발행하는가?

어음의 발행(發行)이란 어음이라는 증권을 작성하여 수취인에게 교부하는 것을 말한다. 어음을 작성함에는 발행인이 일정한 사항(어음요건)을 기재하고 기명날인 또는 서명을 하여야 한다.

어음(수표)요건의 어느 것을 빠뜨린 때에는 원칙적으로 어음(수표)으로서의 효력이 없다(어음법 제2조 제1항 · 제76조 제1항, 수표법 제2조 제1항). 이에 대하여는 어음법 및 수표법 자체에 약간의 예외가 있다(어음법 제2조 · 제76조, 수표법 제2조).

〈어음요건·수표요건〉

환어음(어음법 제1조)	약속어음(어음법 제75조)	수 표(수표법 제1조)
1. 환어음임을 표시하는 글자	1. 약속어음임을 표시하는 글자	1. 수표임을 표시하는 글자
2. 조건 없이 일정한 금액을 지급할 것을 위탁하는 뜻	2. 조건 없이 일정한 금액을 지급할 것을 약속하는 뜻	2. 조건 없이 일정한 금액을 지급할 것을 위탁하는 뜻
3. 지급인의 명칭		3. 지급인의 명칭
4. 만기	3. 만기	
5. 지급지	4. 지급지	4. 지급지
6. 지급을 받을 자 또는 지급을 받을 자를 지시할 자의 명칭	5. 지급을 받을 자 또는 지급을 받을 자를 지시할 자의 명칭	
7. 발행일과 발행지	6. 발행일과 발행지	5. 발행일과 발행지
8. 발행인의 기명날인 또는 서명	7. 발행인의 기명날인 또는 서명	6. 발행인의 기명날인 또는 서명

2. 백지어음

어음을 교부할 때 어음금액과 수취인(受取人)이 아직 결정되지 않아서 기재하지 않고 후에 어음취득자가 보충(補充)하도록 하고 기명날인하여 어음을 발행하였다. 어음요건을 기재하지 않은 어음은 무효라고 하는데, 위와 같은 경우에는 어떻게 되는가?

1) 백지어음의 법률관계

(1) 후일 그 소지인으로 하여금 어음요건의 전부 또는 일부를 보충하게 할 의사로서, 이를 기재하지 않고 그대로 기명날인 하여 유통상태에 둔 미완성어음을 백지어음이라 한다.

이것은 실제 거래에서 어음금액이나 만기 등을 어음발행 당시에 아직 정할 수 없는 경우 그것이 후일 확정되었을 때 보충 기재하기로 하고 미리 발행하는 것이 편리한 때가 있기 때문에, 실제상의 관행을 배경으로 그 유통이 인정되는 것이다(어음법 제10조 · 제77조 제2항, 수표법 제13조).

(2) 백지어음인지 무효어음인지는 보충권(補充權)이 있는지 여부에 따라 결정된다. 백지어음의 소지인은 흠결된 기재사항, 즉 백지(白地)를 보충하여 완전한 어음으로 할 수 있으며, 이 권리를 백지어음의 보충권이라 한다.

보충권의 행사에 의하여 흠결된 어음요건이 보충되면 백지어음은 완성어음이 되고, 백지어음상의 발행, 인수, 배서, 보증 등의 어음행위는 보충된 문언에 따라 그 효력이 동시에 발생한다. 발생한 효력의 내용은 어음에 기재된 문언에 따르나 효력발생시기는 보충한 때가 된다(불소급).

(3) 보충권자가 보충계약에 위반하여 보충권을 행사한 때, 이를테면 보충계약에 의하여 100만 원의 어음금액을 보충기재 하도록 되어 있는 경우에 200만 원의 금액을 기재하면 이것은 보충권의 남용(濫用)이 되나, 이 경우에도 백지어음 행위자는 그 위반사실을 악의 또는 중과실 없이 어음을 취득한 소지인에게 대항하지 못하며, 따라서 보충된 문언, 즉 앞의 예에서 200만 원에 대한 책임을 지는 것이다.

다만, 보충계약의 당사자 간 및 보충권의 남용에 관하여 악의 또는 중대한 과실이 있는 취득자에 대하여서는 인적항변(人的抗辯)으로 대항할 수 있다.

2) 본 사례의 경우

본 사례의 경우는, 후일 그 소지인으로 하여금 어음요건의 일부를 보충하게 할 의사로서 이를 기재하지 않고 그대로 기명날인 하여 유통상태에 둔 백지어음에 해당한다고 할 것이므로, 보충권의 행사에 의하여 흠결된 어음요건이 보충되면 보충된 문언에 따라 그 효력이 발생한다.

3. 어음행위능력

> 미성년자가 발행한 어음을 받았다. 법적으로 문제가 없는가?

1) 어음행위능력

(1) 어음은 발행할 수 있는 자격에 제한이 없으므로, 개인이나 법인, 상인이나 비상인 등 아무라도 어음을 발행할 수 있다.

어음법에는 어음행위능력에 관한 규정이 없으며 민법의 행위능력에 관한 일반원칙이 적용된다. 민법은 법정대리인(친권자 또는 후견인)의 동의 없는 미성년자의 행위를 취소할 수 있도록 하고 있다(민법 제5조). 그러므로 미성년자가 법정대리인의 동의를 얻지 아니하고 어음을 발행한 때에는 이를 취소할 수 있다.

그러나 미성년자가 법정대리인으로부터 영업의 허락을 얻은 경우 그 영업에 관하여는 행위능력을 가지므로(민법 제8조), 이 경우에는 유효한 어음발행을 할 수 있다.

(2) 미성년자가 발행한 어음을 받은 수취인이 불안한 상황을 벗어날 수 있도록 하기 위하여 민법에는 최고권(催告權)이 규정되어 있다. 즉, 미성년자가 성년자로 된 후 이에 대하여 1개월 이상의 기간을 정하여 그 어음 발행행위를 추인(追認)할 것인지 여부의 확답을 최고할 수 있고, 그 기간 내에 확답이 없으면 추인한 것으로 본다(민법 제15조 제1항).

또한 미성년자가 성년자로 되지 아니한 경우에는, 법정대리인에 대하여 1개월 이상의 기간을 정하여 그 어음 발행행위를 추인할 것인지 여부의 확답을 최고할 수 있고, 기간 내에 확답이 없으면 추인한 것으로 본다(민법 제15조 제2항).

2) 본 사례의 경우

위와 같이 미성년자가 법정대리인의 동의를 얻지 아니하고 어음을 발행한 때에는 이를 취소할 수 있도록 하고 있으므로, 미성년자로부터 어음을 받을 때에는 법정대리인의 동의가 있었는지, 영업허락을 얻었는지 등을 확인하여야 한다.

4. 조건을 붙인 어음행위

> 어음에 '상품도착 후 지급하겠습니다'라는 기재를 하여 약속어음을 발행하려고 하는데, 문제가 없는가?

1) 조건을 붙인 어음행위

어음의 본질에 반하는 사항은, 그 기재만이 무효로 되는 것이 아니라 어음 자체를 무효로 한다. 어음채권을 원인관계상의 것으로 하는 기재, 어음의 지급방법을 한정하는 기재, 지급에 조건을 붙이는 기재 등이 이에 해당한다.

2) 본 사례의 경우

이러한 어음발행은 효력이 없다.

'상품도착 후 지급'이라는 기재는 그 어음을 상품매매계약과 결부시키고 또 상품이 도착한 후가 아니면 어음을 지급하지 않겠다는 것이므로, 어음의 무인증권성에 반하고, 무조건의 지급약속(어음법 제75조 제2호)에도 반한다. 그러므로 이와 같은 기재는 어음 자체를 무효로 하므로, 이런 어음 소지인은 어음상 권리를 취득하지 못한다.

5. 분할출급의 기재 – 유해적 기재사항

> 월부로 승용차를 구입하면서, 구입대금액을 액면으로 하고, 지급방법을 분할출급으로 하여 '지급기일 2012년 12월 15일. 단, 그때까지 매월 100만 원씩 입금하기로 함'이라고 기재하여 어음을 발행하였는데, 문제가 없는가?

1) 만기(滿期)-분할출급

만기는 어음금액이 지급될 날로서 어음면에 기재된 날을 말한다. 어음법상 만기는 확정일출급, 발행일자 후 정기출급, 일람출급, 일람 후 정기출급의 네 가지만 인정되며, 그 이외의 만기는 무효로 하고 있다(어음법 제77조 제1항 · 제33조).

확정일출급(어음법 제33조 제1항 제4호)은 확정일을 만기로 하는 것이며, 예컨대, '지급기일 2012년 12월 7일'과 같이 기재하는 것이다. 그리고 2012년 12월 제2 화요일과 같이 역일을 표시하지 않아도 특정일을 표시한 것으로 볼 수 있는 경우는 유효하다.

발행일자 후 정기출급(어음법 제33조 제1항 제3호)은 발행일자로부터 일정기간 후를 만기로 하는 경우이다. 예컨대, '발행일자 후 4개월'을 만기로 하는 경우이다.

일람출급(어음법 제33조 제1항 제1호)은 언제든지 지급제시를 할 수 있는 것이며, 그 제시한 날이 만기가 되는 것이다. 기재방법으로서는 '일람 즉시 지급하겠습니다.'라는 문언이 보통 사용되는 경우가 많다. 일람출금의 어음은 원칙적으로 발행일자로부터 1년 내에 지급을 받기 위하여 제시하여야 한다(어음법 제34조 제1항). 발행인은 이 제시기간을 단축 또는 연장할 수 있고, 배서인은 이것을 단축할 수 있다(어음법 제34조 제1항).

일람 후 정기출급(어음법 제33조 제1항 제2호)은 일람 후 일정한 기간을 경과한 날을 만기로 하는 것이며, 예컨대, '일람 후 10일 출급' 등으로 기재한 경우이다.

2) 본 사례의 경우

어음법은 사례에서와 같은 분할출급의 방법을 인정하지 않으며, 그와 같은 기재는 어음 자체를 무효로 한다. 따라서 위와 같은 목적을 위하여 어음을 발행하는 경우에는, 분할출급 회수만큼의 어음을 각각 분할출급기일을 만기로 하여 발행하면 된다.

6. 자기앞수표

등록금을 내라고 아버지께서 자기앞수표를 주셨는데, 자기앞수표는 다른 수표와 다른 것인가?

자기앞수표는 은행이 자기 자신을 지급인으로 하여 발행하는 수표를 말한다(수표법 제6조 제3항).

자기앞수표를 발행한 은행은 지급제시가 된 때에는 수표의 지급인으로서 지급하는 것이다. 만일 은행이 지급을 거절하면, 소지인은 발행인인 은행에 대하여 상환청구권(소구권)을 행사하게 되므로 결국은 지급해야 한다.

그리고 지급제시기간 내에 제시가 없으면 상환의무(소구의무)는 소멸하지만 그 대신 이득상환청구권(利得償還請求權)이 발생하므로 지급제시기간이 경과한 후에도 은행은 지급을 해야 한다. 그러므로 은행의 자기앞수표는 현금과 거의 같은 확실성을 갖는다.

7. 융통어음·상업어음

일반적으로 어음을 주고받는 데는 상품매매 등 실제 거래가 있는 것이 보통인데, 이러한 실제 거래가 없이 오직 자금융통만을 목적으로 어음을 발행할 수도 있는가? 예컨대, 자금을 필요로 하는 B가 신용을 제공하는 A로부터 어음을 발행받아 제3자 C에게 이를 교부하고 할인을 받는 경우에 법률상 문제가 없는가?

1) 융통어음

(1) 어음수수 당사자 사이에 현실적으로 아무런 거래가 존재하지 않음에도 불구하고 상대방에게 신용을 공여하고 상대방이 이를 이용하여 자금을 융통할 수 있도록 하기 위하여 제공되는 어음을 융통(融通)어음이라고 한다. 대(貸)어음・공(空)어음・차(借)어음・호의(好意)어음이라고도 한다. 반대로 어음이 대여금의 상환, 상품대금의 지급 등 실제 상거래를 원인으로 발행될 때 이를 상업(商業)어음이라고 한다.

어음을 빌린 사람(피융통자)은 지급기일까지 은행으로부터 그 어음을 다시 환매해서 발행인(융통자)에게 돌려주거나, 지급기일까지 어음금액을 발행인에게 건네주면 되지만, 빌린 사람이 이를 이행하지 않으면 결국 발행인이 결제해야 한다.

(2) 융통어음을 발행한 경우, A(융통자)가 B(피융통자)로부터 지급을 요구받는 경우에는 A는 당연히 지급을 거절할 수 있으며, 이것은 인적항변이 된다.

그 어음이 융통어음임을 알고 취득한 제3자(C)에 대하여도 대항할 수 있는가에 대하여 우리나라의 학설은 융통자는 융통어음이라는 항변을 제3자에게 대하여 주장할 수 없고 어음금 지급을 거절할 수 없다고 한다.

2) 본 사례의 경우

A는 원칙적으로 제3자(C)가 그 어음이 융통어음임을 알고 취득한 경우에도 융통어음이라는 항변을 제3자에게 대하여 주장할 수 없으며 어음금 지급을 거절할 수 없다.

그러나 그 융통어음을 배서·교부 받은 제3자가 그 융통어음이 부도처리되었음을 알고서도 취득한 경우는 이른바 악의의 항변이 성립되어 발행인은 그 지급을 거절할 수 있다.

Ⅲ 어음·수표의 배서와 양도

1. 배서(背書)란 무엇이며, 어떻게 하는가?

배서라 함은 어음의 수취인 또는 기타의 후자가 보통 어음의 뒷면에 일정한 사항을 기재하고 기명날인하여 타인에게 교부하는 행위를 말하고, 이것에 의하여 피배서인은 어음상의 권리를 취득하게 된다.

배서는 어음이나 이에 결합한 보충지(보전) 또는 등본(謄本)에 일정한 사항을 기재하고 배서인이 기명날인함으로써 하는 서면행위이다. 배서는 보통 뒷면에 하지만 백지식(白地式) 배서를 제외하고는 법률상 제한은 없으며 표면에 하여도 무방하다(어음법 제13조 제2항·제77조 제1항, 수표법 제16조 제2항). 인쇄된 어음용지를 사용할 때에는 어음 이면의 인쇄되어 있는 배서란에 필요한 사항을 기재하면 된다. 거절증서작성면제문언은 특별히 이를 말소하지 않는 한 작성의무를 면제한 것으로 본다.

〈환어음·약속어음의 뒷면 – 배서란〉

앞면에 적은 금액을 ○○○ 또는 그 지시인에게 지급하여 주십시오. (목적 또는 부기) 거절증서 작성을 면제함. 년 월 일 주소 성명 ㊞

2. 어음의 배서와 양도에 관련하여 주의할 점은?

어음을 받을 때 배서와 관련하여 확인할 사항으로는, 그 어음이 배서금지어음인지, 무담보배서나 배서금지배서가 아닌지, 배서가 연속되어 있는지 등이 있다.

1) 배서금지(背書禁止)어음은 지시금지어음이라고도 하는데, 발행인이 '지시금지' 또는 이와 동일한 뜻이 있는 문언을 기재한 어음을 말한다(어음법 제11조 제2항).

이 어음은 배서에 의하여 양도할 수 없고, 지명채권양도방법에 의하여서만 양도할 수 있으므로(민법 제450조) 발행인에 대한 통지・발행인의 승낙이 필요하다.

2) 무담보배서(無擔保背書)란 배서인이 어음상의 담보책임을 지지 않을 뜻을 기재한 배서를 말한다(어음법 제15조 제1항). '무담보', '지급무담보', '상환무용' 등의 문구가 있는 배서이다.

무담보배서를 한 배서인은 모든 후자에 대하여 담보책임을 지지 않는다.

3) 배서금지배서(背書禁止背書)는 새로운 배서를 금지하는 뜻을 기재한 배서이다.

이 배서에서는 무담보배서에서와는 달리 자기의 직접의 피배서인에 대해서만은 담보책임을 지는 점이 다르다.

4) 배서가 자격수여적효력을 가지기 위하여는 배서가 연속되어 있어야 하므로 어음을 받을 때는 이것을 확인하는 것이 필요하다.

5) 또한 배서를 위한 난이 모두 차서 보전을 붙여 배서를 할 때, 인쇄된 배서란에는 '거절증서작성을 면제함'이라는 문구가 있어서 별 문제가 없지만, 보전(부전지)에서는 그 문구를 간과하기 쉽다. 이 문구가 없으면 후일 상환청구(소구)할 때 지급거절증서가 없다고 지급을 거절 당하는 등 복잡한 문제가 생긴다.

6) 배서인의 주소가 기재되어 있지 않으면 부도의 통지를 받을 수 없는 불이익이 있고, 신용 없는 어음으로 인정될 수 있으므로 기재해 두는 것이 좋다.

3. 배서의 효력

> 김씨에게 물건을 팔았는데 어음을 받으라고 한다. 김씨에 의하면 그 어음에 신용 및 자력이 있는 최씨, 박씨, 이씨 등이 배서를 하고 있으므로 걱정할 것이 없다고 한다. 어음의 배서는 어떤 효과가 있으며, 일반 채권양도와는 어떻게 다른가?

1) 배서의 효력

어음은 당연한 지시증권이며 전전 유통하는 것이 그 성질로 되어 있으므로, 어음법은 어음의 유통성을 강화하기 위하여 배서에 특별한 효력을 인정하고 있다. 일반적으로 배서의 효력으로는 권리이전적효력, 자격수여적효력, 담보적효력 등이 있다.

첫째, 권리이전적효력(權利移轉的效力)은 배서에 의하여 어음상의 모든 권리가 피배서인에게 이전하는 효력이다. 일반채권양도의 경우에 요구되는 채권양도의 통지나 채무자의 승낙 등 대항요건의 문제가 없고, 배서만으로 완전한 권리이전의 효력이 생긴다. 특히 배서에 의하여 인적항변이 절단되므로, 양수인은 안심하고 어음을 취득할 수 있다.

둘째, 자격수여적효력(資格授與的效力)은 배서가 연속된 어음의 점유자가 적법한 소지인으로 추정 받는 효력이다. 일반채권양도에 있어서는 양수인은 채권의 존재와 자기가 정당한 권리자임을 입증하여야 한다.

셋째, 담보적효력(擔保的效力)은 배서인이 배서를 하면 자기의 모든 후자에 대하여 인수 및 지급을 담보할 의무를 부담하게 되는 효력이다. 일반채권양도에 있어서는 양도인은 특약이 없는 한 양수인에 대하여 특별한 담보책임을 부담하지 아니한다.

배서에는 이와 같은 특별한 효력이 인정되므로, 피배서인의 지위는 보호되고 배서를 하면 할수록 어음지급의 확실성은 높아진다고 할 수 있다.

2) 본 사례의 경우

배서인이 배서를 하면 자기의 모든 후자에 대하여 인수 및 지급을 담보할 의무를 부담하게 된다(담보적효력). 일반채권양도에 있어서는 양도인은 특약이 없는 한 양수인에 대하여 특별한 담보책임을 부담하지 아니하는 것과 다르다.

4. 상속인의 배서

어음의 수취인 A씨가 사망하고 그 아들 B가 어음을 상속하였다. B가 이 어음을 배서양도하려면 어떻게 해야 하는가?

1) 상속인의 배서

상속을 하면 피상속인의 권리의무가 상속인에게 포괄 이전되는 것이므로 아버지 A가 수취한 어음은 상속인인 아들 B에게 이전된다(민법 제1005조). 따라서 B는 상속인으로서 어음을 배서양도할 권한을 가지고 있다.

그러나 배서의 연속은 어음상 기재로 판단하게 되므로, 어음상 수취인이 A이고 다음의 배서인이 B라고 되어 있다면 배서의 연속을 인정할 수 없을 것이다.

이 경우 기재가 없는 부분에 대하여 실질적 권리관계를 주장 입증하면 배서의 연속이 있는 것으로 본다(이설 있음).

2) 본 사례의 경우

B는 'A의 상속인 B'라고 배서하거나, 'B'로 기명날인하고 그 어음에 가족관계등록부을 첨부하여 배서양도하는 것을 생각할 수 있다. 두 번째 방법은 번거로우므로 첫 번째 방법이 주로 이용된다.

5. 수표의 양도

다른 사람으로부터 받은 수표를 양도하려고 한다. 수표 이면에는 배서란이 없는데 어떤 방법으로 양도하면 되는가?

1) 수표의 양도

수표의 유통방법은 수표가 기명식・지시식・소지인출급식의 어느 경우인가에 따라서 같지 않으며, 배서의 방법에 한하지 않는다. 수표는 당좌수표나 자기앞수표나 원칙적으로 소지인출급식이고, 은행으로부터 교부되는 수표용지에도 "이 수표 금액을 소지인에게 지급하여 주십시오."라고 인쇄되어 있다. 그러므로 수표의 경우에는 배서의 예가 적다.

배서금지(背書禁止)수표의 경우는 지명채권양도에 관한 방식에 따라서만, 그리고 그 효력으로서만 양도할 수 있다(수표법 제14조 제2항).

기명식(記名式)수표 또는 지시식(指示式)수표는 배서에 의하여 양도할 수 있다(수표법 제14조 제1항).

소지인출급식(所持人出給式)수표는 인도(引渡)에 의하여 양도한다. 여기서 인도는 권리이전의 성립요건이다. 소지인출급식수표를 배서에 의하여 양도하는 경우를 고려하여, 수표법은 소지인출급식수표에 배서한 배서인도 상환의무를 부담하도록 하여 배서의 담보적효력을 인정하고 있다(수표법 제20조). 그러나 이 경우의 배서에는 권리이전적효력과 자격수여적효력은 없다.

2) 본 사례의 경우

기명식수표 또는 지시식수표는 배서에 의하여 양도할 수 있다(수표법 제14조 제1항). 그러나 수표용지에는 배서란이 없는 것이 보통이므로, 수표 또는 이에 결합된 보충지(보전)에 배서를 하면 된다(수표법 제16조 제1항).

또한 배서는 피배서인을 지명하지 아니할 수 있고, 또는 배서인의 기명날인 또는 서명만으로 할 수 있다(백지식 배서). 후자의 배서는 수표의 이면이나 보전에 기재하지 아니하면 효력이 없다(제16조 제2항).

6. 어음의 선의취득

> A는 얼마 전 B로부터 물품대금으로 약속어음을 받았는데 나중에 알고 보니 B가 무권리자였다. A가 그 어음을 취득할 당시에는 양도인이 무권리자라는 것을 전혀 몰랐다. 이 경우에 A는 보호받을 수 있을까?

1) 선의취득(善意取得)

(1) 유통도중에 분실 또는 도난 등에 의하여 점유가 이탈된 어음(수표)이 무권리자에 의하여 다른 사람에게 양도되는 경우가 있다. 이와 같은 경우에, 연속된 배서의 피배서인으로부터 어음법 및 수표법이 정하는 유통방법에 의하여 어음(수표)을 취득한 자는, 악의(惡意) 또는 중과실(重過失)이 없는 한, 무권리자로부터 취득한 경우에도 어음(수표)상 권리를 취득한다(어음법 제16조 제2항 · 제77조 제1항, 수표법 제21조). 이를 어음(수표)의 선의취

득이라 한다.

민법상 동산의 선의취득(민법 제249조)과 마찬 가지로 거래의 동적안전을 보호하려는 취지에서 인정된 제도인데, 어음법・수표법은 어음・수표의 고도의 유통성을 고려하여 동산의 선의취득의 경우보다 선의취득의 요건을 더 완화하고 있다.

(2) 어음을 선의취득하려면 어음의 양도인이 무권리자(無權利者)일 것, 어음 고유의 유통방법에 의하여 취득할 것, 배서의 연속이 있을 것, 양수인에게 악의 또는 중대한 과실이 없을 것, 피배서인에게 독립된 경제적 이익이 있을 것 등이 필요한 요건이다.

여기서 어음상의 유통방법에 의한 취득은 배서 또는 어음의 교부에 의한 취득을 말하며, 따라서 상속, 합병, 전부명령(轉付命令), 지명채권의 양도방법에 의하여 어음을 취득하는 경우는 선의취득이 인정되지 않는다.

배서가 형식적으로 연속되어 있지 않으면 선의취득이 인정되지 아니하고, 다만 배서의 연속이 없는 경우에도 그 끊어진 부분에 관하여 실질적으로 유효한 권리의 이전이 있었다는 것을 증명하면 된다(대판, 1969. 12. 9, 69다995).

그리고 형식상 배서의 연속이 있을 지라도 피배서인에게 독자적인 경제적 이익이 없는 경우는 선의취득이 인정되지 아니하므로, 무권리자로부터 '숨은 추심위임배서'를 받은 피배서인은 선의취득이 인정되지 않는다.

또한 양수인에게 악의 또는 중대한 과실이 없을 것을 요구하는데, 악의는 양수인이 무권리자임을 충분히 알고 있는 것이고, 중대한 과실은 이러한 사유가 있음을 알지 못한 것에 대해 부주의의 정도가 큰 것을 말한다.

민법상 동산의 선의취득은 경과실(經過失)이 있어도 인정되지 않는다.

2) 본 사례의 경우

이와 같은 어음의 선의취득 요건을 갖추면 A는 양도인이 무권리자인 경우에도 어음상의 권리를 원시취득하게 된다. 한편 도난, 유실 등의 사유로 자기의 의사에 반하여 어음의 점유를 잃은 어음상의 권리자는 선의취득자에게 그 권리를 주장할 수 없으므로, 그 권리를 상실한다.

Ⅳ 어음·수표의 청구와 지급

1. 지급제시

소유하고 있는 어음의 지급을 청구하려면 언제, 어디서, 누구에게 하여야 하는가?

1) 어음 · 수표는 전전 유통되는 유가증권이므로 어음 · 수표상의 지급인은 어음 · 수표의 정당한 권리자가 누구인지 알기가 어렵다. 어음 · 수표는 제시증권으로서 어음금의 지급을 청구하기 위해서는 채권자가 지급제시기간 안에 어음을 제시하여야 한다.

지급제시기간은 일람출급어음의 경우 원칙적으로 발행일로부터 1년 이내이며(어음법 제34조 제1항), 그 밖의 어음인 경우에는 지급을 할 날 또는 이에 이은 2거래일 내이다(어음법 제38조 제1항).

수표의 경우, 국내에서 발행하고 지급할 수표는 10일 내에 지급제시를 하여야 하며, 외국 수표의 경우에는 특별 규정이 있다(수표법 제29조).

지급제시의 상대방은, 약속어음은 발행인, 환어음은 지급인 · 인수인이며, 어음에 지급장소로서 은행이 기재된 경우가 많은데 그 경우에는 그 곳에 제시하면 된다. 수표는 지급은행이 지급장소가 된다.

2) 지급제시기간 내에 제시를 하여 지급이 거절되면, 배서인 등에게 상환청구(소구)할 수 있다. 지급제시기간 내에 지급제시를 하지 않으면 소구권을 상실하게 되는 것이다(어음법 제53조 · 제77조 제1항, 수표법 제39조).

3) 약속어음의 발행인과 환어음의 인수인에 대해서는, 만기의 날로부터 3년간은 지급을 청구할 수 있다(어음법 제70조 · 제77조 제1항).

2. 선일자수표(先日字手票)

거래처로부터 1개월 후의 날짜를 발행일로 기재한 수표를 수취하였다. 상대방은 기재된 발행일 이후에 지급하고 싶다고 하는데, 지금 지급제시를 하면 안 되는가?

1) 선일자수표

(1) 실제의 발행일보다 후일(장래의 일자)을 발행일자로 기재한 수표를 선일자수표라 한다. 예컨대, 7월 1일에 현실로 발행하면서 수표에는 그 발행일자를 8월 1일로 기재하는 경우를 말하며, '연수표(延手票)'라고도 한다.

수표는 모두 일람출급(一覽出給)으로 되어 있으므로, 선일자수표의 소지인은 그 발행일자 도래 전이라도 지급제시를 할 수 있으며, 그 제시일에 이를 지급하여야 한다(수표법 제28조).

그러므로 발행일자 전에 제시하여 지급이 거절된 때에는 소지인은 상환청구권(소구권)을 행사할 수 있으며, 자금 없이 수표를 발행한 발행인은 과태료에 처하여지고(수표법 제67조), 은행으로부터 거래정지처분을 받게 되며, 부정수표단속법에 의한 제재를 받는다.

(2) 선일자수표를 발행하는 경우에는, 발행인과 수취인 간에 발행일 이전에는 제시하지 않는다는 명시 또는 묵시의 특약이 있는 것이 보통이다.

이 특약에 위반하여 소지인이 발행일 이전에 제시하여 발행인에게 손해가 생기게 된 경우에는, 수취인은 발행인·수취인 사이의 수표예약상의 채무불이행에 대한 책임을 부담하는 것으로 본다(통설).

(3) 선일자수표는 실제로 발행한 날로부터 지급제시를 할 수 있지만, 법정의 제시기간의 경과 여부는 수표면상의 일자를 기준으로 한다.

2) 본 사례의 경우

위에서 본 바와 같이, 수표는 모두 일람출급으로 되어 있으므로 선일자수표의 소지인은 그 발행일자 도래 전이라도 지급제시를 할 수 있으며, 그 제시일에 이를 지급하여야 한다(수표법 제28조).

발행일 이전에는 제시하지 않는다는 발행인과 수취인 간에 명시 또는 묵시의 특약을 위반한 제시로 인하여 발행인에게 손해가 생기게 된 경우에는, 수취인은 발행인·수취인 사이의 수표예약상의 채무불이행에 대한 책임을 부담하는 것으로 본다(통설).

3. 지급인의 조사의무

> 어음·수표의 지급제시를 받고 지급을 하는 경우에 지급인은 어떤 점을 조사해야 하는가?

1) 지급인의 조사의무

(1) 조사의무의 경감

원래 채무는 진정한 권리자에게 변제하지 않으면 면책되지 않는 것이 원칙이지만, 유통증권인 어음·수표에 대해서도 이 원칙을 관철하면 오히려 어음·수표결제의 신속과 안전 및 유통성을 확보할 수가 없다. 그러므로 어음법·수표법은 지급인의 조사의무를 경감하고 있다.

(2) 조사의무의 내용

어음법·수표법은 만기에 지급하는 지급인은 배서의 연속의 정부를 조사할 의무가 있으나 배서인의 기명날인 또는 서명을 조사할 의무는 없는 것으로 규정하여(어음법 제40조 제3항·제77조, 수표법 제35조), 지급인은 형식적 자격을 조사할 의무가 있음에 그치고, 실질적 권리의 존부에 관하여는 조사할 의무가 없는 것으로 보고 있다.

(3) 만기에 지급하는 지급인은 사기 또는 중대한 과실이 없으면 그 책임을 면한다(어음법 제40조 제3항). 수표지급인의 조사의무에 관한 수표법 제35조에는 이런 규정이 없으나 해석상 동일하게 본다(통설).

2) 본 사례의 경우

위에서 본 바와 같이 지급인은 형식적 자격을 조사할 의무가 있으나, 실질적 권리의 존부에 관하여는 조사할 의무는 없다. 그러므로 만기에 지급하는 지급인은, 어음의 방식이 적법한지, 배서가 연속되어 있는지, 자기의 기명날인 또는 서명이 있는 경우에는 그것이 진정한지 등의 형식적 자격이 조사할 사항이며, 어음제시자가 진정한 권리자인지, 어음기재상 권리자로 되어 있는 자와 현실로 청구하는 자가 동일인인지 여부는 조사하지 않아도 된다(통설).

은행이 지급담당자로 되어 있는 경우에는, 제시된 어음에 관하여 당좌거래가 있는지, 약정용지를 사용하고 있는지, 지급자금이 있는지, 지급위탁의 취소가 없는지 등도 조사해야 한다.

V 지급거절과 어음사고

1. 어음의 지급제시와 상환청구권(償還請求權)

A가 발행인, B가 수취인인 약속어음을 C의 배서를 받아 내가 양수하였다. 지급일을 며칠 앞두고 A가 부도를 내었다는 말을 듣고 나는 B와 C로부터 이 어음금을 받으려고 하였다. 은행을 통한 제시는 하지 않았다. 이제 지급일로부터 약 2개월이 지났는데, 이제라도 A · B · C를 상대로 이 어음금청구소송을 내어 어음금을 받아 낼 수 있을까?

1) 어음의 제시와 상환청구권[소구권]

(1) 상환청구제도(소구제도)

어음은 원래 만기에 어음금의 금액이 지급될 것을 목적으로 하나, 지급이 거절되거나 또는 인수거절, 지급인의 파산 등의 경우에는 어음금 지급이 불가능 또는 불확실하게 된다. 이러한 경우에는 소지인으로 하여금 전자에 대해서 일정한 청구를 할 수 있게 하고, 그 어음의 작성 및 유통에 관여한 자로 하여금 지급의 대상(代償)을 제공시킴으로써 지급이 있었던 것과 같은 결과를 얻게 하는 제도이다.

이 상환청구권(소구권)을 행사하기 위해서는 몇 가지 요건을 갖추어야 한다.

(2) 만기 전 상환청구권

인수거절을 이유로 상환청구하는 때에는, 인수를 위한 제시를 하여야 하고, 인수거절증서(引受拒絕證書)를 작성시켜야 한다(어음법 제44조). 다만, 거절증서의 작성이 면제되어 있는 경우에는 인수거절증서의 작성이 필요치 않다.

지급인의 파산과 화의의 경우에는 각각 파산결정서와 화의개시결정서를 제출하면 된다.

(3) 만기 후 상환청구권

어음소지인이 만기에 적법한 지급제시를 하였어도 지급인으로부터 어음금액의 전부 또는 일부의 지급을 받지 못한 경우이다. 이 경우에 상환청구권을 행사하기 위해서는, 먼저 적법한 지급제시를 하여야 하고, 지급거절증서를 작성하여야 한다(어음법 제38조 · 제44조). 다만, 인수거절증서가 작성되어 있는 경우 및 불가항력이 만기로부터 30일 이상 계속되는 경우에는 지급거절증서의 작성이 필요치 않다.

2) 본 사례의 경우

약속어음 발행인인 A에게는 지금이라도 청구할 수 있다. 약속어음 발행인은 주채무자이므로 만기로부터 3년간은 책임을 진다.

그러나 배서인에게 어음금을 청구하려면, 지급제시기간인 '어음의 지급일과 이에 이은 2거래일 이내'에 지급제시를 하여야 상환청구권을 행사할 수 있는데, 소지인이 은행을 통해서나 또는 직접 발행인에게 지급제시한 일이 없기 때문에, 배서인인 B와 C로부터 지급받기는 어렵다.

2. 어음의 위조(僞造)

> A가 발행인, B가 수취인으로 되어 있는 어음금 100만 원의 어음을 배서 양수한 C가 A에게 지급제시를 했다. A는 그 어음을 발행한 바가 없다. 알고 보니 옆집 D가 A의 인장을 사용하여 어음을 만들어 교부한 것이었다. 이 경우 법률관계는 어떻게 되는가?

1) 어음의 위조

(1) 어음(수표)의 위조라 함은 어음(수표)면에 진실하지 아니한 기명날인을 하는 것, 다시 말하면 타인의 명의를 위작(僞作)하여 그 타인이 어음(수표)행위를 한 듯한 외관을 만들어 내는 것을 말한다. 이러한 위조는 어음(수표)의 발행・배서・인수・보증 등 모든 어음(수표)행위에 관하여 있을 수 있다.

(2) 위조를 당한 자(被僞造者)는 누구에게나 어음상의 책임을 지지 않는다. 자신이 기명날인 한 것도 아니며 타인에게 기명날인의 권한을 준 것도 아니기 때문이다. 그러므로 피위조자는 누가 청구하든 그 선의・악의를 불문하고, 위조의 항변으로 대항하여 이 청구를 배척할 수 있다.

다만, 위조자가 피위조자의 사용인이라든가 그 밖의 특수한 사정이 있는 경우에 제3자가 위조자에게 어음행위를 할 권한이 있다고 믿을 만한 정당한 사유가 있는 때에는 그로 인한 책임을 지는 일이 있다(민법 제756조・제125조・제126조・제129조).

위조의 기명날인을 추인(追認)할 수 있는지에 관하여는 견해가 나뉘고 있다.

위조자(僞造者)의 책임에 관하여 보면, 위조자는 어음상에 기명날인하여 자기명의로 어음행위를 한 것이 아니므로, 형사상 또는 불법행위상 책임은 부담한다 하더라도 어음상의 책임은 없다. 이에 대해서 어음법 제8조를 유추하여 위조자도 무권대리인(無權代理人)과 동일한 어음상의 책임을 져야 한다는 견해가 있다.

위조의 입증(立證)책임은 피위조자에게 있다는 설이 있으나, 이는 너무 가혹한 일이며 어음소지인이 그 기명날인 또는 서명이 진정함을 입증하여야 한다(대법원판례).

(3) 위조어음・수표에 기명날인 또는 서명하여 어음(수표)행위를 한 자는, 어음・수표행위독립의 원칙에 의하여 어음・수표상 책임을 진다(어음법 제7조・제77조, 수표법 제10조).

2) 본 사례의 경우

피위조자인 A는 누구에게나 어음상의 책임을 지지 않는다. 피위조자는 누가 청구하든 그 선의 악의를 불문하고, 위조의 항변으로 대항하여 이 청구를 배척할 수 있다.

위조자인 D는 유가증권위조죄 등 형사상 책임 또는 민사상 불법행위상 책임을 부담하는 경우가 있겠으나, 어음상의 책임은 없다.

한편, 위조어음에 배서를 한 B는, 어음행위독립의 원칙에 의하여 어음상 책임을 진다(어음법 제7조 · 제77조).

3. 어음의 변조(變造)

> A는 B에게 물건을 사고 지급일을 2003년 3월 1일, 지급장소는 K은행, 어음금 1,000만 원의 약속어음을 발행해 주었고, B는 어음금액을 2,000만 원으로 변조하여 C에게 배서양도 했다. C는 지급기일에 이 어음을 지급제시하였고 은행은 A의 지금에서 2,000만 원을 C에게 지급했다. A는 2,000만 원에 대하여 책임을 지는가?

1) 어음의 변조

(1) 어음(수표)의 변조라 함은 권한 없이 기명날인 이외의 기존문언을 변경하는 것을 말한다. 여기서의 변경은 어음요건뿐 아니라 유익적(有益的) 기재사항의 변경도 포함된다. 그러나 무익적(無益的) 기재사항을 변경하거나 새로이 기재한 경우에는 어음의 내용과 효력에 아무런 변동이 생기지 않으므로 변조가 아니다.

변조와 위조와의 차이는 행위의 내용이 기명날인에 관한 것인가의 여부에 있으며, 또 변조는 어음(수표)채무의 내용에 관한 것인데 대하여, 위조는 어음(수표)채무의 귀속자를 진실하지 않게 만들어 내는 것이다.

(2) 기존어음문언을 단순히 변경하는 데 그치고 기명날인하여 어음(수표)행위를 하지 않은 변조자(變造者)는, 형사상 또는 민사상의 책임은 따로 논한다 하더라도, 어음(수표)상의 책임은 지지 않는다. 변조자의 기명날인이 어음상 나타나지 않기 때문입니다.

변조자는 민사책임으로서 변조로 인하여 발생한 손해를 배상하거나(민법 제750조), 종업원이 변조를 한 경우에는 그 사용자(영업주)가 배상해야 하는 경우가 있다(민법 제756조). 또한 변조자는 형사상 유가증권 변조죄(형법 제214조 제1항)의 책임이 있다.

어음 · 수표법은, 변조 전에 기명날인(또는 서명)을 한 자는 원래 문구 즉, 기명날인 당시의 어음(수표)문구에 따라 책임을 지고, 변조 후에 기명날인(또는 서명)한 자는 변조된 문구에 따라 책임을 지도록 규정하고 있다(어음법 제69조 · 제77조 제1항 제7호, 수표법 제50조).

2) 본 사례의 경우

앞의 예에서 발행인 A는 변조 전(前)에 기명날인(또는 서명)을 한 자이므로 원래 문구 즉, 1,000만 원에 대한 책임을 진다. 변조 후에 어음을 취득한 C도 발행인인 A에 대하여서만은 변조 전의 액면금액인 1,000만 원의 범위 내에서만 어음상의 권리를 취득하고 이를 초과한 부분에 대하여는 취득하지 못한다.

앞에서 본 바와 같이 B(변조자)는 단순히 변조만을 하고 어음행위(기명날인 또는 서명)를 하지 않았다면 어음상의 책임은 지지 않는다. 그러나 변조와 동시에 어음행위를 하면 그 변조된 문언에 따라 책임을 진다. 이 사례에서 B는 변조와 동시에 어음행위(배서)를 하였으므로 변조자는 어음의 소지인에 대하여 2,000만 원에 대하여 책임을 져야 한다.

4. 어음의 분실(紛失) · 도난(盜難)

얼마 전에 A로부터 어음과 수표를 취득하였는데, 이를 그만 버스 안에서 분실하고 말았다. 이 경우 어떻게 대처해야 하는가?

1) 어음의 분실·도난

(1) 구제절차

어음 · 수표가 멸실 · 분실 · 도난 등으로 상실된 경우에도, 어음(수표)소지인은 당연히 그 권리를 상실하는 것은 아니지만, 어음(수표)증권을 상실함으로써 권리행사의 수단을 잃게 되어 사실상 권리를 행사할 수 없게 되는 동시에, 그 어음을 선의취득한 자가 있는 때에는 어음(수표)상의 권리를 잃게 될 염려가 있다.

그러므로 어음이나 수표를 분실하거나 도난을 당한 때에는 다른 사람이 찾아가거나 선의의 제3자의 손에 넘어가기 전에, 먼저 거래은행에 알리고, 그 다음 경찰서에 피해신고를 하며, 법원에 공시최고신청을 하여 제권판결을 얻도록 해야 한다.

첫째, 은행에 분실 또는 도난을 당한 사실을 알리고 그 어음의 지급을 정지하도록 요청해야 한다. 자기가 발행한 어음을 다른 사람에게 교부하기 전에 사고가 발생한 경우에는 자기가 사고신고를 하면 되나, 다른 사람으로부터 받은 어음의 경우에는 발행인에게 연락하여 발행인으로 하여금 지급처에 신고하여 지급정지하도록 요청해야 한다.

둘째, 은행에 연락함과 동시에 경찰서에 분실신고를 해야 한다. 경찰서로부터 분실신고증명서 또는 도난신고증명서 2통을 발급받아, 그 각각을 은행에 사고신고를 할 때와 법원에 공시최고를 신청할 때 제출한다.

셋째, 법원에 공시최고(公示催告)를 신청하고 제권판결(除權判決)을 받도록 한다. 제권판결을 받으면 그 어음・수표는 무효로 되고, 어음을 상실한 권리자는 그 증권 없이 어음(수표)상의 권리를 행사할 수 있다(민사소송법 제475조 이하).

(2) 공시최고(公示催告)란 법원이 당사자의 신청에 의하여 불특정 또는 불분명한 상대방에 대하여 청구 또는 권리의 신고를 최고하고, 그 신고가 없을 때에는 실권(失權)의 효력이 생길 수 있다는 취지의 경고를 붙여 공고하는 재판상의 최고를 말하며, 법원은 이러한 최고에 의하여 그와 같이 경고한 실권을 제권판결로서 선고한다.

이 경우의 공시최고는 이른바 민사소송법 제492조의 '증권의 무효선고를 위한 공시최고'인데, 어음(수표)의 최후의 정당한 소지인이 이를 신청하면 법원은 결정(決定)으로서 허가 여부의 재판을 하고, 이를 허가한 때에는 공시최고를 한다.

권리를 다투는 신고나 청구가 있는 때에는, 법원은 그 사정에 의하여 그 권리에 관한 재판의 확정시까지 공시최고절차를 중지하거나 제권판결에 그 권리를 보류하여야 한다(민사소송법 제485조). 공시최고기일까지 권리의 신고나 청구가 없는 때에는 법원은 신청에 따라서 제권판결을 하게 된다.

제권판결(除權判決)이 있으면 증권을 무효로 하는 소극적 효력(민사소송법 제496조)과 제권판결을 받은 신청인이 증권의 제시 없이 증권상의 권리를 행사할 수 있게 되는 적극적 효력(민사소송법 제497조)이 생기게 된다.

2) 본 사례의 경우

A는 앞에 설명한 대로, 먼저 거래은행에 알리고, 그 다음 경찰서에 피해신고를 하며, 법원에 공시최고신청을 하여 제권판결을 얻도록 해야 한다.

5. 공시최고 및 제권판결

옷가게를 경영하고 있는 사람이다. 며칠 전 젊은 부부에게 의류를 판매하고 현금 50,000원과 10만 원짜리 자기앞수표 1매를 받았다. 그 다음 날 지급지 은행에 제시하고 지급을 요구하였으나, 은행은 그 수표가 사고수표이며, 분실한 사람이 법원에 공시최고신청(公示催告申請)을 하였으므로 돈을 지급할 수 없다고 하였다. 공시최고란 무엇이며, 이 경우 어떻게 해야 하는가?

1) 공시최고

앞에서 본 바와 같이, 공시최고는 어음·수표 등을 도난당하거나 분실한 당사자의 신청에 의하여, 법원이, 불특정 또는 불분명한 상대방에 대하여, 청구 또는 권리의 신고를 최고하고 그 신고가 없을 때에는 실권(失權)의 효력이 생길 수 있다는 취지의 경고를 붙여 공고하는 재판상의 최고이며, 법원은 공시최고 기일까지 권리의 신고나 청구가 없는 경우에는 제권판결을 하게 된다. 제권판결은 수표 등의 무효를 선고하는 제도이다.

2) 본 사례의 경우

이 경우 수표를 취득한 사람은 공시최고에 따라 권리신고를 함으로써 수표에 대한 선의의 취득자임을 주장하여, 법원으로 하여금 그 수표에 대한 무효선고의 제권판결을 하지 못하도록 하여야 한다. 이를 게을리 하면 권리를 잃게 되는 불이익을 입는 수가 있다.

그러므로 우선 수표의 취득경위와 수표를 지급은행에 제시하였으나 사고수표라며 지급이 거절된 취지를 간략하게 기재하여, 수표의 지급지를 관할하는 법원에 권리신고를 해야 한다. 이어 수표의 발행은행을 상대로 수표금청구의 소를 제기하면 된다.

6. 횡선수표(橫線手票)

대전에서 주류 도매상을 하는 사람으로 수표를 많이 사용하고 있다. 항상 많은 수표를 다루다 보니 수표의 도난·분실이 우려된다. 이와 같은 경우 수표의 도난·분실 등에 대비하는 법제도는 없는가?

1) 횡선수표

(1) 횡선수표라 함은 수표의 표면에 두 줄의 평행선을 그은 수표로서, 은행 또는 지급인의 거래처에 대해서만 지급할 수 있는 것을 말한다.

수표는 일람출급식이고 또 대개 소지인출급식으로 발행되므로, 이를 분실하거나 또는 도난당한 경우에 정당하지 못한 소지인에게 지급될 위험이 크다. 횡선수표제도는 이러한 위험에 대비하여 수표금액・수령자격을 제한하는 지시를 수표법에서 명문화한 것이며, 누가 이 수표를 제시하였는지를 쉽게 알 수 있게 하려는 것이다.

(2) 횡선수표에는 ① 수표 표면에 두 줄의 평행선을 그리고 그 횡선 안에 아무것도 기재하지 않거나 단지 은행 또는 이와 동일한 의의가 있는 문자를 기재한 일반(一般)횡선수표와 ② 두 줄의 평행선 안에 특정은행의 명칭을 기재한 특정(特定)횡선수표의 두 가지가 있다(수표법 제37조).

일반횡선수표의 지급인은 은행 또는 지급인의 거래처에 대해서만 지급할 수 있다(수표법 제38조 제1항). 여기서 거래처라 함은 지급인과 다소 거래관계에 있는 자를 말한다.

특정횡선수표의 지급인은 지정된 은행, 지정된 은행이 지급인인 때에는 자기의 거래처에 대해서만 지급할 수 있다. 그러나 지정된 은행은 다른 은행으로 하여금 추심하게 할 수 있다(수표법 제38조 제2항).

(3) 횡선은 도난과 분실시의 위험방지책이기 때문에 발행인과 수표의 소지인 양자 모두 횡선을 그을 수 있다. 발행인은 발행시에 줄을 긋기도 하지만 은행으로부터 수표장을 받아오면 전용지에 미리 그어 두기도 한다.

2) 본 사례의 경우

귀하는 수표의 표면에 2조의 평행선을 그어서 횡선수표로 만들어서 도난 분실에 대비할 수 있다. 이러한 횡선수표는 은행 또는 지급은행의 거래처에 대해서만 지급할 수 있게 함으로써 수표사고의 경우 부정한 취득자에 대한 지급을 차단할 수 있고, 지급이 된 경우에도 피해자는 은행을 통해 부정하게 돈을 수취한 사람을 추급할 수 있게 된다.

Ⅵ 이득상환청구권

A가 외상으로 물건을 사고 B 앞으로 발행한 어음의 소멸시효가 완성되었다. 어음수표 채권은 소멸시효로 인하여 소멸한 때에도 일반 채권과 달리 다른 구제 방법이 있다는 말을 들었는데, B는 어떻게 구제받을 수 있는가?

1) 이득상환청구권(利得償還請求權)

(1) 수표법(제63조) · 어음법(제79조)은 수표 · 어음상의 권리가 절차의 흠결(欠缺)이나 시효(時效)로 소멸한 경우 수표 · 어음채무자에게 이득이 있는 이상 그것을 그대로 보유시키는 것은 불공평하다 하여 수표 · 어음 소지인에게 그 이득의 상환을 청구할 수 있는 권리를 인정하고 있는데, 이를 이득상환청구권이라 한다.

이득상환청구권을 가지는 자는 권리 소멸 당시의 소지인이며(대법원, 1964.7.14, 1960.6.9, 1970.1.27 판결 등), 이득상환의무를 부담하는 자는 어음의 발행인 · 인수인 또는 배서인이고(어음법 제79조) 수표의 경우에는 발행인 · 배서인 또는 지급보증을 한 지급인이다(수표법 제63조 · 제55조).

상환의무자는 그가 받은 이익의 한도 내에서 이를 반환하여야 하며, 받은 이익의 현존 여부를 불문한다.

이득상환청구권의 소멸시효기간에 관하여는 실정법상 규정이 없고 학설도 나누어지나, 이득상환청구권을 지명채권으로 보는 통설의 입장에서는 일반채권의 경우와 같이 10년으로 보고 있다.

(2) 이득상환청구권의 요건으로는, ① 어음상의 권리가 보전절차의 흠결 또는 시효로 인하여 소멸하였을 것, ② 어음소지인이 따로 구제수단을 가지지 못할 것, ③ 어음채무자에게 재산상의 이득이 있을 것 등이 요구된다. 여기서 이득이라 함은 원인관계에서 현실로 받은 재산상의 이익을 말한다.

그러나 민법의 부당이득과는 달리, 이득이 현존할 것 및 어음소지인에게 손해가 있을 것은 요건이 아니다. 따라서 어음채무자가 일단 이득을 한 이상 후일에 다른 사정에 의하여 그 이득을 상실하여도 상관이 없다.

2) 본 사례의 경우

B는 소멸시효의 완성으로 인하여 어음채권이 소멸한 반면 A는 원인관계상 이득을 본 것이므로, 대체로 이득상환청구권에 의하여 구제를 받을 수 있을 것이다. 다만, 민・상법상의 구제수단도 없어졌어야 한다는 학설에 의하면 그 부분을 검토해 보아야 할 것이다.

Ⅶ 시효(時效)

나(A)는 2002년 3월 평소 거래가 있는 B로부터 수표와 약속어음을 지급받았는데, 어음에도 소멸시효가 있다는 소리를 들으니 불안하다. 어음수표의 소멸시효에 대하여 자세히 알고 싶다.

1) 시효(時效)

시효제도는 시간의 경과에 법률의 효력을 부여하는 제도로서, 이 제도는 권리 위에 잠자는 자는 보호하지 않는다는 사상과 오랫동안 평온하게 계속된 법률상태는 이것을 존중하는 것이 사회질서유지에 도움이 되고 또 오랜 시간이 경과하면 증거의 일실 등으로 사실관계를 밝히는 것이 사실상 어렵다는 점 등에서 인정하게 된 것이다.

시효에는 취득시효와 소멸시효가 있는데, 취득(取得)시효는 일정기간 일정한 상태가 계속 되면 권리를 취득하게 되는 것이고, 소멸(消滅)시효는 일정기간 권리를 행사하지 아니하면 그 권리가 소멸되는 것이다. 어음과 수표도 시효에 걸리게 되는데 이는 물론 소멸시효의 경우이다. 우리나라의 어음법・수표법도 일본, 독일 등과 함께 제네바협약에 의한 통일어음법을 그대로 채택하여 단기소멸시효를 규정하고 있다.

2) 본 사례의 경우

어음·수표거래는 신속한 결제가 필요하며, 또 어음·수표채무자가 다른 채무자에 비하여 엄격한 책임을 부담하는 점을 고려하여, 어음·수표채무에는 다음과 같이 단기시효(短期時效)를 인정하고 있다.

(1) 어음의 시효

① 주채무자인 환어음의 인수인 및 약속어음의 발행인에 대한 청구권의 시효기간은 지급기일(만기의 날)로부터 3년간 행사하지 아니하면 시효에 의하여 소멸한다(어음법 제70조 제1항 · 제77조 제1항 제8호 · 제78조 제1항).

② 소지인(所持人)의 전자(배서인, 환어음의 발행인)에 대한 청구권(상환청구권)은 거절증서의 작성일 또는 작성면제시에는 만기일로부터 1년간 행사하지 않으면 소멸한다(어음법 제70조 제2항 · 제77조 제1항 제8호).

③ 상환을 한 배서인·보증인·참가지급인의 전자에 대한 재(再)상환청구권(재소구권)은 어음환수일 또는 제소일로부터 6개월간 행사하지 않으면 소멸한다(어음법 제32조 제3항 · 제63조 제1항 · 제70조 제3항 · 제77조 제1항 제8호).

④ 이득상환청구권 : 어음상 권리 소멸시로부터 10년간 행사하지 않으면 소멸한다(통설).

(2) 수표의 시효

① 소지인은 제시기간 내에 수표의 지급제시(支給提示)를 하여야 하고, 지급인의 지급거절선언이나 어음교환소의 부도선언이 있으면 수표소지인은 발행인·배서인·이들의 보증인 등에게 청구할 수 있다(상환청구권). 이 권리는 제시기간 경과 후 6개월간 행사하지 아니하면 소멸시효가 완성된다(수표법 제51조).

② 배서인의 다른 배서인·발행인에 대한 재상환청구권은 수표를 환수한 날 또는 그가 제소된 날로부터 6개월간 행사하지 아니하면 소멸시효가 완성된다(수표법 제51조).

③ 소지인의 수표지급보증인(지급은행)에 대한 청구권은 제시기간 경과 후 1년간 행사하지 아니하면 소멸시효가 완성된다(수표법 제58조).

④ 이득상환청구권은 수표상 권리 소멸시로부터 10년간 행사하지 아니하면 소멸시효가 완성된다(통설).

(3) 시효의 중단(中斷)

시효의 중단이란 이미 진행된 시효기간을 소멸시키고, 중단사유 종료시부터 다시 시효기간이 진행되게 만드는 수단이다.

어음법 · 수표법은 소송고지로 인한 시효중단만을 규정하고 있을 뿐이므로(어음법 제80조, 수표법 제64조), 그 밖에는 모두 민법의 규정에 의하게 된다.

Ⅷ 어음·수표와 형사책임

부도가 나도 어음의 경우에는 형사책임을 지지 않으나, 수표의 경우에는 형사책임을 묻는다는 말을 들었는데, 그 내용을 알고 싶다.

1) 어음은 부도가 나더라도 특히 사기죄가 되지 않는 한 발행인 등이 형사책임을 지지 않으나, 수표는 부도가 나면 발행인은 부정수표단속법에 의하여 형사처벌을 받게 된다. 즉, 부정수표의 발행 · 작성, 발행 후의 예금부족 · 거래정지처분 등의 경우에는 5년 이하의 징역 또는 수표금액의 10배 이하의 벌금에 처하고(부정수표단속법 제2조 제1항 · 제2항), 이러한 죄가 과실로 인한 때에는 3년 이하의 금고 또는 수표금액 5배 이하의 벌금에 처하도록 하고 있다(동법 제2조 제3항).

그러나 소지인이 법에 정한 10일 이내에 수표를 은행에 지급제시하지 않은 경우에는 부도가 났다 하더라도 부정수표단속법위반죄로 처벌되지 않는다. 그리고 선일자수표(연수표)의 경우에도 수표에 기재된 발행일자로부터 10일 이내에 지급제시되어야 한다.

2) 수표발행 후 예금부족, 거래정지처분 등의 사유로 부도가 난 경우에 그 수표가 회수되거나, 회수되지 아니하였다 하여도 수표 소지인의 명시한 의사에 반하여 발행인은 처벌되지 아니한다(동법 제2조 제4항. 신설 1993.12.10).

IX 전자어음법

전자적 지급수단의 필요성에서 약속어음을 전자화(電子化)할 수 있도록 2004년 전자어음의 발행 및 유통에 관한 법률(이하 "전자어음법"이라 함)이 제정되었다. 전자어음이란 전자문서 형태로 작성되고 전자어음을 발행하고자 하는 자가 전자어음관리기관에 등록한 약속어음을 의미한다(동법 제2조 제2호).

전자어음은 종이어음과 같은 분실, 도난 , 위조, 변조 등의 위험이 없으며, 어음의 발행・보관・관리 및 유통・교환 등의 비용을 절감할 수 있고, 어음거래의 투명성이 제고되는 장점이 있다.

이 전자어음은 전자유가증권으로서 기존의 종이어음과 같이 이용되며, 발행, 배서, 권리행사 및 소멸 등의 모든 단계가 온라인에서 전자적인 방식으로 이루어진다.

전자어음은 금융기관(은행)이 소재하는 지역을 지급지로 보며(동법 제6조 제2항), 전자어음에 공인전자서명을 한 경우에는 어음법의 기명날인 또는 서명이 있는 것으로 보며(동법 제6조 제3항), 만기는 발행일로부터 1년을 초과할 수 없고(동법 제6조 제5항), 배서회수는 20회로 제한되어 있다(동법 제7조 제5항).

한편, 2009년 전자어음법의 개정으로, 2009. 11. 8.부터, 주식회사의 외부감사에 관한 법률(이하 "외감법"이라 함)에 따른 외부감사 대상 회사(직전 사업연도 말 자산총액 100억 원 이상 주식회사, 주권 상장 법인)는 종이어음 대신 전자어음을 발행하여야 할 의무가 있고(동법 제6조의 2), 이를 어기고 종이어음을 발행할 경우, 그 사법상(私法上) 법률효과가 없는 것은 아니지만, 500만 원 이하의 과태료를 내게 된다(동법 제23조 제2항 제1호).

그리고 종이어음 대신 전자어음을 발행할 의무가 있는 외감법 대상 회사와 외감법 대상 회사로부터 어음을 수취할 회사는 은행을 통하여 이용자 등록절차를 거쳐야 하며, 등록 후 거래은행 및 전자어음서비스 홈페이지(www.unote.kr)에 접속하여 어음 발행, 수취, 배서 등의 어음행위를 할 수 있다.

제 7 장

신용카드와 관련된 범죄

Ⅰ. 문제 제기

Ⅱ. 갑이 H은행 신용카드를 발급받아 물품을 구입하고 현금을 인출한 행위

Ⅲ. 갑이 을의 신용카드를 갈취하여 물품을 구입하고 현금을 인출한 행위

Ⅳ. 사례 해설

Ⅴ. 연습문제

▌사 례▌

갑은 대금결제의 능력과 의사가 없음에도 불구하고 H은행 P지점에서 2001년 5월 20일 H은행의 BC신용카드를 발급받고 이를 이용해서 2001년 6월 1일부터 7월 31일까지 300만 원 상당의 물품을 모 백화점에서 구입하였다. 또한 같은 기간 동안 5차례에 걸쳐 현금자동지급기에서 100만 원을 인출하여 사용하였다. 그러나 갑은 8월 1일부터 한도가 넘어 카드를 사용할 수가 없자 평소 나약했던 친구 을이 신용카드를 가지고 있는 것을 알고 협박을 하여 신용카드를 갈취하였고 이를 이용하여 5회에 걸쳐 물품을 구입하고 50만 원을 현금자동지급기에서 인출하여 사용하였다. 이때 갑의 형사책임은?

I 문제 제기

신용카드는 현금 없이 물품의 구입이나 현금인출이 가능하다는 편리함 때문에 현대 경제생활의 중요한 지불수단이 되었지만 그와 동시에 카드로 인한 직·간접적인 범죄도 급격하게 증가하고 있어 중요한 사회문제가 되고 있다.

신용카드와 관련된 범죄는 자기 명의의 신용카드 부정 취득·사용행위와 타인 명의의 신용카드의 부정 취득·사용행위로 구분하는 것이 일반적이다.

설문은 최근 신용카드의 사용이 일반화되면서 대두되고 있는 신용카드범죄에 대한 것으로 문제되는 논점은 다음과 같다.

우선 갑이 대금결제의 능력과 의사가 없이 신용카드를 발급받은 행위가 사기죄에 해당하는지, 또한 이를 사용하여 카드가맹점에서 물품을 구입한 행위와 대금결제의 의사와 능력이 없이 현금자동인출기를 통해서 현금서비스를 받은 행위에 대한 평가가 문제된다. 다음으로 갑이 친구 을을 협박하여 카드를 갈취한 행위와 이를 이용하여 물품을 구입한 것과 현금을 인출한 행위에 대한 형법적 평가와 이러한 갑이 범한 여러 범죄에 대한 죄수, 즉 죄의 개수가 문제된다. 이하에서는 이들을 차례로 살펴보고자 한다.

II 갑이 H은행 신용카드를 발급받아 물품을 구입하고 현금을 인출한 행위

1. 갑이 H은행 신용카드를 발급받은 행위에 대한 평가

1) 문제점

갑이 대금을 결제할 능력과 의사가 없이 은행에 신용상황에 대한 거짓 정보를 줌으로써 신용카드를 발급받은 행위에 대해서는 사기죄의 성립 여부가 문제된다.

2) 학설의 대립

(1) 사기죄긍정설

신용카드는 재산적 가치가 있는 것으로서 신용카드발행인의 소유에 속하는 재물이다. 따라서 대금결제의 능력과 의사가 없음에도 불구하고 그것이 있는 것처럼 신용카드회사를 기망하여 신용카드를 발급받은 경우에는 신용카드 자체에 대한 사기죄가 성립한다.

(2) 사기죄부정설

신용카드의 취득단계에서 적극적으로 허위의 사실을 고지하여 카드를 취득하는 것은 카드취득 자체에 따른 재산상의 가벌적 손해의 요건에는 충족되지 못하므로 사기죄의 죄책을 지우는 것은 무리라는 견해이다.

3) 검토 및 소결

먼저 정책적으로 신용카드회사가 신용이나 재산상태가 발급받기에 적절하지 못한 자에게도 무분별하게 신용카드를 발급하고 있는 현실, 그럼에도 불구하고 이를 지속하고 있는 카드회사에게 이로 인한 위험부담을 돌릴 필요가 있다.

이를 해석하는 방법은 두 가지가 있다.

우선, 신용카드 자체는 단지 미미한 경제적 가치를 지닌 물질에 불과하기 때문에 이 신용카드를 취득하는 행위는 '경미한 법익침해의 원칙'에 의해 형사처벌이 필요한 정도의 불법성을 갖고 있지 못하다고 본다.

다음으로, 사기죄의 성립요건으로 손해의 발생을 본다면, 신용카드를 발급받은 것 자체로는 재산상의 손해가 발생할 위험은 있을지언정 사기죄의 기수는 인정할 수 없다. 그러므로 부정하는 것이 타당하다.

2. 갑이 신용카드로 물품을 구입한 행위

1) 문제점

대금결제의 능력과 의사가 없이 신용카드를 사용하여 카드가맹점에서 물품을 구입한 행위에 대하여는 사기죄, 배임죄, 여신전문금융업법위반죄 등의 성립을 검토하여야 한다.

2) 사기죄의 성부

(1) 사기죄긍정설

① 가맹점이 피기망자이자 피해자라는 견해

신용카드제시는 결제일에 카드대금을 결제하겠다는 의사표시한 것이므로 묵시적 기망행위에 해당되고, 사기죄의 재산상 손해는 형법상의 독자적 개념이므로 재물교부 자체가 손해에 해당한다.

② 가맹점이 피기망자, 카드회사가 피해자라는 견해

피기망자와 피해자가 일치하지 않는 경우에 피기망자는 처분가능한 지위에 있으면 족한데 가맹점은 매매계약 체결과 매출전표 송부에 의해 카드회사로부터 대금을 지불받을 수 있기 때문에 재산처분의 지위가 인정된다. 이 설은 가맹점이 착오에 빠져 카드회사로 하여금 대체입금을 하게 한 시점에서 사기죄가 성립한다고 한다.

③ 카드회사가 피기망자이자 피해자라는 견해

가맹점은 약관에 따라 카드회사로부터 대체지급을 받고 손실은 결국 카드회사에게 돌아가기 때문에 피기망자는 카드회사이며, 대체지급이 착오 및 재산적 처분행위에 해당한다. 그러므로 카드회사가 가맹점에게 대금을 지급한 때에 사기죄가 완성된다.

(2) 사기죄부정설

당사자들의 관계는 전적으로 카드회사에 의해 비로소 형성된 것이고 또한 카드회사는 신용을 보장하고 자금을 유통해 주는 대가로 회원과 가맹점으로부터 이윤을 획득하므로 카드회사도 이에 대해 책임을 분담하여야 하는데, 카드회사는 회원의 신용상황을 제대로 조사하지 않은 채 카드를 발급해 주는 거래현실을 고려할 때 피해자 스스로 분쟁의 원인을 야기했을 뿐 아니라 예방에도 무심한 경우로 피해자 해석학적 관점에서 사기죄를 부정하는 것이 타당하다는 입장이다. 이는 기망행위에 해당하지 않음을 근거로 한다.

3) 배임죄의 성부

배임죄의 성립 여부를 검토할 때 가장 문제가 되는 것은 카드회원이 배임죄에서 말하는 '타인의 사무를 처리하는 자'인지 여부이다. 이는 다른 사람의 재산을 관리할 의무를 부담하는 사람을 말한다. 또한 재산관리의 의무는 대내적 신임관계에 따라 형성된 사무의 본질적 내용이어야 하며, 배임죄의 업무주체에게 사무처리의 독립성이 어느 정도 인정되는 경우에 국한된다.

카드회원인 갑은 신용카드발급회사와의 회원계약에 따라 부담하는 의무는 결제기일에 물품구입대금을 결제하고 회원회비를 납부할 의무를 질 뿐이지 카드회사의 재산을 관리할 의무를 지는 것은 아니다. 따라서 갑은 배임죄는 성립하지 않는다고 본다.

4) 여신전문금융업법 위반 여부

여신전문금융업법 제70조 제1항은 신용카드 등을 위조, 변조, 위조·변조된 신용카드의 판매사용 그리고 분실 도난된 신용카드 등을 판매·사용한 행위만을 처벌한다. 그러므로 대금결제능력과 의사가 없음에도 불구하고 자기 신용카드를 사용한 갑의 행위는 본법상의 신용카드 부정사용죄에 해당하지 않는다.

3. 갑이 신용카드로 현금서비스를 받은 행위

1) 문제점

대금결제의 능력이 없이 현금인출기를 통해서 현금서비스를 받은 행위에 대해서는 사기죄 또는 절도죄, 배임죄, 횡령죄, 컴퓨터 등 사용사기죄 등이 문제된다.

2) 사기죄 또는 절도죄의 성립 여부

(1) 학설대립

자기 신용카드로 현금서비스를 받은 행위에 대해 사기죄, 또는 절도죄가 성립하는지에 관해서는 다음과 같은 학설이 대립한다.

① 사기죄설

신용카드로 현금서비스를 받은 행위가 사기죄를 구성한다고 보는 견해는 은행과 현금자동인출기를 일체로 고찰하여, 즉 현금자동인출기의 작동은 설치자인 은행의 지불의사를 실현하는 활동으로 파악한다. 따라서 변제능력과 의사 없이 현금자동인출기에 신용카드를 주입하는 행위는 기망행위에 해당하는 것으로 보아 사기죄를 긍정한다.

② **절도죄설**

이 설은 현금자동인출기와 같은 기계에 대하여는 기망이 불가능하며, 현금자동인출기 관리자는 정당한 사용 즉, 지급의사나 능력이 있을 것을 전제로 현금인출을 허용한 것이므로 지급의사나 능력이 없이 자기 신용카드를 이용하여 현금서비스를 받는 행위는 절취에 해당한다고 본다.

③ **무죄설**

무죄설은 신용카드를 이용하여 현금서비스를 받은 행위에서 한편으로 기망은 사람에 대해서만 가능한 것이라는 점에서 사기죄가 성립할 수 없다.

3) 기타범죄의 성립 여부

(1) 배임죄의 성립 여부

배임죄의 성립 여부는 카드회원이 배임죄에서 말하는 '타인의 사무를 처리하는 자'인지 여부가 문제이다. 이는 다른 사람의 재산을 관리할 의무를 부담하는 사람을 말한다. 또한 재산관리의 의무는 대내적 신임관계에 따라 형성된 사무의 본질적 내용이어야 하며, 배임죄의 업무주체에게 사무처리의 독립성이 어느 정도 인정되는 경우에 국한된다. 카드회원인 갑은 신용카드발급회사와의 회원계약에 따라 부담하는 의무는 결제기일에 물품구입대금을 결제하고 회원회비를 납부할 의무를 질 뿐이지 카드회사의 재산을 관리할 의무를 지는 것은 아니다. 따라서 갑은 배임죄는 성립하지 않는다.

(2) 횡령죄의 성립 여부

또한 대금지불 능력과 의사가 없이 현금지급기를 통해서 현금을 인출하고, 인출된 현금을 착복한 행위가 횡령죄에 해당하는지가 문제될 수 있다. 여기서도 주체성이 문제되는데, 카드 명의인이 '타인의 재물을 보관하는 자'에 해당될 수 있는가이다. 보관하는 자는 정당한 권원을 가진 자에 국한되는데 은행이 자기 카드를 부정사용하는 자에게 그런 권원을 주었다고 보기 어렵고 따라서 갑의 행위는 횡령죄에 해당할 수 없다.

(3) 컴퓨터사용사기죄의 성립 여부

최근 신설된 형법 제347조의 제2항은 컴퓨터사용사기죄를 규정하고 있다. 본 죄는 컴퓨터 등 정보장치에 허위의 정보 또는 부정한 명령을 입력하여 정보처리를 하게 함으로써 재산상의 이득을 취득하는 경우에 성립한다.

그러나 카드회원이 자기 신용카드 및 비밀번호로서 현금서비스를 받은 행위는 '허위의 정보 또는 부정한 명령'에 해당하지 않는다. 더구나 재물을 취득한 것이지 재산상의 이득을 취했다고 볼 수도 없다. 따라서 갑의 행위는 컴퓨터사용사기죄에 해당하지 않는다.

(4) 편의시설부정이용죄의 성립 여부

현금자동지급기는 유료자동설비가 아니므로 이에 해당한다고 볼 수 없다. 따라서 편의시설부정이용죄는 성립하지 않는다.

4. 대법원 판례

우리 대법원은 이에 대하여 "피고인이 카드사용으로 인한 대금결제의 의사와 능력이 없으면서도 있는 것 같이 가장하여 카드회사를 기망하고, 카드회사는 이에 착오를 일으켜 일정 한도 내에서 카드사용을 허용해 줌으로써 피고인은 기망당한 카드회사의 신용공여라는 하자 있는 의사표시에 편승하여 자동인출기를 통한 현금대출도 받고, 가맹점을 통한 물품구입대금도 받아 카드발급회사로 하여금 같은 액수 상당의 피해를 입게 함으로써, 카드사용으로 인한 일련의 편취행위가 포괄적으로 이루어지는 것이다"(대판, 1996. 4. 9, 1995도2466)라고 함으로써 카드를 발급받는 행위, 물품구입행위, 현금인출행위 모두 일련의 사기죄의 성립을 인정한다.

5. 죄수

갑이 신용카드를 발급받은 행위, 신용카드를 부정사용하여 물품을 구입한 행위 그리고 현금서비스를 받은 행위까지 모두 사기에 해당된다고 보는 경우에는 세 범죄에 포괄일죄가 성립한다고 볼 수 있다. 그러나 물품구입은 사기죄로 보고 현금서비스를 받은 행위는 절도로 본다면, 실체적 경합관계에 놓이게 된다. 그러나 신용카드를 발급받고 이를 사용한 행위가 무죄라는 견해에 따르면 죄수 문제는 발생하지 않는다. 판례는 앞에서 본 바와 같이 포괄일죄를 인정하고 있다.

Ⅲ 갑이 을의 신용카드를 갈취하여 물품을 구입하고 현금을 인출한 행위

1. 문제점

갑이 을의 신용카드를 갈취한 행위는 우선 공갈죄의 구성요건에 해당할 수 있겠고, 문제는 이와는 별도로 갑이 을의 신용카드로 물품을 5회 구입한 행위와 을의 신용카드로 현금 50만 원을 인출한 행위의 평가이고, 이러한 갑의 여러 범죄행위에 대한 죄수 문제가 제기된다.

2. 을의 신용카드 갈취행위

여신전문금융업법 제70조 제1항은 신용카드를 위조 또는 변조하거나 위조 또는 변조된 신용카드 등을 판매하거나 사용하는 행위 그리고 분실 또는 도난된 신용카드를 판매하거나 사용하는 행위를 처벌한다. 따라서 신용카드의 위·변조행위를 제외하고서는 분실·도난당한 신용카드를 사용하는 행위에 관해서만 규율하고 있기 때문에 그 이전의 취득단계에 대해서는 여신전문금융업법이 아니라 형법이 적용된다.

따라서 진정하게 발행된 신용카드를 절취, 강취, 사취, 갈취, 횡령 등의 수법으로 취득하거나, 분실되었거나 잘못 배달된 타인의 신용카드를 영득하는 행위에 대해서는 형법상 절도죄, 강도죄, 사기죄, 횡령죄 및 점유이탈물횡령죄 등이 적용된다.

갑이 친구 을을 협박하여 신용카드를 갈취한 행위는 사람을 공갈하여 재물의 교부를 받거나 재산상의 이득을 취한 자에 해당하므로 형법 제350조 공갈죄의 구성요건에 해당한다. 그리고 갑에게는 별다른 위법성, 책임조각사유가 없으므로 공갈죄 기수로 처벌된다.

3. 갈취한 을의 신용카드로 물품을 구입한 행위

1) 사기죄 성립 여부

타인 명의의 신용카드를 사용하여 가맹점에서 물품을 구입한 행위에 대해 사기죄를 인정하는 데에는 어려움이 없다. 타인 명의의 신용카드를 자기 명의의 카드인 양 제시하여 가맹점의 주인을 기망하고 그 착오에 기해서 상품 또는 용역을 제공받았기 때문이다. 대법원도 사기죄의 성립을 인정한다(대판, 1996. 7. 12, 96도1181; 1997. 1. 21, 96도2715; 1999. 7. 7, 99도857). 이때 피기망자는 가맹점이고 피해자는 카드회사가 된다(소위 삼각사기). 또한 갑이 5차례에 걸쳐 물건을 구입한 경우에 대해서는 포괄일죄가 된다.

그러나 본 사례의 경우는 갑이 을의 신용카드를 갈취하여 물품을 구입한 것이기 때문에 별개의 죄로서 사기죄의 성립을 인정할 수 있겠는가이다. 이에 대해 판례는 부정하고 있다.

판 례

▍갈취한 현금카드의 사용(대판, 1996. 9. 20, 95도1728)

현금카드의 소유자를 협박하여 카드를 갈취하였고 이를 이용하여 현금을 수차례 인출한 행위에 대하여 이를 취소하기 전까지는 사용행위가 유효하다고 평가할 수 있으며, 모두 피해자의 예금을 갈취하고자 하는 피고인의 단일하고 계속 된 범의에 기한 것으로 포괄하여 하나의 공갈죄를 구성한다고 볼 것이지, 현금지급기 관리자의 의사에 반하여 현금을 절취한 것이라고 하여도 현금카드 갈취행위와 분리하여 따로 절도죄로 처단할 수 없다.

2) 여신전문금융업법의 신용카드부정사용죄의 성립 여부

여신전문금융업법 제70조 제1항은 위조・변조된 카드를 사용하거나 분실・도난된 카드를 사용하는 행위를 처벌하고 있다. 따라서 절취 등의 방법으로 취득한 타인의 카드를 사용하여 물품을 구입하는 행위는 동법의 신용카드부정사용죄에 해당하지만 갈취・사취의 경우는 본 조에 해당하지 않으므로 본 죄는 성립되지 않는다(입법론적으로는 사취와 갈취의 경우에도 규제할 필요가 있음).

3) 사문서위조죄 및 동행사죄의 성립 여부

갑이 물품을 구입하려면 반드시 매출전표를 작성하여야 하는데, 타인의 신용카드이므로 갑은 을의 명의로 이를 작성하였음이 분명하고, 이를 매출전표인 사문서를 권한이 없는 갑이 을의 명의를 도용하여 서명한 것이므로 사문서위조죄와 동행사죄가 성립할 수 있다. 그러나 이런 행위가 신용카드부정사용행위에 전형적으로 수반되어 이루어진다는 점과 여신전문금융업법의 형량이 높게 규정되어 있다는 점에서 신용카드부정사용죄와 별도로 사문서위조죄와 동행사죄가 성립하지 않는다고 볼 것이다. 판례도 같다.

그러나 사안의 경우는 신용카드부정사용죄가 성립하지 않는 경우이고, 따라서 사문서위조죄와 동행사죄는 별도로 성립하게 될 것이다. 설사, 피해자가 취소하기 전까지 카드사용행위가 유효하다는 측면을 고려해서 명의사용에 대한 승낙이 있는 것으로 보아 사문서위조와 동행사죄가 되지는 않는다고 생각하여도 사문서부정사용죄는 성립할 것이다. 권한이 없는 자가 사용한 것이기 때문이다.

판 례

▎**신용카드의 부정사용**이라 함은

사문서위조 및 동행사죄가 성립한다고 하여도 사문서위조 및 동행사죄는 위 신용카드부정사용죄에 흡수되어 신용카드부정사용죄의 일죄만이 성립하고 별도로 사문서위조 및 동행사죄는 성립하지 않는다.

4. 현금인출행위

1) 절도죄의 성립 여부

갈취한 타인 현금카드를 이용하여 현금을 인출하는 행위에 대해서는 대법원은 공갈죄 이외에 절도죄의 성립은 부정한다(대판, 1996. 9. 20, 95도1728).

판 례

▎**갈취한 현금카드의 사용**(대판, 1996. 9. 20, 95도1728)

현금카드의 소유자를 협박하여 카드를 갈취하였고 이를 이용하여 현금을 수차례 인출한 행위에 대하여 이를 취소하기 전까지는 사용행위가 유효하다고 평가할 수 있으며, 모두 피해자의 예금을 갈취하고자 하는 피고인의 단일하고 계속된 범의에 기한 것으로 포괄하여 공갈죄 하나만 구성한다고 볼 것이지 현금지급기 관리자의 의사에 반하여 현금을 절취한 것이라고 하여도 현금카드 갈취행위와 분리하여 따로 절도죄로 처단할 수 없다.

참고 : 그러나 대법원은 갈취강취한 타인 명의의 카드를 이용하여 현금을 인출하는 행위에 대해서는 절도죄가 성립한다고 하였다(대판, 1995. 7. 28, 95도997; 98도2642; 1998. 2. 27, 97도2974; 99도857; 1996. 7. 12, 96도1181). 그러나 이에 대해 학설은 나누어진다.
또한 대법원은 절취한 카드를 이용하여 현금을 인출한 행위나 현금서비스를 받은 행위도, 신용카드를 이용한 물품구입행위와 마찬가지로, 여신전문금융업법 제70조 제1항의 부정사용죄가 성립하며, 절도죄와 신용카드부정사용죄는 실체적 경합관계에 있다고 하였다(1998.5.21. 98도321 전원합의체 판결).

2) 사기죄의 성립 여부

이에 대해서는 학설의 대립은 있으나 타인 명의의 신용카드를 사용하여 현금자동인출기에서 현금을 인출하는 경우는 사람에 대한 기망이나 착오를 인정할 수 없기 때문에 사기죄의 성립을 부정하는 것이 타당하다.

3) 여신전문금융업법의 신용카드부정사용죄 성립 여부

현금인출행위는 여신전문금융업법에 따른 부정사용죄가 문제되나 앞에서 서술한 바와 같이 비록 타인의 신용카드를 사용한 것이기는 하나 이를 절취 또는 강취로서 취득한 것이 아니므로 현금을 인출한 행위도 본 죄에 해당하지 아니한다.

4) 컴퓨터 등 사용사기죄의 성립 여부

이도 앞에서 논한 바와 같이 이를 긍정하는 견해도 있으나, 무권한의 사용을 허위의 정보나 부정한 명령으로 볼 수는 없는 것이므로 역시 부정된다.

5. 죄수 문제

갑이 을의 신용카드를 갈취한 행위에 대해서는 공갈죄가 성립하고 그것으로 물품을 구입한 행위는 사기죄가 성립하였다. 이 두 죄는 실체적 경합의 관계에 있다고 볼 것이다. 그러나 판례는 앞에서 본 바와 같이 예금을 여러 번 인출하고 물품을 구입한 행위는 모두 피해자의 예금을 갈취하고자 하는 피고인의 단일하고 계속 된 범의에 기한 것으로 포괄하여 공갈죄 하나만 구성한다고 보고 있다.

Ⅳ 사례 해설

갑이 신용카드를 발급받은 행위, 신용카드를 부정사용하여 물품을 구입한 행위 그리고 현금서비스를 받은 행위까지 모두 사기에 해당된다고 보는 경우에는 세 범죄에 포괄일죄가 성립한다고 볼 수 있다(판례의 입장). 그러나 물품구입은 사기죄로 보고 현금서비스를 받은 행위는 절도로 본다면, 실체적 경합관계에 놓이게 된다. 그러나 신용카드를 발급받고 이를 사용한 행위가 무죄라는 견해에 따르면 죄수 문제는 발생하지 않는다.

갑이 을의 신용카드를 갈취하여 물품을 구입하고 현금을 인출한 행위를 각각 독립적으로 고찰하는 경우에는 공갈죄와 사기죄가 성립하고 이 두 죄는 실체적 경합의 관계에 있다고 볼 수 있다. 그러나 판례는 예금을 여러 번 인출하고 물품을 구입한 행위는 모두 피해자의 예금을 갈취하고자 하는 피고인의 단일하고 계속 된 범의에 기인한 것으로 포괄하여 공갈죄 하나만 구성한다고 한다.

결론적으로 판례에 의하면 갑이 은행 신용카드를 발급받아 물품을 구입하고 현금을 인출한 행위에 대해서는 사기죄(제347조 제1항)가 성립하고, 을의 신용카드를 갈취하여 물품을 구입하고 현금을 인출한 행위에 대해서는 공갈죄(제350조 제1항)가 성립하며 이 두 죄는 실체적 경합관계(제37조)에 있다.

Ⅴ 연습문제

1. 타인명의를 모용하여 신용카드를 발급받아 부정사용하는 행위

1) 타인명의를 모용하여 신용카드를 발급받는 행위

타인의 명의를 모용하여 카드를 발급받는 행위도 여신전문금융업법 제70조에 해당되지 않으므로 형법상의 죄책 여부만이 문제된다.

카드발급신청자가 타인의 명의를 모용하여 신용카드를 발급받는 행위는 먼저 카드발급신청서 등의 작성과 관련하여서는 형법상의 사문서위조 및 동행사죄를 구성한다고 할 수 있다. 다만, 명의인이 사자이거나 허무인인 경우는 판례에 따르면 사문서위조죄를 구성하지 않는다(대판, 93도2143; 92도2322; 94도1787).

다음으로 타인의 명의를 모용하여 카드를 발급받는 자는 신용카드 대금을 지불할 의사나 능력이 없음이 분명하다. 따라서 카드회사를 기망하여 신용카드를 발급받는 행위로 사기죄의 여부가 문제될 수 있다.

먼저 대금결제의 의사와 능력 없이 신용카드를 발급받는 행위가 사기죄의 기수에 해당한다는 견해도 있지만, 그러나 아직 카드를 이용하여 물품구매행위를 시도하지 않은 상태에서 행사하기 위해 신용카드를 발급받는 행위만으로는 사기죄의 기수를 인정하기 어렵고 카드 소지인이 가맹점에서 물품을 구입하거나 현금을 인출하는 행위 시점에서 그 기수를 인정할 수 있다.

2) 타인명의를 모용하여 발급받은 카드의 부정사용 행위

타인명의를 모용하여 현금을 인출한 행위에 대해서도 형법상의 절도죄나 사기죄의 성립이 문제될 수 있다. 대법원은 절도죄가 성립한다고 판시하였다(대판, 2002. 7. 12, 2002도2134). 또한 2001년 12월에 새로이 개정된 컴퓨터 등 사용사기죄(형법 제347조 제2항)는 현금을 인출하는 행위에 대해서는 적용될 수 없다는 입장을 분명히 하였다. 그것은 개정된 컴퓨터 등 사용사기죄는 재산상의 이익을 취득한 경우에만 인정되므로 재산상의 이익이 아닌 재물취득, 즉 현금인출기에서 현금을 인출한 경우는 컴퓨터 등 사용사기죄로 처벌할 수 없다는 것이다.

2. 홈뱅킹상 전자자금이체와 사기죄의 성립 여부

갑은 고객이 홈뱅킹을 이용할 수 있는 이용자번호, 주민등록번호, 계좌번호, 개인의 비밀번호 등을 인지하여 은행원과 컴퓨터의 모니터상 영상화면이라는 수단을 이용하여 고객 계좌상의 금액을 자신의 은행계좌로 이체하여 현금자동인출기를 통하여 그 금액을 부정하게 인출하였다. 이때 갑의 행위는 형법상 무슨 죄로 처벌될 가능성이 있는가?

결론 : 갑은 타인의 비밀번호와 인식번호를 인식하여 타인 계좌상의 금액을 자신의 계좌로 이체하여 현금자동인출기를 통하여 그 금액을 인출한 행위자의 행위는 삼각사기로서 형법 제347조의 사기죄로 처벌된다.

제 8 장

진술서 또는 자백의 증거능력

Ⅰ. 문제 제기

Ⅱ. 이론적 검토

Ⅲ. 사례 해설

Ⅳ. 결　론

Ⅴ. 연습문제

▮사 례▮

갑은 2006년 10월 31일 23:30경 대전 둔산동에 소재하고 있는 을 소유의 고급아파트에서 현금 1억 원과 시가 5천만 원에 상당하는 패물을 훔쳐 달아났다는 혐의로 검사에 의해 기소되었다. 갑은 절도사건의 용의자로 경찰에 연행된 후 처음에는 범행을 인정하지 않았으나, 갑을 수사하던 사법경찰관 A가 자신의 절도전과사실을 제시하며 '순순히 자백하지 않으면 신상에 큰 위험이 있을 것이다'라며 갑의 범죄사실에 대해 다그치자 고문에 대한 공포감으로 인해 범행을 자백하였다.

사법경찰관 A는 갑에게 그의 진술내용을 진술서라는 명칭으로 갑이 자필로 써서 서명·날인해서 제출하도록 하여 갑의 서명·날인이 있는 피의자신문조서 뒤에 첨부하였다. 갑은 사건이 검찰에 송치된 후 검사 B의 앞에서도 범행을 자백하였다. 공판기일에 갑은 사법경찰관 A가 작성한 피의자신문조서와 자신이 작성한 진술서상의 서명·날인은 자신의 것이 맞으며, 그 내용도 자신이 진술한 바와 같음을 인정하였다. 그러나 갑은 그 내용이 진실하지 않음을 주장하며 공소사실을 강력하게 부인하였다.

그러자 검사 B는 본 사건의 목격자인 병을 증인으로 소환하여 신문을 하였으나, 병은 자기가 그 날의 절도사건을 목격하기는 했지만, 당시 술에 취해 있었기 때문에 을의 아파트에서 물건을 훔쳐 나가는 사람이 갑인지는 분명하지 않다고 증언하였다.

이 경우에 첫째, 피고인 갑이 사법경찰관 A와 검사 B 앞에서 행한 자백에는 임의성이 인정되고, 증거능력이 인정되는가? 둘째, 사법경찰관 A에 의해 작성된 피고인 갑에 대한 피의자신문조서가 증거능력을 가지는가? 셋째, 피고인 갑이 작성한 피의자진술서에는 증거능력이 있는가?

I 문제 제기

본 사안에서 매우 중요하게 작용하는 피고인 갑의 자백이 기재되어 있는, 사법경찰관 A에 의해 작성된 피의자신문조서는 피의자신문의 내용을 조서로 작성한 것으로서 대표적인 '전문증거'에 해당한다. 피의자신문은 수사기관의 입장에서는 범죄사실과 관련한 증거를 획득하여 실체적 진실을 밝힐 수 있는 기회가 되고, 피의자의 입장에서는 자신에게 유리한 사실을 주장하여 수사기관의 혐의로부터 벗어날 수 있는 기회가 되는 것이다.

따라서 피의자신문에서 피의자가 진술을 하고 그 진술이 법원에 의해 증거로 사용되는 과정은 피의자 인권의 보장과 진술내용의 왜곡전달의 방지를 실현할 필요가 있다. 이를 위해서 현행 형사소송법은 ① 수사기관의 진술거부권고지의무(동법 제244조의 3[1]), ② 피의자신문에 대한 다른 수사(보조)기관 또는 변호인의 참여(동법 제243조와 제243조의 2 제1항[2]), ③ 위법수집증거배제법칙 또는 자백배제법칙(동법 제308조의 2, 제309조), ④ 피의자진술의 조서화(동법 제244조[3]), ⑤ 전문법칙(동법 제310조의 2)과 그 예외(동법 제312조 제1항 내지 제3

---

1) 형사소송법 제244조의 3 【진술거부권 등의 고지】 ① 검사 또는 사법경찰관은 피의자를 신문하기 전에 다음 각 호의 사항을 알려주어야 한다.
   1. 일체의 진술을 하지 아니하거나 개개의 질문에 대하여 진술을 하지 아니할 수 있다는 것
   2. 진술을 하지 아니하더라도 불이익을 받지 아니한다는 것
   3. 진술을 거부할 권리를 포기하고 행한 진술은 법정에서 유죄의 증거로 사용될 수 있다는 것
   4. 신문을 받을 때에는 변호인을 참여하게 하는 등 변호인의 조력을 받을 수 있다는 것

   ② 검사 또는 사법경찰관은 제1항에 따라 알려준 때에는 피의자가 진술을 거부할 권리와 변호인의 조력을 받을 권리를 행사할 것인지의 여부를 질문하고, 이에 대한 피의자의 답변을 조서에 기재하여야 한다. 이 경우 피의자의 답변은 피의자로 하여금 자필로 기재하게 하거나 검사 또는 사법경찰관이 피의자의 답변을 기재한 부분에 기명날인 또는 서명하게 하여야 한다.

2) 형사소송법 제243조 【피의자신문과 참여자】 검사가 피의자를 신문함에는 검찰청수사관 또는 서기관이나 서기를 참여하게 하여야 하고 사법경찰관이 피의자를 신문함에는 사법경찰관리를 참여하게 하여야 한다.
   제243조의 2 【변호인의 참여 등】 ① 검사 또는 사법경찰관은 피의자 또는 그 변호인 · 법정대리인 · 배우자 · 직계친족 · 형제자매의 신청에 따라 변호인을 피의자와 접견하게 하거나 정당한 사유가 없는 한 피의자에 대한 신문에 참여하게 하여야 한다.

3) 형사소송법 제244조 【피의자신문조서의 작성】 ① 피의자의 진술은 조서에 기재하여야 한다.
   ② 제1항의 조서는 피의자에게 열람하게 하거나 읽어 들려주어야 하며, 진술한 대로 기재되지 아니하였거나 사실과 다른 부분의 유무를 물어 피의자가 증감 또는 변경의 청구 등 이의를 제기하거나 의견

항[4])와 같은 중요한 제도를 마련하고 있다.

본 사안은 특히 '피의자신문과 관련한 적법절차규정에 대한 위반이 있었는가, 그리고 만약 그렇다면 피의자의 진술(본 사안에서는 자백)을 내용으로 하는 증거의 증거능력이 있는가'라는 문제를 제기하고 있는 것이다. 먼저 피의자를 신문할 때 피의자의 진술거부권을 인정하기 위한 수사기관의 진술거부권 고지의무에 대한 위반이 있는 경우 그 조서가 증거능력을 가지는가를 묻고 있다. 그 다음으로는 피의자의 자백이 자백배제법칙에 위반되는 경우에 그 자백에 증거능력이 인정될 수 있는가를 묻고 있다. 그리고 사법경찰관에 의해 작성된 피의자신문조서가 전문법칙의 엄격한 예외인정요건을 충족하지 못한 경우에 그 조서가 증거능력을 가지는가를 묻고 있다. 마지막으로 사법경찰관이 피의자진술서를 증거화하는 경우에 이것이 피의자 자백의 증거능력에 미치는 법적 효과를 묻고 있다.

이러한 논점에 따라 여기에서는 먼저 진술거부권의 불고지와 자백의 배제를 검토하고, 그런 다음 자백의 임의성과 증거능력에 대해 살펴본다. 그리고 전문법칙과 관련하여 사법경찰관이 작성한 피의자신문조서의 증거능력을 살펴본다. 마지막으로 사법경찰관의 요구에 의해 작성된 피의자진술서의 증거능력에 대해 검토해 본다.

을 진술한 때에는 이를 조서에 추가로 기재하여야 한다. 이 경우 피의자가 이의를 제기하였던 부분은 읽을 수 있도록 남겨두어야 한다.
③ 피의자가 조서에 대하여 이의나 의견이 없음을 진술한 때에는 피의자로 하여금 그 취지를 자필로 기재하게 하고 조서에 간인한 후 기명날인 또는 서명하게 한다.

4) 형사소송법 제312조【검사 또는 사법경찰관의 조서 등】① 검사가 피고인이 된 피의자의 진술을 기재한 조서는 적법한 절차와 방식에 따라 작성된 것으로서 피고인이 진술한 내용과 동일하게 기재되어 있음이 공판준비 또는 공판기일에서의 피고인의 진술에 의하여 인정되고, 그 조서에 기재된 진술이 특히 신빙할 수 있는 상태 하에서 행하여졌음이 증명된 때에 한하여 증거로 할 수 있다.
② 제1항에도 불구하고 피고인이 그 조서의 성립의 진정을 부인하는 경우에는 그 조서에 기재된 진술이 피고인이 진술한 내용과 동일하게 기재되어 있음이 영상녹화물이나 그 밖의 객관적인 방법에 의하여 증명되고, 그 조서에 기재된 진술이 특히 신빙할 수 있는 상태하에서 행하여졌음이 증명된 때에 한하여 증거로 할 수 있다.
③ 검사 이외의 수사기관작성의 피의자신문조서는 법한 절차와 방식에 따라 작성된 것으로서 공판준비 또는 공판기일에 그 피의자였던 피고인 또는 변호인이 그 내용을 인정할 때에 한하여 증거로 할 수 있다.

Ⅱ 이론적 검토

1. 본 사안과 관련된 각종 개념의 정리

먼저 여기서 문제가 되는 형사소송법상 '자백'이라 함은 피고인 또는 피의자가 범죄사실의 전부 또는 일부를 인정하는 진술을 의미한다. 자기의 범죄사실을 인정하는 한, 재판상 자백이건 재판 외의 자백이건 불문한다. 자백에 증거능력을 인정하는 것은 인간의 자기보호본능의 관점에서 볼 때, 자백은 자신에게 불이익한 진술로서 진실일 가능성이 크다는 데에 근거한다. '경찰자백'이란 경찰수사단계에서 사법경찰관리에 대한 자백을 의미하고, '검찰자백'이란 수사단계에서 행해진 검사에 대한 자백을 의미한다.

그리고 형사소송법상의 '진술서'란 피고인・피의자 또는 참고인이 스스로 자기의 의사・사상・관념과 사실관계 등을 기재한 서면으로서, 그 작성주체에 따라 피고인진술서, 피의자진술서와 참고인진술서로 구분할 수 있으며, 그 작성과정에 따라 공판심리 중에 작성된 진술서, 검사의 수사단계에서 작성된 진술서 및 사법경찰관의 수사단계에서 작성된 진술서로 구분할 수 있다. 피의자진술서의 증거능력과 관련해서는 검사의 수사단계에서 작성된 진술서는 검사가 작성한 피의자신문조서에 준하여 취급되고 사법경찰관의 수사단계에서 작성된 진술서는 사법경찰관이 작성한 피의자신문조서에 준하여 취급된다(형사소송법 제312조 제5항 참조). 참고인진술서의 증거능력과 관련해서는 검사 또는 사법경찰관의 수사과정에서 작성된 진술서는 검사 또는 사법경찰관이 작성한 참고인진술조서와 마찬가지로 진술서작성의 절차와 방식의 적법성, 실질적 진정성립(대체적 증명의 허용), 반대신문기회의 부여와 특신상태의 증명을 요하며, 공판과정에서 작성된 참고인진술서는 형식적 진정성립, 실질적 진정성립과 특신상태의 증명을 요하되 피고인 아닌 자의 진술을 원진술로 하는 경우에는 특신상태의 증명을 요하지 않는다(형사소송법 제313조 제1항 참조). 피고인진술서의 경우에는 형식적 진정성립, 실질적 진정성립과 특신상태가 인정될 때 증거로 할 수 있다(형사소송법 제313조 제1항 참조).

'피의자신문조서'는 수사기관이 피의자를 신문하여 그 진술을 기재한 조서를 의미한다. 여기에는 검사가 작성한 경우와 사법경찰관이 작성한 경우가 포함된다. 현행 형사소송법은 법관의 면전조서와는 달리, 검사가 작성한 피의자신문조서는 피고인이 피의자신문조서의 실질적 진정성립(즉, 진술한 내용과 피의자신문조서에 기재된 내용의 일치)을 인정한 경우와 부인한 경우를 구분하여 전자의 경우에는 작성절차 및 방식의 적법성, 특신상태의 증명이라는 요건이 충족될 때 증거로 할 수 있으며, 후자의 경우에는 작성절차 및 방식의 적법성, 실질적 진정성립에 대한 대체적 증명(즉, 영상녹화물이나 그 밖의 객관적인 방법에 의한 증명)과 특신상태의 증명이 이루어질 때 증거로 할 수 있다(형사소송법 제312조 제1항과 제2항 참조). 그리고 검사 이외의 수사기관이 작성한 피의자신문조서는 작성절차 및 방식의 적법성, 실질적 진정성립의 인정과 특신상태의 증명 외에도 피고인이 피의자신문조서의 내용을 인정(즉, 피의자신문조서의 기재내용의 진실성)하여야 증거로 할 수 있다(형사소송법 제312조 제3항 참조)고 규정하고 있다.

진술서와 피의자신문조서는 '전문증거'에 해당한다. 전문증거란 사실인정의 기초가 되는 경험적 사실을 경험자 자신이 직접 법원에 진술하지 않고 다른 형태에 의하여 간접적으로 보고하는 것을 의미한다. 즉, 전문증거란 공판기일에서의 진술에 대응하는 서면 또는 공판기일 외에서의 타인의 진술을 내용으로 하는 진술로서, 원진술내용인 사실의 진실성을 증명하기 위한 증거를 말한다.

그리고 '진술거부권'이란 피고인 또는 피의자가 공판절차 또는 수사절차에서 법원 또는 수사기관의 신문에 대하여 진술을 거부할 수 있는 권리로서, 영미의 '자기부죄거부의 특권'에서 유래하는 권리이다. 이러한 진술거부권은 피고인 또는 피의자의 인권을 보장하고 당사자주의의 전제인 '무기평등의 원칙'을 실질적으로 실현하기 위하여 인정된 권리이다.

'증거능력'이란 증거가 '엄격한 증명'[5]의 자료로 사용될 수 있는 법률상의 자격으로서, 미리 법률에 의하여 형식적으로 결정되어 있다. 따라서 자유로운 증명의 자료가 되기 위해서는 증거능력을 요하지 않고, 아무리 증거로서의 가치가 있는 증거라 할지라도 증거능력 없는 증거는 사실인정의 자료가 될 수 없음은 물론, 공판정에 증거로 제출하여 증거조사를 하는 것도 허용되지 않는다. 본 사안에서 다루어지는 자백배제법칙, 위법수집증거배제법칙과 전문법칙이 바로 증거능력에 관한 문제이다.

5) '엄격한 증명'이란 범죄사실의 인정을 법률이 자격을 인정한 증거에 의하여 법률이 규정한 증거조사방식에 따라 증명하여야 하는 것을 의미한다.

2. 본 사안과 관련된 이론의 검토

1) 위법수집증거배제법칙

'위법수집증거배제법칙'은 위법한 수사절차에 의하여 수집된 증거의 증거능력을 배제하는 법리로서, 위법수사에 의하여 획득한 제1차적 증거와 그 증거를 계기로 취득한 부수적 증거를 유죄인정의 증거로 삼을 수 없도록 하자는 원칙을 의미한다. 형사소송에서 의미하는 실체적 진실발견은 형사소송의 유일한 목적이 아니라 적법절차에서 공정하게 진실이 발견될 것을 요한다는 점에서, 실체적 진실발견과 적법절차의 이념을 조화시켜 형사소송법의 윤리화도 달성하게 하는 것이 바로 위법수집증거배제법칙이라고 할 수 있다.

이 법칙은 2007년 형사소송법의 개정을 통해 제308조의 2가 신설되어 명문화됨으로써, 더 이상 초법규적 일반원칙이 아니라 실정법적 일반원칙이 되었다. 이 법칙의 근거에는 일반적으로 적정절차의 보장이라는 이론적 근거와 위법수사의 억지라는 정책적 근거가 있다. 통설은 이러한 근거에 기초하여 위법수집증거배제법칙을 인정하고 있다.

현행 형사소송법은 제308조의 2에서 "적법한 절차에 따르지 아니하고 수집한 증거는 증거로 할 수 없다"고 규정함으로써, 헌법이 형사절차의 기본원칙으로 천명하고 있는 적법절차의 원칙(헌법 제12조 제1항 2문 후단 참조)을 위법수집증거배제법칙의 균형점으로 설정하고 있다. 이러한 의미에서 제308조의 2가 의미하는 위법행위에는 헌법이 관심을 가지지 않으면 안 될 정도로 근본적인 공정성을 위태롭게 하는 실질적 위법성이 내포되어 있다고 할 수 있다.[6] 이 법칙은 비진술증거[7]뿐만 아니라 진술증거에도 적용된다. 그러나 진술증거가 임의성 없는 자백 또는 진술인 경우에는 위법수집증거배제법칙과 특별관계에 있는 헌법 제12조 제7항과 형사소송법 제309조의 자백배제법칙 또는 제317조가 적용된다.

---

6) 대법원의 판례 역시 유사한 입장을 나타내고 있다.: "수사기관의 절차위반행위가 적법절차의 실질적인 내용을 침해하는 경우에 해당하지 않고 그 증거능력을 배제하는 것이 형사사법 정의를 실현하려고 한 취지에 반하는 결과를 초래하는 것으로 평가되는 때에는 유죄증거로 사용할 수 있다."(대판 2007. 11. 15, 2007도3061 전원합의체)

7) 2007년 형사소송법의 개정을 통해 제308조의 2가 신설되기 이전에는 대법원의 판례는 압수절차가 위법이라 하더라도 물건 자체의 성질 · 형상에 변경을 가져오는 것은 아니므로 그 형상 등에 관한 증거가치에는 변함이 없다고 하여 그 증거능력을 인정했었다(대판 1968. 9. 17, 68도932; 1987. 6. 23, 87도705; 1994. 2. 8, 93도3318; 대결 1996. 5. 14, 96초88).

위법수집증거배제법칙에 위반하여 증거능력이 배제되는 증거의 경우에는 증거동의의 대상이 되지 않는다.[8)] 뿐만 아니라 위법수집증거를 탄핵증거[9)]로 사용할 경우에는 사실상 증거배제의 효과를 회피하는 결과를 초래하게 된다는 점에서, 증거능력이 없는 위법수집증거는 탄핵증거로도 사용될 수 없다.

2) 자백배제법칙(자백의 임의성법칙)

'자백배제법칙'이란 자백에 임의성이 없거나 의심되는 경우에는 그 자백을 유죄의 증거로 하지 못한다는 원칙이다. 헌법 제12조 제7항[10)]과 형사소송법 제309조[11)]는 임의성이 의심되는 자백의 증거능력을 배제하는 규정을 두어 자백배제법칙을 인정하고 있다. 그러나 구 형사소송법에는 이러한 규정이 없었다. 이로 인해 형사재판의 실제에서 고문 등에 의한 자백이 유죄의 증거로 사용되는 사례가 많았으므로, 이를 방지하기 위하여 헌법과 형사소송법은 이러한 규정을 두고 있는 것이다. 이러한 의미에서 자백배제법칙은 자백의 취득과정에서 적법절차의 보장을 확보하기 위하여 적법절차에 위반하여 위법하게 취득된 자백을 금지하는 실천적인 증거법상의 원칙으로 이해하는 것[12)]이 바람직하다.

자백의 임의성 유무는 법관이 자백을 할 당시의 제반사정을 종합적으로 고려하여 판단하여야 한다. 임의성이 없는 자백의 경우에는 피고인이 차후에 증거로 함에 동의를 하더라도 그의 증거능력이 인정되지 않는다. 만약 임의성이 의심되는 자백에 의하여 공소범죄사실을 유죄로 인정하는 경우에는 증거재판주의에 대한 위반이 되므로, 항소이유

---

8) 대판 2009. 12. 24, 2009도11401; 2010. 1. 28, 2009도10092.

9) '탄핵증거'란 법관의 증명력 판단에 합리성을 제고하기 위한 것으로서, 공판준비 또는 공판기일에서의 피고인 또는 증인의 진술의 증명력을 다투기 위한 증거를 의미한다. 이는 범죄사실의 존재를 증명하는 데 사용되지 않으므로, 증거능력 있는 증거만을 사용하도록 하는 엄격한 증명의 법리에 저촉되지 않는다. 우리나라의 형사소송법은 제318조의 2에 탄핵증거에 관한 규정을 두고 있다.

10) 헌법 제12조 【신체의 자유, 자백의 증거능력】 ⑦ 피고인의 자백이 고문·폭행·협박·구속의 부당한 장기화 또는 기망 기타의 방법에 의하여 자의로 진술된 것이 아니라고 인정될 때 또는 정식재판에 있어서 피고인의 자백이 그에게 불리한 유일한 증거일 때에는 이를 유죄의 증거로 삼거나 이를 이유로 처벌할 수 없다.

11) 형사소송법 제309조 【강제 등 자백의 증거능력】 피고인의 자백이 고문, 폭행, 협박, 신체구속의 부당한 장기화 또는 기망 기타의 방법으로 임의로 진술한 것이 아니라고 의심할 만한 이유가 있는 때에는 이를 유죄의 증거로 하지 못한다.

12) 이에 대한 자세한 내용은 배종대 외 3인 공저, 신형사소송법, 제4판, 홍문사 2012, 599면 이하; 이재상, 형사소송법, 제9판, 박영사 2012, 554면; 임동규, 형사소송법, 제8판, 법문사, 484면 이하 참조.

(형사소송법 제361조의 5 제1호) 또는 상고이유(동법 제383조 제1호)에 해당한다.

3) 위법수집증거배제법칙과 자백배제법칙의 관계

이 양자의 관계는 자백배제법칙의 이론적 근거를 어떻게 보느냐에 따라 결론이 달라질 수 있다. 이에 따라 양자의 관계를 알아보기 전에 자백배제법칙의 이론적 근거에 대해 살펴보는 것이 순서라고 하겠다.

형사소송법 제309조 자백배제법칙의 이론적 근거에 관하여는 허위배제설,[13] 인권옹호설,[14] 허위배제와 인권옹호에서 자백배제법칙의 근거를 찾으려는 절충설(다수설),[15] 위법배제설(유력한 견해)[16]과 이 근거를 허위배제과 인권옹호에서뿐만 아니라 위법배제에서도 찾으려는 종합설(결합설)[17]이 대립하고 있다. 대법원의 전통적인 태도는 허위배제설에 입각하고 있다고 할 수 있으나,[18] 최근들어 위법배제설[19] 또는 절충설[20]을 취하는 듯한 경향을 보이고 있다. 형사절차에서 가지는 자백의 기능을 고려할 때 자백의 증거사용을 가능한 한 엄격하게 제한하여 위법수사의 여지를 미연에 방지하는 것이 바람직한데, 이러한 점에서 위법배제설이 가장 타당하다. 뿐만 아니라 위법배제설은 자백배제에 대한 명백하고 객관적인 기준을 제시할 수 있다.

이와 같이 자백배제법칙의 이론적 근거를 위법배제에서 찾는 것이 가장 타당하다고 한다면, 자백배제법칙도 위법수집증거배제법칙의 일부에 해당한다고 할 수 있다. 자백배제법칙을 규정하고 있는 형사소송법 제309조에 따르면, 자백진술의 임의성이 없는 경우에 비로소 자백의 증거능력을 배제하는 것이 아니라 자백진술이 '임의로 진술한 것이 아니라고 의심할 만한 이유가 있는 때'에 이미 자백의 증거능력을 배제하는 것이라고 볼 수 있기 때문에, 자백배제법칙은 가장 강력한 형태로 실정법화된 위법수집증거배제법칙이라고 할 수 있다. 그리고 자백과 관련해서는 위법수사가 있으면 비록 언제나 자백

13) 이는 영미의 common law(보통법)에서 자백배제법칙을 인정하는 전통적인 근거이다.
14) 이는 독일 형사소송법 제136조a의 증거금지의 이론적 기초가 된 이론이다.
15) 신양균, 형사소송법, 신판, 화산미디어 2009, 755면 참조
16) 배종대 외 3인 공저, 앞의 책, 599면 이하 참조
17) 신동운, 신형사소송법, 제4판, 법문사, 2012, 1261면 이하 참조
18) 대판 1959. 10. 31, 4292형상257; 1968. 5. 7, 68도379; 1977. 4. 26, 77도210.
19) 대판 1983. 3. 8, 82도3248; 1985. 2. 26, 82도2413.
20) 대판 1998. 4. 10, 97도3234; 1999. 1. 29, 98도3584; 2000. 1. 21, 99도4940.

의 임의성을 탈락시키지는 못한다고 할지라도 적어도 자백의 임의성을 의심할 만한 이유에는 해당한다고 볼 수 있으므로, 동법 제309조에 의하여 자백의 증거능력이 배제되어야 한다. 따라서 임의성 없는 자백, 진술거부권의 불고지에 의한 자백, 위법한 신체구속 중의 자백, 변호인선임권이나 접견교통권의 침해에 의한 자백은 모두 동법 제309조의 적용을 받는 경우라고 이해하여야 한다.

4) 진술거부권의 불고지와 자백의 배제

피의자의 진술거부권은 피의자에게 진술의 자유를 보장하고 수사기관과의 관계에서 무기의 평등을 도모하는 권리이다. 피의자의 진술거부권은 헌법 제12조 제2항[21]에 명문으로 규정되어 있고, 형사소송법 제244조의 3에는 진술거부권의 고지가 규정되어 있다.

진술거부권의 고지는 진술거부권의 전제가 되므로, 이를 고지하지 않은 채 피의자신문을 하게 되는 경우에는 그 신문이 위법한 수사가 되는 것이다. 이러한 위법수사가 그 수사에 의해 획득된 증거인 피의자신문조서, 특히 자백이 기재되어 있는 신문조서의 증거능력을 배제한다는 점에 대해서는 학설과 판례가 일치하고 있다.[22] 그러나 그 논거를 무엇으로 하느냐에 대해서는 진술거부권을 고지하지 않으면 자백의 임의성이 인정되더라도 위법수집증거배제법칙에 의해 자백의 증거능력이 배제된다는 견해[23]와 진술거부권을 고지하지 않고 획득한 자백은 자백의 임의성에 의심이 있는 경우에 해당하여 형사소송법 제309조의 자백배제법칙에 의해 증거능력을 배제해야 한다는 견해[24]가 대립하고 있다. 진술거부권을 고지하지 않은 경우에는 진술의 자유를 보장하기 위한 전제가 충족되지 않았고 자백배제법칙의 이론적 근거가 위법배제에 있다고 해석해야 한다는 점을 고려할 때 후자의 견해가 타당하다. 이와 달리 대법원은 이 경우에 전자의 견해에 따라 자백의 증거능력을 배제하고 있다.[25]

---

21) 헌법 제12조【신체의 자유, 자백의 증거능력】② 모든 국민은 고문을 받지 아니하며, 형사상 자기에게 불리한 진술을 강요당하지 아니한다.

22) 배종대 외 3인 공저, 앞의 책, 111면; 신양균, 앞의 책, 141면 이하; 이재상, 앞의 책, 123면; 대판 1992. 6. 23, 92도682.

23) 배종대 외 3인 공저, 앞의 책, 341면; 신양균, 앞의 책, 580면 이하; 대판 1992. 6. 23, 92도682.

24) 신동운, 앞의 책, 936면; 이재상, 앞의 책, 123면.

25) 대판 1992. 6. 23, 92도682: "이 사건의 피고인에 대한 수사과정에서 담당검사가 피고인과 이 사건에 관하여 대화하는 내용과 장면을 녹화한 것으로 보이는 비디오테이프의 녹화내용은 피의자의 진술을

5) 전문법칙

전문법칙이란 전문증거의 증거능력을 부정하는 증거법상 원칙으로서 17세기 말 영국에서 증인에 대한 반대신문권을 보장하기 위하여 형성되었으며, 그 후 영미법에서 "전문증거는 증거로 되지 않는다"는 증거법칙이 확립되었다. 이에 기인하여 현행 형사소송법 제310조의 2[26]는 일정한 예외(동법 제311조 내지 제316조)를 제외하고는 원칙적으로 전문증거의 증거능력을 인정하지 않고 있다.

이처럼 전문증거의 증거능력을 부정하는 이유는, 첫째로 당사자의 반대신문권을 보장하려는 데에 있다. 즉, 전문증거는 그 진술의 진실성이 당사자의 반대신문에 의하여 확보되지 않았으므로 그 증거능력을 부정한다. 둘째로 태도증거에 의한 법관의 정확한 심증형성을 이념으로 하는 '직접심리주의'의 요청에 있다. 즉, 전문증거는 태도증거에 의한 정확한 심증형성을 불가능하게 한다는 점에 그 증거능력을 부정하는 이유가 있다.

모든 전문증거의 증거능력을 전적으로 부정하게 되면 오히려 정당한 사실인정을 방해하여 범죄자를 처벌할 수 없게 되는 불합리한 결과를 초래하게 되는데, 이는 형사소송의 목적인 실체적 진실의 발견과 모순이 된다. 뿐만 아니라 반드시 반대신문절차를 거치게 하는 것은 소송경제의 이념에 반하여 신속한 재판을 받을 권리를 침해하게 되므로, 이러한 경우에는 전문증거라 할지라도 일정한 요건 하에서 증거능력을 인정할 필요가 있게 된다. 이를 '전문법칙의 예외'라고 한다.

전문법칙의 예외를 인정하기 위해서는, '신용성의 정황적 보장'과 '필요성'이 요구된다.

전자는 당사자에게 반대신문의 기회를 주지 않더라도 원진술자의 진술이 특히 신용할 수 있는 상태에서 행하여져서 허위의 위험성이 없는 경우를 의미한다. 현행 형사소송법은 제314조와 제316조에서 신용성의 정황적 보장을 "진술 또는 서류의 작성이 특히 신빙할 수 있는 상태에서 행하여진 때"라고 규정하고 있다. 후자는 원진술자가 사망・질

기재한 피의자신문조서와 실질적으로 같다고 볼 것이므로 피의자신문조서에 준하여 그 증거능력을 가려야 할 것이다. 그런데 검사가 피고인의 진술을 들음에 있어 미리 진술거부권이 있음을 고지한 사실을 인정할 자료가 없으므로 위 녹화내용은 위법하게 수집된 증거로서 증거능력이 없는 것으로 볼 수 밖에 없다."

26) 형사소송법 제310조의 2【전문증거와 증거능력의 제한】제311조 내지 제316조에 규정한 것 이외에는 공판준비 또는 공판기일에서의 진술에 대신하여 진술을 기재한 서류나 공판준비 또는 공판기일 외에서의 타인의 진술을 내용으로 하는 진술은 이를 증거로 할 수 없다.

병·기타 사유로 인하여 재판정에 출석하여 진술할 수 없거나 현저히 곤란한 경우 또는 원진술의 성질상 다른 방법으로는 원진술과 동등한 가치 있는 증거를 획득하는 것이 매우 곤란한 관계로 전문증거를 사용할 필요가 있는 경우를 의미한다. 현행 형사소송법은 필요성을 제314조 본문과 제316조 제2항에서 "사망, 질병, 기타 사유로 인하여 진술할 수 없을 때"라고 규정하고 있다.

6) 사법경찰관이 작성한 피의자신문조서

피의자신문에서 피의자가 진술을 행하고 그 진술이 법원에 의해 증거로 사용되는 과정은 피의자의 인권을 보장하고 그의 진술이 왜곡 없이 수소법원에 보고될 수 있도록 할 필요가 있다.

사법경찰관이 작성한 피의자신문조서는 형사소송법 제312조 제3항에 따라 피의자였던 피고인 또는 변호인이 그 내용을 인정하는 경우에만 증거능력이 인정된다. 여기에서 '내용의 인정'이란 조서의 실질적 진정성립[27]뿐만 아니라 조서의 기재내용이 객관적 진실에 부합한다는 조서내용의 진실성을 의미한다. 따라서 피고인이 공판정에서의 피고인의 진술내용과 배치되는 기재부분을 부인한다고 진술한 때에는 내용을 인정한 경우라고 할 수 없다. 그러므로 사법경찰관이 작성한 피의자신문조서는 피고인이 내용을 부인하면 증거로 할 수 없게 된다.[28] 조서의 기재내용을 들었다는 다른 증인이나 조사한 사법경찰관의 증언에 의하여 증거능력을 인정할 수는 없다.[29] 왜냐하면 이 경우의 증언은 전문증거가 되어 증거능력이 인정되지 않기 때문이다. 그러나 2007년 형사소송법의 개정을 통해 제316조 제1항[30]에 '조사자증언제도'가 도입됨으로 인해 사법경찰관이 작성한 피의자신문조서에 대하여 피고인이 내용을 부인하면 증거로 사용하지 못하는 상태에

27) '성립의 진정'은 피의자신문조서의 서명·날인 등이 피의자의 것이 틀림없다는 '형식적 성립의 진정'과 그 조서의 기재내용과 피의자의 진술내용이 일치한다는 '실질적 성립의 진정'을 의미한다(대판 1984. 6. 26, 84도748; 1993. 1. 19, 92도2636; 1994. 8. 9, 94도1318; 1994. 9. 23, 94도1853).

28) 대판 1979. 10. 30, 78도2216; 1997. 10. 28, 97도2211; 2001. 9. 28, 2001도3997.

29) 대판 1979. 5. 8, 79도493; 1983. 7. 26, 82도385; 2001. 3. 27, 2000도4383; 2005. 11. 25, 2005도5831.

30) 형사소송법 제316조 【전문의 진술】 ① 피고인이 아닌 자(공소제기 전에 피고인을 피의자로 조사하였거나 그 조사에 참여하였던 자를 포함한다. 이하 이 조에서 같다)의 공판준비 또는 공판기일에서의 진술이 피고인의 진술을 그 내용으로 하는 것인 때에는 그 진술이 특히 신빙할 수 있는 상태하에서 행하여졌음이 증명된 때에 한하여 이를 증거로 할 수 있다.

서 조사자의 증언에 의하여 그 조서의 증거능력이 인정될 수 있게 되었다.

사법경찰관이 작성한 피의자신문조서에 대해서도 제314조[31]가 적용되는가에 관하여는 긍정설과 부정설이 대립하고 있다. 형사소송법 제314조는 전문법칙의 전형적인 예외사유를 규정한 것으로서, 피고인에 대한 공판심리과정에서 원진술자가 공판정에 출석할 수 없는 경우를 전제로 하여 마련된 것이다. 그리고 형사소송법 제312조 제3항에 따라야 하는 사법경찰관이 작성한 피의자신문조서에 대하여 제314조를 근거로 그 증거능력을 부여하는 것은 형사소송법 제312조 제3항의 입법취지를 무시하는 것이다. 이러한 의미에서 부정설이 타당하며, 대법원 역시 부정설을 취하고 있다.[32]

7) 사법경찰관에 의한 수사단계에서 작성된 피의자진술서

이 문제는 피의자신문조서작성제도의 의미를 어떻게 이해하느냐에 따라 달라질 수 있다. 현행 형사소송법은 제244조와 제48조에 의해 수사기관으로 하여금 피의자의 진술을 법령의 근거에 의하여 일정한 방식을 갖추어 작성되는 서면인 '조서'에 기재하도록 의무화하고 있다. 또한 조서작성의 정확성과 완전성을 보장하기 위하여 작성된 조서에 대하여 피의자에게 열람하게 하거나 읽어 들려주어야 하고, 증감 · 변경의 청구, 정확성에 대한 이의제기의 기회를 보장하며, 조서에 대해 피의자가 간인하고 기명날인 또는 서명하도록 하고 있다.

피의자신문조서작성제도는 피의자신문에 의하여 피의자의 자백진술이라는 증거를 수집하는 절차에서 1차적으로는 그 진술의 정확성을 확보하고, 2차적으로는 피의자의 인권을 보장하는 데 그 취지가 있다. 따라서 피의자신문조서의 작성과 관련된 규정의 위반은 일종의 위법한 수사로 평가될 수 있다.

피의자진술서가 증거능력을 가지기 위해서는, 형사소송법 제312조 제5항[33]에 따라

---

31) 형사소송법 제314조【증거능력에 대한 예외】 제312조 또는 제313조의 경우에 공판준비 또는 공판기일에 진술을 요하는 자가 사망, 질병, 외국거주, 소재불명, 그 밖에 이에 준하는 사유로 인하여 진술을 할 수 없는 때에는 그 조서 및 그 밖의 서류를 증거로 할 수 있다. 다만, 그 진술 또는 작성이 특히 신빙할 수 있는 상태하에서 행하여졌음이 증명된 때에 한한다.

32) 대판 2009. 11. 26, 2009도6602.

33) 형사소송법 제312조【검사 또는 사법경찰관의 조서 등】 ⑤ 제1항부터 제4항까지의 규정은 피고인 또는 피고인이 아닌 자가 수사과정에서 작성한 진술서에 관하여 준용한다.

제312조 제3항에서 요구하는 요건을 충족하여야 한다. 따라서 작성절차와 방식의 적법성, 실질적 진정성립 및 내용의 인정이 있어야만 사법경찰관의 수사단계에서 작성된 피의자진술서의 증거능력이 인정된다.[34)]

Ⅲ 사례 해설

1. 진술거부권을 고지하지 않은 채 작성된 피의자신문조서에 기재된 자백의 증거능력

위 사례에서 사법경찰관 A는 피의자 갑을 신문하여 갑의 자백에 의한 피의자신문조서(자백조서)를 작성했는데, 이 과정에서 위법한 수사, 즉 피고인에 대한 진술거부권의 불고지가 존재하는가가 문제될 수 있다. 그러나 위 사례에서는 그 정황이 분명하게 서술되어 있지 않기 때문에, 갑을 신문하기 전에 진술거부권을 고지하였는가는 알 수가 없다. 이미 위에서 언급한 바와 같이 진술거부권을 고지하지 않고 얻어낸 피고인의 자백은 형사소송법 제309조의 '자백의 임의성에 의심이 있는 때'에 해당하여 그 증거능력이 배제된다고 해야 한다.

따라서 만약 사법경찰관 A가 갑을 신문하기 전에 그에게 진술거부권이 있음을 고지하지 않았다면, 피의자신문조서에 기재된 갑의 자백은 자백배제법칙에 의하여 그 증거능력이 부정된다고 해야 한다.

그러나 위법수집증거배제적용설을 취하는 판례에 따르면, 진술거부권의 불고지는 피고인신문절차의 중대한 위법에 해당하게 되어 진술거부권을 고지 받지 않고 행한 갑의

34) 2007년 형사소송법이 개정되기 이전에는 사법경찰관의 수사과정에서 작성된 피의자진술서의 증거능력에 대해서는, 형사소송법 제313조 제1항을 적용하자는 견해(제313조설), 제312조 제2항을 적용하자는 견해(제312조설)와 요구형진술서의 경우에는 제312조 제2항 그리고 자진형진술서의 경우에는 제313조 제1항을 적용하자는 견해(절충설)가 대립하고 있었다. 대법원은 제312조설을 취하고 있었다(대판 1983. 7. 26, 82도385; 1984. 8. 14, 84도1139; 1987. 2. 24, 86도1152; 1992. 4. 14, 92도442). 신설된 규정인 현행 형사소송법 제312조 제5항은 이러한 논의상황을 고려하여 기존의 논란을 입법적으로 해결하였다(배종대 외 3인 공저, 앞의 책, 646면 참조).

자백은 형사소송법 제308조의 2의 위법수집증거배제법칙에 의해 그 증거능력이 부정된다. 결국 학설이나 판례나 진술거부권의 불고지에 의한 자백의 증거능력은 배제된다는 결론에는 차이가 없다.

그리고 위 사례에서 사법경찰관 A가 갑에게 피의자신문조서의 기재내용과 같은 내용의 진술서를 직접 작성하도록 요구했다는 것을 알 수가 있는데, 이러한 진술서의 작성요구는 피의자신문조서가 수집되는 과정 자체의 위법요소에 해당한다고 볼 수 없으므로, 피의자신문조서의 증거능력을 제한하는 근거로 사용할 수는 없다고 하겠다.

2. 경찰자백과 검찰자백의 임의성과 그 증거능력

위 사례에서 보면, 경찰의 수사단계에서 피의자 갑은 사법경찰관 A의 협박(즉, 갑의 전과사실을 제시하며 '순순히 자백하지 않으면 신상에 큰 위험이 있을 것이다')에 의하여 자백을 하게 된다. A의 이러한 협박이 자백의 임의성을 탈락시키는 정도에 이르는지에 대해서는 의심이 있을 수 있으나, A의 협박에 의한 갑의 자백진술이 적어도 형사소송법 제309조가 규정하고 있는 '임의로 진술한 것이 아니라고 의심할 만한 이유가 있는 때'에 해당하는 것은 분명하다고 하겠다. 따라서 피의자 갑이 경찰의 수사단계에서 진술한 자백(즉, 경찰자백)은 형사소송법 제309조의 자백배제법칙에 따라 그 증거능력이 배제된다고 해야 한다.

그리고 사법경찰관 A의 협박에 의하여 자백을 한 피의자 갑은 사건이 검찰에 송치된 후 검사 B에게 경찰자백과 동일한 내용의 자백을 하였다. 검사 B가 피의자를 신문할 당시에 고문 등의 자백강요의 사실은 없었다. 그러나 검찰수사는 경찰수사의 연장이고, 검찰의 수사단계에서 진술한 자백(즉, 검찰자백)은 경찰자백의 결과적 산물이라고 할 수 있다. 따라서 갑은 검찰수사에서도 경찰수사단계에서의 사법경찰관 A의 협박에 의한 심리적 억압상태가 계속되고 있다고 볼 수 있다. 이러한 의미에서 비록 검사 B의 직접적인 협박에 의한 자백강요가 없었다고 하더라도 피의자 갑의 검찰자백 역시 자백의 임의성의 탈락이 아닌 자백의 임의성을 의심할 만한 이유가 있는 경우에 해당한다고 볼 수 있다.[35] 결국 피의자 갑의 검찰자백 역시 형사소송법 제309조의 자백배제법칙에 의하여

35) 대판 1981. 10. 13, 81도2160; 1983. 9. 27, 83도1953; 1984. 5. 15, 84도472; 1992. 3. 10, 91도1.

그 증거능력이 배제된다고 해야 한다.

3. 사법경찰관이 작성한 피의자신문조서의 증거능력

피의자신문조서의 증거능력이란 피의자신문조서에 기재된 진술의 증거능력을 의미한다. 왜냐하면 피의자신문조서 자체는 유·무죄의 증거로 되지 아니하며, 그 피의자신문조서에 기재된 진술이 유·무죄의 증거로 사용되기 때문이다. 특히 사법경찰관이 작성한 피의자신문조서는 작성방식과 절차의 적법성 및 실질적 진정성립이 인정되고 그 조서에 기재된 자백의 임의성이 인정되는 경우에도 피고인 또는 변호인이 공판정에서 그 조서의 내용을 인정하지 않으면 형사소송법 제312조 제3항에 따라 그 증거능력이 부정된다. 그리고 이 조서는 피고인 또는 변호인이 그 조서의 내용을 인정하는 경우에도 그 조서에 기재된 자백의 임의성이 인정되지 않으면 형사소송법 제309조에 따라 증거능력이 배제된다. 왜냐하면 고문 등에 의한 자백은 피고인이 증거로 함에 동의한 경우에도 증거능력이 인정되지 않기 때문이다.

위 사례에서 사법경찰관 A가 작성한 피의자 갑에 대한 피의자신문조서는 갑이 서명·날인하고 그 조서의 내용도 자신이 진술한 것과 일치함이 인정되었다는 점에서 조서작성의 방식과 절차의 적법성과 실질적 진정성립은 존재한다. 그러나 피의자 갑이 공판기일에 공판정에서 그 조서의 내용이 진실하지 않다고 함으로써 조서의 내용인 자백을 인정하지 않고 있으므로, 형사소송법 제312조 제3항에 의하여 이 피의자신문조서의 증거능력은 부정된다. 뿐만 아니라 이미 앞에서 본 바와 같이 자백의 임의성 또한 인정되지 않고 있으므로, 이 피의자신문조서에 기재된 갑의 자백은 형사소송법 제309조에 따라 증거능력이 부정된다고 해야 한다.

4. 사법경찰관의 요구에 의하여 작성된 피의자진술서의 증거능력

위 사례에서 사법경찰관 A는 갑에 대한 피의자신문조서를 작성한 후 갑으로 하여금 동일한 내용의 진술서를 작성하도록 요구하였다. 갑의 피의자진술서는 실질적으로는 피의자신문에서 행한 피의자 갑의 진술을 기재한 서면으로서 전문증거에 해당한다. 따라서 갑이 작성한 피의자진술서는 형사소송법 제310조의 2의 전문법칙에 따라 그 증거능력이 배제될 수 있다. 그러나 갑은 공판기일에 공판정에서 자신이 작성한 진술서에 대해 형식적 진정성립과 실질적 진정성립을 인정하고 있다.

그러나 이미 앞에서 언급한 바와 같이 사법경찰관의 수사과정에서 작성된 피의자진술서의 증거능력이 인정되기 위해서는, 그 진술서가 요구형이든 자진형이든 불문하고 형사소송법 제312조 제5항에 따라 제312조 제3항의 요건이 충족되어야 한다. 따라서 피의자진술서의 작성절차와 방식의 적법성과 실질적 진정성립의 인정뿐만 아니라 피고인 또는 변호인이 그 내용을 인정하여야만 피의자진술서의 증거능력이 인정될 수 있다. 이를 위 사례에 적용할 경우에 사법경찰관 A의 요구에 의해 작성한 갑의 피의자진술서는 성립의 진정(즉, 작성절차와 방식의 적법성과 실질적 진정성립)이 인정되더라도 그 진술서의 내용, 즉 자백이 부인되면, 갑이 작성한 피의자진술서의 증거능력이 부정된다. 위 사례에서 갑은 공판기일에 그 내용이 진실하지 않음을 주장하여 공소사실을 강력하게 부인하였으므로, 갑의 피의자진술서는 형사소송법 제312조 제3항에 의하여 그 증거능력이 인정되지 않는다.

이와 관련하여 피의자 갑의 진술을 진술서의 형태로 작성하도록 요구한 사법경찰관의 행위가 위법한 수사방법으로 평가될 수 있는가가 문제될 수 있다. 현행 형사소송법 제244조 제1항은 피의자의 진술을 조서에 기재하도록 의무화하고 있다. 따라서 위 사례에서 사법경찰관 A가 피의자 갑에게 진술서를 작성하도록 요구한 행위는 피의자신문의 적법절차를 구성하는 중요한 규정인 형사소송법 제244조 제1항에 위반한 위법한 수사로 평가될 수 있으므로, 갑이 작성한 피의자진술서는 형사소송법 제308조의 2의 위법수집증거배제법칙 또는 제309조의 자백배제법칙에 의거하여 그 증거능력이 배제될 수 있다.

Ⅳ 결 론

먼저 피의자의 진술거부권의 고지와 관련해서 만약 사법경찰관 A가 피의자 갑을 신문하기 전에 그에게 진술거부권을 고지하지 않았다면, A가 작성한 갑에 대한 피의자신문조서는 위법한 수사에 의해 수집된 증거에 해당하여 형사소송법 제308조의 2의 위법수집증거배제법칙에 따라 그 증거능력이 배제될 것이다. 그러나 위 사례에서는 갑에 대한 피의자신문조서가 자백을 내용으로 하는 자백조서이므로, 위법수집증거배제법칙이 아니라 이와 특별관계에 있는 형사소송법 제309조의 자백배제법칙에 의하여 그 증거능력이 배제된다고 해야 할 것이다.

그리고 사법경찰관 A에 의해 작성된 피의자신문조서의 기재내용은 A의 협박에 의한 것으로서, 이 협박은 적어도 형사소송법 제309조의 '임의로 진술한 것이 아니라고 의심할 만한 이유가 있는 때'에 해당하므로 동법 동조의 자백배제법칙에 따라 피의자신문조서의 증거능력이 배제된다. 뿐만 아니라 피의자 갑이 사법경찰관 A의 협박에 의한 두려움에서 헤어나지 못한 심리상태에서 검사 B에게도 동일한 자백을 하였으므로, 피의자 갑이 검사 B 앞에서 행한 검찰자백 역시 동법 동조의 임의성이 의심되는 자백에 해당되어 자백배제법칙에 따라 그 증거능력이 배제된다. 그러나 여기에서의 협박이 자백의 임의성을 탈락할 정도에까지 이르는가는 중요하지 않다. 왜냐하면 동법 동조가 '임의로 진술한 것이 아니라고 의심할 만한 이유가 있는 때'도 자백의 증거능력이 배제되는 경우로 규정하고 있기 때문이다.

사법경찰관 A가 작성한 갑에 대한 피의자신문조서는 갑이 공판기일에 공판정에서 그 조서의 성립의 진정(피의자신문조서의 서명・날인이 본인의 것이고 조서의 내용이 자신이 진술한 것과 일치함)은 인정하였으나 그 내용이 허위임을 주장하고 있으므로, 형사소송법 제312조 제3항에 따라 그 증거능력이 인정되지 않는다.

또한 사법경찰관 A의 요구에 의해 피의자신문조서의 내용과 동일한 내용으로 갑이 작성한 피의자진술서는 앞에서 언급한 바와 같이 제312조 제5항에 따라 동 제312조 제3항의 피의자신문조서와 같이 취급되어야 한다. 위 사례에서 갑은 공판기일에 공판정에서 피의자진술서의 내용을 부인하고 있으므로, 피의자 갑이 작성한 피의자진술서 역시 제312조 제3항에 의하여 그 증거능력이 인정되지 않는다. 하지만 이 경우에도 피의자 갑에 대한 사법경찰관 A의 진술서작성요구는 피의자신문과정에서 피의자가 행한 진술을 조서화하도록 한 제244조 제1항에 반하는 위법한 수사가 되므로, 갑의 피의자진술서는 위법한 수사에 의해 수집된 자백증거에 해당되어 형사소송법 제309조의 자백배제법칙에 따라 그 증거능력이 배제된다.

V 연습문제

1 수뢰사건의 피의자로 검찰에 임의동행 당한 피의자 갑이 처음에는 범행을 부인하였으나 2일간의 철야신문으로 기진맥진한 상태에서 검사 A에게 수뢰사실을 자백하고 그 피의자신문조서에 간인·서명·날인하였다.
검사 A가 공판정에서 증거로 제출한 피의자신문조서에 대해서 피고인 갑이 공판기일에 증거로 함에 동의하지 않는 경우 그 피의자신문조서에 기재된 자백은 증거능력을 가지는가?

해 설

여기에서 문제가 되는 것은 수사관서에 임의동행 되어 2일간의 철야신문으로 기진맥진한 상태에서 행한 피의자의 자백이 증거능력을 가지는가이다.
수사기관이 피의자를 철야신문하는 것은 인간의 기본권이라고 할 수 있는 '수면권'을 침해한 것이라고 볼 수 있고 수사의 상당성의 법리에도 반한다고 볼 수 있으므로, 수사기관의 철야신문은 허용되지 않는다고 해석하는 것이 타당하다. 그리고 수사기관이 철야신문을 하기 위해 불구속피의자를 수사관 서에 억류하는 것은 현행법상 불법구금에 해당한다. 뿐만 아니라 피의자를 철야신문하는 것은 실질적으로 고문에 해당한다고 할 수 있고, 철야신문에 의해 획득된 피의자의 자백은 형사소송법 제309조의 '자백의 임의성이 의심되는 사유가 있는 때'에 해당한다고 해석해야 한다.
따라서 연습문제 1의 사례는 피의자 갑이 검찰에 연행되어 2일간의 철야신문으로 기진맥진한 상태에서 수뢰의 피의사실을 자백한 경우에 해당하므로, 그 자백은 임의성이 의심되는 자백이라 할 수 있기 때문에 검사가 작성한 피의자신문조서에 기재된 피의자 갑의 자백은 증거능력이 없다고 해야 한다.

2 검사 B는 범죄사실을 부인하는 피의자 을을 신문하여 피의자 을이 범죄사실을 자백하는 내용의 피의자신문조서를 작성하였다. 피의자 을이 검사 B에게 그 조서를 읽어달라고 요구하였으나 검사는 그 요구를 거절하고 피의자 을로 하여금 그 조서에 간인·서명·날인하도록 하였다.
검사 B가 공판정에서 증거로 제출한 피의자신문조서에 기재된 자백은 공소사실에 대하여 증거능력이 있는가?

해 설

연습문제 2에서 문제가 되는 것은 수사기관의 피의자신문절차에 중대한 위법이 있는 경우에 그 피의자신문에 의한 자백의 임의성이 인정된다고 할지라도 그 자백의 증거능력을 인정할 수 있는가이다. 이와 관련하여 진술거부권을 고지하지 않은 경우, 접견교통권을 침해한 경우, 형사소송법 제244조에 위반한 경우에도 증거능력을 부정하는 사유가 되는가의 여부가 문제될 수 있다.

연습문제 2의 사례에서 검사가 피의자신문조서를 작성하는 과정에서 형사소송법 제244조 제2항에 대한 위반이 있다고 할 것이다. 이러한 위반은 형사소송법 제308조의 2의 위법수집증거배제법칙의 적용요건인 '적법한 절차에 따르지 않은 때'에 해당하여 중대한 위법이 있다고 볼 수 있다. 왜냐하면 검사가 피의자신문조서를 작성함에 있어서 그 조서를 피의자에게 읽어주거나 열람할 기회를 주는 것은 그 조서내용의 정확성을 보장하기 위한 측면에서 필수적으로 요청되는 절차라고 할 수 있기 때문이다.

따라서 피의자신문조서가 동법 제244조 제2항을 위반하여 작성된 경우에는 그 조서에 기재된 자백의 임의성이 인정되고 성립(서명·날인)의 진정이 인정된다 할지라도 형사소송법 제308조의 2의 위법수집증거배제법칙에 따라 검사가 작성한 피의자신문조서에 기재된 자백의 증거능력을 배제하는 것이 타당하다. 이러한 의미에서 검사 B가 작성한 피의자 을에 대한 피의자신문조서는 성립의 진정이 인정되지만, 그 조서의 작성절차가 동법 제244조 제2항을 위반하여 중대한 위법이 있다고 할 수 있으므로, 피의자 을에 대한 피의자신문조서에 기재된 내용인 자백은 형사소송법 제308조의 2의 위법수집증거배제법칙에 따라 그 증거능력을 배제해야 한다.

3 증인 C는 피고인 병이 자신의 여자친구 정을 강간하였다는 피고사건의 공판기일에 증인으로 출석하여 선서한 후 "자신의 친형 같은 선배인 병이 찾아와서 자기의 여자친구 정을 강간하였는데 그 여자친구 정을 만나 이 사건을 잘 무마시켜달라고 간곡하게 부탁하였다"라고 증언하였다.

피고인 병이 강간의 공소사실을 인정하지 않고 있는 경우 증인 C의 증언은 피고인 병의 공소사실에 대하여 증거능력이 있는가?

해 설

연습문제 3은 전문증언의 증거능력에 관한 사례로서 여기에서는 원진술자인 병의 증인 C에 대한 진술이 형사소송법 제316조 제1항의 '특히 신빙할 수 있는 상태 하에서 행하여진 때'에 해당하는가의 여부가 문제된다.

연습문제 3의 사례에서는 증인 C의 증언은 피고인 병의 진술을 내용으로 하는 전문증언에 해당한다고 할 수 있으므로, 그 전문증언의 증거능력에 관해서는 형사소송법 제316조 제1항이 적용된다고 할 수 있다. 이 사례의 경우에는 원진술자인 피고인 병과 증인 C는 절친한 선후배 사이라는 점과 원진술자인 병이 그 선배인 C에게 말한 내용이 구체적이고 진실성이 인정된다는 점을 고려할 수 있을 것이다. 이러한 점에서 원진술자인 피고인 병의 증인 C에 대한 진술은 동법 제316조 제1항의 '특히 신빙할 수 있는 상태 하에서 행하여진 때'에 해당한다고 할 수 있으므로, 증인 C의 전문증언은 피고인 병의 강간범죄사실에 대하여 그 증거능력이 인정된다고 하는 것이 타당하다.

제 9 장

불심검문과 강제연행

Ⅰ. 문제 제기

Ⅱ. 이론적 검토

Ⅲ. 사례 해설

Ⅳ. 결 론

Ⅴ. 연습문제

▮사 례▮

사법경찰관 갑은 한미FTA 반대를 관철시키기 위한 모 시민단체의 미대사관 점거가 2007년 5월 18일에 있을 것이라는 정보를 입수하였다. 이에 당일 미대사관 앞에서 경계를 서고 있던 사법경찰관 갑은 18시경에 미대사관 주위를 서성이는 을을 발견하고 거동이 수상하다고 생각하여 을이 들고 있던 가방에 흉기가 들어 있다는 의심이 들어 을을 일단 정지시켰다. 그리고 사법경찰관 갑은 자신의 경찰관 신분증만을 제시하고 을에게 가방에 들어 있는 내용물을 물었으나, 을은 전혀 대답하지 않았다. 그래서 경찰관 갑은 을에게 가방에 들어 있는 소지품을 제시하라고 요구하였으나, 을은 이를 거부하였다. 경찰관 갑은 미대사관 점거에 대한 정보나 주위의 상황 등에 비추어 보아 을이 소지하고 있는 가방의 내용물을 확인할 필요가 있다고 생각하고 강제로 을의 가방을 열어 내용물을 확인하였더니 을의 가방에는 화염병이 들어 있었다. 이에 사법경찰관 갑은 당일 20시경에 을을 곧바로 인근 경찰서로 강제연행하여 약 60시간 동안 경찰서보호실에 유치하였다가 구속영장이 발부되지 않자 2007년 5월 21일 8시경에 을을 석방하였다.

이 경우에 있어서 사법경찰관 갑의 을에 대한 불심검문이 적법한가? 그리고 흉기의 발견을 이유로 을을 인근경찰서로 강제연행하여 보호실에 유치한 것이 현행범인의 체포 또는 긴급체포로 적법한 것인가?

I 문제 제기

본 사안에서는 첫 번째로 사법경찰관 갑이 행한 불심검문의 적법성이 문제된다고 할 수 있다. 불심검문은 경찰관이 거동이 수상한 자를 발견한 때에 이를 정지시켜 조사하는 행위로서, 경찰관직무집행법(이하 "경직법"이라 함) 제3조에 규정되어 있다. 일반적인 불심검문의 절차는 거동이 수상한 자를 정지시켜 질문하는 직무질문(경직법 제3조 제1항[1]), 이에 수반되어 흉기의 소지 여부를 조사하는 흉기소지조사 또는 소지품조사(동조 제3항[2]) 및 현장에서 직무질문하는 것이 당해인에게 불리하거나 교통을 방해한다고 인정되는 때에 질문하기 위하여 부근의 경찰관서에 동행할 것을 요구하는 동행요구(동조 제2항[3])로 이루어져 있다. 본 사안에서는 사법경찰관 갑의 불심검문이 경직법상의 적법절차를 준수했는지가 중요한 문제라고 할 수 있다.

두 번째로 본 사안에서 사법경찰관 갑이 행한 강제연행과 보호실유치는 영장 없이 이루어진 경우이다. 따라서 여기에서는 강제연행에 의한 보호실유치의 적법성이 문제된다고 할 수 있다. 이와 관련하여 사법경찰관 갑의 이러한 행위가 경직법 제4조 제1항과 제7항[4]의 보호조치에 해당하는지 또는 형사소송법 제212조[5]의 현행범체포 또는 제200

1) 경찰관직무집행법 제3조 【불심검문】 ① 경찰관은 수상한 거동 기타 주위의 사정을 합리적으로 판단하여 어떠한 죄를 범하였거나 범하려 하고 있다고 의심할 만한 상당한 이유가 있는 자 또는 이미 행하여진 범죄나 행하여지려고 하는 범죄행동에 관하여 그 사실을 안다고 인정되는 자를 정지시켜 질문을 할 수 있다.

2) 경찰관직무집행법 제3조 【불심검문】 ③ 경찰관은 제1항에 규정된 자에 대하여 질문을 할 때에 흉기의 소지 여부를 조사할 수 있다.

3) 경찰관직무집행법 제3조 【불심검문】 ② 그 장소에서 제1항의 질문을 하는 것이 당해인에게 불리하거나 교통의 방해가 된다고 인정되는 때에는 질문하기 위하여 부근의 경찰서 지구대・파출소 또는 출장소(이하 "경찰관서"라 하되, 지방해양경찰관서를 포함한다)에 동행할 것을 요구할 수 있다. 이 경우 당해인의 경찰관의 동행요구를 거절할 수 있다.

4) 경찰관직무집행법 제4조 【보호조치 등】 ① 경찰관은 수상한 거동 기타 주위의 사정을 합리적으로 판단하여 다음 각 호의 1에 해당함이 명백하며 응급의 구호를 요한다고 믿을 만한 상당한 이유가 있는 자를 발견한 때에는 보건의료기관 또는 공공구호기관에 긴급구호를 요청하거나 경찰관서에 보호하는 등 적당한 조치를 할 수 있다.

1. 정신착란 또는 술 취한 상태로 인하여 자기 또는 타인의 생명・신체와 재산에 위해를 미칠 우려

조의 3[6]의 긴급체포에 해당하는지가 중요한 문제라고 할 수 있다. 경찰실무에서는 경직법상의 보호조치를 위한 보호실공간과 형사소송법상의 체포·구속을 위한 공간이 따로 구분되어 운영되지 않고 있으므로, 본 사안에서 사법경찰관 갑이 행한 행위의 적법성은 갑의 행위가 경직법 제4조 제1항과 제7항에 해당하는지 그리고 형사소송법 제212조 또는 제200조의 3에 해당하는지를 검토한 후에 판단할 수 있을 것이다. 그러나 이 경우에 있어서 강제연행의 부분과 보호실유치의 부분을 따로 구분하여 살펴볼 필요는 없을 것 같다. 왜냐하면 보호조치, 현행범인체포 및 긴급체포라는 일련의 개념들이 연행과 감금(전면적인 장소이동의 자유 박탈)을 포괄하고 있기 때문이다.

여기에서는 이러한 논점에 따라 우선 불심검문과 관련하여 직무질문 및 흉기소지조사의 적법성을 자세히 검토한다. 그런 다음 강제연행과 보호실유치와 관련하여 이러한 행위의 경직법상의 정당화 여부를 살펴보고, 마지막으로 이러한 행위의 형사소송법상의 현행범인체포 또는 긴급체포에 의한 정당화 여부에 대해 자세히 검토해 본다.

가 있는 자와 자살을 기도하는 자

2. 미아·병자·부상자 등으로서 적당한 보호자가 없으며 응급의 구호를 요한다고 인정되는 자. 다만, 당해인이 이를 거절하는 경우에는 예외로 한다.

⑦ 제1항의 규정에 의한 경찰관서에서의 보호는 24시간을, 제3항의 임시영치는 10일을 초과할 수 없다.

5) 형사소송법 제212조【현행범인의 체포】 현행범인은 누구든지 영장 없이 체포할 수 있다.

6) 형사소송법 제200조의 3【긴급체포】 ① 검사 또는 사법경찰관은 피의자가 사형·무기 또는 장기 3년 이상의 징역이나 금고에 해당하는 죄를 범하였다고 의심할 만한 상당한 이유가 있고, 다음 각 호의 어느 하나에 해당하는 사유가 있는 경우에 긴급을 요하여 지방법원판사의 체포영장을 받을 수 없는 때에는 그 사유를 알리고 영장 없이 피의자를 체포할 수 있다. 이 경우 긴급을 요한다 함은 피의자를 우연히 발견한 경우 등과 같이 체포영장을 받을 시간적 여유가 없는 때를 말한다.

1. 피의자가 증거를 인멸할 염려가 있는 때
2. 피의자가 도망하거나 도망할 염려가 있는 때

② 사법경찰관이 제1항의 규정에 의하여 피의자를 체포한 경우에는 즉시 검사의 승인을 얻어야 한다.

③ 검사 또는 사법경찰관은 제1항의 규정에 의하여 피의자를 체포한 경우에는 즉시 긴급체포서를 작성하여야 한다.

④ 제3항의 규정에 의한 긴급체포서에는 범죄사실의 요지, 긴급체포의 사유 등을 기재하여야 한다.

Ⅱ 이론적 검토

1. 본 사안과 관련된 각 개념에 대한 설명

우선 여기에서 문제가 되는 경직법상의 '불심검문'은 원래 성질상 행정경찰작용, 특히 범죄예방을 목적으로 하는 보안경찰작용을 의미하는 것으로서, '순찰검문'이라고도 하지만 범죄수사가 그 본래의 목적은 아니다. 그러나 범죄수사의 단서를 제공하거나 범죄수사에 필요한 사람의 발견 또는 자료의 발견에 도움이 되는 경우가 많다는 점에서 범죄수사와 밀접한 관계를 가지고 있다.

그리고 형사소송법상의 '현행범인'은 피의자구속에 관한 영장주의 및 수사기관이 아니면 구속할 수 없다는 원칙의 예외가 되는 기초개념으로서, 형사소송법 제211조[7] 제1항에서 의미하는 '범죄의 실행 중이거나 실행즉후인 자'(협의의 현행범인)와 동조 제2항에서 규정하고 있는 '준현행범인'이 여기에 해당한다.

현행범인의 체포와 함께 사전영장주의의 예외에 해당하는 '긴급체포'는 헌법 제12조와 형사소송법 제200조의 3에 규정되어 있고, 장기 3년 이상의 형을 범하였다고 인정되는 피의자에 관하여 긴급을 요하는 경우에 사후영장을 전제로 한 체포를 의미한다. 이 제도는 1995년 형사소송법의 개정에 의하여 체포제도를 도입하면서 개정 전의 '긴급구속'을 긴급체포로 수정하여 규정한 제도이다. 긴급체포가 적법하기 위해서는, 중대성과 긴급성이라는 엄격한 요건을 충족하여야 한다. 따라서 요건을 갖추지 못한 긴급체포는 법적 근거에 의하지 않은 체포로서 위법한 체포가 되며, 이 경우 긴급체포의 위법은 영장주의에 위배되는 중대한 것이어서 위법한 긴급체포에 의한 유치 중에 작성된 피의자신문조서는

---

7) 형사소송법 제211조 【현행범인과 준현행범인】 ① 범죄의 실행 중이거나 실행의 즉후인 자를 현행범인이라 한다.

② 다음 각 호의 1에 해당하는 자는 현행범인으로 간주한다.

1. 범인으로 호칭되어 추적되고 있는 때
2. 장물이나 범죄에 사용되었다고 인정함에 충분한 흉기 기타의 물건을 소지하고 있는 때
3. 신체 또는 의복류에 현저한 증적이 있는 때
4. 누구임을 물음에 대하여 도망하려 하는 때

위법하게 수집된 증거로서 특별한 사정이 없는 한 이를 유죄의 증거로 할 수 없다.[8)]

마지막으로 '보호실유치'의 개념이 문제이다. 경찰서에서 사실상 설치·운영되고 있는 보호실은 현행법상 설치근거가 없는 것이다. 따라서 피의자의 의사와 무관하게 강제로 유치하는 '강제유치'는 실질적으로 구속에 해당한다고 할 수 있으므로 영장에 의하지 않으면 허용될 수 없다. 이와 달리 피의자의 승낙을 전제로 하는 '승낙유치'는 이론적으로는 임의수사로서 허용되는 것처럼 보이지만, 다른 임의수사와 달리 철장으로 된 방에 구금되어 직접 신체의 자유를 박탈당하는 것으로 이에 대한 동의는 사실상 생각하기 어렵다고 할 것이다. 수사실무에서도 승낙유치는 대부분 실질적인 불법구속으로 악용되고 있는 실정이다. 따라서 법률에 특별한 규정이 없는 한 경찰서보호실에의 유치는 강제유치인가 승낙유치인가를 묻지 않고 허용되지 않는다고 해석하는 것이 바람직하다.[9)]

2. 본 사안과 관련된 이론의 검토

1) 일반적인 소지품조사의 허용 여부

소지품조사의 법적 근거는 경직법 제3조 제3항이다. 그러나 이 규정은 소지품조사의 목적을 '흉기의 소지 여부'로 한정하고 있다. 따라서 흉기 이외의 다른 물건에 대한 조사를 불심검문의 내용으로 인정할 수 있는가에 관하여는 견해가 대립하고 있다.

(1) 긍정설

이 견해는 일반적인 소지품조사를 불심검문에 수반되는 행위로 보아 불심검문의 안전과 질문의 실효성을 유지하기 위하여 이를 인정해야 한다는 입장이다.[10)] 이 견해에 따르면, 일반소지품의 조사에서 실력을 행사하여 소지품의 내용을 검사하는 것은 원칙적으로 허용되지 않지만, 침해법익과 공익의 비교, 범죄의 중대성과 긴급성 등을 종합하여 예외적인 경우에 수색에 이르지 않는 정도의 실력행사가 허용될 수 있다.

---

8) 대판 2002. 6. 11, 2000도5701 참조.
9) 이와 동일한 입장으로는 대판 1994. 3. 11, 93도958. 따라서 피의자가 경찰의 강제유치를 거부하더라도 형법상의 공무집행방해죄(형법 제136조 제1항)에 해당하지 않으며, 오히려 경찰의 유치행위 자체가 형법상의 불법체포·감금죄(형법 제124조 제1항)에 해당될 수 있다.
10) 이재상, 앞의 책, 206면; 임동규, 앞의 책, 158면 참조.

(2) 부정설

이 견해는 불심검문시의 소지품조사를 경직법 제3조 제3항의 규정에 의거하여 흉기소지의 조사에 국한해야 한다는 입장이다.[11)] 이 견해에 의하면, 흉기소지조사에 수반하여 다른 소지품을 검사하는 경우는 있을 수 있지만, 소지품조사 자체를 목적으로 실력행사를 할 수는 없다.

(3) 소결

물론 흉기이든 소지품이든 강제조사가 허용되지 않는다는 것은 '강제수사법정주의'에 비추어 자명하다고 하겠다. 그리고 어떤 경우에도 소지품조사가 형사소송법상의 수색으로 오용되거나 악용되어서도 안 된다. 왜냐하면 소지품조사는 수사개시의 전제요건이 되는 구체적인 범죄혐의가 아직 인지되기 전에 행해지기 때문이다. 만약 소지품조사가 수색과 같은 강제수사로 악용된다면, 이는 경찰비례의 원칙은 물론 형사소송법상의 영장주의에도 반한다고 할 수 있다. 긍정설은 바로 이러한 위험성을 안고 있으며, 만약 긍정설을 취할 경우 법관으로부터 수색영장을 발부받아 수색하는 수사관은 없을 것이라는 점에서 부정설이 타당하다고 할 것이다.

2) 긴급체포의 요건

수사기관이 현행범에 해당하지 않는 피의자에 대하여 사전영장을 발부받기 위해 시간을 지체할 수 없는 긴급한 경우에 영장 없는 구속을 일시적으로 허용하는 긴급체포는 ① 범죄혐의의 상당성, ② 사전영장에 의한 구속사유, ③ 중대성과 ④ 긴급성을 그 요건으로 하고 있다.

첫째로 '범죄혐의의 상당성'에서의 상당한 이유란 구속의 경우와 같이 피의자가 구체적인 범죄를 범했을 고도의 개연성을 의미하는 것으로서, 형사소송법 제195조[12)]의 소위 범죄개시의 원인으로서의 '범죄의 혐의'보다 높은 확신과 증거의 뒷받침을 요구하는 개념이다. 이는 수사기관이 주관적으로 판단하는 것이지만, 이러한 주관적인 혐의를 지우는 것은 구체적인 사실에 입각한 것이어야 한다.

---

11) 배종대 외 3인 공저, 앞의 책, 87면; 신동운, 앞의 책, 147면 이하 참조

12) 형사소송법 제195조【검사의 수사】 검사는 범죄의 혐의가 있다고 사료하는 때에는 범인, 범죄사실과 증거를 수사하여야 한다.

둘째로 형사소송법 제70조 제1항[13]에 규정되어 있는 구속사유로는 주거부정, 도망 또는 도망할 염려와 증거인멸의 염려가 있다. 이 중에서 특히 주거부정은 독자적인 구속사유가 되지 않는다고 이해하는 것이 바람직하다.[14] 왜냐하면 주거부정은 도망의 위험을 판단하는 구체적인 사실의 하나에 불과하고, 도망과 증거인멸의 염려가 없음에도 불구하고 범죄혐의와 주거부정의 사유만으로 구속하는 것은 합리적이지 않기 때문이다. 이러한 의미에서 형사소송법 제200조의 3 제1항은 사전영장에 의한 구속사유로 제1호와 제2호에 '피의자가 증거를 인멸할 염려가 있는 때'와 '피의자가 도망하거나 도망할 우려가 있는 때'로 한정하여 규정하고 있다. 이로 인해 긴급체포의 요건이 좀 더 강화되는 효과가 있다고 할 것이다.

셋째로 긴급체포는 피의자가 사형·무기 또는 장기 3년 이상의 징역이나 금고에 해당하는 죄를 범하였다고 의심할 만한 상당한 이유가 있는 경우에 한정된다. 다만, 범죄혐의의 정도와 기초는 통상체포의 경우와 동일하므로, 긴급체포 역시 현저한 범죄혐의를 요한다고 할 것이다.

넷째로 '체포의 긴급성'은 피의자를 우연히 발견한 경우 등과 같이 체포영장을 받을 시간적 여유가 없는 때를 의미한다. 이를 위해서는 판사의 체포영장을 받아서는 체포할 수 없거나 체포가 현저히 곤란한 것을 요한다. 반드시 체포영장에 의한 체포가 객관적으로 불가능해야 하는 것은 아니고, 검사 또는 사법경찰관의 합리적인 판단에 의하여 체포의 목적이 위험하게 된다고 인정되면 족하다고 할 것이다.

긴급체포요건의 충족 여부는 사후에 밝혀진 사정을 기초로 판단하는 것이 아니라 체포 당시의 상황을 토대로 판단하여야 한다. 따라서 요건을 충족하지 못한 긴급체포는 법적 근거에 의하지 않은 체포로서, 위법한 체포가 되는 것이다.

---

13) 형사소송법 제70조 【구속의 사유】 ① 법원은 피고인이 죄를 범하였다고 의심할 만한 상당한 이유가 있고 다음 각 호의 1에 해당하는 사유가 있는 경우에는 피고인을 구속할 수 있다.
  1. 피고인이 일정한 주거가 없을 때
  2. 피고인이 증거를 인멸할 염려가 있을 때
  3. 피고인이 도망하거나 도망할 염려가 있을 때

14) 배종대 외 3인 공저, 앞의 책, 139면 이하; 신동운, 앞의 책, 267면 이하; 신양균, 앞의 책, 175면; 이재상, 앞의 책, 257면; 임동규, 앞의 책, 191면.

3) 현행범인체포의 요건

현행범인을 체포하기 위해서는, '범죄의 명백성(현행범인 또는 준현행범인)'이 인정되어야 한다는 점에는 의문의 여지가 없다. 그러나 이 외에 '체포의 필요성(구속사유의 요부)'과 '비례성의 원칙'이 요구되는가가 문제된다.

첫째로 '범죄의 명백성'과 관련하여 현행범이라 함은 '범죄의 실행 중이거나 실행의 즉후인 자'를 의미한다. 특히 실행즉후는 시간적 접착성은 물론, 장소적 접착성도 의미한다고 이해해야 한다. 왜냐하면 범인이 범행장소를 이탈한 때에는 시간적 접착성도 인정되지 않기 때문이다. 그리고 여기에서 의미하는 범죄는 형법상의 구성요건에 해당하고 위법성조각사유와 책임조각사유가 없음이 명백한 경우를 가리킨다.[15] 준현행범인에 대해서는 형사소송법 제211조 제2항에 규정되어 있다. 이 중에서 '누구임을 물음에 대하여 도망하려 하는 때(형사소송법 제211조 제2항 제4호)'는 주로 경찰관의 불심검문이 해당될 것이나, 私人이 묻는 경우에도 무관하다. 그런데 이 요건은 범행과의 관련이 매우 약한 경우라고 할 수 있으므로, 다른 상황을 종합하여 죄를 범하였다고 인정될 경우에만 준현행범인으로 간주하는 것이 바람직할 것이다.[16]

둘째로 '현행범인의 체포를 위해서 구속사유가 필요한가'에 관하여는 적극설(현행범인의 체포에 영장주의의 예외를 인정하는 것은 사안의 긴급성 때문이지 구속사유를 확장시키기 위한 것이 아니라는 이유로 구속사유가 필요하다는 견해)[17], 소극설(형사소송법은 현행범인의 체포를 통상체포의 예외로 규정하고 있고 통상체포의 경우에도 구속사유가 존재할 필요가 없으므로 현행범인의 체포에도 구속사유가 존재할 필요가 없다는 견해)[18]과 절충설(도망의 염려나 신분이 확인될 수 없는 경우는 현행범인체포의 요건이 되지만 증거인멸의 위험은 체포사유가 될 수 없다는 견해)[19]이 대립하고 있다. 형사소송법에 규정되어 있는 현행범인의 체포가 범죄사실 및 진범인임이 분명한 경우 또는 그에

---

15) 그러므로 형사미성년자는 현행범인으로 체포할 수 없다. 친고죄의 경우 고소가 없는 경우에도 현행범인의 체포가 가능하지만, 처음부터 고소가능성이 없는 경우에는 수사를 할 수 없으므로 현행범인의 체포는 인정되지 않는다고 해석해야 한다.

16) 배종대 외 3인 공저, 앞의 책, 135면; 신양균, 앞의 책, 167면 이하; 이재상, 앞의 책, 250면; 임동규, 앞의 책, 186면 이하.

17) 신동운, 앞의 책, 269면; 신양균, 앞의 책, 169면; 임동규, 앞의 책, 187면; 대판 1999. 1. 26, 98도3029.

18) 이재상, 앞의 책, 251면.

19) 배종대 외 3인 공저, 앞의 책, 135면; 진계호, 형사소송법, 형설출판사, 2001, 263면.

준하는 경우에 예외적으로 인정되는 신체구속의 장치라는 점과 이로 인해 일반인에게도 체포권이 인정된다는 점을 고려해 볼 때 현행범인체포의 경우에도 구속사유가 존재할 필요가 없다고 해석하는 소극설이 타당할 것이다.

셋째로 '비례성의 원칙'은 구속법을 지배하는 원칙으로서 현행범인의 체포에도 적용되어야 한다. 형사소송법 제214조[20]는 인권보장의 취지에서 경미범죄에 대해서는 현행범인의 체포를 제한하도록 규정하고 있다. 이것 또한 비례성원칙의 표현이라고 할 수 있다.

4) 현행범인의 체포기간에 관한 문제

형사소송법의 제8차 개정으로 동법 제213조의 2[21]는 체포기간에 관련한 규정(제200조의 2 제5항)을 준용하도록 규정하고 있다. 이로써 현행범체포의 최대기간은 적어도 48시간(+판사의 구속영장발부에 대한 결정기간)으로 늘어나게 되었다. 그 결과 경미범죄라고 할지라도 현행범인은 최소한 48시간 동안 체포할 수 있게 되었다. 그러나 구속법을 지배하는 비례성의 원칙에 비추어 볼 때 경미범죄의 현행범인에 대해서는 불구속재판을 하는 것이 합리적이라고 할 수 있다. 따라서 제213조의 2가 개정 전의 긴급구속에 해당하는 긴급체포에서 영장청구기간규정인 제200조의 4 제1항[22]을 준용하지 않고 통상체포에서의 영장청구기간규정인 제200조의 2 제5항을 준용하도록 규정한 것은 입법상의 오류라고 하지 않을 수 없다. 결국 형사소송법 제213조의 2는 동법 제200조의 4 제1항을 준용하도록 다시 개정하는 것이 바람직할 것이다.

---

20) 형사소송법 제214조 【경미사건과 현행범인체포】 다액 50만 원 이하의 벌금, 구류 또는 과료에 해당하는 죄의 현행범인에 대하여는 범인의 주거가 분명하지 아니한 때에 한하여 제212조 내지 제213조의 규정을 적용한다.

21) 형사소송법 제213조의 2 【준용규정】 제87조, 제89조, 제90조 및 제200조의 2 제5항 및 제200조의 5의 규정은 검사 또는 사법경찰관리가 현행범인을 체포하거나 현행범인을 인도받은 경우에 이를 준용한다.

22) 형사소송법 제200조의 4 【긴급체포와 영장청구기간】 ① 검사 또는 사법경찰관이 제200조의 3의 규정에 의하여 피의자를 체포한 경우 피의자를 구속하고자 할 때에는 지체 없이 검사는 관할지방법원판사에게 구속영장을 청구하여야 하고, 사법경찰관은 검사에게 신청하여 검사의 청구로 관할지방법원판사에게 구속영장을 청구하여야 한다. 이 경우 구속영장은 피의자를 체포한 때부터 48시간 이내에 청구하여야 하며, 제200조의 3 제3항에 따른 긴급체포서를 첨부하여야 한다.

Ⅲ 사례 해설

1. 사법경찰관 갑이 을에 대해 행한 불심검문의 적법성 여부

본 사안에서 사법경찰관 갑은 을을 정지시킨 후 가방에 들어 있는 소지품을 제시하라고 요구하였으나, 이에 응하지 않자 을의 가방에서 강제로 화염병을 꺼냈다. 사법경찰관 갑의 이러한 행위는 경직법상의 불심검문에 해당한다고 할 수 있다. 불심검문은 직무질문 또는 동행요구 및 흉기소지의 조사로 이루어져 있으므로, 본 사안에서 사법경찰관 갑의 불심검문이 적법한가의 여부도 ① 직무질문과 ② 흉기소지조사의 두 단계로 나누어 살펴보는 것이 바람직하다.

1) 직무질문의 적법성 여부

본 사안에서 사법경찰관 갑은 거동이 수상한 을을 정지시키고 을의 가방에 들어 있는 내용물을 물었으며 더 나아가 소지품의 제시를 요구하였으나, 이를 거부하자 강제로 을의 가방에서 화염병을 꺼냈다. 여기에서 직무질문의 범위에 속하는 것은 을을 정지시키고 을의 가방에 들어 있는 내용물을 물은 것까지라고 할 수 있다. 그러나 소지품의 제시를 요구하는 것은 직무질문이 아니라 이미 흉기소지조사의 단계에 해당하는 것이라고 할 수 있다.

경직법 제3조 제1항은 '수상한 거동 기타 주위의 사정을 합리적으로 판단하여 어떠한 죄를 범하였거나 범하려 하고 있다고 의심할 만한 상당한 이유가 있는 자 또는 이미 행하여진 범죄나 행하여지려고 하는 범죄행동에 관하여 그 사실을 안다고 인정되는 자'라고 규정함으로써, 범죄혐의를 직무질문의 대상이 되는 실체적인 요건으로 제시하고 있다. 그리고 직무질문은 사법경찰작용이 아니라 보안경찰작용에 해당하므로, 여기에서 의미하는 범죄혐의는 구체적인 범죄혐의가 아니라 추상적인 범죄혐의로 충분하다고 하겠다. 본 사안에서 사법경찰관 갑은 을이 미대사관의 점거와 관련하여 흉기를 소지하였다고 의심하였고, 이러한 의심의 근거는 ① 미대사관 앞에서 ② 거동이 수상했다는 점뿐으로 단지 추상적인 범죄혐의만을 근거지울 수 있으므로, 이는 직무질문의 범죄혐의요건과 부합한다고 할 수 있다. 따라서 사법경찰관 갑은 직무질문의 일환으로 미대사관 주위를 서성이는 거동이 수상한 을을 정지시켜 소지품의 내용을 물을 수 있다.

경직법 제3조 제4항은 직무질문의 절차적 요건으로 '신분을 밝히고 질문이나 동행요구의 목적과 이유에 대한 설명의무'를 규정하고 있다. 소지품조사를 수반하는 직무질문의 경우에 이와 관련된 목적과 이유에 대한 설명은 적어도 소지품의 제시를 요구하기 전에 행해지는 것이 합리적이라고 할 수 있다. 본 사안에서 볼 때 사법경찰관 갑은 소지품의 제시를 요구하기 전에 자신의 신분증만 제시하였을 뿐 직무질문과 관련하여 그 목적과 이유를 전혀 설명하지 않았다. 이는 경직법상의 직무질문의 절차적인 요건을 흠결한 것으로 직무질문의 적법성에 직접적으로 영향을 미치는 경직법 제3조 제4항의 위반이 인정되어 위법하다고 할 수 있을 것이다.[23]

2) 흉기소지조사의 적법성 여부

다음으로 사법경찰관 갑이 을에게 소지품의 제시를 요구하였으나 이를 거부하자 을의 소지품을 강제로 조사한 행위가 적법한지가 문제된다. 경직법 제3조 제3항에 따르면, 직무질문을 하는 경찰관에게 흉기소지 여부를 조사할 권한만이 부여되고 있다. 흉기소지 여부를 조사하는 경우에도 소지품조사는 ① 소지품 내용의 제시와 ② 제시된 소지품의 조사로 이루어진다. 그러나 사법경찰관 갑의 소지품 제시에 대한 을의 거부에 대하여 을의 소지품을 강제로 조사한 사법경찰관 갑의 행위는 강제적인 소지품조사로 사실상 압수·수색에 버금가는 기본권(개인의 프라이버시권)의 침해를 수반한다는 점에서 위에서 언급한 일반적인 소지품조사의 불심검문의 내용으로의 인정 여부에 관한 견해의 대립(긍정설과 부정설)과 무관하게 위법하다고 할 수 있다. 따라서 강제적인 소지품조사는 법률상의 수권규정과 법관의 영장 없이는 허용될 수 없다고 해야 할 것이다.

뿐만 아니라 불심검문의 일환으로 행해지는 소지품조사는 아직 수사절차를 개시하기 위한 전제요건인 구체적인 범죄혐의가 인지되기 이전이므로, 형사소송법상의 압수·수색규정을 유추적용하기도 어렵다고 할 것이다.

---

23) 이와 다른 견해는 심희기, 형사소송법의 쟁점, 제3판, 삼영사, 2004, 111면.

2. 사법경찰관 갑에 의한 을의 강제연행과 보호실유치의 정당성 여부

1) 경직법 제4조의 보호조치에의 해당 여부

경직법은 제4조에서 '정신착란 또는 술 취한 상태로 인하여 자기 또는 타인의 생명·신체와 재산에 위해를 미칠 우려가 있는 자와 자살을 기도하는 자'(동조 제1항 제1호) 또는 '당해인이 거절하지 않는 경우에 미아·병자·부상자 등으로서 적당한 보호자가 없으며 응급의 구호를 요한다고 인정되는 자'(동조 제1항 제2호)를 보호조치의 대상자로 규정하고 있다.

본 사안에서 볼 때 을은 거동이 수상하긴 했지만 정신착란 또는 술 취한 상태에 있지도 않았고 응급의 구호를 요하는 자도 아니므로, 경직법 제4조에 의한 보호조치의 대상이 아니다. 따라서 을을 강제연행하여 인근경찰서에 보호조치한 사법경찰관 갑의 행위는 위법이라고 할 수 있다. 만약 을이 경직법 제4조의 보호조치대상자라고 할지라도 경직법상의 보호조치는 보안경찰작용으로서 경찰관서에 최대 24시간(동조 제7항) 동안 가능하다. 그러나 본 사안에서 사법경찰관 갑은 을을 인근경찰서의 보호실에 약 60시간 동안 유치를 하였으므로, 사법경찰관 갑의 을에 대한 보호실유치는 경직법상의 보호조치로서는 위법하다고 할 것이다. 뿐만 아니라 보호실유치의 경우, 경직법 제4조 제4항[24]에 의거하여 당해 경찰관은 피유치자의 가족 등에 대해 이러한 사실을 통지해야 할 의무를 가진다. 그러나 본 사안에서 볼 때 사법경찰관 갑은 을을 보호실에 유치시킨 후 을의 가족 등에 통지한 사실이 전혀 없기 때문에 사법경찰관 갑의 을에 대한 보호실유치는 경직법상의 보호조치의 집행절차에도 위반한 점이 인정될 수 있으므로, 적법한 보호조치가 되지 않는다고 할 것이다.[25]

만약 경찰관의 보호조치에도 헌법 제12조 제5항[26] 전단이 적용될 수 있다고 해석한다면, 사법경찰관 갑은 을에게 보호실유치의 이유와 변호인의 조력을 받을 권리가 있음을

---

24) 경찰관직무집행법 제4조【보호조치 등】④ 경찰관이 제1항의 조치를 한 때에는 지체 없이 이를 피구호자의 가족·친지 기타의 연고자에게 그 사실을 통지하여야 하며, 연고자가 발견되지 아니 할 때에는 피구호자를 적당한 공중보건의료기관이나 공공구호기관에 즉시 인도하여야 한다.

25) 대판 1994. 3. 11, 93도958.

26) 헌법 제12조【신체의 자유, 자백의 증거능력】⑤ 누구든지 체포 또는 구속의 이유와 변호인의 조력을 받을 권리가 있음을 고지 받지 아니하고는 체포 또는 구속을 당하지 아니한다. 체포 또는 구속을 당한 자의 가족 등 법률이 정한 자에게는 그 이유와 일시·장소가 지체 없이 통지되어야 한다.

고지했어야 한다. 하지만 본 사안에서 사법경찰관 갑은 을에게 이를 전혀 고지하지 않았으므로, 이러한 점에서도 사법경찰관 갑의 을에 대한 보호실유치는 적법한 보호조치라고 할 수 없을 것이다.

2) 형사소송법상의 현행범인체포에의 해당 여부

형사소송법 제212조의 현행범인체포가 인정되기 위해서는, 범죄의 명백성(현행범인 또는 준현행범인), 체포의 필요성과 비례성 요건이 충족되어야 한다.

본 사안에서 볼 때 을은 그의 가방에 화염병을 휴대하고 있었다. 따라서 이 화염병이 경범죄처벌법 제3조 제1항 제2호(흉기의 은닉휴대)[27]에서 말하는 '흉기'에 해당하는지가 문제된다. 형법은 '흉기'라는 개념 외에 '위험한 물건'이라는 개념을 사용하고 있다. 의미론적으로 보면 '흉기'는 '위험한 물건'보다 좁은 개념으로 전자는 후자에 포함된다고 할 수 있다. 그리고 폭력행위등처벌에관한법률 제3조 제1항 역시 '흉기 기타 위험한 물건'이라고 규정하여 전자가 후자의 예시가 된다는 점을 분명히 하고 있다. 따라서 우리 형법상 '흉기'와 '위험한 물건'은 내용적으로 구별된다고 이해하는 것이 타당할 것이다.[28] 이러한 견해에 따르면, 을이 휴대한 화염병은 '위험한 물건'은 될 수 있지만 '흉기'로 보기는 어려우므로, 경범죄처벌법 제3조 제1항 제2호의 '흉기은닉휴대죄'에 해당하지 않는다고 할 수 있다. 그러므로 을은 형사소송법 제211조에서 의미하는 현행범인이 아니라고 할 것이다.

그러나 만약 '흉기'와 '위험한 물건'을 동일한 의미로 이해하는 견해에 따라 화염병을 흉기로 보아 을을 흉기은닉휴대죄의 현행범인으로 보는 경우에도 이는 경미사건에 해당

---

27) 경범죄처벌법 제3조【경범죄의 종류】① 다음 각 호의 어느 하나에 해당하는 사람은 10만 원 이하의 벌금, 구류 또는 과료의 형으로 처벌한다.
2. (흉기의 은닉휴대) 칼·쇠몽둥이·쇠톱 등 사람의 생명 또는 신체에 중대한 위해를 끼치거나 집이나 그 밖의 건조물에 침입하는 데 사용될 수 있는 연장이나 기구를 정당한 이유 없이 숨겨서 지니고 다니는 사람

28) 김일수/서보학, 형법각론, 새로쓴 제7판, 박영사, 2009, 88면; 배종대, 형법각론, 제7전정판, 홍문사, 2010, 126면. 그러나 우리나라의 통설은 '흉기'와 '위험한 물건'을 동의어로 보아 구별하지 않고 있다(오영근, 형법각론, 제2판, 박영사, 2009, 84면 이하; 이재상, 형법각론, 제8판, 박영사, 2012, 67면; 임웅, 형법각론, 개정판 제2보정, 법문사, 2009, 79면; 진계호/이존걸, 형법각론, 제6판, 대왕사, 2008, 82면 참조).

하여 형사소송법 제214조에 의해 '범인의 주거가 분명하지 아니한 때에 한하여' 현행범인으로 체포를 할 수 있다. 그러나 본 사안에서 사법경찰관 갑은 을에게 신분증의 제시를 요구하고 그의 신원과 주거를 확인할 수 있었음에도 불구하고 이를 행하지 않았다. 이로 인해 을의 주거가 분명하지 않은지 확인할 길이 없다. 이러한 의미에서 사법경찰관 갑의 을에 대한 강제연행은 현행범인체포의 필요성 요건을 충족시키지 못한다. 그럼에도 불구하고 을을 강제연행하여 경찰서보호실에 유치한 사법경찰관 갑의 행위는 비례성의 원칙에 반하는 것으로서, 적법한 현행범인체포로 보기 어렵다고 할 수 있다.

뿐만 아니라 사법경찰관 갑이 불구속재판으로 충분한 경미범인 을을 강제연행하여 경찰서보호실에 약 60시간 동안 유치한 행위 또한 비례성의 원칙에 반한다고 할 수 있다. 그리고 현행범인체포의 목적을 '영장 없는 인신구속'이 아니라 수사활동 전반의 관철가능성을 확보하기 위한 일시적인 자유박탈이라고 이해할 경우, 현행범인체포의 기간은 이러한 목적을 달성하는 데 필요한 시간이어야 할 것이다. 따라서 영장 없는 구속기간(48시간)은 현행범인의 체포 후 그 현행범인이 긴급체포의 요건을 충족한 경우에만 적용된다고 해석하는 것이 바람직할 것이다. 그러나 본 사안에서 을의 피의범죄사실인 흉기은닉휴대죄의 법정형(10만 원 이하의 벌금, 구류 또는 과료)은 긴급체포의 요건 중에서 중대성 요건을 충족시키지 못한다. 하지만 형사소송법 제213조의 2는 제200조의 2 제5항을 준용하도록 하고 있으므로, 모든 현행범인은 최소한 48시간, 구속영장을 청구하는 경우에는 구속영장청구가 기각될 때까지 체포할 수 있다. 본 사안에서 구속영장이 발부되지 않자 을이 바로 석방되었기 때문에 을의 보호실유치기간인 60시간은 체포기간의 한계를 넘어서지 않은 것으로 볼 수도 있을 것이다. 하지만 사법경찰관 갑의 을에 대한 강제연행은 현행범인체포에 해당하지 않아 영장 없이 행해진 불법체포이므로, 이로 인한 보호실유치 역시 불법한 인신구속이라고 할 수 있다.

그리고 현행범인체포의 경우 형사소송법 제200조의 5[29]에 따라 피의사실의 요지, 체포의 이유와 변호인을 선임할 수 있음과 변명할 기회를 주어야 하는데, 본 사안에서 사법경찰관 갑은 을을 강제연행할 때 이를 행하지 않았다. 그리고 사법경찰관 갑이 을을

---

29) 형사소송법 제200조의 5 【체포와 피의사실 등의 고지】 검사 또는 사법경찰관은 피의자를 체포하는 경우에는 피의사실의 요지, 체포의 이유와 변호인을 선임할 수 있음을 말하고 변명할 기회를 주어야 한다.

강제연행하여 보호실에 유치한 후에는 형사소송법 제213조의 2에 의해 변호인 또는 변호인이 없는 경우에는 을의 법정대리인 등 중에서 을이 지정한 자에게 피의사건명, 체포일시・장소, 체포의 이유와 변호인을 선임할 수 있다는 취지를 알려야 한다(형사소송법 제87조). 그러나 본 사안에서 볼 때 사법경찰관 갑은 이를 행하지 않았으므로, 을에 대한 사법경찰관 갑의 보호실유치는 그 집행절차의 불법으로 인하여 적법한 현행범인의 체포가 될 수 없다고 할 것이다.[30)]

3) 형사소송법상의 긴급체포에의 해당여부

형사소송법 제200조의 3의 긴급체포에 해당하기 위해서는, 범죄혐의의 상당성, 사전영장에 의한 구속사유, 긴급성과 중대성 요건이 충족되어야 한다.

본 사안에서 을은 가방에 화염병을 넣어 가지고 있었다. 이와 관련하여 이미 앞에서 언급했듯이 형법상의 '흉기'와 '위험한 물건'을 구별하는 견해에 입각할 경우에는 을이 휴대한 화염병은 위험한 물건은 되지만 흉기가 될 수는 없으므로, 을의 행위는 경범죄처벌법 제3조 제1항 제2호의 '흉기은닉휴대죄'에 해당하지 않는다고 할 것이다.

만약 을이 휴대한 화염병을 형법상의 '흉기'로 보아 을의 행위를 경범죄처벌법 제3조 제1항 제2호의 흉기은닉휴대죄에 해당한다고 하는 경우에도 긴급체포가 인정되기 위해서는 범죄혐의의 상당성 요건 이외에도 위에서 언급한 다른 요건을 충족해야 한다. 본 사안에서 볼 때 을은 사법경찰관 갑의 소지품내용의 제시요구에 대해 거부한 상태이므로, 만약 도주의 우려가 있다고 인정된다면 증거인멸의 위험도 인정할 수 있고, 긴급성 요건도 다른 특별한 사정이 없는 한 인정할 수 있을 것이다. 그러나 을의 피의범죄는 흉기은닉휴대죄로서 그의 법정형(10만 원 이하의 벌금, 구류 또는 과료)은 형사소송법 제200조의 3 제1항이 규정하고 있는 '사형・무기 또는 장기 3년 이상의 징역이나 금고에 해당하는 죄'라고 하는 범죄의 중대성 요건을 충족시키지 못한다. 따라서 이러한 사법경찰관 갑의 을에 대한 보호실유치는 긴급체포로서의 적법성을 갖지 못한다고 할 수 있다.

그러나 경찰실무에서는 사법경찰관 갑의 을에 대한 보호실유치는 긴급체포로 합법화될 여지가 있다고 하겠다. 왜냐하면 경찰실무에서는 형사소송법 제200조의 4 제1항에서

---

30) 대판 1994. 10. 25, 94도2283 참조

말하는 사후의 구속영장을 제201조 제1항에서 의미하는 정식의 구속영장으로 해석하여 구속영장을 청구하는 것이 관행으로 되어 있다. 또한 구속영장을 발부 받은 경우에도 긴급체포의 기간은 구속일수에 포함되지 않고, 구속시점도 체포 당시가 아닌 정식의 구속영장이 발부된 시점을 기준으로 계산되고 있다. 이것은 사법경찰관이 최소한 48시간+ α 동안 영장 없이 구속할 수 있음을 의미한다.

긴급체포의 경우에도 현행범인체포와 마찬가지로 피의자를 체포할 때 형사소송법 제200조의 5에 따라 피의사실의 요지, 체포의 이유와 변호인을 선임할 수 있음과 변명할 기회를 주어야 하지만, 본 사안에서는 사법경찰관 갑이 을을 강제연행할 때 이를 행하였다는 정황을 찾을 수가 없다. 뿐만 아니라 형사소송법 제200조의 3 제1항은, 사법경찰관은 긴급체포시에 체포영장을 받을 수 없는 사유를 피의자에게 알려야 한다고 규정하고 있지만, 본 사안에서 사법경찰관 갑은 또한 이를 행하지 않았다. 그리고 사법경찰관 갑의 을에 대한 보호실유치가 이미 앞에서 언급한 바와 같이 부적법한 긴급체포임에도 불구하고 사전구속영장을 청구하는 실무관행에 의해 사실상 합법화되어 있다. 그러나 이 경우에도 제200조의 6[31]에 의해 제87조 등이 준용되어야 하지만, 본 사안에서 볼 때 사법경찰관 갑은 을에 대해 이를 행하지 않았다. 따라서 사법경찰관 갑의 을에 대한 강제연행과 보호실유치는 적법한 긴급체포가 될 수 없을 것이다.[32]

Ⅳ 결 론

우선 불심검문의 적법성과 관련해서 보면, 사법경찰관 갑이 을을 정지시키고 소지품의 내용을 물은 직무질문은 을이 미대사관 앞을 서성이고 거동이 수상하였다는 점에서

31) 형사소송법 제200조의 6 【준용규정】 제75조, 제81조 제1항 본문 및 제3항, 제82조, 제83조, 제85조 제1항·제3항 및 제4항, 제86조, 제87조, 제89조부터 제91조까지, 제93조, 제101조 제4항 및 제102조 제1항 단서의 규정은 검사 또는 사법경찰관이 피의자를 체포하는 경우에 이를 준용한다. 이 경우 "구속"은 이를 "체포"로, "구속영장"은 이를 "체포영장"으로 본다.

32) 대판 1994. 3. 11, 93도958.

경직법 제3조 제1항에 의해 적법하다고 할 수 있다. 그러나 직무질문을 하기 위해서는 직무질문시에 신분증의 제시와 그 목적과 이유를 설명해야 하는데, 본 사안에서 볼 때 사법경찰관 갑은 을에게 신분증만을 제시했을 뿐 직무질문의 목적과 이유에 대해서는 전혀 설명하지 않았다. 이러한 의미에서 사법경찰관 갑의 을에 대한 직무질문은 경직법 제3조 제4항을 위반하여 위법하다고 할 것이다.

직무질문에 이어 행해진 사법경찰관 갑의 흉기소지조사는 일반적인 소지품조사의 범위를 벗어나는 강제적인 소지품조사로 사실상 압수・수색에 버금가는 을의 프라이버시권을 침해하는 행위라고 할 수 있다. 따라서 사법경찰관 갑의 이러한 강제적인 소지품조사는 일반적인 소지품조사를 불심검문의 내용으로 인정할 수 있는가에 관한 견해의 대립과는 무관하게, 인정될 수 없는 것으로 법률상의 수권규정과 법관이 발부한 영장 없이는 허용될 수 없으므로 위법하다고 할 것이다.

다음은 사법경찰관 갑이 을에 대해 행한 강제연행과 보호실유치가 정당한가의 문제이다. 본 사안에서 을은 거동이 수상하긴 했지만 경직법 제4조에서 말하는 정신착란 또는 술 취한 자나 응급의 구호를 요하는 자가 아니므로, 경직법상의 보호조치의 대상이 되지 않는다고 할 것이다. 따라서 이러한 을을 임의동행도 아닌, 강제연행에 의해 경찰서보호실에 유치한 사법경찰관 갑의 행위는 위법하다고 할 것이다. 만약 을이 보호조치대상자라고 할지라도 이에 대한 보호조치는 최대 24시간 동안만 할 수 있으며, 보호실유치의 경우에 경직법 제4조 제4항에 의하여 당해 경찰관은 피유치자의 가족 등에게 이러한 사실을 통지하여야 한다. 그러나 본 사안에서 볼 때 사법경찰관 갑은 을을 인근경찰서의 보호실에 약 60시간을 유치하였으며, 뿐만 아니라 헌법 제12조 제5항과 경직법 제4조 제4항의 집행절차도 제대로 준수하지 않았다. 따라서 사법경찰관 갑의 을에 대한 보호실유치는 적법한 보호조치라고 할 수 없을 것이다.

그렇다면 다음으로 사법경찰관 갑의 을에 대한 강제연행과 보호실유치가 형사소송법 제212조의 현행범인체포에 해당하는지가 문제된다. 본 사안에서 을의 화염병소지행위는 경범죄처벌법 제3조 제1항 제2호의 '흉기은닉휴대죄'에 해당하지 않는다고 할 것이다. 왜냐하면 화염병은 형법상 '위험한 물건'은 될 수 있어도 '흉기'라고 볼 수는 없기 때문이다. 그럼에도 불구하고 형법상 흉기와 위험한 물건을 동의어로 이해하는 통설에 따라 만약 을의 화염병소지행위를 경범죄처벌법상의 흉기은닉휴대죄에 해당한다고 하는 경우에도 흉기은닉휴대죄는 경미범죄로 형사소송법 제214조에 의해 범인의 주거가 분명하지 않은 때에 한하여 을을 현행범인으로 체포할 수 있다. 하지만 본 사안에서 사법경찰관 갑은 을에게 신분증의 제시를 요구하고 그의 신원과 주거를 확인할 수 있었음에도 불구하고 이를 행하지 않아 을의 주거가 분명하지 않는지 확인할 길이 없다. 이러한 상황에서 사법경찰관 갑이 을을 강제연행하여 경찰서보호실에 유치한 행위는 체포의 필요성을 충족시키지 않을 뿐만 아니라 비례성의 원칙에도 부합하지 않는 것으로서, 적법한 현행범인의 체포로 보기 어렵다고 할 것이다. 뿐만 아니라 사법경찰관 갑은 을을 강제연행할 때 범죄사실의 요지, 체포의 이유와 변호인의 조력을 받을 권리가 있음을 고지하고 변명할 기회를 주어야 하며, 체포 후에도 을 본인에게 피의사실의 요지와 변호인을 선임할 수 있음을 고지하여야 하는 현행범인체포의 집행절차를 제대로 준수하지 않았다. 이러한 의미에서 사법경찰관 갑의 을에 대한 강제연행과 보호실유치는 적법한 현행범인의 체포라고 할 수 없을 것이다.

마지막으로 사법경찰관 갑의 을에 대한 강제연행과 보호실유치가 형사소송법 제200조의 3에서 말하는 긴급체포에 해당하는지가 문제된다. 본 사안에서 을의 화염병소지행위를 이미 언급한 바와 같이 경범죄처벌법상의 흉기은닉휴대죄에 해당하는 것으로 보아 을을 현행범인으로 인정한다고 하더라도, 형사소송법상의 긴급체포가 인정되기 위해서는 범죄혐의의 상당성, 구속사유, 긴급성 이외에도 중대성 요건이 충족되어야 한다. 그러나 본 사안에서 을의 흉기은닉휴대죄의 법정형은 10만 원 이하의 벌금, 구류 또는 과료로 적어도 장기 3년 이상의 징역 또는 금고를 전제로 하고 있는 범죄의 중대성을 충족하지 못하므로, 사법경찰관 갑의 을에 대한 강제연행과 보호실유치는 적법한 긴급체포가 되지 못한다고 할 것이다. 뿐만 아니라 긴급체포의 경우에는 현행범인의 체포에서와 마찬가지로 긴급체포의 집행절차를 준수하여야 한다. 그러나 본 사안에서 사법경찰관 갑이 을을 강제연행하여 보호실에 유치할 때 이러한 집행절차를 준수하였다는 정황을 발견할 수 없다는 점에서 사법경찰관 갑의 을에 대한 강제연행과 보호실유치는 긴급체포의 집행절차를 제대로 준수한 행위로 볼 수 없어 적법한 긴급체포라고 할 수 없을 것이다.

V 연습문제

1 갑은 압구정동 유흥가를 거닐다 지나가던 행인 을과 말다툼 끝에 을에게 가벼운 폭행을 가했다. 을의 친구인 병이 이 광경을 목격하여 경찰서에 신고하였다. 갑과 을의 다툼이 있은 지 약 1시간이 지나서야 출동한 경찰관 정은 갑을 강제연행하여 경찰서보호실에 유치하고 대기하도록 하였다.

경찰관 정의 갑에 대한 조치는 적법한가?

해 설

이 사안에서 문제가 되는 것은 경찰관 정의 갑에 대한 강제연행과 보호실유치가 형사소송법 제212조의 현행범체포에 해당하는가이다.

이 사안에서 경찰관 정은 갑과 을의 다툼이 있은 지 약 1시간 후에 출동하여 갑을 강제연행한 것이기 때문에 현행범인과 관련하여 '실행즉후인 자'로 볼 수 있는지가 중요한 논점이라고 할 수 있다. 그러나 실행즉후란 범죄의 명백성이 판단될 수 있을 정도의 시간적장소적 접착성이 있는 경우를 가리키므로, 이미 다툼이 종료하여 약 1시간이 경과한 경우에는 실행즉후로 보기 어려워 갑은 현행범인이 아니라고 할 것이다. 그렇다면 이러한 경우 경찰관 정은 갑에 대해 임의동행만이 가능하다고 할 것이다. 만약 경찰관 정이 갑을 체포하기 위해서는 사전영장으로 체포영장이 있어야 하지만, 이 사안에서 경찰관 정은 갑을 영장 없이 강제연행하여 경찰서보호실에 유치한 것으로서, 정의 이러한 행위는 적법한 현행범인의 체포에 해당하지 않는다고 할 것이다.

그렇다면 경찰관 정의 갑에 대한 강제연행과 보호실유치에 긴급체포를 적용할 수 있는가? 이 사안에서 문제가 되는 갑의 범죄는 형법 제260조 제1항의 폭행죄로 그 법정형은 2년 이하의 징역, 500만 원 이하의 벌금, 구류 또는 과료이다. 그러나 이는 긴급체포의 요건인 중대성 요건(즉, 장기 3년 이상의 징역 또는 금고)을 충족시키지 못하므로, 경찰관 정의 갑에 대한 강제연행 역시 적법한 긴급체포로 보기 어렵다고 할 것이다.

따라서 경찰관 정이 갑에 대해 행한 강제연행과 보호실유치는 형사소송법 제212조의 현행범인체포에도 제200조의 3의 긴급체포에도 해당하지 않는 것으로서 위법한 행위라고 할 것이다.

제 10 장

행정처분에 대한 권리구제와 손해배상

Ⅰ. 어떤 경우에 민사소송이 아닌 행정소송을 제기하나?

Ⅱ. 어떤 행정소송을 제기할까?

Ⅲ. 누가 행정소송을 제기할 수 있는가?

Ⅳ. 이미 過去之事가 된 것은?

Ⅴ. 누구를 상대로 행정소송을 제기하나?

Ⅵ. 행정소송의 절차 및 방법은?

Ⅶ. 행정처분이 너무 가혹하다고 생각하는데

Ⅷ. 행정처분은 취소되었지만 이미 입은 손해는?

▮사 례▮

A는 대전시에서 식품접객업을 운영하고 있는데, 청소년에게 주류를 제공하다가 식품위생법 제31조 제2항에 위반한 혐의로 적발되었다. 동법 제58조와 이에 근거하여 제정된 식품위생법시행규칙 제53조 및 별표 15(행정처분의 기준)에 의하면 청소년에게 주류를 제공하여 법을 위반한 자에게는 1차의 경우에는 영업정지 2개월, 2차의 경우 영업정지 3개월, 3차의 경우 영업허가의 취소 또는 영업소폐쇄의 행정처분을 하도록 되어 있다. A의 위반행위는 1차에 해당하여 영업정지 2개월에 해당하는 행정처분을 대전시장으로부터 받았다.

그런데 A는 이 행정처분에 대해 억울하다고 생각한다. 그 이유는 단속공무원이 단속을 한 시점에 청소년들이 술을 마신 것은 사실이지만 자신이 청소년들에게 적극적으로 술을 판매한 것은 아니라는 것이다. 그날은 고등학교 졸업식이 있는 날로서, 한 졸업생의 삼촌이 자신의 조카와 조카의 친구들 3명을 데리고 와서 삼촌 자신이 점심식사와 겸해서 마시기 위해서 맥주를 5병을 시켰고, 자신이 마시면서 조카와 그 친구들에게도 졸업기념으로 한 잔씩 권하고 자신은 식사를 한 후 돈을 지불하고 그 음식점을 혼자 먼저 떠났고, 졸업생들은 더 남아서 남은 점심과 맥주를 마시고 있던 참이었다는 것이다.

I 어떤 경우에 민사소송이 아닌 행정소송을 제기하나?

문 A는 민사소송 또는 행정소송 중 어느 것을 제기해야 하는가?

민사소송은 개인 간의 법률관계(권리 · 의무관계)에 관한 다툼이 있을 때 제기한다. 반면 행정소송은 행정주체(국가, 지방자치단체 등)와 국민과의 법률관계에 관해 다툼이 있을 때 제기한다. 그런데 국가나 지방자체단체가 국민보다 우월한 입장(예 : 조세부과, 영업허가 및 그 취소 등)이 아니라 국민과 대등한 당사자의 지위에서 맺은 법률관계(예 : 국 · 공유 잡종재산의 매각불하 및 사용료 부과, 정부소요물품의 구매계약, 관공서청사의 건설도급계약 등)에 관해서는 민사소송을 제기한다.

답 A는 행정소송을 제기한다.

II 어떤 행정소송을 제기할까?

문 A는 어떤 행정소송을 제기해야 하는가?

행정소송이란 행정작용으로 위법하게 권리나 이익이 침해된 자가 소송을 제기하고, 법원이 이에 대하여 심리 · 판단하는 것을 말한다. 행정소송의 종류에는 항고소송 · 당사자소송 · 기관소송 · 민중소송의 네 가지가 있다. 행정소송의 대부분은 항고소송이다.

1. 항고소송

항고소송이란 행정청의 위법한 처분 등이나 부작위에 대해서 제기하는 소송으로서,

행정청의 적극적 또는 소극적 공권력 행사에 의하여 생긴 행정법상의 위법한 상태를 제거하여 권리나 이익의 보호를 목적으로 하는 소송을 총칭한다(행정소송법 제3조 제1호). 이에는 다음 3가지가 있다.

1) 취소소송

행정청의 위법한 처분이나 재결에 대해 그 취소나 변경(일부취소)을 구하는 소송을 말한다. 행정소송 중 가장 대표적인 소송이고 행정소송의 대부분을 차지한다. 다른 소송도 취소소송에 관한 규정을 많이 준용하고 있다.

2) 무효 등 확인소송

행정청의 처분 등의 효력 유무 또는 존재 여부의 확인을 구하는 소송을 말한다. 행정처분이 비록 위법하다고 하더라도 일단 그것이 취소되기까지는 효력을 인정하는 것이 원칙이다(공정력 : 세금이 과다하게 부과되더라도 일단은 세금을 납부하는 것이 원칙. 영업정지가 위법하다고 하더라도 취소되지 않는 한 영업정지를 하는 것이 원칙. 나중에 손해배상은 별도). 따라서 행정처분이 무효가 되는 것은 행정처분의 위법성이 중대하고 명백하여 누구도 당연히 효력을 부인할 정도에만 예외적으로 인정된다. 따라서 이 소송은 그만큼 예외적으로 인정되는 것이다. 이 소송은 취소소송과는 달리 제소기간의 제한 등의 규정이 적용되지 않는다.

3) 부작위 위법확인소송

부작위 위법확인소송은 행정심판에 있어서 의무이행심판에 대응하는 것으로서 행정청이 일정한 처분을 해야 할 의무가 있음에도 불구하고 이를 행하지 않는 경우, 그 부작위가 위법함을 구하는 소송이다(행정소송법 제4조 제3호). 부작위의 의미는 '행정청이 당사자의 신청에 대하여 상당한 기간 내에 신청을 인용하는 적극적 처분 또는 각하하거나 기각하는 등의 소극적 처분을 하여야 할 법률상의 응답의무가 있음에도 불구하고 이를 하지 아니하는 것'을 말한다. 이 소송은 이러한 부작위가 위법하다는 것을 확인함으로써 행정청의 응답을 신속하게 하여 부작위 또는 무응답이라는 소극적 위법상태를 제거하는 것을 목적으로 하는 소송이다.

행정심판에서는 부작위에 대해서 행정청에게 적극적으로 일정한 행위를 명하는 의무이행심판이 허용되고 있다. 이와는 달리 이 소송은 행정청의 아무런 응답을 하지 않는 것이 위법하다는 확인을 구하는 것이지, 원고의 신청을 인용하지 않는 것이 위법하다는 확인을 구하는 소송이 아니다.

2. 당사자소송

'행정청의 처분 등을 원인으로 하는 법률관계에 관한 소송(形式的 當事者訴訟, 예 : 토지수용위원회의 수용재결을 원인으로 그 보상액에 관한 다툼을 토지소유자 또는 기업자가 원고 또는 피고가 되는 경우) 기타 공법상의 법률관계에 관한 소송(實質的 當事者訴訟, 예 : 공무원의 봉급청구 등 공법상금전지급청구소송)으로서 그 법률관계의 한쪽 당사자를 피고로 하는 소송'을 말한다.

3. 기관소송

국가 또는 공공단체의 기관 상호간에 있어서의 권한의 존부 또는 그 행사에 관한 다툼이 있는 경우 이에 대하여 제기하는 소송을 말한다(예 : 지방자치단체장의 지방의회에 대한 소송).

4. 민중소송

국가 또는 공공단체의 기관이 법률에 위반되는 행위를 한 때, 직접 자기의 법률상의 이익과 관계없이 그 시정을 구하기 위하여 제기하는 소송을 말한다(공직선거법상의 당선소송 · 선거소송, 국민투표법상의 소송).

답 A는 영업정지처분이 너무 가혹하여 비례원칙을 위반하여 위법한 처분이므로 취소를 하여야 한다는 취지의 취소소송을 제기하면 된다. 그 위법성이 중대하고 명백하다고 볼 수는 없으므로 무효확인소송을 제기해서는 안 된다.

Ⅲ 누가 행정소송을 제기할 수 있는가?

문 A는 행정소송을 제기할 자격이 있는가?

자신이 보기에 위법한 행정처분이 있다고 하여 누구나 소송을 제기할 수 있는 것이 아니고 원고가 될 수 있는 자격(원고적격)이 있는 자만이 소송을 제기할 수 있다. 특히 항고소송 등 주관적 소송은 자신의 개인의 법적 이익 내지 권리를 위해서만 소송을 제기할 수 있는 것이고, 단지 사회의 객관적인 정의실현을 위해서는 원고가 될 수 없다(예 : 환경단체회원이라고 하더라도 환경침해행정에 대해 그것이 자신의 환경권을 직접적으로 침해하지 않은 한 행정소송을 제기할 수 없다).

취소소송은 행정청의 위법한 처분이나 재결의 취소 또는 변경을 구할 법률상의 이익이 있는 자가 원고적격을 갖는다(행소법 제12조). 따라서 '법률상의 이익'이 있는 자이면 행정처분의 직접 상대자는 물론 제3자도 원고가 될 수 있다. 그런데 상대방의 경우는 별 문제될 것이 없다.

답 A는 자신의 영업의 권리가 침해되는 것을 구제받기 위한 것이므로 당연히 원고가 될 수 있다.

1. 법률상 이익과 반사적 이익

문 행정처분의 상대방이 아닌 제3자의 경우에는 어떠한가?

위 사례와는 달리 어떤 상대방에 대한 (수익적) 행정처분(영업허가, 건축허가, 환경오염시설의 허가, 오염물질 배출시설에 대한 규제조치 불이행)으로 인해 제3자가 피해를 당한 경우는 문제가 간단하지 않다. 제3자는 어떤 경우에 '법률상의 이익'이 있는 자인지가 문제가 되는 경우가 많다.

법률상 이익이란 법률이 개인을 위하여 보호하고 있는 직접적이고 구체적인 이익을 의미한다. 법에 의하여 보호되는 이익을 판단함에 있어서는 당해 처분의 근거법률을 기본으로 하되, 헌법의 기본권 조항을 포함한 관련법규의 합리적 해석상, 처분의 근거가 된 법규가 행정청을 제약하는 이유가 순수공익이 아닌 개인적 구체적 이익을 보호하는 취지가 포함되어 있다고 해석되는 경우에는 그 개인의 이익은 법률상 보호되는 이익이 된다.

이와는 달리 법규정의 직접목적은 공익보호를 위한 것이나 그로 인하여 관계자가 반사적으로 이익으로 보는 경우를 '반사적 이익'이라고 한다. 공익보호의 결과로 국민일반이 공통적으로 가지는 추상적, 평균적, 일반적 이익이나 반사적 이익은 간접적, 사실적 이익으로서 법률상의 이익에 포함되지 않는다는 것이 확립된 판례의 태도이다. 이는 법에 의해 보호되는 이익이 아니므로 소송을 통해 구제받을 수 없다.

그러나 양자의 구분은 상대적이며 유동적이기까지 하여 실제에 있어서 법에 의하여 보호되는 이익을 침해받았는지의 여부는 일률적으로 말할 수 없고 구체적인 경우에 따라 그 처분으로 침해된 이익의 성질 및 대소, 태양 등을 종합하여 개별법규의 해석에 의하여 결정될 수밖에 없다.

오늘날에 있어서는 환경권과 소비자권리, 문화적 생활을 누릴 권리 등의 중요성이 커짐으로써 과거 반사적 이익에 불과한 것으로 여겨졌던 것들이 법률상의 이익으로 해석되는 추세에 있다.

2. 원고적격을 인정한 예

① 인근주민

용도 지역이나 건폐율, 고도제한 등 건축법의 제규정에 위배된 건축허가에 대하여 인근주민(대판, 1975. 5. 13, 73누96.97), LPG 충전소 설치허가처분에 대하여 인접주민들(대판, 1983. 7. 12, 83누59), 환경영향평가대상지역 안의 주민들의 환경관련 이익(환경영향평가대상지역 밖의 주민은 부인)(대판, 1998. 9. 22, 97누19571).

② 특허사업의 競業者(기존업자)

선박운항사업면허처분에 대한 기존업자(대판, 1969. 12. 30, 69누106), 자동차운수사업면허에 대한 당해 노선에 대한 기존업자(대판, 1974. 4. 9, 73누173), 광업법이 정한 거리제한을 위배한 증구허가에 대하여 인정 광업권자(대판, 1982. 7. 27, 81누271), 직행버스 정류장 설치 인가처분에 대하여 그로부터 70여 미터 떨어져 정류장을 운영하는 기존업자(대판, 1975. 7. 22, 75누12), 기존 시외버스를 시내버스로 전환하는 사업계획 변경인가 처분에 대하여 기존 시내버스업자(대판, 1987. 9. 22, 85누985).

3. 원고적격을 부정한 예

① 경찰허가를 받은 경업자

목욕탕 영업허가에 대하여 기존 목욕탕업자(대판, 1963. 8. 31, 63누101), 양곡가공업허가에 대하여 기존업자(대판, 1981. 1. 27, 79누433; 1990. 11. 13, 89누756), 약사에게 한약조제권을 인정함으로 인한 한의사들의 영업상 피해 이익(대판, 1998. 3. 10, 97누4289).

② 법적 이익이 아닌 경우

산책로를 이용할 이익이나 문화재를 향유할 이익(대판, 1992. 9. 22, 91누13212), 학생이 학습권 침해를 이유로 전공과목을 달리한 전임강사 임용처분취소청구를 구하는 경우(대판, 1993. 7. 27, 93누8139), 당초 병원설치가 불가능한 용도에서 병원설치가 가능한 용도로 건축물 용도를 변경하여 준 처분에 대하여 인근기존 병원경영자(대판, 1990. 5. 22, 90누813).

Ⅳ 이미 過去之事가 된 것은?

문 A의 영업정지기간이 이미 지나간 경우에도 취소소송을 제기할 수 있는가?

행정소송을 제기하기 위해서는 원고에게 소송을 통해서 당해 분쟁을 해결할 현실적인 필요성(訴의 利益)이 인정되어야 한다. 사실심의 종결시는 물론 상고심에서도 존속하여야 하며, 상고심 계속 중 소의 이익이 없게 되면 부적법한 소가 되어 직권각하사유가 된다(대판, 1995. 11. 21, 94누11293; 1996. 2. 23, 95누2685).

행정소송법 제12조 2문은 "처분 등의 효과가 기간의 경과, 처분 등의 집행 그 밖의 사유로 인하여 소멸된 뒤에도 그 처분 등의 취소로 인하여 회복되는 법률상 이익이 있는 자는 취소소송을 제기할 수 있다"고 규정하고 있다.

1. 소의 이익이 부정된 예

판례에 의하면 소의 이익이 부정되는 경우는 처분에서 정한 처분기간(예 : 영업정지기간)이 소송도중 도과한 경우(대판, 1997. 2. 14, 96누6233), 처분의 집행이 완료되어 원상회복이 불가능하게 된 경우(대판, 1995. 11. 21, 94누11293: 대상건물철거 후의 대집행계고처분취소소송), 처분 후의 사정에 의하여 이익침해가 해소된 경우(대판, 1993. 11. 9, 93누6867: 의사국가고시불합격처분 이후 시험합격), 처분 후에 법령이나 제도의 개폐로 처분이 근거법령이 실효된 경우(대판, 1999. 6. 11, 97누379) 등이 해당한다.

2. 소의 이익이 인정된 예

소의 이익이 인정되는 경우는, 파면처분 후 당연퇴직한 경우(대판, 1985. 6. 25, 85누39), 파면처분 후 일반사면된 경우(대판, 1983. 2. 8, 81누121), 건축사업무정지기간 경과 후에도 건축사법상 가중처벌의 위험이 존재하는 경우(대판, 1991. 8. 27, 91누3512) 등이다.

답 위 사례에서 A가 영업정지기간 이전인 경우에는 소송의 제기가 가능함은 물론이다. 그런데 일반적으로 소송이 계속되는 기간에 영업정지기간이 만료되므로 항소심의 경우에는 소의 이익이 부정되는 경우가 많을 것이다. 그러나 2차 위반시에는 가중처벌되는 위험이 존재하므로 소의 이익을 주장할 수 있을 것이다. 만일 항소나 상고시에 소의 이익이 부인되어 각하되면 위법한 영업정지로 인한 손해배상을 요구하는 소송을 제기하는 길밖에 없다.

V 누구를 상대로 행정소송을 제기하나?

행정소송은 올바른 被告를 상대방으로 하여 제기되어야 하며, 피고가 잘못 지정된 경우에는 소송이 각하되나, 예외적으로 被告更正의 절차를 통하여 바로잡을 수 있다. 다른 법률에 특별한 규정이 없는 한 당해 처분 등을 행한 행정청, 즉 處分廳(예외적으로 행정심판의 裁決이 소송의 대상이 된 경우에는 재결청)이 피고가 된다. 위 사례의 경우 대전시장이 피고가 된다.

VI 행정소송의 절차 및 방법은?

1. 행정심판의 청구

1) 행정심판 임의주의

문 A는 이 문제를 빨리 해결하고 싶은데 행정심판을 거치는 것이 유리한가?

행정소송법은 "취소소송은 법령의 규정에 의하여 당해 처분에 대한 행정심판을 제기할 수 있는 경우에도 이를 거치지 아니하고 제기할 수 있다. 다만, 다른 법률에 당해 처분에 대한 행정심판의 재결을 거치지 아니하면 취소소송을 제기할 수 없다는 규정이 있는 때에는 그러하지 아니하다"라고 규정하고 있다(제18조 제1항). 따라서 당사자는 행정심판을 제기할 것인가의 여부를 스스로 결정할 수 있다.

행정심판이란 널리 행정상의 분쟁을 행정기관이 심리·재결하는 쟁송절차를 말한다. 이러한 의미의 행정심판은 행정심판, 재결신청, 이의신청, 심사청구, 소청심사 등 여러 가지 이름으로 불리고 있다. 예외적으로 법률의 명문규정에 의하여 행정심판을 반드시 거치도록 규정되어 있는 경우에도 형식적인 명칭에 관계없이 처분 등에 대한 불복절차를 모두 포함하는 개념으로 이해된다. 행정심판의 성질을 갖는 불복절차가 하나의 처분에 대해 여러 절차로 마련되고 있는 경우에는, 법률의 특별한 규정이 있는 경우를 제외하고는 모든 절차를 다 거칠 필요는 없고, 그 중 하나의 절차만 거치면 된다.

답 식품위생법에는 특별한 규정이 없으므로 A는 행정심판을 거치지 않고 바로 소송을 제기하여도 된다. 그렇지만 소송은 시간과 비용이 많이 들므로 행정심판을 제기하여 신속하게 해결하는 것이 바람직할 것이다. 또한 행정심판은 상위의 감독행정청이 재결하는 것으로서 행정권 내부에서 자체적으로 판단하는 것이기 때문에 하위행정청의 처분이 위법하지는 않더라도 최선이 아닌 경우(부당한 경우)까지 심판하여 정정할 수 있는 것이다. 반면 행정소송은 법원에서 하는 것이기 때문에 위법성 여부만을 심사하는 점에 차이가 있다.

2) 행정심판의 종류

문 A는 무슨 행정심판을 제기하여야 하나?

행정심판에 관한 일반법은 행정심판법이다. 행정심판법상 행정심판에는 행정청의 違法 또는 不當한 처분의 취소 또는 변경을 구하는 심판(取消審判), 처분의 효력유무 또는 존재 여부의 확인을 구하는 심판(無效 등 確認審判), 행정청의 위법 또는 부당한 거부처분이나 부작위에 대하여 일정한 처분할 것을 구하는 심판(義務履行審判)이 있다.

답 영업정지의 취소 또는 변경을 구하는 취소심판을 제기한다.

3) 행정심판의 청구방법 · 기간

문 A는 언제까지 어느 곳에 행정심판을 제기하며 그것은 어떻게 알 수 있나?

행정심판법은 사인이 행정심판제도를 활용할 수 있도록 하기 위해 고지제도를 두고 있는데, 행정청이 서면으로 하는 경우에는 그 상대방에게 처분에 관하여 행정심판을 제기할 수 있는지의 여부, 제기하는 경우의 재결청 · 경유절차 및 청구기간을 알려야 한다(제42조 제1항).

심판청구는 서면으로 하며 예외적인 경우를 제외하고는 원칙적으로 처분이 있음을 안 날로부터 90일 이내, 처분이 있은 날로부터 180일을 경과하면 제기하지 못한다. 부작위에 대한 의무이행심판청구의 경우에는 현실적으로 행정처분이 없으므로 청구기간의 제한이 없다.

심판청구서는 처분청 또는 재결청에 제출한다.

4) 행정심판기관 및 재결

행정심판기관에는 재결청과 행정심판위원회가 있다. 재결청은 재결함에 있어서 행정심판위원회의 의결내용에 구속되는 형식적 재결기관으로서 당해 행정청의 직근상급기관이 된다. 행정심판위원회는 행정심판의 청구를 독립하여 심리·의결하는 합의제기관으로서 재결청소속 하에 설치되며 그 밖에 국무총리행정심판위원회가 있으며 비상설기관이다.

재결청은 행정심판위원회의 의결내용에 구속되어 그에 따라 재결하며, 서면으로 하여야 하고, 심판청구의 대상이 되는 처분보다 불이익한 재결을 하지 못한다(不利益變更禁止의 原則). 재결에는 却下裁決, 棄却裁決, 認容裁決, 事情裁決이 있다. 사정재결이란 청구인의 청구가 이유 있음에도 불구하고 공익을 이유로 청구가 기각되는 것을 말하며, 이 경우에는 청구인에게 상당한 구제방법을 취하게 된다.

답 A는 대전시장 또는 재결청에 심판을 청구하는데, 재결청은 대전시장의 직근상급기관으로서 장관이 되며, 그 업무분야에 따라 결정된다. 식품위생과 관련된 것이므로 보건복지가족부장관이 재결청이 된다.

2. 행정소송의 제기

1) 관할 법원

1998년 3월 1일부터 행정소송에 있어서도 3심제를 도입하여 서울의 경우 지방법원급인 행정법원을, 그 밖의 경우 지방법원을 1심법원으로 하고 있다. A는 대전지방법원에 소송을 제기한다.

2) 소송의 대상

행정소송법은 취소소송의 대상을 '처분 등' 즉, '행정청이 행하는 구체적 사실에 대한 법집행으로서의 공권력의 행사 또는 그 거부와 그 밖에 이에 준하는 행정작용 및 행정심판에 대한 재결'이라고 규정하고(제19조 · 제2조 제1호) 이를 무효 등 확인소송 및 부작위위법확인소송에도 준용함으로써, 항고소송의 대상이 '처분'과 '재결'임을 명시하고 있다. 따라서 취소소송과 무효등확인소송의 대상은 '처분 등'이 되고, 부작위위법확인소송은 부작위가 된다. 재결은 재결 자체에 고유한 위법이 있는 경우를 예정한 것이다.

(1) 항고소송의 대상인 처분

항고소송의 대상으로서 처분개념의 의미에 대해서 행정소송법은 '행정청이 행하는 구체적 사실에 관한 법집행으로서의 공권력의 행사 또는 그 거부와 그 밖에 이에 준하는 행정작용'으로 스스로 정의하고 있다(제2조 제1항 제1호). 이를 분설하면 다음과 같다.

① 행정청의 행위

'행정청'이라 함은 국가 또는 지방자치단체의 행정에 관한 의사를 결정하고 이를 외부에 표시할 수 있는 권한을 가진 행정기관을 말한다. 보건복지가족부장관, 경찰청장 등의 경우처럼 원칙적으로 단독제제의 기관이지만, 방송위원회, 공정거래위원회와 같이 합의제인 경우도 있다. 입법기관이나 사법기관도 행정적인 처분을 하는 범위에서 행정청에 속한다.

또한 행정청에는 원래의 행정기관에 속하지 아니하나, 국가 또는 지방자치단체의 특정사무를 위임 위탁받아 행정작용을 행하는 공공단체 및 그 기관, 심지어는 私人까지도 그 특정사무를 행하는 범위에서 행정청에 포함된다. 그리하여 토지구획정리사업조합, 주택공사, 농어촌진흥공사, 한국토지공사, 의료보험조합 등 각종 공법인과 별정우체국장 등이 행하는 것으로서 법령에 의하여 국가 또는 지방자치단체의 사무를 위임받아 행하는 국민에 대한 공권력적 행위는 행정처분으로서 항고소송의 대상이 된다.

② 공권력적 행위

행정청이 법에 의하여 고권적 지위에서 하는 공법상 행위로서 대외적으로 구체적인 법적효과를 발생시키는 행위를 말한다. 그러므로 행정청이 상대방과 대등한 지위에서 하는 이른바, 公法上의 契約이나 合同行爲라든가 행정청의 私法上의 행위(예 : 私經濟的 作用; 국유 잡종재산의 불하, 대부, 무상양여, 정부수요품의 매입, 공사청부계약 등, 잡종재산에 대한 사용료 부과처분)는 이에 포함되지 아니한다(국유재산의 관리청이 그 무단점유자에 대하여 하는 변상금부과처분, 행정재산 사용허가나 사용료 부과처분은 행정처분이다).

③ 구체적 집행행위

일반적 추상적인 법령 또는 내규나 사업계획 등은 그 규율대상이 제한되어 있다 하더라도 원칙적으로 행정소송 대상이 아니다. 그리하여 대통령령 등의 위법 여부나 피고 행정청에게 일반적 추상적 권한 있음을 가려달라는 소송, 교육과학기술부장관의 내신성적 산정기준에 관한 시행시침의 유효 여부 등은 항고소송의 대상이 될 수 없다(대판, 1983. 4. 26, 82누528; 1994. 9. 10, 자94두33). 그러나 법령 또는 조례가 구체적 집행행위의 개입 없이도 그 자체로서 직접 국민에 대하여 구체적 효과를 발생하여 특정한 권리의무를 형성케 하는 경우에는 행정소송의 대상이 된다(대판, 1996. 9. 20, 95누8003 참조).

행정계획 등은 그로서 바로 국민의 권리를 제약하거나 의무를 부과하는 것이 아니므로 원칙적으로 항고소송의 대상이 되지 아니하나, 그 자체 바로 특정인의 법률상의 이익을 개별적, 구체적으로 규제하는 효과가 있는 경우에는 항고소송의 대상이 된다(도시계획결정을 항고소송의 대상으로 본 대판, 1982. 3. 9, 80누105 참조).

또한 시장・군수・구청장이 지가공시 및 토지 등의 평가에 관한 법률 제10조의 2 규정에 의하여 하는 개별공시지가결정은 토지초과이득세, 택지초과소유부담금, 개발부담금 산정의 기준이 되어 국민의 권리나 의무 또는 법률상의 이익에 직접 관계되는 것으로 항고소송의 대상이 된다는 것이 판례이다(대판, 1993. 6. 11, 92누16706).

④ 국민의 권리의무에 직접 영향이 있는 법적 행위

항고소송은 국민의 권리이익 구제를 위한 것이므로 국민의 권리이익에 영향이 없는 단순한 행정청의 내부행위나(과세처분의 선행적 절차로서 세무서장은 내부적으로 행하는 이익금가산결정, 과세표준결정, 인정상여결정과 그에 따른 소득금액변동통지), 중간처분(다만, 중간적 처분으로 보일지라도 그로써 국민의 권리가 제한되거나 의무가 발생하면 항고소송의 대상이 됨을 주의하여야 한다. 토지수용절차 중 한 단계인 사업인정, 노동쟁의조정법 제30조 제3항에 의한 중재회부 결정 등이 그 예이다), 의견, 질의답변 또는 내부적 사무처리 절차이거나 알선, 권유, 행정지도 등 비권력적 사실행위 등은 항고소송의 대상이 될 수 없다.

⑤ 특별불복절차가 따로 마련되어 있는 경우

근거법률이 행정소송 이외의 다른 절차에 의하여 불복할 것을 예정하고 있는 처분은 항고소송의 대상이 될 수 없다. 과태료처분이나 통고처분에 대하여 이의가 있는 자는 비송사건절차법 또는 즉결심판법에 의하여 법원의 판단을 받아야 하고, 행정소송을 제기할 수 없다(도로교통법 제115조의 2, 제117조 참조).

(2) 행정심판의 재결이 항고소송의 대상이 되는 경우

행정소송법은 행정심판 재결을 행정처분과 함께 항고소송의 대상으로 명시하고 있다(행정소송법 제2조 제1호 · 제3조 등). 행정소송법은 '처분'이라는 용어와 여기에 '재결'이 포함된 '처분 등'을 엄격히 구분하여 사용하고 있다(제 2· 18 · 22조 등 참조). 행정심판 재결은 준사법작용이기는 하지만, 행정청이 하는 공권력적 행위라는 점에서 당연 항고소송의 대상이 된다. 여기서 말하는 재결에는 행정심판법의 규정에 의한 형식적 의미의 행정심판뿐만 널리 행정기관이 행하는 행정쟁송이 포함되는 개념이다.

原處分과 이에 대한 재결은 모두 행정청의 공권력적 행위로서 다같이 항고소송의 대상이 될 수 있다 할 것인데, 아무런 제한 없이 양자를 모두 소송의 대상으로 허용할 경우 판결의 저촉이나 소송경제에 반하는 등의 문제가 발생한다. 그리하여 행정소송법 제19조 단서, 제38조는 원처분과 아울러 재결에 대하여도 취소소송이나 무효 등 확인소송 등 항고소송을 제기할 수 있도록 하면서, 단지 재결에 대한 소송에 있어서는 원처분의 위법을 이유로 할 수 없고, 재결 자체에 고유한 위법이 있음을 이유로 하는 경우에 한하도록 하여 원칙적으로 原處分主義를 택하고 있다. 예외적으로 개별법률이 재결주의를 택하고 있는 경우가 있다(예 : 勞動委員會의 決定, 土地收用委員會의 決定).

3) 제소기간

취소소송에 있어서는 행정심판을 거치는 경우에는 행정심판의 재결서의 정본의 송달을 받은 날로부터 90일 이내에 제기하여야 하고, 행정심판의 재결을 거치지 않는 경우는 정당한 사유가 없는 한 처분이 있음을 안 날로부터 90일, 처분이 있은 날로부터 1년 이내에 소송을 제기하여야 한다. 무효 등 확인소송의 경우에는 제소기간의 제한이 없고, 부작위위법확인소송은 취소소송의 경우와 동일하다.

4) 집행부정지의 원칙

> **문** **A가 영업정치처분을 받았지만 영업정지를 하지 않고 행정심판과 소송을 제기하고 패소하면 그때 영업정지를 하면 안 되나? 승소할 자신이 있고 또한 영업정지를 하면 장사에 영업에 막대한 손실을 입게 될 것임이 분명한데...**

행정처분은 비록 그것이 하자가 있더라도 그것이 권한 있는 국가기관(행정청, 법원)이 취소하기 전까지는 일단 효력이 인정되어 구속력이 있다(공정력). 그리하여 취소심판이나 취소소송이 제기되더라도 그로 인하여 처분이나 재결의 효력, 그 집행 또는 절차의 속행에 영향을 주지 아니한다(집행부정지의 원칙). 다만, 소송의 대상인 처분 등이나 그 집행 또는 절차의 속행으로 인하여 생길 회복하기 어려운 손해를 예방하기 위하여 긴급한 필요가 있다고 인정할 때에는 본안 법원이 당사자의 신청 또는 직권으로 처분 등의 효력이나 그 집행 또는 절차의 속행의 전부 또는 일부의 정지를 명하는 제도가 있다(假救濟制度). 이 경우에도 공공복리에 중대한 영향을 미치는 경우에는 허용되지 아니한다.

답 A는 영업정지를 하여야 한다. 영업정지처분의 집행정지를 신청하더라도 받아들여질 가능성은 거의 없다.

5) 항고소송의 판결

항고소송의 판결은 却下判決, 棄却判決, 認容判決, 事情判決 등이 있다. 사정판결은 上述한 사정재결에 관한 내용과 같다. 행정소송에도 3심제가 도입되었기 때문에 대법원의 상고에 관하여 '上告審節次에 관한 特例法이 적용된다.

Ⅶ 행정처분이 너무 가혹하다고 생각하는데

1. 재량행위의 의의

행정처분(행정행위)에는 羈束行爲와 裁量行爲가 있다. 기속행위는 법규에서 정한 바에 따라 행정청이 반드시 일정한 행위를 하거나 하지 말아야 하는 행위를 말한다. 재량행위는 법규가 여러 종류의 법효과를 설정하고 그것들 중에서 행정청이 상황에 적합하다고 합리적으로 판단하여 선택할 수 있도록 행정청에 법효과에 대한 선택의 자유를 부여하는 행위를 말한다.

위의 사례에서 보는 바와 같이 법률요건이 충족되는 경우(예 : 영업자가 위해식품 등의 판매 등 식품위생법 또는 동법에 의한 명령에 위반한 때〈식품위생법 제58조〉)에 그에 따른 법률효과(영업허가를 취소하거나 6월 이내의 기간을 정하여 그 영업의 전부 또는 일부를 정지하거나, 영업소의 폐쇄를 명하는 것)를 결정・선택할 자유가 행정청에게 주어져 있는 경우 이 자유를 행정의 재량이라고 한다.

2. 위법한(하자 있는) 재량

재량은 그것이 주어진 목적과 한계 내에서 행사되어야 한다. 국민의 입장에서 불만이더라도 행정청의 재량행사가 재량의 한계 내인한 바로 위법한 것은 아니기 때문에 그만큼 사법심사의 제한이 따른다. 그런데 재량의 목적과 한계를 벗어나면 그 재량은 하자 있는 것이 된다. 즉, 위법한 재량이 되어 사법심사의 대상이 된다. 위법한 재량에 해당하는 대표적인 것은 다음과 같은 것이 있다.

1) 모두 같은 것이 평등의 원칙?

합리적인 이유 없이 동일한 사안에 대해 동일한 결정을 하지 않은 경우는 평등원칙의 위반이 되어 하자 있는 재량으로서 위법한 것이 된다. 그런데 평등의 원칙이란 '같은 것은 같게'만이 아니라 '다른 것은 다르게'를 의미한다. 따라서 사안이 다름에도 불구하고 동일한 취급을 하여 결정을 하는 것도 평등의 원칙에 위반이 된다.

2) 과잉조치가 아닌가?

비례원칙(과잉금지의 원칙)은 재량에 대한 객관적인 제한기준으로서 재량행사에 있어서 반드시 고려하여야 하는 것이다. 공무원의 징계사유에 비해 징계내용이 너무 가혹하거나, 식품영업자의 위반내용 및 사유에 비해 영업정지기간 내지 영업허가취소 등 행정제재조치가 가혹한 경우는 비례원칙에 위반되어 위법한 재량이 된다.

3) 규정에 정해진 대로?

재량은 입법자가 행정청에게 개별적 정의에 부합한 행정결정을 하도록 부과한 행정청의 자유임과 동시에 의무이다. 즉, 의무를 수반한 자유이다. 따라서 행정청은 자신에게 주어진 재량권을 고려하여야 할 모든 관점을 고려하여 행사하여야 한다. 이를 충분히 행사하지 않거나 전혀 행사하지 아니한 경우를 재량의 불행사 내지 해태(懈怠)라고 한다.

이에 속하는 것으로는 행정청이 재량행위를 기속행위로 오해한 경우이다. 재량은 개별상황에 따라 개별적으로 행사되는 것이 원칙임은 물론이다. 그러나 다른 한편으로는 평등의 원칙이 요구하는 재량행사의 통일성을 기하기 위해 상급행정청이 하급기관으로 하여금 재량행사에 있어서 그 기준과 지침을 주는 경우가 많다(식품위생법 제58조 제4항에서 "행정처분의 세부적인 기준은 그 위반행위의 유형과 위반의 정도 등을 참작하여 보건복지가족부령으로 정한다"고 되어 있는바, 보건복지가족부령에서 정하고 있는 행정처분의 기준도 비록 형식은 법규명령이지만 실질에 있어서는 행정규칙<행정명령>이라는 것이 일관된 판례이며, 바로 재량준칙에 해당한다). 행정실무상으로 일반적인 것으로서 특히 문제가 되는 것은 하급관청이 상급관청의 재량준칙을 구속적인 것으로 오해하거나 또는 평등의 원칙이라는 미명하에 무조건 그 준칙대로 행정결정을 하는 경우이다.

3. A의 주장이 옳다

사례의 경우 식품위생법 제58조에 의하면 영업자가 위해식품 등의 판매 등 동법 또는 동법에 의한 명령에 위반한 때에는 식품의약품안전청장 등이 영업허가를 취소하거나 6월 이내의 기간을 정하여 그 영업의 전부 또는 일부를 정지하거나, 영업소의 폐쇄를 명할 수 있도록 하고 있다. 행정처분의 세부적인 기준은 그 위반행위의 유형과 위반의 정도 등을 참작하여 보건복지가족부령으로 정하도록 하고 있다. 이에 따라 식품위생법시행규칙 별표 15에서 정한 기준에 따르면 청소년에게 주류를 제공하면 1차 위반의 경우 영업정지 2월, 2차 위반의 경우 영업정지 3월, 3차 위반의 경우 영업허가 취소를 하도록 되어 있다.

그런데 A가 청소년에게 주류를 판매한 행위를 한 것이 적발되었는데, 그것이 1차 위반이라는 이유로 영업정지 2월이라는 처벌을 받게 되는 경우에 그러한 2월의 영업정지가 보건복지가족부령에서 정하고 있는 행정처분의 기준에 따랐다는 이유만으로 합법적인 재량이 될 수 없는 것이다. '일반기준 11, 마'에서 "식품접객업소의 위반사항 중 그 위반의 정도가 경미하거나 고의성이 없는 사소한 부주의로 인한 것인 때"는 처벌을 경감할 수 있다고 정하고 있고, 사실 위반 사유가 다를 수 있음에도 불구하고, 이를 고려하지 않고 A에게 2월의 영업정지라는 행정처분을 하였다면 이는 재량의 불행사 내지 비례원칙의 위반에 해당하여 위법한 재량이 될 수 있는 것이다(그럼에도 불구하고 우리나라에서는 행정집행기관에 대한 불신 탓인지는 몰라도 평등한 법집행만을 강조하는 경향이 있다).

개별적인 경우에 구체적인 상황을 고려하여 '다른 것은 다르게' 결정하여야 함에도 불구하고 행정규칙인 재량준칙에 따라 기계적으로 법을 집행하는 것은 재량의 취지를 몰각한 것이다. 겉으로는 평등의 원칙을 따르는 것 같지만 ('다른 것을 같게' 취급하였으므로) 실질에 있어서는 평등의 원칙과 비례의 원칙을 위반한 위법한 재량행사가 되는 것이다.

따라서 A는 영업정지처분을 취소하라는 인용판결을 받을 수 있다.

VIII 행정처분은 취소되었지만 이미 입은 손해는?

A는 행정심판을 제기하였으나 기각되어 결국 행정소송을 제기하여 1년여의 세월이 지난 후에 승소하여 영업정지처분은 취소되었다. 그렇지만 영업정지기간 동안 영업을 하지 못하였을 뿐만 아니라 그 영향으로 영업이 잘 안 되어 손해가 많다. 이 손해를 배상받고 싶은데 ……

행정처분은 취소되었지만 이미 지나간 영업정지로 인한 손해는 어떻게 배상을 받아야 할 것인지가 문제이다. 이를 위한 제도로서 행정상 손해배상(국가배상)제도가 있다.

행정상의 손해배상이란 공무원의 위법한 직무행위, 또는 국가나 지방자치단체의 공공의 영조물의 설치·관리의 하자로 인하여 사인에게 손해를 가한 경우 국가나 지방자치단체가 그 손해를 배상하는 제도를 말한다. 이에 관한 일반법으로서 국가배상법이 있으며, 실무적으로는 민사소송으로 다루어지고 있다.

1. 손해배상청구권의 성립요건

1) 공무원의 위법한 직무행위로 인한 경우

이에 관해서는 국가배상법 제2조 제1항에서 "국가 또는 지방자치단체는 공무원이 직무를 집행함에 당하여 고의 또는 과실로 법령에 위반하여 타인에게 손해를 가하거나… 그 손해를 배상하여야 한다"고 규정하고 있다.

'공무원'이란 공무원법상의 공무원 신분여하와 관계없이 실질적으로 공무에 종사하고 있는 자를 포함하는 가장 넓은 의미의 개념이다.

'직무'란 다음의 국가배상법 제5조의 영조물의 설치 및 관리와 관련된 직무를 제외한 모든 공법상의 행정작용을 의미한다. 직무 중 사경제적 작용에 해당하는 경우에는 민법의 불법행위편의 규율대상이 된다. '집행함에 당하여'란 직무행위 그 자체 이외에 외형상 직무행위와 관련이 있는 행위를 포함하는 의미이다.

'고의·과실'이란 원래 당해 공무원의 주관적인 책임요건을 의미하나, 국가배상책임은 국가가 공무원의 책임을 대신하여 부담하는 것이 아니라 국가 자신의 불법행위책임이라는 견지에서 그 주관적인 의미를 완화하여 '공무원의 위법행위로 인한 국가작용의 흠' 정도로 다소 객관화하여 해석한다. '법령에 위반'한다는 것은 성문・불문의 모든 법의 위반을 의미한다. '손해'란 피해자의 모든 불이익을 의미한다.

위 사례에서 공무원은 비례원칙이라는 법원칙을 위반하여 위법하게 행정처분을 하였으므로 이 경우에 해당한다.

2) 영조물의 설치・관리의 하자의 경우

이에 관해서는 국가배상법 제5조 제1항에서 "도로・하천 기타 공공의 영조물의 설치・관리에 하자가 있기 때문에 타인에게 손해를 발생하게 하였을 때에는 국가 또는 지방자치단체는 그 손해를 배상하여야 한다"고 규정하고 있다.

'도로・하천 기타 영조물'이란 공적목적에 제공된 유체물인 '공물'을 의미한다. '공물'인 이상 그 소유관계(국・공유 또는 사유)는 불문하며, 국・공유재산이라도 공적목적에 제공된 것이 아닌 것(잡종재산)은 이에 해당되지 않고 민법 제758조의 공작물책임에 관한 조항이 적용될 뿐이다.

'설치・관리상의 하자'란 공물자체가 항상 갖추어야 할 객관적인 안정성을 결여한 것을 말하고, 설치・관리자의 주관적인 의무위반일 것을 요하지 않는 일종의 무과실책임이다.

2. 손해배상의 내용

1) 정당한 배상, 양도의 금지

헌법은 정당한 배상을 지급할 것을 규정하고 있으며, 국가배상법은 생명・신체의 침해 및 물건의 멸실・훼손으로 인한 손해에 관해서는 배상금액의 기준을 정해 놓고 있고, 그 밖의 손해에 대해서는 불법행위와 상당인과관계가 있는 범위 내의 손해를 기준으로 하고 있다.

국가배상법은 생명・신체의 침해로 인한 국가배상을 받을 권리는 피해자 또는 유족의 보호를 위해 이를 양도하거나 압류하지 못하도록 하고 있다(동법 제4조).

2) 이중배상의 금지

국가배상법 제2조 제1항 단서는 헌법 제29조 제2항의 규정을 받아 "다만 군인·군무원·경찰공무원 기타 법률이 정하는 자가 전투·훈련 기타 직무집행과 관련하거나 국방 또는 치안유지의 목적상 사용하는 시설 및 자동차·함선·항공기 기타 운반기구 안에서 전사·순직 또는 공상을 입은 경우에 본인 또는 유족이 다른 법령의 규정에 의하여 재해보상금·유족연금·상이연금 등의 보상을 지급받을 수 있을 때는 국가배상법 및 민법의 규정에 의한 손해배상을 청구할 수 없다"고 하여 군인·군무원·경찰공무원의 이른바 이중배상청구를 금지하고 있다. 이는 특히 위험성이 높은 직무에 종사하는 자에 대하여는 사회보장적 위험부담으로서의 국가보상제도를 별도로 마련함으로써 그것과 경합되는 국가배상청구를 배제하려는 취지라고 하지만 비판적인 주장도 많다.

3. 배상금 청구절차

1) 행정절차

배상심의회는 법무부에 두는 본부심의회, 국방부에 두는 특별심의회가 있고, 이들 심의회 산하에 지구심의회가 있다. 피해자는 우선 지구심의회에 배상금지급신청을 하여야 하고, 기각될 경우 본부 또는 특별심의회에 재심을 청구할 수 있다. 배상금의 지급청구는 손해 및 가해자를 안 날로부터 3년, 불법행위를 한 날로부터 10년 이내에 이루어져야 한다.

2) 사법절차

손해배상의 소송은 배상심의회에 배상신청을 하지 않고도 이를 제기할 수 있다(임의적 결정전치). 여기에는 두 가지의 절차가 있다. 하나는 특별절차로서 국가배상청구를 관련되는 행정소송과 병합하여 청구하는 소송절차를 말하며(행정소송법 제7·10조), 다른 하나는 일반절차로서 국가 또는 지방자치단체를 피고로 하여 민사소송을 제기하는 경우가 있다.

A는 행정소송인 취소소송에서 손해배상을 요구하는 소송을 병합하여 청구하는 것이 좋았을 것이다.

4. 가해 공무원의 배상책임(선택적 청구권, 구상권)

논란이 되고 있는 문제인데, 판례에 의하면 피해자는 가해 공무원에게 고의 또는 중대한 과실이 있으면 공무원에게도 배상청구를 할 수 있지만, 경과실의 경우에는 국가에게만 청구할 수 있다고 한다(대판, 1996. 2. 15, 95다38677).

배상을 한 국가 또는 지방자치단체는 가해 공무원에게 고의 또는 중과실이 있는 경우에는 그 공무원에게 구상할 수 있다.

제 11 장

행정상 손실보상

Ⅰ. 개 설

Ⅱ. 손실보상의 요건(원인)

Ⅲ. 손실보상의 기준

Ⅳ. 손실보상의 방법 및 절차

Ⅴ. 사례 해설

▌사　례▌

고속전철사업 시행발표 후 甲의 토지수용에 대하여 협상이 결렬된 후 지방토지수용위원회에 의해 수용이 결정되었다. 甲이 이에 불복하였다.

(1) 甲이 이의절차를 제기하는 경우와,

(2) 행정소송을 제기하여 보상금의 증액만을 요구하였을 때 어떻게 해야 하나?

I 개 설

1. 행정상 손실보상의 의의

> 대전광역시가 도로개설을 위해 A의 토지를 수용한다면, A에게 보상을 해야 한다.
>
> 행정상 손실보상(損失補償, Entschädigung, Compensation)이란 "국가 또는 지방자치단체가 ① 공공필요(예 : 도로개설)에 따른 적법한 공권력 행사(예 : 수용권)로 말미암아, ② 사유재산에 가해진 특별한 희생(예 : 소유권 박탈)에 대하여, ③ 사유재산권의 보장과 전체적인 평등부담의 견지에서 조절적인 재산적 보상(예 : 토지소유권에 대한 보상)을 해주는 것"을 말한다.

이를 나누어 설명하면 다음과 같다.[1)]

1) '적법행위'로 인한 손실의 보상

토지수용·징발 등과 같이 법률이 처음부터 상대방의 재산권을 적법하게 침해할 권한을 부여하고 있는 경우에 그 권한을 행사한 결과 생긴 손실을 보상하는 제도이다. 따라서 위법행위로 인한 손해를 배상하는 손해배상제도와 구별된다. 그러나 두 제도는 다같이 행정작용에 의하여 개인이 입은 특별한 손실의 전보를 목적으로 하는 사회적 공평부담의 제도라는 점에서 융화의 경향을 보이고 있다.

2) '공권력 행사'로 인한 손실의 보상

공권력 행사가 아닌 사법상의 계약에 의한 매매대가의 지급과 구별된다(예 : 신도시개발 등을 위한 공공용지의 협의 매수, 공익사업을위한토지등의취득및보상에관한법률 제3장 협의에 의한 취득 또는 사용). 그러나 사법상 계약이라는 비권력적 수단이 성사되지 못할 경우에는 토지수용과 손실보상이라는 공권력 행사에 의존하게 된다.

---

1) '공공필요'와 '특별한 희생'의 개념에 대해서는 제2절 손실보상의 요건에서 설명한다.

3) '특별한 희생'에 대한 조절적 보상

도로 · 철도 · 항만 · 댐 · 원자력발전소 · 폐기물 매립장 건설 등 공공의 이익에 불가피한 사업의 수행을 위하여 특정 개인에게 입히는 특별한 희생을 국민 전체의 부담으로 전가시켜, '공적 부담 앞의 평등'을 실현하려는 조절적 의미의 보상이다. 그러므로 공권력 행사가 재산권 등에 영향을 미친 경우라도 그것이 일반적 부담 또는 권리의 의무화에 따르는 재산권 자체에 내재하는 사회적 구속의 범위 내의 것인 때에는 손실보상의 문제가 생기지 않는다. 예컨대, 자동차의 안전운행을 위하여 차량검사의무를 부과하거나 개인이 소유하고 있는 문화재의 관리의무를 부과하여 재산상의 손실이 발생하더라도 그것은 재산권에 내재하는 사회적 구속의 범위 내의 것이 되어 보상이 필요하지 않다고 하겠다.

4) '재산권 침해'에 대한 보상

공공필요에 의한 재산권의 침해(수용 · 사용 · 제한)에 대한 보상이므로 재산권 침해가 아닌 적법한 노력동원(전시 근로동원, 수형자 등)과 구별된다.

그러나 오늘날은 반드시 재산권 침해뿐만 아니라 댐 이주대책에 따라서 생활기반을 상실하게 되는 생활권 침해와 생명 · 신체의 침해에 대한 보상도 논의되고 있다.

2. 행정상 손실보상의 근거

1) 행정상 손실보상의 이론적 근거

손실보상의 이론적 근거로서는 과거 자연법적인 기득권(재산권) 불가침원칙에 입각한 기득권설(旣得權說)과, 반대로 극단적인 공익우선 및 국가권력 절대의 사상에 입각하여 보상은 당연한 것이 아니라 단지 국가가 행하는 은혜로서 특별히 해주는 것이라는 은혜설(恩惠說) 등이 있었으나, 오늘날은 통설 · 판례인 특별희생설만이 주장되고 있다.

'특별희생설'(特別犧牲說)에 의하면 공공의 이익을 위하여 특정인에게 부과된 특별한 희생은 이를 사회 전체의 부담으로 돌리는 것이 ① 정의와 평등원칙에 부합되며, ② 공익과 사익 간의 조화를 도모할 수 있고, ③ 법률생활의 안정을 기할 수 있다는 것이다.

다만, 공익과 사익은 모두 중시되어야 마땅한 것이기는 하지만 그 중 어느 것을 보다 우선 시키는가에 따라 손실보상의 개념 · 범위 등에 관하여 차이가 있게 된다.

2) 행정상 손실보상의 실정법적 근거

손실보상에 관한 헌법적 근거로서는 "공공필요에 의한 재산권의 수용·사용 또는 제한 및 그에 대한 보상은 법률로서 하되, 정당한 보상을 지급하여야 한다"는 규정을 들 수 있다(헌법 제23조 제3항). 따라서 보상에 관한 사항은 법률로 정해야 한다. 현재로서 손실보상에 관한 일반법은 없다. 다만 공익사업에 필요한 토지 등의 수용 및 사용과 그 손실보상에 관한 일반법으로서 '공익사업을 위한 토지 등의 취득 및 보상에 관한 법률'(이하 "토지보상법"이라 함)이 제정되어 있으며, 그 외에 각 개별법에서도 손실보상에 관한 특별규정을 두면서 일반적인 사항에 관하여는 일반법인 토지보상법을 준용하도록 하는 경우가 있다(징발·국토·건축·도로법 제92조·하천법 제76조 등).

도로법 제92조【공용부담으로 인한 손실보상】 ① 이 법에 따른 처분이나 제한으로 손실을 입은 자가 있으면 국토해양부장관이 한 처분이나 제한으로 인한 손실은 국고에서 보상하고, 그 밖의 행정청이 한 처분이나 제한으로 인한 손실은 그 행정청이 속하여 있는 지방자치단체에서 보상하여야 한다.

하천법 제76조【공용부담 등으로 인한 손실보상】 ① 제11조 제1항에 따른 하천예정지의 지정 또는 제75조에 따른 처분이나 제한으로 손실을 입은 자가 있거나 하천관리청이 시행하는 하천공사 또는 국토해양부장관이 시행하는 수문조사시설공사로 손실을 입은 자가 있는 때에는 국토해양부장관이 행한 처분이나 공사로 인한 것은 국고에서, 시·도지사가 행한 처분이나 공사로 인한 것은 해당 시·도에서 그 손실을 보상하여야 한다.

그런데 각 개별법을 보면 재산권의 수용·사용·제한은 규정하고 있으면서도 이에 대한 보상규정은 두지 아니한 경우(예 : 국토의 계획 및 이용에 관한 법률에 의한 그린벨트, 즉 개발제한구역제도), 상기 헌법 규정에 따라 직접 손실보상을 청구할 수 있는가의 문제와 관련하여 동 규정의 효력에 관한 학설이 대립되어 있다.

(1) 방침규정설

헌법 제23조 제3항 규정은 입법에 대한 방침규정(方針規定, Programmvorschrift)에 불과한 것으로서 재산권 보장의 이상을 천명한 것에 불과하므로, 보상방침을 어기고 현실적으로 각 법률에 보상규정을 두지 아니한 경우에는 손실보상을 청구할 수 없다고 한다.

그러나 적어도 오늘날의 자유주의적 법치국가에서 이 견해를 취하기는 어렵다고 하겠다.

(2) 입법자에 대한 직접효력설(위헌무효설)

재산권을 침해당한 국민에게 직접 손실보상청구권을 부여하는 규정은 아니지만, 적어도 입법자(국회 또는 긴급명령을 발하는 대통령)에 대하여는 재산권 침해규정을 둘 때에는 반드시 보상규정을 두도록 구속하는 힘을 가진다고 한다. 따라서 이에 위반한 법률은 헌법 제23조 제3항에 반하는 위헌(違憲)으로서 무효(無效)이며, 이러한 법률에 근거한 재산권 침해행위는 당연히 위법(위헌)행위가 되어 이론상 손해배상을 청구할 수 있고 손실보상은 청구할 수 없다고 주장한다.

(3) 국민에 대한 직접효력설

헌법 제23조 제3항 규정은 재산권을 침해당한 국민에게 직접 손실보상청구권을 부여한 것이므로 헌법 규정을 근거로 하여 직접 손실보상을 청구할 수 있다고 한다. 따라서 어떤 법률이 재산권 침해를 규정하면서 손실보상에 관한 규정을 두지 않는 경우라 하더라도 그런 법률이나 그에 의거한 재산권 침해행위는 위헌무효가 아니고 유효하며, 그런 재산권 침해를 당한 자는 직접 헌법 규정에 근거하여 민사소송 또는 공법상의 당사자소송으로 보상청구를 할 수 있게 된다.

(4) 유추적용설(간접효력규정설)

보상규정이 없는 경우에도 헌법 제23조 제1항의 재산권 보장조항 및 제11조의 평등조항에 근거하여 헌법 제23조 제3항의 유추적용(類推適用)을 통하여 보상을 청구할 수 있다는 견해이다.

판 례

▎유추적용을 인정

구 수산업법상 어업허가를 받고 허가어업에 종사하던 어민이 공유수면매립면허의 시행으로 피해를 입게 된 경우에 헌법 제23조 제3항, 면허어업권자 내지는 입어자에 관한 손실보상을 규정한 구 공유수면매립법 제16조, 공공용지의 취득 및 손실보상에 관한 특례법 제3조 제1항 및 동법시행규칙 제25조의 2의 규정을 유추적용해 피해어민들에게 손실보상을 해 줄 의무가 있다(대판, 1999. 11. 23, 98다11529).

(5) 결언

① 방침규정설은 재산권 보장원칙을 천명한 우리 헌법(제23조 제1항)정신에 비추어 취하기 어려우며, ② 국민에 대한 직접효력설과 유추적용설은 헌법(제23조 제3항)의 표현이 "수용·사용·제한 및 그에 대한 보상은 법률로서 하되"로 되어 있는 이상, 법률에 구체적으로 보상규정이 없는 경우에도 헌법에 기하여 직접 보상을 청구할 수 있다고 하기에는 무리가 따른다고 하겠다. ③ 따라서 입법자에 대한 직접효력설(위헌무효설)에 의할 수밖에 없다고 하겠다.

그러나 이 견해에 의하는 경우에 국가배상법에 의한 손해배상을 청구하기 위하여서는 당해 재산권 침해행위의 위법성과 담당공무원의 고의·과실이 인정되어야 할 것인바, 당해 법률이 위헌이므로 위법성은 당연히 인정되는 것이지만 문제는 공무원의 고의·과실의 인정가능성에 있게 된다. 통상 공무원은 국회가 제정한 법률을 (헌법재판소가 위헌이라고 결정하기 전까지는) 성실히 적용함을 그 기본임무로 하는 것이므로 법집행과정에서의 고의·과실을 인정하기는 어렵다고 하겠다. 따라서 이러한 위헌법률이 집행되어 재산상 손실을 끼친 때에는 과실의 요건을 대폭 완화하여 손해배상이 가능하다고 해석하여야 할 것이다.

판례는 손실보상청구권을 긍정적으로 인정하나, 그 근거는 일정하지 않다.

3. 손실보상청구권의 성질

1) 공권설

손실보상청구권은 그 발생원인이 되는 토지수용행위 등 공권력 작용의 결과로 발생되는 것이기 때문에 당연히 공권(公權)이며, 이에 관한 소송 역시 행정소송(그 중 행정청의 처분 등을 원인으로 하는 법률관계에 관한 소송인 당사자소송)으로 다루어져야 한다는 견해로서, 통설의 입장이다.

2) 사권설

손실보상의 원인행위는 비록 공법적인 것이라 하더라도, 이에 대한 보상은 당사자의 의사 또는 직접 법률에 근거하여 발생하는 사법상의 채권·채무관계이므로 보상청구권은 사권(私權)이며 이에 관한 소송도 민사소송에 의한다는 견해로서, 우리 판례의 입장이다.

판 례

▎징발보상청구권은 사권

징발이 국가의 일방적인 공권력의 행사에 의한 행정처분에 해당된다고 하여 피징발자의 국가에 대한 보상청구권까지를 공법관계에 속하는 권리라고는 할 수 없으므로, 비록 그것이 징발에 필수적으로 수반되는 권리이기는 하지만 그 성질은 사법상의 권리에 지나지 않는 것이다(대판, 1969. 12. 30, 69다9).

▎어업권에 대한 손실보상은 민사소송으로 하여야 한다

수산업 소정의 요건에 해당한다고 하여 손실보상을 청구하려는 자는 행정관청이 그 보상청구를 거부하거나 보상금액을 결정한 경우라 해도 이에 대해서는 행정소송을 제기할 것이 아니라 면허어업에 대한 처분을 한 행정관청이 속한 권리주체인 지방자치단체를 상대로 민사소송으로 직접 손실보상지급청구를 하여야 한다(대판, 1998. 2. 27, 97다46450).

3) 결언

판례는 행정상의 손해배상청구권과 함께 손실보상청구권도 사권으로 보고 있으나, ① 손실보상청구권은 그 발생원인인 공권력 작용의 위법성 여부의 탐구와 분리하여 고찰할 수 없으며, ② 원인과 결과(보상청구권)를 굳이 떼어서 다른 법률관계로 규율할 이유도 분명치 아니하고, ③ 1984년에 행정소송법을 개정하여 명문으로 '행정청의 처분 등을 원인으로 하는 법률관계에 관한 소송'을 행정소송의 하나인 당사자소송으로 인정한 이상, 이러한 명문규정이 없던 때와 마찬가지로 여전히 민사소송으로 다루는 것은 동법의 개정 취지에도 반하고, ④ 행정상의 손해배상제도는 이에 상응하는 민법상의 손해배상제도라도 있지만, 손실보상제도는 어디까지나 공법에만 특유한 '공공필요에 의한 적법한 재산권 침해제도'에 따른 산물임을 감안한다면 공법설이 타당하다고 생각된다.

Ⅱ 손실보상의 요건(원인)

1. 공공필요에 의한 재산권의 수용·사용·제한[2)]

재산권의 침해(수용·사용·제한)가 적법한 공권력 행사가 되기 위하여서는 공공의 필요성이 입증되어야 할 것인바, '공공의 필요성'을 어느 범위까지 인정할 것인가에 관하여는 ① 특정 공공사업을 위한 필요(협의), ② 공공복리를 위한 필요(광의), ③ 널리 공공의 목적을 위한 필요(최광의)로 견해가 나누어지고 있다.

오늘날 공공의 필요성의 개념은 점차 확대되는 경향에 있다고 하겠으나(예컨대, 공공복리를 위하여 행정주체가 일단 토지를 수용한 후 이를 민간주택사업자에게 분양하거나, 나아가서 법률에 의하여 행정청으로부터 허가·인가·승인·지정 등을 받아 공익을 목적으로 시행하는 철도·도로·공장·항만·주차장·공영차고지·화물터미널·삭도·궤도·하천·제방·댐·운하·수도·하수도·하수종말처리·폐수처리·사방·방풍·방화·방조·방수·저수지·용배수로·석유비축·송유·폐기물처리·전기·전기통신·방송·가스 및 기상관측에 관한 사업 등 민간국가기간산업을 위하여 사업주체인 사인에게까지 직접 토지수용권을 부여하는 경우도 있다), 결국은 당해 공공사업으로 달성하고자 하는 공익과 이로 인하여 침해되는 사익 간의 이익형량에 의하여 적정범위 내에서 인정되어야 할 것이다.[3)] 그리고 이때에는 비례의 원칙(Verhältnismäßigkeitsgrundsatz)이 중요한 의미를 갖게 된다. 오로지 국고목적, 다시 말해 재정확보만을 목적으로 하는 것은 공공필요에 해당하지 않는다. 수용은 국유재산의 증대만을 목적으로 하는 것은 아니기 때문이다.

현행 토지보상법은 토지수용을 할 수 있는 공익사업의 범위를 7개의 유형별로 규정하고 있다(동법 제4조).

---

2) 재산권의 수용(소유권을 완전히 취득), 사용(일정 기간 동안 사용권만을 취득), 제한(건축행위 등 소유권의 행사를 일부 제한)의 구체적 내용은 조인성·유상현 공저, 행정법각론의 제6편 중 공용부담법에서 설명한다.

3) 상세한 내용은 조인성·유상현 공저, 행정법각론의 제6편 공용부담법 참조.

① 국방 · 군사에 관한 사업

② 법률에 의한 인 · 허가 등을 받아 공익을 목적으로 시행하는 철도 · 도로 · 공항 · 항만 · 주차장 · 공영차고지 · 화물터미널 · 삭도 · 궤도 · 하천 · 제방 · 댐 · 운하 · 수도 · 하수도 · 하수종말처리 · 폐수처리 · 사방 · 방풍 · 방화 · 방조 · 방수 · 저수지 · 용배수로 · 석유비축 및 송유 · 폐기물처리 · 전기 · 전기통신 · 방송 · 가스 및 기상관측에 관한 사업

③ 국가 또는 지방자치단체가 설치하는 청사 · 공장 · 연구소 · 시험소 · 보건 또는 문화시설 · 공원 · 수목원 · 광장 · 운동장 · 시장 · 묘지 · 화장장 · 도축장 그 밖의 공공용 시설에 관한 사업

④ 법률에 의하여 인 · 허가 등을 받아 공익을 목적으로 시행하는 학교 · 도서관 · 박물관 및 미술관의 건립에 관한 사업

⑤ 국가 · 지방자치단체 · 정부투자기관 · 지방공기업 또는 국가나 지방자치단체가 지정한 자가 임대나 양도의 목적으로 시행하는 주택의 건설 또는 택지의 조성에 관한 사업

⑥ 제1호 내지 제5호의 사업을 시행하기 위하여 필요한 통로 · 교량 · 전선로 · 재료적치장 그 밖의 부속시설에 관한 사업

⑦ 그 밖에 다른 법률에 의하여 토지 등을 수용 또는 사용할 수 있는 사업

손실보상은 재산권에 대한 침해(수용 · 사용 · 제한)가 있는 경우에 인정된다. 물권인가 채권인가, 공권인가 사권인가도 묻지 않는다. 재산적 가치 있는 모든 공권과 사권이 침해의 대상이 될 수 있다. 다만, 현재 가치가 있는 것만을 의미하며, 영업기회 또는 이득가능성은 포함되지 않는다.

수용이란 재산권의 박탈을, 사용이란 재산권의 일시사용을, 제한이란 재산권의 사용 · 수익 제한을 말한다. 수용 · 사용 · 제한을 모두 포함하여 수용(공용침해)이라고도 한다.

판 례

ㅣ공용수용에 있어서 공익사업을 위한 필요에 대한 증명책임의 소재(=사업시행자)

공용수용은 공익사업을 위하여 특정의 재산권을 법률에 의하여 강제적으로 취득하는 것을 내용으로 하므로 그 공익사업을 위한 필요가 있어야 하고, 그 필요가 있는지에 대하여는 수용에 따른 상대방의 재산권 침해를 정당화할 만한 공익의 존재가 쌍방의 이익의 비교형량의 결과로 입증되어야 하며, 그 입증책임은 사업시행자에게 있다.

이 사건 경원선 의정부-동안 간 복선전철건설사업은 선로와 정거장 및 역사 등을 건설하는 구 공공철도 건설 촉진법 제2조 제2호, 제3조 제1항 제2호 소정의 공공철도의 건설·개량사업으로써 구 토지수용법 제3조 제2호의 법률에 의하여 시설하는 철도사업인 공익사업에 해당한다(대판, 2005. 11. 10, 2003두7507).

2. 특별한 희생

헌법(제23조 제1·2항)상 재산권 보장규정을 보면 "재산권의 내용과 한계는 법률로 정한다. 재산권의 행사는 공공복리에 적합하도록 하여야 한다"고 하여 다른 자유권보다 강한 사회적 구속을 받는 권리임을 선언하고 있다. 따라서 실정법은 ① 민법상 상린관계규정 등으로 재산권의 내용과 한계를 정하고, ② 또한 최소한의 사회질서유지와 공공복리를 위하여 건축법·도시계획법·도로법·항공법 등에서 일정한 지역·지구 내의 건축 또는 개발행위를 제한하고 있으며, 이는 모두 우리 헌법이 예정하고 있는 재산권에 대한 당연한 '사회적 구속'이기 때문에 보상을 요하지 아니한다고 하겠다.

그러나 현저하게 재산적 가치의 감소를 초래하는 특별한 희생(Sonderopfer)이 있는 경우에는 보상이 필요 없는 재산권의 사회적 구속이론에 근거할 수 없고 반드시 그 보상을 전제로 하는 공용제한으로서만 가능하다. 그러나 공용제한의 경우에도 부분적으로 권리를 제한하면서도 보상을 하지 않는 경우는 재산권의 사회적 구속과 쉽게 구별되지 않으며, 그 구별기준에 관한 학설을 보면 다음과 같다.

1) 형식적 표준설

재산권에 대한 침해가 특정인 또는 특정집단에게만 행하여지는 경우만을 특별한 희생으로 보는 견해이다. 그러나 많은 사람에게 일반적으로 부과된 침해행위일지라도 침해가 심대한 경우에는 보상을 요하는 것으로 파악될 수도 있다는 점에서, 적어도 침해행위의 내용 또는 성질에 대한 검토가 필요하다고 생각된다.

2) 실질적 표준설

침해행위의 성질 · 정도를 기준으로 하여 특별한 희생인지의 여부를 판단하는 이론이며, 다시 여러 학설로 나누어진다.

(1) 보호가치설

옐리네크(W. Jellinek)의 주장으로서, 재산권의 역사 등에 비추어 개인의 재산권 중 보호할 가치가 있는 재산권에 대한 침해만을 특별한 희생으로 보상되어야 한다고 본다.

(2) 수인한도설

슈퇴터(R. Stödter) 등의 주장으로서, 침해의 강도를 표준으로 하여 재산권의 침해가 현저하거나 참을 수 없을 때에는, 그것은 수인한도를 넘어서는 것으로 재산권의 사회적 구속이 아니라 특별한 희생이라는 것이다. 이 설은 독일연방행정재판소의 지지를 받고 있지만, 공공복리와 사회적 고려가 존재하는 한 재산권 제한이 가능하다는 점에서 비판을 면치 못하고 있다.

(3) 사적 효용설

라인하르트(Reinhardt) 등의 견해로서, 재산권이 제한되는 경우에도 당해 재산권의 본래의 사적 효용이 본질적으로 침해되는 경우를 특별한 희생으로 보며, 재산권이 제한되고 있다 하더라도 재산의 객체가 아직 재산권자의 영리적 목적에 이용될 수 있으면 사회적 구속으로 본다. 사적 효용설(私的 效用說)은 재산권의 역할을 사회적 시장경제에 근거하여 특별한 희생의 한계를 정한 공적은 평가되지만, 독일에서는 판례가 이를 적용한 적이 없다.

(4) 목적위배설

포르스트호프(Forsthoff) 등 독일의 다수설로서, 침해가 그 재산권의 본래의 이용목적과 다른 목적의 이용을 강제하는 것인 때에는 특별한 희생으로 보며(예 : 도로 · 철도 · 쓰레기매립장 건설을 위한 토지수용 등), 기존 목적과 동일한 목적을 위한 것이면 보상을 요하지 않는다고 한다(예 : 주택난 해결을 위한 임대강제).

(5) 상황구속설

토지는 그것이 위치하고 있는 지리적 상황에 따라 이용에 제약을 받기 마련이며, 이러한 제약은 보상을 요하지 아니하는 사회적 제약에 불과하다는 견해로서, 우리 헌법재판소가 국토계획법상의 토지거래허가제의 합헌성을 인정하는 논거로서 제시한 적이 있다.

판 례

| 토지거래허가제의 합헌성을 인정

구 국토이용관리법 제21조의 3 제1항의 토지거래허가제는 사유재산제도의 부정이 아니라 그 제한의 한 형태이고 토지의 투기적 거래의 억제를 위하여 그 처분을 제한함은 부득이한 것이므로 재산권의 본질적인 침해가 아니며, 헌법상의 경제조항에도 위배되지 아니하고 현재의 상황에서 이러한 제한수단의 선택이 헌법상의 비례의 원칙이나 과잉금지의 원칙에 위배된다고 할 수도 없다(헌재, 1989. 12. 22, 88헌가13).

3) 결 언

상기 학설들은 그 어느 것도 완전한 것은 아니며 내용도 추상적이라는 비판을 받고 있다. 우리의 통설은 목적위배설 등을 중심으로 한 실질적 표준설에 따르면서도 형식적 표준설을 참고로 하여 상호보완적으로 판단하는 절충적 입장이다.

우리 판례를 살펴보면 과거 대법원은 구 도시계획법 제21조(현 제34조)에 의한 개발제한구역(그린벨트) 지정행위로 인한 토지소유자의 불이익은 공공복리를 위하여 감수하여야 할 것이므로 이에 대하여 손실보상규정을 두지 아니하였다고 헌법 제23조 제3항이나 제37조 제2항에 위배되는 것이라고 할 수 없고, 따라서 개발제한구역제도는 특별한 희생이 아니라 합리적 제한(사회적 제약)에 해당한다고 하였으나(대결, 1990. 5. 8, 89부2; 대판, 1995. 4. 28, 95누627), 그 후 헌법재판소는 구 도시계획법 제21조에 대한 위헌소원사건에서 ① 대지에 건물신축이 금지되는 경우와 같이 토지를 종래의 목적으로도 사용할 수 없게 되거나(목적위배), ② 더 이상 법적으로 허용된 토지이용의 방법이 없기 때문에 실질적으로 토지의 사용・수익의 길이 없는 경우(사적효용설)에도 아무 보상 없이 감수하도록 하고 있는 한 이는 비례의 원칙에 위반되어 재산권을 과도하게 침해하는 것으로서 위헌이지만, 입법자가 보상입법을 마련할 때까지 위 조항을 존속케하는 헌법불합치결정을 함으로써, 수인한도설・사적효용설・목적위배설・상황구속설 등을 종합적으로 고려한 것으로 보인다(헌재, 1998. 12. 24, 89헌마214).

그 후 2000년 1월 28일 제정된 개발제한구역의 지정 및 관리에 관한 특별조치법(16)에서는 이 헌법재판소의 결정을 반영하여 개발제한구역의 지정으로 인하여 ① 토지를 종래의 용도로 사용할 수 없어 그 효용이 현저히 감소된 토지 또는 ② 사용 및 수익이 사실상 불가능한 토지의 소유자는 국가에 대하여 당해 토지의 매수를 청구할 수 있도록 하였는바, 이러한 매수청구권(買收請求權)제도는 손실보상은 아니지만 이에 갈음하는 제도로 이해될 수 있을 것이다.

판 례

[1] 개발제한구역(이른바 그린벨트) 지정으로 인한 토지재산권 제한의 성격과 한계

개발제한구역을 지정하여 그 안에서는 건축물의 건축 등을 할 수 없도록 하고 있는 도시계획법 제21조는 헌법 제23조 제1항, 제2항에 따라 토지재산권에 관한 권리와 의무를 일반·추상적으로 확정하는 규정으로서 재산권을 형성하는 규정인 동시에 공익적 요청에 따른 재산권의 사회적 제약을 구체화하는 규정인바, 토지재산권은 강한 사회성, 공공성을 지니고 있어 이에 대하여는 다른 재산권에 비하여 보다 강한 제한과 의무를 부과할 수 있으나, 그렇다고 하더라도 다른 기본권을 제한하는 입법과 마찬가지로 비례성원칙을 준수하여야 하고, 재산권의 본질적 내용인 사용수익권과 처분권을 부인하여서는 아니된다.

[2] 토지재산권의 사회적 제약의 한계를 정하는 기준

개발제한구역 지정으로 인하여 토지를 종래의 목적으로도 사용할 수 없거나 또는 더 이상 법적으로 허용된 토지이용의 방법이 없기 때문에 실질적으로 토지의 사용수익의 길이 없는 경우에는 토지소유자가 수인해야 하는 사회적 제약의 한계를 넘는 것으로 보아야 한다.

[3] 토지를 종전의 용도대로 사용할 수 있는 경우에 개발제한구역 지정으로 인한 지가의 하락이 토지재산권에 내재하는 사회적 제약의 범주에 속하는지 여부(적극)

개발제한구역의 지정으로 인한 개발가능성의 소멸과 그에 따른 지가의 하락이나 지가상승률의 상대적 감소는 토지소유자가 감수해야 하는 사회적 제약의 범주에 속하는 것으로 보아야 한다. 자신의 토지를 장래에 건축이나 개발목적으로 사용할 수 있으리라는 기대가능성이나 신뢰 및 이에 따른 지가상승의 기회는 원칙적으로 재산권의 보호범위에 속하지 않는다. 구역지정 당시의 상태대로 토지를 사용·수익·처분할 수 있는 이상, 구역지정에 따른 단순한 토지이용의 제한은 원칙적으로 재산권에 내재하는 사회적 제약의 범주를 넘지 않는다.

[4] 도시계획법 제21조의 위헌 여부(적극)

도시계획법 제21조에 의한 재산권의 제한은 개발제한구역으로 지정된 토지를 원칙적으로 지정 당시의 지목과 토지현황에 의한 이용방법에 따라 사용할 수 있는 한, 재산권에 내재하는 사회적 제약을 비례의 원칙에 합치하게 합헌적으로 구체화한 것이라고 할 것이나, 종래의 지목과 토지현황에 의한 이용방법에 따른 토지의 사용도 할 수 없거나 실질적으로 사용수익을 전혀 할 수 없는 예외적인 경우에도 아무런 보상 없이 이를 감수하도록 하고 있는 한, 비례의 원칙에 위반되어 당해 토지소유자의 재산권을 과도하게 침해하는 것으로서 헌법에 위반된다(헌재, 1998. 12. 24, 89헌마214).

Ⅲ 손실보상의 기준

1. 보상기준

1) 헌법 규정의 변천

손실보상기준에 관한 헌법 규정은 ① 제1·2·4·5공화국 헌법은 상당보상을, ② 제3공화국 헌법 및 현행 헌법은 완전보상을 한다는 표현을 하고 있다.

그러나 그 동안 사유재산제를 보장하는 우리 헌법이념에 근본적인 변화가 있었던 것은 아니며 또한 토지수용에 대한 보상의 일반법이라 할 토지수용법도 일괄되게 시가보상, 즉 완전보상의 입장을 취해 온 것을 보더라도, 헌법의 표현상의 차이에도 불구하고 완전보상설을 취하고 있다고 보아야 할 것이다.

2) 보상기준에 관한 학설

(1) 완전보상설

이 설은 주로 자유국가적 재산권 개념을 바탕으로 주로 미국 수정헌법의 정당보상조항을 중심으로 발전된 관념으로서 재산권 침해에 대한 보상은 완전한 보상이어야 한다는 견해로서, 이에는 다시 ① 침해된 재산의 객관적 가치만을 완전히 보상하면 된다는 견해와, ② 발생된 손실의 전부를 보상하여야 하므로 부대적 손실인 사업장의 이전료, 영업상 손실 등도 보상하여야 한다는 견해로 나누어진다.

(2) 상당보상설

반드시 완전한 보상이어야 할 필요는 없다는 견해로서, 다시 ① 당시의 사회통념에 비추어 객관적으로 공정·타당한 것이면 충분하다는 견해와, ② 완전보상이 원칙이지만, 예외적으로 합리적인 이유가 있으면 그 이하의 보상도 허용된다는 견해로 나누어진다.

상당보상설(相當補償說)은 바이마르 헌법을 계승한 본 기본법(제14조)의 '공익과 관계제이익의 정당한 형량에 의한 보상'이라는 표현에서 찾을 수 있으며, 어떤 경우에 완전보상 이하의 보상을 허용할 것인가에 관하여는 ① 일상생활의 수요를 충족시키는 재산을 의미하는 '작은 재산'의 침해는 완전보상이, 개인의 인격적 자유와 직접적으로 무관한 재산을 의미하는 '큰 재산'의 침해에 대하여는 그 이하의 보상이 허용된다는 견해가 있으나, 그 합리적 근거와 구체적 기준이 모호하다는 비판을 받고 있으며, ② 농지개혁을 위한 농지매수와 같이 어떤 재산권에 대한 사회적 변혁을 목적으로 한 침해에 대하여는 상당보상으로 충분하다는 견해가 있으나, 이러한 변혁조치는 이미 정상적인 손실보상의 법리로 설명될 수 없는 것이라고 한다.

(3) 결언

상당보상설이 주장되는 배경은 역시 완전보상이 이상적임을 인정하면서도, 현실 국가재정상의 제약과 다수 국민에 대한 조세부담의 무한정한 증대 등을 우려하기 때문이라고 하겠다.

그러나 아무리 공익의 실현을 위한다고 하더라도 자신의 귀책사유 없이 재산권에 가하여진 특별한 희생에 대하여는 완전한 보상을 하는 것이 사유재산권 보장을 천명하고 있는 헌법정신에 부합된다고 생각되며, 완전보상의 내용도 피침해재산의 객관적 가치뿐만 아니라 부대적 손실까지 포함하는 것이 타당하다고 하겠다.

우리 헌법은 "정당한 보상을 지급하여야 한다"고 규정하고 있는데, 정당한 보상이란 원칙적으로 완전보상을 의미한다. 헌법이 규정하고 있는 재산권 보장에 비추어 볼 때, 공공필요에 의한 일방적이고 강제적인 재산권제한에 의한 재산가치의 감소 및 상실에 대하여 사법질서(私法秩序)를 구성하는 시중가격에 따른 실질적인 완전보상이 이루어지지 않는다면 공동체를 구속하고 있는 공법체계의 규범력에 대하여 의문이 제기될 수밖에 없게 된다. 우리 헌법재판소도 "헌법이 규정한 정당한 보상이란 손실보상의 원인이 되는 재산권 침해가 기존의 법질서 안에서 개인의 재산권에 대한 개별적인 침해인 경우에는 그 손실보상은 원칙적으로 피수용재산의 객관적인 재산가치를 완전하게 보상하는 것이어야 한다는 완전보상을 뜻하는 것으로서, 보상금액뿐만 아니라 보상의 시기나 방법 등에 있어서도 어떠한 제한을 두어서는 아니된다는 것을 의미한다"라고 판시하여(헌재, 1998. 3. 26, 96헌바12) 완전보상설을 채택하고 있다. 대법원도 마찬가지로 완전보상설을 취한다.

판 례

▎제외지에 대한 보상법률인 1984년의 개정하천법이나 그 시행령에 규정된 보상의 내용이 헌법에서 요구하는 정당한 보상의 원리에 위배되지 아니한다

헌법 제23조 제3항에 규정된 '정당한 보상'이란 원칙적으로 피수용재산의 객관적인 재산가치를 완전하게 보상하는 것이어야 한다는 완전보상을 뜻하고, 토지의 경우에는 그 특성상 인근유사토지의 거래가격을 기준으로 하여 토지의 가격형성에 미치는 제 요소를 종합적으로 고려한 합리적 조정을 거쳐서 객관적인 가치를 평가할 수밖에 없는데, 제외지에 대한 보상규정인 1984년의 개정하천법 부칙 제2조 제1항은 보상대상토지, 보상의 주체, 보상의무에 관하여 스스로 규정하고 있고, 동조 제4항의 위임에 근거한 "법률 제3782호 하천법중개정법률 부칙 제2조의 규정에 의한 하천편입토지의 보상에 관한 규정"(대통령령 제11919호) 제9조, 제10조, 제12조는 보상의 기준과 방법 등에 관하여 규정하고 있는바, 이러한 규정들의 내용을 종합적으로 고려하여 볼 때 1984년의 개정하천법이나 그 시행령에 규정된 보상의 내용이 헌법에서 요구하는 정당한 보상의 원리에 위배된다고 할 수 없다(헌재, 1998. 3. 26, 96헌바12).

그러나 완전보상설을 취한다고 하더라도 최근 문제가 되고 있는 개발이익까지를 보상할 필요는 없다고 하겠는바, 그 이유는 "개발이익은 공공사업의 시행에 의하여 비로소 발생되는 것이며, 피수용자인 토지소유자의 노력이나 자본에 의하여 발생한 것이 아니므로, 토지가 수용될 당시 갖는 객관적 가치에 포함된다고 볼 수 없기 때문"이며, 따라서 헌법재판소는 공시지가를 기준으로 보상토록 한 구 토지수용법(제46조 제2항)은 합헌이라고 하였고(헌재결 참조), 대법원도 공시지가에 의한 보상을 정당한 보상이라고 한 바 있다(판례 참조).

판 례

▎개발이익을 배제한 공시지가에 의한 보상이 합헌

공시지가를 기준으로 보상하도록 규정한 지가공시 및 토지 등의 평가에 관한 법률(10①)과 토지수용법(46②)은 정당보상의 원리를 선언하고 그 보상의 기준과 방법을 법률에 유보한 헌법 제23조 제3항에 의거한 것이며, 그 내용이 정당한 보상에 합치되는 것이므로 헌법조항에 저촉된다고 볼 수 없다(대판, 1993. 9. 10, 93누5307).

헌재결정

▌공시지가에 의한 보상이 위헌이 아니라는 헌재결정

헌법 제23조 제3항이 규정하는 정당한 보상이란 원칙적으로 피수용재산의 객관적인 재산가치를 완전하게 보상하여야 한다는 완전보상을 의미하며, 구 토지수용법 제46조 제2항 및 지가공시 및 토지 등의 평가에 관한 법률 제10조 제1항 제1호가 토지수용으로 인한 손실보상액의 산정을 공시지가를 기준으로 하되 개발이익을 배제하고, 공시기준일부터 재결시까지의 시점보정을 인근토지의 가격변동률과 도매물가상승률 등에 의하여 행하도록 규정한 것은, 위 각 규정에 의한 기준지가가 대상지역 공고일 당시의 표준지의 객관적 가치를 정당하게 반영하는 것이고, 표준지와 지가산정대상토지 사이에 가격의 유사성을 인정할 수 있도록 표준지의 선정이 적정하며, 대상지역 공고일 이후 수용시까지의 시가변동을 산출하는 시점보정의 방법이 적정한 것으로 보이므로, 헌법상의 정당보상의 원칙에 위배되는 것이 아니며, 또한 위 헌법조항이 법률유보를 넘어섰다거나 과잉금지의 원칙에 위배되었다고 할 수 없다(헌재, 1995. 4. 20, 93헌바20 · 66, 94헌바4 · 9, 95헌바6 병합).

2. 구체적 보상기준

1) 손실보상의 다양화

종래의 손실보상이론은 주로 소규모의 개발사업(도로 · 공원 · 국공립학교 건설 등)에 따라 토지소유권을 중심으로 하여 완전보상이냐 상당보상이냐를 논해 왔음에 그쳤으나, 최근에는 댐 · 공단 · 항만 · 신도시 개발 등과 같은 대규모 개발사업이 중심이 됨에 따라, ① 단순한 토지소유권 외에 이에 부대되는 사업손실 등 다양한 경제적 손실에 대한 보상문제와 함께, ② 댐 건설시의 수몰민의 예와 같이 부락민들이 대대로 살아온 생활기반 자체가 상실됨에 따른 생활재건(생활보상)까지 배려하게 되는 등 손실보상의 내용이 매우 다양하게 전개되고 있는 실정에 있다.

2) 재산권 보상

재산권 보상이란 개별적 · 구체적인 재산적 손실에 대한 보상을 말하며, 구체적으로는 ① 토지보상, ② 토지 이외의 재산권 보상, ③ 실비변상적 보상, ④ 일실손실보상으로 나누어진다.

(1) 토지보상(지가공시제와 개발이익의 배제 및 환수)

① 일반적 보상기준(공시지가)

수용·사용에 대한 보상액은 협의성립 또는 재결 당시의 가격을 기준으로 한다. 그러나 ① 재결 당시의 현실적인 토지가격이 아니라 당해 공공사업의 시행으로 인한 지가상승분, 즉 '개발이익'을 배제하기 위하여 지가공시 및 토지 등의 평가에 관한 법률에 의한 공시지가를 기준으로 하는 한편, ② 공시지가는 통상 '공시기준일' 현재의 가격을 의미하기 때문에 그 이후의 적정가격상승분은 반영되어 있지 아니하므로 이를 보정하기 위하여 그 공시기준일부터 협의성립 또는 재결시까지의 관계법령에 의한 당해 토지의 이용계획, 당해 공익사업으로 인한 지가의 영향을 받지 아니하는 지역의 지가변동률과 생산자물가상승률 기타 당해 토지의 위치·형상·환경·이용상황 등을 참작하여 평가한 적정가격으로 보상액을 결정하도록 하고 있다(토지보상법 제70조).

여기서 '공시지가'와 관련하여, 종전에는 공익사업으로 인하여 땅값이 급등할 우려가 있는 지역에 대하여만 그때 그때 부분적으로 '기준지가'라 하여 고시한 후 이를 보상기준으로 해 오다가(1971년 개정된 토지수용법), 1989년에 '지가공시 및 토지 등의 평가에 관한 법률'을 제정하여 전국의 모든 토지에 대하여 지가공시를 한 이후부터는 모든 토지의 보상에 있어서는 이 공시지가를 기준으로 하도록 하였다. 공시지가란 국토해양부장관이 매년 전국의 표준지에 대해 공시하는 단위면적의 가격을 말한다. 행정기관은 손실보상액을 산정함에 있어서 이러한 공시지가의 표준적인 비준표를 그대로 적용하여서는 아니되고 모든 가격산정요건을 구체적·종합적으로 참작하여 적정가격을 산출하여야 한다. 따라서 실제적용에서 다르게 가격산정이 이루어질 수 있다.[4)]

② 개발이익의 배제

우리 토지보상법(제67조 제2항)은 보상액의 산정에 있어서는 당해 공익사업의 시행으로 인하여 토지의 가격에 변동이 있을 때에는 이를 고려하지 아니한다고 함으로써 개발이익배제의 원칙을 선언하고 있다. 현실을 보면 각종 공익사업 시행의 발표행위는 이미 수년전에 이루어졌고, 그 영향으로 이미 공시지가 자체가 상당히 올라 있는 경우가 많으

4) 【판례】 수용토지의 보상가격을 정함에 있어 표준지 공시지가를 기준으로 비교한 금액이 수용대상토지의 수용 사업인정 전의 개별공시지가보다 적은 경우가 있다고 하더라도, 이것만으로 지가공시 및 토지 등의 평가에 관한 법률 제9조에 위배되어 위법이라 할 수 없다(대판, 2001. 3. 27, 99두7968).

므로 공시지가 자체에 개발이익이 완전히 배제되었다고는 볼 수 없다. 따라서 공시지가 자체에 이미 개발이익이 포함되어 있을 경우에는 이를 공시지가에서 배제하고 손실보상을 하여야 한다(판례 참조).

한편 댐·폐기물매립장 건설 등과 같이 당해 공익사업으로 인하여 오히려 지가가 내려가는 경우도 있을 수 있는바, 이런 경우에는 반대로 공시지가에다 자연적인 지가상승분을 포함시켜서 보상하여야 할 것이다(판례 참조).

판 례

손실보상에 있어서 개발이익은 배제하고 자연적인 지가상승분은 포함시켜야 한다

공시지가에 이미 당해 사업의 시행으로 인한 개발이익이 포함되어 있을 경우에는 그 공시지가에서 개발이익을 배제하여 손실보상액을 평가하고, 반대로 그 공시지가가 당해 사업의 시행으로 지가가 동결되어 개발이익을 배제한 자연적인 지가상승분조차 반영하지 못한 경우에는 그 자연적인 지가상승률을 포함하여 손실보상액을 평가하는 것이 정당보상의 원리에 합당하다고 할 것이다(대판, 1993. 7. 27, 92누11084).

③ 개발이익의 환수

토지를 수용당한 토지소유자는 상술한 바와 같이 지가공시제에 의하여 개발이익이 배제되는 반면, 토지수용 대상에서 제외된 인근 지역의 토지소유자와 개발사업시행자는 당해 공익사업으로 인하여 엄청난 개발이익을 보게 되어 富의 평등분배와 부동산투기억제 차원에서의 대책이 필요하게 되었는바, 그 방안의 하나로서, ① 토지의 양도차익에 대한 양도소득세의 부과와 함께, ② 개발사업시행자가 당해 개발사업으로 인하여 얻게 되는 지가상승분은 '개발부담금'으로 환수하도록 하고 있다(개발이익 환수에 관한 법률).

(2) 토지 이외의 재산권 보상

① 지상물건에 대한 보상

건축물·공작물·과수·입목 기타 토지에 정착한 물건에 대하여는 그 이전에 필요한 비용(이전비)을 보상하여야 한다. 그러나 이전이 어렵거나 이전으로 인하여 종래의 목적대로 사용할 수 없는 경우, 이전비가 그 물건의 가격을 넘는 경우, 사업시행자가 공익사업에 직접 사용할 목적으로 취득하는 경우에는 당해 물건을 수용할 때와 마찬가지로 당해 물건의 가격을 보상하도록 하였다(토지보상법 제75조).

② 농업에 관한 보상

농작물에 대한 손실은 그 종류와 성장의 정도 등을 종합적으로 참작하여 보상하도록 하고 있다(토지보상법 제75조 제2항).

③ 권리에 대한 보상

지상권 등 토지에 대한 소유권 이외의 권리도 보상하여야 하며(제3조 제1항), 광업권·어업권·물의 사용에 관한 권리에 대하여도 보상하여야 한다(토지보상법 제75조 제2항, 제76조).

④ 잔여지에 대한 보상

토지의 일부만이 수용되어, 그 밖의 남겨진 부분만으로는 종래의 목적에 사용하는 것이 현저히 곤란한 경우에는 나머지 토지도 수용을 청구하여 잔여지 수용보상을 받거나, 잔여지의 가격하락시에는 잔여지 가격하락보상을, 통로·도랑·담장 등의 신설 기타의 공사가 필요한 경우에는 잔여지 공사비보상 등을 받게 된다(토지보상법 제73·74조).

판 례

▎토지수용법 제47조에 의한 잔여지 손실보상의 요건

토지수용법 제47조는 잔여지 보상에 관하여 규정하면서 동일한 소유자에 속한 일단의 토지의 일부 수용이라는 요건 외에 잔여지 가격의 감소만을 들고 있으므로, 일단의 토지를 일부 수용함으로써 잔여지의 가격이 감소되었다고 인정되는 한, 같은 법 제48조가 정하고 있는 잔여지 수용청구에서와는 달리 잔여지를 종래의 목적에 사용하는 것이 현저히 곤란한 사정이 인정되지 않는 경우에도 그에 대한 손실보상을 부정할 근거가 없다(대판, 1999. 5. 14, 97누4623).

판례는 "토지수용법 제48조 정하고 있는 잔여지 수용청구에서는 잔여지를 종래의 목적에 사용하는 것이 현저히 곤란한 사정이 인정되지 않는 경우에도 그에 대한 손실보상을 부정할 근거가 없다"고 판시하여(대판, 1999. 5. 14, 97누4623) 잔여지 손실보상 요건을 넓게 정하고 있다.

(3) 실비변상적 보상

실비변상적 보상에 해당하는 것으로서는 전술한 ① 지상물건의 이전비보상과, ② 잔여지공사비보상 외에, ③ 분묘의 이장비보상 등이 있다(토지보상법 제75조 제4항).

(4) 일실손실보상

토지 등 재산권의 수용에 부수하여 또는 독립적으로 종전부터 영위해 오던 사업을 폐업 또는 휴업하게 되는 경우에 입게 되는 손실을 보상하는 것을 말한다.

① 농업의 폐지·이전에 대한 보상

전술한 농작물 등에 대한 보상과는 별도로 전업에 필요한 기간 또는 휴업기간 중의 일실손실(逸失損失)을 보상한다(예 : 해당 도별 농가 평균농작물수입의 2년분을 영농손실액으로 보상한다(토지보상법시행규칙 제48조).

그러나 전업기간 내에 완전한 전업이 이루어져서 종전과 같은 영농이 이루어지기를 기대하는 것은 어려운 일이므로 완전보상에는 미치지 못한다고 하겠다.

② 영업의 폐지·휴업에 대한 보상

인적·물적 시설을 갖추고 계속적으로 영리를 목적으로 행하고 있는 영업 또는 관계법령에 의하여 인·허가 등을 받은 각종 허가·신고영업자(음식점·약국·양조업 등 모든 영업)가 폐업하게 되면 당해 영업의 2년간의 영업이익에 영업용 고정자산·제품 등의 매각으로 인한 손실액을 더한 금액을 보상한다.

그러나 이 역시 완전한 보상이라고 보기는 어려울 것으로 생각되며, 특히 영업권은 반사적 이익으로 보기 때문에 보상하지 아니하고, 무허가영업에 대하여는 영업이익조차 보상하지 않고 3월분의 주거이전비만 보상한다. 그러나 영업장소를 다른 곳으로 이전하여 계속할 수 있는 경우에는 이전까지의 휴업기간에 해당하는 영업이익에 인건비·영업시설 등의 이전비 등의 손실액을 더한 금액을 보상한다(토지보상법시행규칙 제46·47·52조).

③ 근로자에 대한 보상

영업의 폐업시에는 종사하는 근로자에 대하여 90일분의 평균임금을 실직보상으로, 영업장소의 이전으로 인하여 근로자가 휴직하게 되는 경우에는 휴직기간 동안 평균임금의 70%을 휴직보상으로 지급한다(토지보상법시행규칙 제51조).

3) 생활보상

(1) 개설

종전의 보상이론은 개개의 재산권이 갖는 개별적·경제적 가치만을 모두 보상함으로써 충분하다고 하는 대물적 보상에 그쳤다고 할 수 있으나, 댐 건설에 따른 수몰민의 예와 같이 모든 재산을 박탈당할 뿐만 아니라 생업과 부락공동체 생활에서 오는 유·무형의 모든 이익을 포함한 생활기반 자체가 송두리째 상실되는 경우에는 주민 전체가 이주하여 전혀 새로운 환경 하에서 새로 생활하기 위한 총체적인 보상(예 : 손실보상금 외에 이주대책·생계지원대책 등)으로서의 생활보상(生活補償)이 행하여져야만 비로소 완전보상이 될 수 있다.

(2) 근거

생활보상의 이념적 근거로서는 개인의 생존권을 최대한 보장하고자 하는 헌법상 복지국가의 이념에서 찾을 수 있으며, 구체적으로는 헌법(제23조 제3항)의 '정당한 보상' 규정과 함께 '인간다운 생활을 할 권리'(제34조 제1항)도 근거가 된다.

실정법상의 근거로서는 이주대책의 수립·시행, 대체지의 알선, 소수 잔존자 보상 등을 규정한 토지수용법과 특례법을 들 수 있다.

> **헌법 제34조** ① 모든 국민은 인간다운 생활을 할 권리를 가진다.
>
> **헌법 제23조** ③ 공공필요에 의한 재산권의 수용·사용 또는 제한 및 그에 대한 보상은 법률로서 하되, 정당한 보상을 지급하여야 한다.

(3) 협의의 생활보상

우선 주거용 건축물의 소유자에 대한 것으로서는 토지보상법시행규칙상,

① 2개월분의 주거이전비(제54조 제1항),

② 주거용 건물의 최저보상액제도(300만 원, 제58조) 등을 들 수 있다.

기타의 자에 대한 것으로서는,

① 이주하는 농·어민이 지급받을 보상금이 없거나 있더라도 8개월분의 평균생계비에 미달하는 경우에는 8개월분의 평균생계비(제56조),

② 전세입자에게 지급하는 3개월분의 주거이전비(제54조 제3항),

③ 무허가·무신고 영업자에 대한 3개월분의 주거이전비 등이 있다(제52조).

(4) 생활재건조치(광의의 생활보상)

댐 건설·해안매립·공단 또는 신도시 건설시에 많은 농어민이 생활터전을 잃게 되는 경우,

① 이주희망자가 10호가 넘는 경우에 새로운 정착지를 조성하여 분양해 주는 이주대책의 수립·시행이 가장 피해가 적은 생활재건조치가 되겠으나(토지보상법 제78조),

② 만약 이주대책을 수립·시행하지 아니하거나 이주대상자가 이주정착지가 아닌 다른 지역으로 이주하고자 하는 경우에는 이주정착금을 지급하여야 하며, 이주정착금은 보상대상인 주거용 건축물의 평가액의 30%에 해당하는 금액으로 하되, 그 금액이 500만 원 미만인 경우에는 500만 원으로 하고, 1천만 원을 초과하는 경우에는 1천만 원으로 한다(법시행령 제41조 및 법시행규칙 제53조).

4) 사업손실(간접손실)보상

사업손실이란 공익사업의 시행 또는 완공으로 인하여 당해 '사업구역 밖'의 토지소유자 또는 각종 영업자 등에 미치는 손실을 말한다.

현행법상으로는,

① 사업시행지구 인근의 어업에 대한 피해보상(법시행규칙 제63조),

② 사업시행으로 하천·산지 등으로 둘러싸여 교통이 두절되거나 경작이 불가능하게 된 경우, 소유농지의 대부분이 수용되고 건축물만이 사업시행지구 밖에 남게 되는 경우로써 매매가 불가능하고 이주가 부득이한 경우, 그리고 1개 마을의 대부분이 수용되고 남은 잔존자로서는 생활이 현저히 불편하게 되어 이주가 불가피한 경우에는 각각 사업시행지구에 편입된 것으로 보아 보상하도록 규정하고 있으며(법시행규칙 제59-61조, 소수 잔존자보상),

③ 사업시행지구 밖에 있는 각종 허가·신고 영업자가 사업시행으로 인하여 배후지

의 3분의 2 이상이 상실되어 당해 장소에서 영업을 계속 할 수 없는 경우에는 영업 보상을 하며(법시행규칙 제64조),

④ 사업시행지구 밖의 공작물 기타 시설이 본래의 기능을 다할 수 없게 되는 경우에도 이를 보상하도록 하고 있다(법시행규칙 제62조).

그러나 이러한 단편적인 보상 외에 공사로 인한 소음·진동, 일조·전파의 장해, 기후·수질변화 등으로 인한 각종 손실이나, 기타 생산체계·유통구조의 변화 등으로 인한 지역경제에의 영향 등 간접손실에 대한 포괄적인 보상제도의 마련문제는 앞으로의 연구과제로 남아 있다. 반면, 최근에는 발전소건설 및 원전에서 나온 방사성폐기물 관리시설의 건설을 위하여 토지수용을 하는 경우 시설주변지역주민의 소득증대·공공시설 및 육영사업 등을 위한 지원금의 지급 및 지역주민의 우선고용제도까지 마련한 예도 있다(발전소주변지역 지원에 관한 법률 제10조).

Ⅳ 손실보상의 방법 및 절차

1. 손실보상의 방법

행정상 손실보상의 방법으로서는 금전보상·현물보상·매수보상·채권보상 등의 방법이 있다.

1) 금전보상

"보상은 법률로서 하되…"라는 헌법(제23조 제3항) 규정에 따라 보상의 방법도 법률로 정하는 것이지만, 가장 원칙적인 보상은 자유로운 처분이 가능한 금전으로 보상하는 방법이다(토지보상법 제63조 제1항).

2) 현물보상

오늘날의 고도 산업사회에서는 대지나 농지 자체가 갈수록 희소성을 띄게 되어, 비록 완전한 객관적 가치를 금전으로 보상받더라도 같은 금액으로 동질의 토지를 구입하기가 쉽지 아니하며, 이때에는 동등 수준의 다른 현물(現物)로 보상할 필요가 있는바, 수몰민에 대한 이주대책 등과 같은 생활재건조치가 바로 이에 해당된다고 하겠다.

한편, 도시재개발법(제38조)에 의한 재개발사업의 시행에 있어서 사업완공 후에 종전의 토지 · 건물 · 상가 소유자 등에 대하여 새로운 아파트 · 상가 등을 교부해 주는 환권제도 역시 현물보상의 예이다.

3) 매수보상

상술한 지상물건의 이전에 갈음하여 행하는 매수청구(買收請求), 잔여지에 대한 매수청구, 소수 잔존자에 의한 매수청구 등의 제도는 원래 수용대상물은 아니지만 특별한 사정으로 인하여 종래의 목적에 계속 사용할 수 없기 때문에, 상대방의 이익을 위하여 특별히 그 물건의 매수청구권을 인정하고 이에 따라 매수보상(買收補償)을 하도록 함으로써 실질적인 보상이 되도록 하고 있다.

4) 채권보상

(1) 필요성

각종 대규모 공공개발사업의 시행으로 토지투기가 만연하고 지가가 엄청나게 올라서 현재수준의 조세부담률과 국가재정형편으로는 금전보상이 어려운 현실을 감안하여, 그 해결방안의 하나로서 보상금을 채권으로 지급하는 방안이 도입되었다.

(2) 요건

사업시행자가 국가 · 지방자치단체 · 정부투자기관 및 공공단체인 경우에 한하여(따라서 사인에게 토지수용권이 부여된 경우는 제외된다), ① 토지소유자 또는 관계인 등이 원하거나, ② 당해 지역에 부재하는 부동산소유자(부재지주)의 토지로서 일정금액을 초과하는 보상금에 한하여 채권으로 보상할 수 있으나, 정당한 보상이 될 수 있도록 5년 이내의 상환기간을 정하고 3년 만기 정기예금의 이자를 지급하도록 하고 있다(토지보상법 제63조 제2 · 3항).

한편, 징발의 경우에는 10년의 범위 안에서 기간을 정하여 일시 또는 분할 상환하는 징발보상증권에 의하여 보상할 수 있다(징발법 제22조의2조).

(3) 문제점

헌법에 규정된 '정당한 보상'이 되려면 보상금액뿐만 아니라 보상의 시기와 방법까지도 정당해야 비로소 정당한 보상이 될 수 있다는 의미에서, 재정상의 애로가 인정됨에도 불구하고 채권보상제도는 남용될 경우 위헌의 소지가 있다고 하겠으며, 특히 장기간에 걸쳐 일정수준 이하의 금리만을 지급하는 것은 문제가 있고, 부재지주(不在地主)라는 이유만으로 다른 재산권과 차별하여 채권보상을 하도록 하는 것도 헌법상의 평등원칙에 어긋나는 위헌의 소지가 있다.

2. 손실보상의 지급방법

행정상 손실보상액의 지급방법에는,

① 선불과 후불,

② 개별불과 일괄불(여러 보상대상자가 받을 보상금을 합산한 금액을 일괄 지급한 후 당사자 간에 다시 분배토록 하는 것),

③ 일시불과 분할불 등이 있으나, 선불·개별불·일시불을 원칙으로 하고 있다.

3. 보상액의 결정방법 및 불복절차

1) 결정방법

(1) 당사자 간의 협의

토지보상법은 보상액의 결정에 있어 먼저 당사자 간의 협의를 원칙으로 하고 있다. 이 협의는 수용절차와 이에 의거한 재결의 전단계로 규정되어 있다(토지보상법 제3장·제4장 참조). 협의가 성립되면 복잡한 수용의 절차를 거칠 필요가 없게 되어 보상이 신속하게 진행된다.

(2) 행정청의 재결

당사자 간에 협의가 성립되지 않는 경우에는 사업시행자의 청구에 따라 토지수용위원회 같은 행정청의 재결에 의하여 보상액을 정하도록 하고 있다. 여기서 행정청이 행하는 재결의 내용에는,

① 토지수용위원회의 토지수용에 대한 재결과 같이, 보상원인이 된 재산권 침해행위 그 자체의 위법·부당까지 심판하고(수용재결, 收用裁決), 이와 아울러 보상액까지 재결하는 경우(보상재결, 補償裁決)

② 재산권 침해행위 자체에 대하여는 심판할 수 없고 오직 보상액만을 재결하도록 한 경우(도로법 제79·80조, 항만법 제37조, 산림법 제63조, 징발법 제24조, 전기사업법 제66조 제2항)가 있다.

(3) 민사소송

행정실무상 상대방의 청구에 의하여 행정청이 일방적으로 보상금액을 결정하여 보상지급통지를 할 수도 있는바, 이는 행정처분이 아니라 '보상액의 사실상의 제시'에 지나지 않으므로 상대방이 수락치 아니하면 아무런 효과를 발생하지 못한다. 따라서 이에 대하여는 취소심판 및 소송에 의할 것이 아니라, 바로 법원에 보상금지급청구소송을 민사소송으로 제기함이 타당하다고 생각된다.

2) 불복절차

(1) 행정심판

지방토지수용위원회 또는 중앙토지수용위원회의 재결에 대하여 불복이 있는 자는 재결서의 송달을 받은 날부터 30일 이내에 중앙토지수용위원회에 이의신청을 할 수 있으며, 이에 대하여 위원회는 원래의 재결이 위법·부당한 경우에는 수용재결의 전부 또는 일부를 취소하거나, 보상재결의 보상액을 증감하는 재결을 할 수 있다(토지보상법 제83·84조).

(2) 행정소송

행정소송 단계에서는 전술한 수용재결과 보상재결을 분리하여, 전자에 대하여는 수용재결취소소송을 항고소송으로 제기할 수 있으며(이 경우의 피고는 중앙 또는 지방토지

수용위원회가 된다), 후자에 대하여는 보상액증감청구소송을 공법상 당사자소송의 일종으로 독립하여 제기할 수 있다(제85조).

제소기간은 행정심판을 거치지 아니한 경우에는 토지수용위원회의 재결서를 받은 날로부터 60일 이내에, 상술한 행정심판을 거친 경우에는 이의신청에 대한 재결서를 받은 날로부터 30일 이내로 되어 있다(제85조).

종전에는 피수용자가 수용 자체에는 이의가 없고 오직 보상액에 관하여만 다투고자 할 경우에도 토지수용위원회의 재결내용 전체를 대상으로 하는 재결취소소송만을 제기할 수 있었으며, 법원도 재결 전체에 대한 취소판결만 할 수 있고 보상액만을 증감하는 판결을 할 수 없었기 때문에, 그 판결에 기하여 토지수용위원회가 보상액을 다시 재결하는 절차의 번거로움이 있었다.

그러나 새로이 제정된 토지보상법(제85조 제2항)은 보상액만을 다투고자 할 경우에는 토지수용위원회가 아닌 당해 사업시행자만을 피고로 하여 이른바 형식적 당사자소송에 해당하는 공법상의 당사자소송을 제기할 수 있도록 규정함으로써 당사자주의를 채택함과 동시에 한 번의 소송으로 모든 문제를 해결할 수 있도록 하였다. 즉, 토지보상법 제85조 제2항은 "제1항의 규정에 의하여 제기하고자 하는 행정소송이 보상금의 증감에 관한 소송인 경우, 당해 소송을 제기하는 자가 토지소유자 또는 관계인인 때에는 사업시행자를, 사업시행자인 때에는 토지소유자 또는 관계인을 각각 피고로 한다"라고 규정하였다.

V 사례 해설

1) 지방토지수용위원회의 재결에 대하여 불복이 있는 경우에, 甲은 재결서의 정본을 받은 날부터 30일 이내에 지방토지수용위원회를 거쳐 중앙토지수용위원회에 이의신청을 할 수 있고(토지보상법 제83조 제2 · 3항), 그 이의신청에 대한 중앙토지수용위원회의 재결에 이의가 있는 경우에는 재결서를 받은 날부터 30일 이내에 행정소송을 제기할 수 있다.

또한, 甲은 지방토지수용위원회의 재결에 대하여 중앙토지수용위원회에 이의신청을 하지 아니하고 지방토지수용위원회의 재결서를 받은 날부터 60일 이내에 바로 행정소송을 제기할 수도 있다(토지보상법 제85조 제1항).

2) 甲은 토지보상법 제85조 제2항의 규정에 따라 사업시행자를 피고로 하여 재결의 내용 중 손실보상액 결정부분에 대해서만 보상금의 증감을 구하는 행정소송을 제기하면 된다.

제 12 장

헌법재판제도와 기본권의 보호

Ⅰ. 헌법재판제도 개관

Ⅱ. 위헌법률심사제도

Ⅲ. 헌법소원심판제도

I 헌법재판제도 개관

1. 헌법재판의 의의와 기능

헌법재판이란 '헌법의 규범내용이나 헌법문제에 대한 다툼이 발생한 경우 이를 사법적 절차를 통하여 유권적으로 해결하는 작용'을 말한다. 즉, 헌법재판이란 입법, 집행, 사법을 포함하는 모든 국가권력 작용이 헌법이 정한 근본원리에 맞게 행하여졌는가를 재판을 통하여 심사하는 절차이다.

이러한 헌법재판은 위헌법률이나 민주적 기본질서를 부정하는 정당 등과 같은 헌법의 敵으로부터 헌법을 보호하고(헌법보호기능), 헌법을 침해하는 공권력의 행사를 저지함으로써(권력통제기능) 국민의 자유와 권리를 보장하며(기본권보호기능), 헌법기관 사이의 헌법적 분쟁을 유권적으로 해결함으로써 헌정생활의 안정과 정치적 평화를 가능하게 한다(정치적 평화보장기능).

2. 헌법재판기관

헌법재판을 담당하는 기관은 일반법원이 헌법재판까지 함께 담당하는 경우(미국, 일본 등), 일반법원으로부터 독립된 헌법법원을 두고 있는 경우(독일, 프랑스 등), 헌법법원도 아니며 일반법원도 아닌 특수한 기관이 담당하는 경우(이란의 헌법수호위원회, 그리스의 특별최고법원 등)처럼 나라마다 상이하다.

우리나라는 일반법원으로부터 독립된 헌법재판소에서 헌법재판을 담당한다. 헌법재판소는 법관의 자격을 가진 9인의 재판관으로 구성되며, 대통령이 임명한다. 재판관의 임기는 6년이며 법률이 정하는 바에 따라 연임이 가능하다.

헌법재판소의 심판은 원칙적으로 재판관 전원으로 구성되는 재판부에서 관장한다. 전원재판부는 재판관 7인 이상의 출석으로 사건을 심리하고, 출석재판관 과반수의 찬성으로 결정하지만, 법률의 위헌결정 · 탄핵결정 · 정당해산결정 · 헌법소원의 인용결정 · 판례를 변경하는 경우에는 6인 이상의 찬성이 있어야 한다.

3. 헌법재판의 종류

현행 헌법이 인정하는 헌법재판의 종류는 ① 위헌법률심사제도, ② 헌법소원심판제도, ③ 탄핵심판제도, ④ 위헌정당해산심판제도, ⑤ 권한쟁의제도의 5가지가 있다. 이 중에서 국민생활과 밀접한 관련이 있는 것은 위헌법률제도와 헌법소원제도이며, 현재까지 헌법재판소 판례의 대부분을 이들이 차지하고 있다.

Ⅱ 위헌법률심사제도

> 출판업자 甲은 스포츠, 연예, 사진, 예술을 출판분야로 한 출판사 등록을 한 뒤, 누드 화보집을 발행하여 판매하던 중 위 화보집이 출판사및인쇄소의등록에관한법률 제5조의2 제5호 소정의 음란 · 저속한 간행물에 해당한다는 이유로 관할구청장으로부터 위 출판사등록을 취소하는 처분을 받았다. 그러나 甲은 '음란 · 저속한 간행물'을 출판하였다는 이유로 출판사등록취소처분을 하는 것은 헌법 제21조의 규정에 따른 언론 · 출판의 자유를 침해하는 것이라고 생각한다. 갑은 어떠한 조치를 취할 수 있는가?

1. 위헌법률심판의 대상과 요건

1) 위헌법률심판의 대상

위헌법률심판은 '법률'의 위헌 여부를 심사하는 것으로 여기에서 법률이란 국회가 제정한 법률 및 그와 동일한 효력을 가지는 법규범을 말한다. 따라서 위 사례에서 문제가 된 '출판사및인쇄소의등록에관한법률'과 같이 국회가 제정한 법률은 물론, 국회가 제정한 것은 아니지만 법률과 같은 효력을 가지는 대통령의 긴급명령과 국제조약도 위헌법률심판의 대상이 된다.

위헌법률심판의 대상이 되는 법률은 위헌심판시를 기준으로 현재 효력이 있는 법률이어야 한다. 따라서 폐지 또는 개정된 법률은 원칙적으로 위헌법률심판의 대상이 될 수 없다. 그러나 폐지 또는 개정된 법률이라 하더라도 그러한 폐지 또는 개정 이전에 발생한 사건에 대해서는 여전히 효력을 미치기 때문에 이러한 때에는 폐지 또는 개정된 법률이라 하더라도 위헌법률심판의 대상이 된다.

2) 위헌법률심판의 요건

위헌법률심판은 '법률이 헌법에 위반되는 여부가 재판의 전제가 되는 경우'(이것을 "재판의 전제성"이라고 한다)에 한하여 당해 사건을 심리하는 법원이 그 심판을 헌법재판소에 제청함으로써 개시된다. 따라서 헌법재판소가 법률의 위헌 여부를 심판하기 위해서는 '재판의 전제성'과 '법원의 제청'이라 요건을 충족하여야 한다.

먼저, 재판의 전제성이 인정되려면, 첫째, 민사・형사・행정・가사・특허소송 등의 구체적인 소송사건이 일반법원에 제기되어 재판 중이어야 하고(이것을 "재판이 계속 중"이라고 한다), 둘째, 그 사건에 적용될 법률 또는 법률조항이 헌법에 위반되는지에 의문이 있으며, 셋째, 그 법률 또는 법률조항이 헌법에 위반되는지 여부에 따라 당해 사건을 담당한 법원이 다른 내용의 재판을 하게 되는 경우이어야 한다. 이 가운데 셋째 요건인 '법원이 다른 내용의 재판을 하게 되는 경우'는 재판의 결론이나 주문(主文)에 영향을 주는 것(민사소송의 원고승소・패소, 형사소송의 유죄・무죄・형량 등) 외에도, 판결이유(判決理由)나 재판의 내용과 효력에 관한 법률적 의미가 전혀 달라지는 경우를 포함한다.

이처럼 '재판의 전제성'이 충족되는 경우 법원은 소송당사자의 신청에 의한 결정 또는 직권으로 위헌법률심판을 제청하게 된다. 이 경우 대법원을 제외한 하급법원은 직접 헌법재판소에 위헌법률심판을 제청하지 않으며, '위헌이라고 해석되는 이유' 등을 기재한 제청서를 작성하여 대법원에 보내고 대법원이 이 제청서를 다시 헌법재판소에 송부한다. 대법원이 법률이 합헌이라고 결정하여 하급법원의 제청을 헌법재판소에 송부하지 않는 권한은 인정되지 않으며, 대법원은 제청서를 헌법재판소에 반드시 송부하여야 한다. 당사자의 위헌제청신청에도 불구하고 법원이 위헌법률심판을 제청하지 아니한 때에는 최후수단으로 뒤에서 설명하는 헌법소원을 제기할 수 있는 길이 남아 있다.

3) 위헌법률심판 제청의 효과

위헌법률심판이 제청되면, 그 재판은 헌법재판소의 위헌여부결정이 있을 때까지 정지된다. 다만, 법원이 긴급하다고 인정하는 경우에는 소송절차를 진행할 수 있으나, 이 경우에도 그 심급을 마치는 종국재판의 선고는 할 수 없다.

2. 법원의 제청신청기각에 대한 불복

소송당사자의 위헌법률제청신청이 있다고 하더라도 담당법원은 그 신청을 기각할 수도 있다. 소송당사자의 불필요한 제청신청을 여과할 필요가 있기 때문이다. 그러나 이처럼 위헌법률심판절차의 개시 여부를 전적으로 법원의 판단에 일임하는 때에는 소송당사자가 위헌이라고 주장하는 법률을 헌법재판소의 심판을 거치지 아니한 채 법원이 그대로 적용하는 경우가 발생하고 이는 결국 국민의 권리보호에 흠결이 있다는 것을 의미한다.

이처럼 법원이 당사자의 위헌제청신청을 기각한 경우, 당사자는 첫째, 위헌법률심판제청신청 기각결정에 대하여만 따로 상급심에 항소하는 것은 불가능하지만, 당해 심급의 종국판결 후 상소하여 상급심에서 다시 위헌제청신청을 할 수 있다. 둘째, 현재의 심급에 소송이 계속되는 중에도 별도로 헌법재판소에 법률의 위헌여부심판을 원하는 취지의 헌법소원을 법원의 기각결정서를 송달받은 날로부터 14일 이내에 청구할 수 있다.

한편, 당사자가 법원의 위헌법률제청신청 기각에 불복하여 헌법소원심판을 청구한 때에는 법원이 제청한 경우와는 달리 법원에 계속 중인 당해 소송사건의 재판을 정지시키는 효과가 없다. 따라서 헌법소원에 의하여 헌법재판소가 법률을 위헌으로 선언한 경우 사안에 따라서는 이미 당해 사건의 재판이 확정되어 있는 경우도 있을 수 있다. 이때에는 당해 사건의 재심을 신청하여 다시 재판을 받아야 한다.

3. 법률의 위헌결정의 효력

1) 위헌결정의 기속력

위헌결정은 대법원을 비롯한 각급법원과 국가기관·지방자치단체를 기속한다. 또한 위헌결정된 법률 또는 법률조항은 그 효력을 상실하기 때문에 위헌결정의 계기가 된 당해 사건에 대해서뿐만 아니라 국회가 법률을 폐지한 것과 같은 일반적 효력을 가진다.

2) 위헌결정의 효력발생시기

(1) 장래무효의 원칙

위헌결정의 효력발생시기에 대하여 헌법재판소법 제47조 제2항은 "위헌으로 결정된 법률 또는 법률의 조항은 그 결정이 있는 날로부터 효력을 상실한다"고 규정하여, 이른바 '장래무효의 원칙'을 선언하고 있다.

(2) 소급무효의 예외

① 형벌법규

위헌결정의 장래 무효의 원칙을 고수하는 경우 실질적 정의가 희생되는 경우가 있을 수 있다. 이에 헌법재판소법 제47조 제2항 단서는 "다만 형벌에 관한 법률조항은 소급하여 그 효력을 상실한다"고 하여 원칙적으로 장래효를 인정하면서 부분적으로 소급효를 인정하고 있다.

따라서 형벌법규가 위헌으로 선언되면, 당해 사건뿐만 아니라 아직 확정되지 않은 다른 형사사건의 경우에도 그 조항을 적용할 수 없게 되며(위헌결정의 일반적 효력), 위헌결정된 형벌법규가 적용되어 이미 유죄가 확정된 다른 형사사건의 경우에 대서는 형사소송법 절차에 의하여 재심을 청구할 수 있다.

② 형벌법규 이외의 법규

형벌법규의 위헌결정에 대해서는 소급무효를 명시적으로 인정하고 있으나 그 밖의 다른 법률조항에 대하여 장래효만 인정하고 소급효에 관한 언급이 없다. 그러나 민사법규나 행정법규의 경우에도 소급무효를 전혀 인정하지 않는 것은 구체적 정의에 반하게 된다. 예컨대, 위 사례에서 문제가 된 출판사및인쇄소의등록에관한법률 제5조의 2 제5호의 규정에 대하여 위헌결정이 있다고 하더라도, 그 법률이 형벌법규가 아니라는 이유로 전혀 소급무효가 인정되지 아니한다면, 위헌심판을 제기한 甲조차 위헌결정의 혜택을 보지 못하고, 위헌결정이 없었다면 그 법률조항을 적용받아 출판사등록취소처분을 받게 될 제3자들만 혜택을 보게 된다. 이러한 결과가 부당하다는 점은 쉽게 이해할 수 있다.

이에 대법원은 첫째, 법원의 제청 또는 헌법소원의 청구 등을 통하여 헌법재판소에 법률의 위헌결정을 위한 계기를 부여한 구체적인 사건, 즉 당해 사건, 둘째, 위헌결정이 있기 전까지 이와 동종의 위헌 여부에 관하여 헌법재판소에 위헌여부 심판제청이 되어 있거나 법원에 위헌여부심판 제청신청이 되어 있는 경우의 당해 사건, 셋째, 별도의 위헌제청신청 등은 하지 아니하였으나 위헌 여부가 쟁점이 되어 법원에 계속 중인 모든 일반사건, 넷째, 위헌결정 이후에 이와 같은 이유로 제소된 일반사건에 대하여 소급효를 인정한 바 있으며(대판, 2000. 2. 25, 99다54332), 헌법재판소 역시 대체로 유사한 입장을 보인 바 있다(헌재, 1993. 5. 13, 92헌가10).

대법원 및 헌법재판소의 이러한 입장에 따르면, 위 사례의 甲이 위헌결정을 얻어냈다고 한다면, 소급효가 인정되는 사유 가운데 첫 번째의 사유인 '법원의 제청 또는 헌법소원의 청구 등을 통하여 헌법재판소에 법률의 위헌결정을 위한 계기를 부여한 구체적인 사건, 즉 당해 사건'에 해당하여 구제를 받을 수 있게 된다.

4. 사례 해결

위헌법률심판은 '재판의 전제성'과 '법원의 제청'을 요건으로 하기 때문에, 위 사례의 경우 甲은 우선 출판사등록취소처분의 취소를 구하는 행정소송을 제기하여 '재판의 전제성'을 충족시킨 다음, 취소처분의 근거가 된 법률 또는 개별조항의 위헌을 이유로 법원에 위헌제청을 신청하여야 한다. 또한 甲의 신청에 따라 법원이 헌법재판소에 위헌심판의 제청을 한 때에는 甲이 제기한 행정소송의 절차는 법률의 위헌 여부에 대한 헌법재판소의 결정이 있을 때까지 그 절차는 정지된다.

그러나 갑의 위헌제청신청에도 불구하고 법원이 이를 기각한 때에는 甲은 첫째, 당해 심급의 종국판결 후 상소하여 상급심에서 다시 위헌제청신청을 하거나, 아니면 현재의 소송이 계속되는 중이라도 법원의 기각결정서를 송달 받은 날로부터 14일 이내에 '법률의 위헌여부심판을 원하는 취지의 헌법소원'을 헌법재판소에 청구할 수 있다.

한편, 사례에서 문제가 된 출판사및인쇄소의등록에관한법률 제5조의 2 제5호의 음란 또는 저속한 간행물의 발행을 이유로 하는 출판소등록취소제도와 관련하여, 헌법재판소는 '음란'이란 인간존엄 내지 인간성을 왜곡하는 노골적이고 적나라한 성표현으로서 오로지 성적 흥미에만 호소할 뿐 전체적으로 보아 하등의 문학적, 예술적, 과학적 또는 정치적 가치를 지니지 않은 것으로서, 사회의 건전한 성도덕을 크게 해칠 뿐만 아니라 사상의 경쟁메커니즘에 의해서도 그 해악이 해소되기 어려워 언론·출판의 자유에 의한 보장을 받지 않는 반면, '저속'은 이러한 정도에 이르지 않는 성표현 등을 의미하는 것으로서 헌법적인 보호영역 안에 있다고 하면서, 저속한 간행물의 발행까지 규제하는 것은 헌법 제21조의 언론·출판의 자유를 침해하는 위헌이라고 판시한 바 있다(헌재, 1998. 4. 30, 95헌가16).

이러한 헌법재판소의 위헌결정이 있게 되면, 그 위헌결정은 대법원을 비롯한 각급법원과 국가기관·지방자치단체를 기속하고, 또한 위헌결정된 법률은 그 효력을 상실한다. 즉, 甲에 대한 출판사등록취소처분은 무효인 법률조항을 근거로 이루어진 흠이 있는 처분이 된다. 다만, 위헌인 법률을 근거로 이루어진 처분이 당연무효인지 아니면 취소할 수 있는 흠이 있는 처분인지에 대해서는 다툼이 있다. 이에 대하여 대법원은 "법률에 근거하여 행정처분이 있은 후에 헌법재판소가 그 법률을 위헌으로 결정하였다면 그 행정처분은 법률의 근거가 없이 행하여진 것과 마찬가지가 되어 하자가 있는 것이 된다고 할 것이나, 일반적으로 법률이 헌법에 위반된다는 사정이 헌법재판소의 위헌결정이 있기 전에도 객관적으로 명백한 것이라고 할 수는 없으므로 특별한 사정이 없는 한 이러한 하자는 위 행정처분의 취소사유에 해당할 뿐 당연무효사유는 아니라고 봄이 상당하다"고 판시하였다(대판, 1994. 10. 28, 93다41860). 따라서 위 사례에서 甲이 제기한 행정소송을 담당하는 법원은 甲에 대한 출판사등록취소처분을 취소하여야 한다.

Ⅲ 헌법소원심판제도

아내 乙(女)은 사소한 문제로 부부싸움을 하던 중 남편 甲으로부터 심하게 폭행을 당했다. 이에 아내 乙은 남편 甲을 살인미수죄로 처벌해 줄 것을 요구하며 경찰에 고소하기에 이르렀다. 그러나 아내 乙의 기대와는 달리, 경찰의 조사를 거쳐 사건을 송치 받은 담당검사는 살인미수죄 피의사실이 증거가 불충분하다는 이유로 불기소처분(혐의 없음)을 하였다. 이러한 단계에서 아내 乙이 취할 수 있는 법적 절차는?

1. 헌법소원심판의 의의와 대상

1) 헌법소원심판의 개념

헌법소원심판이란 국가의 공권력의 행사 또는 불행사로 인하여 헌법상 보장된 자유와 권리가 직접 그리고 현실적으로 침해당한 국민이 헌법재판소에 당해 공권력의 위헌 여부의 심사를 청구하여 그 자유와 권리를 구제받는 제도를 말한다. 다만, 헌법소원은 다른 법률에 구제절차가 있는 경우에는 그 절차를 모두 거친 후가 아니면 청구할 수 없다(이를 '보충성의 원칙'이라 한다). 따라서 헌법상의 기본권을 침해받은 국민은 우선적으로 그 처분관서나 주무관서에 청원 또는 행정심판을 청구하거나, 법원에 소송을 제기하여야 하며, 이와 같은 방법에 의하여도 침해받은 기본권을 구제받지 못한 때에 비로소 헌법재판소에 헌법소원심판을 청구할 수 있다. 이러한 유형의 헌법소원심판을 권리구제형헌법소원이라 한다.

한편 위와 같은 본래적 의미의 헌법소원심판과는 달리, 법률의 위헌여부심판의 제청신청이 기각된 경우 그 신청을 한 당사자가 청구하는 헌법소원심판은 위헌심사형헌법소원이라 하며, 이에 대해서는 앞에서 설명한 바 있다.

2) 헌법소원심판의 대상

헌법소원의 대상은 '공권력의 행사 또는 불행사' 즉, 헌법의 기본권 조항에 기속되는 법적 효력을 가지는 모든 국가작용이다. 이에는 입법작용(법령, 즉 법률·조약·대통령의 긴급명령·지방자치단체 조례·법규성을 띠는 행정규칙과 입법부작위), 집행작용(행정소송의 대상이 되는 행정처분, 행정처분이 아닌 집행작용, 행정부작위), 사법작용(법원의 재판, 행정청의 행정심판 등)이 망라된다.

그러나 '법원의 재판'은 헌법재판소법 제68조 제1항이 명시적으로 헌법소원의 대상에서 제외하고 있으며, 행정기관의 작용이라 하더라도 그것이 공권력의 행사가 아닌 사법상의 행위인 때에는 역시 헌법소원의 대상이 되지 아니한다. 따라서 논란의 여지없이 헌법소원의 대상이 될 수 있는 것은 입법작용인 법령, 법원의 재판의 대상이 되지 않는 집행작용(다른 구제절차가 없거나, 있더라도 법원의 재판에 이르지 않는 경우)으로 국한되며, 후자의 대표적인 경우로는 검사의 불기소처분이 있다.

(1) 법령

법률 또는 법률조항 자체가 헌법소원의 대상이 될 수 있기 위해서는 그 법률 또는 법률조항을 근거로 하는 구체적인 집행행위를 기다리지 않고 직접, 현재 자기의 기본권이 침해되는 경우이어야 한다. 여기서 '기본권 침해의 직접성'이란 집행행위에 의하지 아니하고 법률 그 자체에 의하여 자유의 제한, 의무의 부과, 권리 또는 법적 지위의 박탈이 있는 경우를 말한다.

따라서 법률은 헌법소원심판에 의해서도 위헌법률심판에 의해서도 각각의 요건을 갖추는 경우 그 위헌성을 다툴 수 있으며, 현행 행정소송법은 법령 자체에 대해서는 행정소송을 제기하지 못하도록 하고 있기 때문에 법령에 대한 헌법소원은 다른 구제절차를 거칠 것 없이 바로 청구할 수 있다.

(2) 검사의 불기소처분

헌법재판소는 검사의 불기소처분이 자의적으로 이루어진 경우 범죄피해자는 헌법 제11조의 평등권과 헌법 제27조 제5항의 재판절차진술권이 각각 침해되었음을 이유로 헌법소원심판을 청구할 수 있다고 본다.

(3) 법원의 재판

헌법재판소법 제68조 제1항은 법원의 재판을 헌법소원의 대상에서 제외하고 있으나, 이 법률 조항에 대하여 헌법재판소가 한정위헌 결정을 내림으로써 법원의 재판에 대하여도 제한적으로 헌법소원을 제기할 수 있게 되었다. 즉, 헌법재판소는 "헌법재판소법 제68조 제1항 본문이 '법원의 재판'에 헌법재판소가 위헌으로 결정한 법령을 적용함으로써 국민의 기본권을 침해한 재판도 포함되는 것으로 해석하는 한도 내에서, 헌법에 위반된다"고 판시하였는바(헌재, 1997. 12. 24, 96헌마172,173 병합), 이는 법원의 재판은 원칙적으로 헌법소원심판의 대상이 아니지만, 헌법재판소가 위헌으로 결정한 법령을 적용함으로써 국민의 기본권을 침해한 재판에 대하여는 예외적으로 헌법소원을 청구할 수 있다는 취지이다.

2. 헌법소원심판의 절차

1) 보충성의 원칙

헌법소원은 다른 법률에 구제절차가 있는 경우에 그 절차를 모두 거친 후에야 제기할 수 있다. 이것을 '보충성의 원칙'이라고 한다. 따라서 검사의 불기소처분에 대해서는 그 불복절차인 항고 및 재항고의 절차를 거친 경우에 한하여 헌법소원심판을 청구할 수 있다. 다만, 검사의 불기소처분에 대한 불복제도로는 현행법상 재정신청과 검찰항고가 병존적 · 선택적 제도로서 존재하고 있기 때문에 이러한 불복절차를 모두 거쳐야만 헌법소원을 제기할 수 있는 것인지가 문제된다. 이에 대하여 헌법재판소는 "재정신청과 검찰항고는 모두 검사의 불기소처분에 대한 불복제도로서 현행법상 병존적 · 선택적 제도라고 할 수 있으나, 두 제도를 모두 거치는 것은 시간적으로 불가능하게 되어 있고, 재정신청은 결국 법원의 재판으로 귀착되어 헌법소원의 대상이 되는 것인지 의문이 있을 수 있으므로, 재정신청과 검찰항고가 모두 가능한 범죄에 관한 불기소처분에 대하여 검찰항고를 선택하여 이를 모두 거친 경우에는 재정신청을 거치지 아니하였더라도 다른 법률에 의한 구제절차를 모두 거친 것으로 해석하여야 한다"고 판시한 바 있다.

이에 비하여 행정처분이나 행정심판의 재결 등과 같이 행정소송법에 따른 행정소송절차를 거쳐야 하는 경우에는 그러한 절차를 모두 거쳐야 할 것인바, 이처럼 행정소송을 거친다는 것은 결국 '법원의 재판'을 거치는 것이고 '법원의 재판'은 헌법소송의 대상에서 명시적으로 제외되어 있기 때문에 결과적으로 행정처분에 대한 헌법소원은 불가능한 것이 될 수밖에 없다.

2) 청구인적격

헌법소원의 청구는 특별한 사정이 없는 한 공권력의 행사 또는 불행사로 인하여 '청구인 자신이 직접 그리고 현재' 헌법상 보장된 기본권을 침해당한 경우에만 허용된다. 따라서 영화인협회가 그 회원인 영화인의 기본권 침해를 이유로 청구한 헌법소원은 청구인 자신의 기본권이 침해된 경우가 아니기 때문에 각하될 수밖에 없다. 또한 기본권의 침해는 다른 행위의 매개 없이 공권력의 행사 또는 불행사에 의하여 직접 이루어져야 한다. 그 결과 개발제한구역(그린벨트)을 지정할 수 있도록 한 도시계획법 조항에 대한 헌법소원은 국토해양부장관의 개발제한구역 지정 고시라는 별도의 구체적인 집행행위에 의하여 비로소 재산권 침해 여부의 문제가 발생할 수 있으므로 부적법하여 각하됨에 비하여, 국·공립학교 교사의 신규채용에 있어 국립 또는 공립의 교육대학이나 사범대학 기타 교원양성기관의 졸업자 또는 수료자에게 우선권을 부여한 교육공무원법 규정은 별도의 집행행위 없이 사립대학이나 비사범대 출신 교사자격자의 기본권을 직접 침해하므로 헌법소원의 청구가 가능하다.

3) 청구기간

헌법소원은 그 사유가 있음을 안 날로부터 90일 이내에, 그 사유가 있은 날로부터 1년 이내에 청구하여야 한다. 다른 법률에 의한 구제절차를 거친 헌법소원은 그 최종결정의 통지를 받은 날로부터 30일 이내에 청구하여야 한다. 따라서 검사의 불기소처분에 대한 헌법소원심판의 청구기간은 검찰청법에 의한 항고·재항고 등의 구제절차를 거치고 나서 재항고 기각결정의 통지를 받은 날로부터 30일이다. 한편, 법률의 위헌여부심판의 제청신청이 기각된 경우의 헌법소원심판은 위헌법률심판의 제청신청이 기각된 날로부터 14일 이내에 청구하여야 한다.

4) 변호사강제주의

헌법소원은 변호사를 대리인으로 선임하지 아니하면 청구할 수 없다. 이를 변호사강제주의라 한다. 변호사를 선임할 자력(資力)이 없는 자는 헌법재판소에 국선대리인의 선임을 신청할 수 있다. 헌법재판소가 국선대리인 선임신청을 기각하는 때에는 불복할 수 없으며, 변호사를 사선대리인으로 선임하여야 한다.

3. 사례 해결

사례에 문제가 된 공권력의 행사는 검사의 불기소처분으로 이는 헌법소원심판의 대상이 되는 대표적인 경우이다. 그러나 헌법소원심판을 청구할 수 있기 위해서는 다른 법률에 의한 구제절차를 거쳐야만 하므로 아내 乙은 검사의 불기소처분에 대한 불복절차인

항고 및 재항고의 절차를 거친 후에 비로소 헌법소원심판을 청구할 수 있다. 또한 헌법소원심판의 청구는 재항고 기각결정의 통지를 받은 날로부터 30일 이내에 신청하여야 한다.

한편, 헌법소원심판의 청구는 특별한 사정이 없는 한 '청구인 자신이 직접 그리고 현재' 헌법상 보장된 기본권을 침해당한 경우에만 허용되는바, 아내 乙은 검사의 불기소처분으로 인하여 헌법 제11조의 평등권과 헌법 제27조 제5항의 재판절차진술권이 직접 침해되었음을 주장할 수 있을 것이다. 다만, 아내 乙의 그러한 주장이 인용되기 위해서는 검사가 증거가 충분한 사건에 대하여 무혐의 불기소처분을 하였거나 아니면 수사도 다 하지 아니하고 증거에 대한 가치판단도 소홀히 한 채 심히 정의감정에 반하는 처분을 한 것으로서 결국 검찰권의 자의적인 행사로 차별 없이 성실한 검찰권의 행사를 요구할 수 있는 청구인의 평등권을 침해한 것이 명백하여야 한다(헌재 1993. 5. 13, 92헌마192). 따라서 사례의 구체적 사정이 이러한 요건을 충족한다면, 헌법재판소는 乙의 헌법소원을 인용하여 검사의 불기소처분을 취소하고 검사로 하여금 사건을 다시 처리하도록 할 것이다.

제 13 장

지적재산의 법률문제

Ⅰ. 지적재산권

Ⅱ. 지적재산권의 확보

Ⅲ. 지적재산권 분쟁

I 지적재산권

1 갑돌이는 휴대폰을 사용하다가, 현재의 한글 입력방법이 불편하다고 느껴서, 새로운 입력방법을 생각해 내었다. 휴대폰과 같은 물건에 대해서는 특허를 받을 수 있다는 것은 알고 있지만, 한글을 입력하는 방법과 같은 것으로도 특허를 받을 수 있는지 궁금하다. 특허를 받을 수 있는가?

2 을순이는 남편을 도와서 새로운 사업을 벌이고자 한다. 다단계 영업방법이 큰 자본 없이 돈 벌수 있는 방법으로 생각되어 이 영업을 시작하려고 한다. 하지만, 현재의 다단계 영업방법에 관한 인식이 좋지 않아, 현재의 영업방법을 개량한 새로운 다단계 영업방법을 생각해 내었다. 이 새로운 다단계 영업방법에 대하여 특허를 받을 수 있는가?

3 갑돌이는 인터넷상의 웹페이지를 검색하는 경우에 검색된 다수의 웹페이지를 우선순위에 따라 순위를 매겨서 보여주는 알고리즘을 생각한 후 이를 컴퓨터프로그램으로 실제로 구현하였다. 갑돌이는 자신의 프로그램에 대하여 어떻게 보호받을 수 있는가?

1. 아이디어와 지적재산권

인간이 창조적 노력을 하여 새로운 물건을 만든 것은 역사가 오래되었다. 양치는 목동이 양들이 가시덤불로는 탈출하지 못하는 것을 보고 철사울타리에 철사로 만든 가시를 부착하여 사용한 예가 있고, 단면이 둥근 연필이 경사면에서 잘 구르는 것을 단면을 육각형으로 하여 잘 구르지 않게 개량한 예도 있다. 그 외에도 미국특허 제223,898호를 획득한 에디슨의 백열전구, 현재 널리 사용되는 휴대폰의 덮개 및 안테나 구조 등도 인간이 창조적 노력을 발휘한 결과이다.

이와 같은 인간의 창조적 노력에 대하여 일정한 권리를 부여한 예로는 고대 그리스에서 특별한 요리를 창작한 요리사에게 1년간의 독점을 인정한 것을 들 수 있다. 비교적 체계적으로 그 권리를 보호하기 시작한 것으로는 1474년 베네치아에서 신규성, 유용성, 실행가능성을 지닌 발명에 대하여 특허를 부여한 것을 들 수 있다.

또한 특허를 출원하는 절차 및 특허를 침해한 경우의 벌칙규정도 구비되어 있어 베네치아 특허법이 세계에서 가장 오래된 특허법으로 인정받고 있다. 영국에서는 1624년에 '최초의 진실한 발명자'에게 14년간의 독점권을 부여하는 전매조례(Statute of Monopolies)가 제정되었고, 이것이 현대특허법의 근원으로 인정받고 있다.

특허로 번역된 Patent라는 용어는 전매조례에서 공개 특허장이라는 의미로 사용된 Literae Patentes(Letter of Patent)에서 유래한 것이다. 미국에서는 1641년 최초의 특허제도가 성립되어 제염방법에 대하여 최초의 특허가 부여되었고, 1790년에 미국연방특허법이 제정되었다. 그 후 독일에서는 최선출원자에게 특허를 부여하는 '선출원주의'를 표방한 특허법이 1877년에 제정되고, 일본에서는 최초의 특허제도라고 할 수 있는 전매략(專賣略)규칙이 1871년에 제정되어 잠시 시행한 후 폐지되었다가 1885년 전매특허조례가 다시 제정되어 특허제도가 부활하였다.

우리나라에서는 1887년, 지석영이 고종에게 올린 시무소(時務疏)에서 특허제도의 도입을 주장한 바 있고, 1908년 일본특허법을 의용(依用)한 한국특허령을 공포하여 최초의 특허제도가 시행되었으며, 1961년 특허법, 실용신안법, 의장법(현 디자인보호법)이 제정되어 오늘에 이르고 있다.

인간의 창조적 결과물에 일정한 권리를 부여하는 근거로는 1791년 프랑스에서 제정된 특허법에서 새로운 기술을 창작한 자는 당연히 그 창작물을 재산으로 소유할 수 있으며, 만일 그러한 창작이 창작자의 재산으로 인정되지 않으면 이것은 창작자의 인격을 본질적으로 무시하는 것이 된다는 '자연권설'을 표방한 것이 최초이다. 현재는 발명의 비밀을 공개하는 대가로 특허를 부여하여 산업발전을 도모하기 위한 산업정책적인 입장에서 특허권을 부여한다는 '산업정책설'의 입장을 유력하게 지지하고 있다.

최근에는 독점적인 권리의 대상이 전통적으로 특허의 대상으로 인정된 기계나 공작품뿐만 아니라 인간이 생성한 지적생산물 전체로 확대되고, 독점적 권리를 이용한 고율의 실시료 수입 및 고가의 매매 등이 가능하게 되는 등 그 경제적 가치도 증가하게 되어, 인간의 창조적 노력의 결과물에 대한 독점적 권리를 지적재산권(Intellectual Property), 지적소유권, 지식재산권 등으로 지칭하고 있다.

2. 지적재산권의 종류

지적재산권의 종류로는 전통적으로 지적재산권 등으로 일컬어 온 것으로서 산업발전을 목적으로 하는 산업재산권, 문화발전을 목적으로 하는 저작권 및 최근에 지적재산권으로 인정받기 시작한 신지적재산권을 들 수 있다.

1) 산업재산권

산업재산권은 다음과 같이 특허권, 실용신안권, 디자인권, 상표권 네 가지로 구분된다.

① 특허권

특허권은 '자연법칙을 이용한 기술적 사상의 창작으로 고도한 것'을 의미하는 '발명' 중 '산업상 이용가능한 발명'을 대상으로 한다. 특허대상인 발명을 특허법에서는 '물건의 발명'과 '방법의 발명'으로 크게 두 가지로 나누고 있다. 또한 방법의 발명은 '단순방법발명'과 '물건을 생산하는 방법발명'으로 나누어진다.

특허권자는 출원하여 특허된 발명(특허발명)을 업(業)으로써[1] 실시할 권리를 독점하므로, 타인이 정당한 근거 없이 특허발명을 실시하면 특허권 침해가 된다. 타인이 특허발명을 실시할 수 있는 예로는, 특허권자에게 일정한 금액을 지불하여 특허권을 매수하거나, 특허권 자체는 특허권자에게 그대로 두면서 특허발명을 실시할 수 있는 권리(실시권)를 획득하는 것이 대표적이다.

② 실용신안권

실용신안권은 '자연법칙을 이용한 기술적 사상의 창작'인 '고안' 중 '산업상 이용가능한 물품의 형상·구조·조합에 관한 고안'을 대상으로 한다. 따라서 '물건'과 '방법'이 특허의 대상이 되는 특허와는 달리 '방법'은 실용신안권의 대상이 되지 않는다.[2]

실용신안권자는 등록된 실용신안(등록실용신안)을 업으로서 실시할 권리를 독점한다.

③ 디자인권

디자인권은 '물품의 형상, 모양이나 색채 또는 이들을 결합한 것으로서 시각을 통하여

---

1) 사업으로서의 의미이다.

2) 따라서 방법에 관한 것을 실용신안출원하면, 신규성, 진보성 등의 실체심사를 거치기도 전에 실용신안의 대상에 해당하지 않는다는 이유로 거절된다.

미감을 일으키게 하는 것'인 '디자인[3]'을 그 대상으로 한다. 실무에서 미감의 발생 여부는 특별히 문제되지 않는다. 디자인권자는 등록된 디자인(등록디자인) 뿐만 아니라, 등록된 디자인과 유사한 디자인(유사디자인)에 대해서도 업으로서 실시할 권리를 독점한다.

④ 상표권

상표권은 '상품을 생산・가공・증명 또는 판매하는 것을 업으로 영위하는 자가 자기의 업무에 관련된 상품을 타인의 상품과 식별되도록 하기 위하여 사용하는 표장'인 '상표'를 그 대상으로 한다. 여기서 표장(標章)[4]의 범위는 전통적인 기호・문자・도형의 결합(1949. 11. 28. 제정 법률 제71호)으로부터 기호, 문자, 도형과의 결합을 전제로 하는 색채(1995. 12. 29. 개정 법률 제5083호)와 입체적 형상(1997. 8. 22. 개정 법률 제5355호)이 포함되었고, 그 후 색채와 홀로그램이 독립한 표장의 구성으로 포함될 뿐만 아니라 '시각적으로 인식할 수 있는 모든 것'에 이르기까지 표장의 범위가 급격하게 확장되었다(2007. 1. 3).

미국에서 소리상표는 1947년에 도입되어 현재 100여건 등록되어 있다. 그 중의 대표적인 예로는 MGM 영화사의 사자울음 소리, Intel사의 CPU를 광고할 때 사용하는 4음으로 구성되는 음향, THX 음향 광고시 사용하는 음향 등이 있다. 미국의 모터사이클 제조회사인 Harley- Davidson사에서 자신들이 사용하는 V-cam Twin Engine의 독특한 소리에 대하여 1994.2.1 상표 출원하였으나 장기간의 논란 끝에 2000년 등록이 무산되었다.[5]

미국에서 냄새상표는 1990년에 도입되어 현재 10건 미만이 등록되어 있다. 대표적인 예로는 레이저프린터 토너에 대하여 사용하는 레몬 향 상표이다.

입체적 형상으로 구성되는 상표를 '입체상표'라고 하며 대표적인 것으로는 KFC 식당 앞에 서 있는 설립자 커널 샌더스(Colonel Harland Sanders) 할아버지 조형물, 코카콜라사의 코카콜라 병 등을 들 수 있다.

색채는 독자적으로는 상표가 될 수 없고, 기호・문자・도형・입체적 형상・홀로그램

---

3) 예전에는 의장(意匠)이라는 용어를 사용하였다.
4) 마크(mark)에 해당하는 용어이다.
5) 등록이 무산된 주된 이유는, 할레이-데이비슨사의 모터사이클의 독특한 소리는 모터사이클에 사용하는 V-cam 방식의 엔진에 의하여 발생하는 것이어서, 다른 모터사이클 제조회사의 모터사이클이라 하더라도 동일한 형식의 엔진을 사용하는 경우에는 동일한 소리가 발생하므로, 만일 여기에 상표권을 부여한다면, 자타상품의 식별력을 보호하는 상표로서, 기술적 사상에 대한 독점권을 우회적으로 확보하는 부당한 결과가 발생하기 때문이라는 점이었다.

· 동작 등의 표장의 기타 구성요소와 결합하여야만 등록될 수 있다.[6)]

상표권자는 모든 상품에 대하여 등록상표를 사용할 권리를 독점하는 것이 아니라, 상표출원당시에 자신의 상표를 사용하고자 지정한 '지정상품'에 관하여 그 등록상표를 사용할 권리를 독점한다. 따라서 '상표'가 동일하더라도 사용되는 '상품'이 상이한 경우에는 기본적으로는 상표권 침해가 되지 않는다. 예를 들어, 전자제품, 자동차 등을 지정상품으로 하여 등록되어 있는 '삼성'이라는 상표를 의약품에 사용하더라도 기본적으로 상표권침해가 되지 않는다.[7)]

2) 저작권

저작권은 '인간의 사상 또는 감정을 표현한 창작물'인 '저작물'을 그 대상으로 한다. 저작물의 실연(實演), 음반, 방송은 '저작인접권'의 대상이 된다. 예를 들어, 어느 작곡자가 작곡한 가요는 저작물에 해당하여 저작권의 대상이 되고, 이 가요를 실제로 부른 가수의 공연(실연)은 저작인접권의 대상이 된다.

저작권자가 누리는 저작권은 크게 '저작인격권'과 '저작재산권'으로 나뉜다.

저작인격권에는 공표권(자신의 저작물에 대한 공표 여부를 선택할 수 있는 권리), 성명표시권(자신의 실명 등을 표시할 수 있는 권리), 동일성유지권(자신의 저작물의 동일성을 유지할 권리)이 있다. 저작인격권은 저작자의 인격과 관련된 것으로 저작재산권과 달리 양도하거나 이전할 수 없는 일신전속적인 권리이므로 원칙적으로 저작자의 사망과 동시에 소멸한다. 그러나 저작자가 사망하여 인격권이 소멸되더라도 저작자의 생존시에 할 수 없는 행위로서 저작자의 '명예를 훼손하는 정도'에 이르는 것은 그 행위가 금지되므로,[8)] 이와 같은 경우에는 존속기간의 제한이 없다고 볼 수 있다.

저작인격권 중에서 동일성유지권침해가 된 사례로, 음반제작자가 작곡자와 동요 사용

---

6) 상표법 제7조 제1항 제13목 (2007.7.1 시행).

7) 다만, 일정한 경우에는 '부정경쟁방지 및 영업비밀보호법' 상의 부정경쟁행위(제2조 제1호 다목)에 해당되어 허용되지 않을 수 있다.

8) 저작권법 제14조【저작인격권의 일신전속성】① 저작인격권은 저작자 일신에 전속한다.
② 저작자의 사망 후에 그의 저작물을 이용하는 자는 저작자가 생존하였더라면 그 저작인격권의 침해가 될 행위를 하여서는 아니된다. 다만, 그 행위의 성질 및 정도에 비추어 사회통념상 그 저작자의 명예를 훼손하는 것이 아니라고 인정되는 경우에는 그러하지 아니하다.

에 관한 계약을 하고 동요테이프를 제작 판매하는 과정에서 실수로 음표 하나를 바꾼 경우에 저작인격권을 침해하였다고 판단한 사례가 있다.[9] 본 사안에서는 12마디로 구성된 동요의 음표 중 '미' 하나를 '라'로 바꾸어서 제작 판매한 경우라 하더라도, "저작물은 저작권자의 인격을 표현한 것인데 저작물의 변경을 쉽게 허용하면 저작자의 감정을 해치고 창작 의욕에도 영향을 미친다. 단순한 오류를 바로 잡거나 사소한 부분을 바꾸는 것이 아니라면 원칙적으로 저작자의 동의를 얻어야 저작물 변경이 가능하다."고 판시하여 단지 하나의 음표를 변경하는 행위도 저작인격권의 침해를 구성한다고 판시하였다.

저작재산권에는 복제권, 공연권, 공중송신권, 전시권, 배포권, 대여권(판매용 음반을 영리를 목적으로 대여할 권리), 2차적 저작물 작성권(원저작물을 번역, 편곡 등의 행위를 하여 새로운 저작물을 작성하는 권리)이 있다. 여기서 공중송신권은 동시에 접근할 수 있는지의 여부를 기준으로, 공중(公衆)이 동시에 수신하게 할 목적으로 송신하는 '방송권'과 공중이 개별적으로 선택한 시간과 장소에서 접근할 수 있도록 저작물을 제공하는 '전송권'으로 구분된다. 예를 들어, 음악을 방송국에서 전파로 송신하여 TV로 수신하는 것은 '방송'에 해당하고, 음악을 인터넷을 통해서 전송하여 컴퓨터로 수신하는 것은 '전송'에 해당한다.

2차적 저작물은 원저작물을 번역・편곡・변형・각색・영상제작 그 밖의 방법으로 작성한 창작물이다. 2차적 저작물에 대한 작성권이 원저작자에게 있으므로,[10] 번역 등의 방법으로 2차적 저작물을 작성하고자 하는 자는 원저작자의 허락을 받아야 한다.

2차적 저작물에 대해서는 원저작물과 별도로 독립적인 저작권이 부여되어 보호되고, 2차적 저작물에 대한 권리의 보호가 원저작자의 권리에 영향을 미치지 않으므로,[11] 원저작자도 2차적 저작물에 대하여 자신의 저작권을 행사할 수 있다. 예를 들어, 번역물(2차적 저작물)에 대하여 복제・배포 등의 방법으로 이용하고자 하는 자는 번역자와 원저작자 양자로부터 이용허락을 받아야 하므로,[12] J. K. Rowling의 소설 Harry Potter를 번

9) 동아일보 2007.7.24(화)자 기사.

10) 제22조【2차적 저작물작성권】 저작자는 그의 저작물을 원저작물로 하는 2차적 저작물을 작성하여 이용할 권리를 가진다.

11) 제5조【2차적 저작물】 ① 원저작물을 번역・편곡・변형・각색・영상제작 그 밖의 방법으로 작성한 창작물(이하 "2차적 저작물"이라 한다)은 독자적인 저작물로서 보호된다.
② 2차적 저작물의 보호는 그 원저작물의 저작자의 권리에 영향을 미치지 아니한다.

역한 소설 『해리 포터』를 복제・배포하고자 하는 자는 번역자뿐만 아니라 원저작자의 허락을 받아야 한다.

저작재산권은 원칙적으로 저작자의 생존시와 사망 후 50년간 존속한다. 이때의 기산일은 저작자가 사망하거나 저작물을 창작 또는 공표한 다음 해이다.[13] 따라서 저작자가 2010.5.15일 사망한 경우, 저작재산권은 2011.1.1일부터 기산하여 50년이 되는 2060.12.31일까지 존속한다. 이는 특허권 등의 산업재산권에서 기간의 계산이 날짜를 기준으로 하는 점과 특별히 상이한 점이다.

저작인접권자 중 실연자(實演者)는 저작인격권으로서 성명표시권, 동일성유지권을 가지고, 저작재산권으로서 복제권, 배포권, 대여권, 공연권, 방송권, 전송권 등을 가진다. 음반제작자는 음반에 대한 복제권, 배포권, 대여권, 전송권 등을 가지고, 방송사업자는 그의 방송에 대한 복제권, 동시중계방송권을 가진다.[14]

저작권은 일체의 절차나 형식의 이행과 관계없이 저작물의 창작과 동시에 발생하는 점에서 산업재산권이 출원・심사의 절차를 거쳐 권리의 등록에 의하여 비로소 발생하는 점과 상이하다. 저작자의 성명・주소, 저작물의 제호・종류・창작연월일, 공표연월일 등을 문화체육관광부의 저작권등록부에 등록하면 등록일이 창작일로 추정되는 등의 법적효과가 있다.[15]

---

12) 다만, 이와 같은 해석에 대한 명시적인 근거 규정이 우리나라 저작권법에는 없어 보인다. 혹자는 2차적 저작물을 이용하는 자는 그 이용시에 원저작물을 '간접적으로' 이용한다는 개념을 사용하기도 하나 이러한 개념을 받아들인다 하더라도, 간접적으로 이용하는 경우를 직접적으로 이용하는 경우와 동일하게 취급해야 할지의 여부가 불명확하기는 마찬가지이다.
반면에, 일본 저작권법에는 2차적 저작물에 대하여 원저작자가 누리는 권리의 내용이 명시되어 있다. 참고가 필요하다. 일본 저작권법 제28조 (2차적 저작물의 이용에 관한 원저작자의 권리) "2차적 저작물의 원저작물의 저작자는, 당해 2차적 저작물의 이용에 관하여, 이 관에 규정하는 권리로 당해 2차적 저작물의 저작자가 보유하는 것과 동일한 종류의 권리를 독점한다." 참조

13) 제44조【보호기간의 기산】이 관에 규정된 저작재산권의 보호기간을 계산하는 경우에는 저작자가 사망하거나 저작물을 창작 또는 공표한 다음 해부터 기산한다.

14) 실연, 음반, 방송 등의 저작물에 대하여 우리나라와 일본을 비롯하여 일반적으로 대륙법계에 속하는 국가에서는 저작권과 구별하여 저작인접권을 부여하고 있고, 영미법계에 속하는 국가에서는 저작인접권이라는 개념을 별도로 도입하지 않고 타 저작물과 마찬가지로 저작권을 부여하고 있으나, 명칭의 차이에도 불구하고 부여되는 권리의 내용에는 실질적인 차이가 없이 거의 동일하다.

15) 저작권법 제53조【저작권의 등록】, 제54조【권리변동 등의 등록・효력】참조

3) 신지적재산권

(1) 신지적재산권의 등장

과학기술의 급속한 발달과 사회 여건의 변화로 종래의 산업재산권 또는 저작권으로 보호하기에는 적절하지 않은 새로운 지적재산이 등장하게 되었다. 이와 같은 대표적인 것으로는 반도체집적회로에서 회로의 설계에 관한 반도체배치설계, 컴퓨터프로그램, 데이터베이스, 전자상거래 기술, 영업비밀, 물질특허, 캐릭터(character), 지리적 표시, 인터넷 도메인 네임 등을 들 수 있다.

이러한 기술은 기존의 지적재산 보호체계에서는 보호대상으로 하지 않거나, 기존의 지적재산 보호체계로는 충분한 보호를 받지 못하는 특성을 가지고 있어, 신지적재산권[16]으로 분류할 수 있다.

(2) 신지적재산권의 보호

신지적재산권 중에서는 기존 산업재산권 혹은 저작권 법률의 해석을 확장하여 종래의 산업재산권 혹은 저작권으로 보호하는 경우와, 기존의 법률로는 보호하기 곤란하여 법률의 제정·개정을 통하여 새롭게 보호하는 경우로 크게 나눌 수 있다.

가. 종래 법에 의한 보호

생명공학관련 기술, 물질특허, 전자상거래 관련기술 등은 종래의 특허보호 대상의 범위를 확장하여 특허권으로 보호하고 있으며, 인물이나 동물 등의 형상과 명칭을 뜻하는 '캐릭터'는 시각저작물의 하나로서 저작권으로 보호하고 있다.[17]

나. 법률의 제정 · 개정에 의한 보호

① 반도체배치설계는 '반도체집적회로의 배치설계에 관한 법률'을 제정하여 '반도체배치설계권'으로 보호하고 있다.

---

16) 본서에서는 전통적인 산업재산권과 저작권으로 설명하기 힘들거나 비교적 최근 그 보호 여부가 논의되고 있는 지적재산권에 대하여 '신지적재산권'이라는 용어를 사용하고 있으나, 일부에서는 '기타 지적재산권'이라는 용어를 사용하기도 한다. 각 용어에는 장단점이 있으므로 어느 한편이 절대적으로 옳다고 할 수는 없을 것이다. 다만, 양자 모두 그 대상이 종래의 산업재산권과 저작권으로 설명하기에는 부족한 점이 있다는 공통된 고민의 결과로 사용된 것이다.

17) 대법원, 2005.4.29. 선고 2005도70 판결.

② 데이터베이스는 저작권법에 '데이터베이스 제작자의 보호' 부분을 추가하여 '데이터베이스 제작자의 권리'로서 보호하고 있다.

③ 영업비밀은 부정경쟁방지법을 '부정경쟁방지 및 영업비밀보호에 관한 법률'로 개정하여 보호하고 있다.

④ 컴퓨터프로그램은 '저작권법'을 일부 개정하여 보호하고 있다.

종전에는 컴퓨터프로그램을 저작권법의 특별법인 '컴퓨터프로그램보호법'으로 보호하였으나 2009.4.22.의 저작권법 개정에 의하여 컴퓨터프로그램보호법을 폐지하여 타 저작물과 함께 저작권법으로 보호하게 되었다. 다만, 컴퓨터프로그램이 다른 저작물과는 다른 특성을 가지는 점을 감안하여, 저작권의 보호대상이 되지 않는 컴퓨터프로그램의 종류(제101조의 2), 프로그램저작권의 제한(제101조의 3), 프로그램코드역분석(제101조의 4), 정당한 이용자에 의한 보존을 위한 복제 등(제101조의 5), 프로그램배타적발행권의 설정(제101조의 6), 프로그램의 임치(제101조의 7) 등에 관한 규정을 신설하였다.

그런데 컴퓨터프로그램에 대한 저작권법에 의한 보호가 특허법에 의한 보호를 배제하는 것은 아니며, 컴퓨터프로그램에 포함된 기술적 사상에 대해서는 물건 혹은 방법의 발명으로 출원하여 특허권을 부여받을 수 있다.

⑤ 도메인이름에 관해서는 '부정경쟁방지 및 영업비밀보호에 관한 법률' 중에 '정당한 권원이 없는 자가 상표 등 표지에 대하여 정당한 권원이 있는 자 또는 제3자에게 판매하거나 대여할 목적, 정당한 권원이 있는 자의 도메인이름의 등록 및 사용을 방해할 목적, 또는 그 밖의 상업적 이익을 얻을 목적으로 국내에 널리 인식된 타인의 성명·상호·상표 그 밖의 표지와 동일하거나 유사한 도메인이름을 등록·보유·이전 또는 사용하는 행위'를 부정경쟁행위 중의 하나로 추가하는 개정을 통하여 보호하고 있다. 또한 '인터넷주소자원에 관한 법률'을 2004.1.29.에 제정하여 정당한 권원이 있는 자의 도메인이름 등록을 방해하거나, 부당한 이득을 얻을 목적으로 도메인이름을 등록·보유하는 것을 금지하고, 이를 위반한 자에 대하여 법원에 그 도메인이름의 '등록말소' 뿐만 아니라 '등록이전'을 청구할 수 있게 하여 도메인이름에 대하여 정당한 권원이 있는 자의 권리를 두텁게 보호하고 있다.[18]

18) 인터넷주소자원에 관한 법률 제12조 제2항 <2009.6.9. 전문개정>

⑥ 지리적 표시에 대해서는 상표법상 단체표장의 하나로 '지리적 표시 단체표장'을 도입하여 보호하고 있다(상표법 제6조 제3항).

지리적 표시는 상품의 특정한 품질, 명성 또는 그 밖의 특성이 본질적으로 특정 지역에서 비롯된 경우에, 그 지역에서 생산, 제조 또는 가공된 상품임을 나타내는 표시를 나타내는 것으로, 예를 들어, '영광'은 굴비에 대하여 사용하는 경우 지리적 표시에 해당한다.

지리적 표시 단체표장 제도가 도입되기 이전에는, 영광에서 생산된 굴비에 대하여 '영광'은 굴비의 '산지'(상표법 제6조 제1항 제3호) 혹은 '현저한 지리적 명칭'(상표법 제6조 제1항 제4호)에 해당하므로 '영광굴비'는 식별력이 없는 상표로 인정되어 상표등록이 될 수 없고, 영광에서 생산되지 아니한 굴비인 경우 '영광굴비'는 '품질의 오인이나 수요자 기만'(상표법 제7조 제1항 제11호)에 해당하여 결국 굴비를 지정상품으로 '영광굴비' 상표는 등록될 수 없었다.

현재는 지리적 표시를 사용하는 상품과 관계된 단체의 표장으로 사용하는 '지리적 표시 단체표장'[19]이 도입되어 예전에는 산지표시에 해당하여 보호받을 수 없던 보성녹차, 대구따로국밥, 안동간고등어, 병천순대, 경주황남빵 등의 보호가 가능하게 되었다.[20]

3. 사례 해설

〈사례 1〉의 경우, 휴대폰에서 한글을 입력하는 방법은 발명의 종류 중에서 방법의 발명에 해당하여 특허대상이 된다. 다만, 한글을 입력하는 방법과 관련된 새로운 '프로그램' 자체는 특허청 실무에서 물건의 발명인지 방법의 발명인지 그 범주가 불명확하다는 이유로 아직 특허되지 않고 있다. 하지만, 이 경우에도 프로그램 자체를 청구하지 않고, 한글을 입력하는 각 기술의 단계를 서술하여 한글을 입력하는 방법으로 특허청구범위를

---

19) 상표법 §2-①-3의2. "지리적 표시"라 함은 상품의 특정 품질·명성 또는 그 밖의 특성이 본질적으로 특정 지역에서 비롯된 경우에 그 지역에서 생산·제조 또는 가공된 상품임을 나타내는 표시를 말한다.
상표법 §2-①-3의3. "동음이의어(同音異義語) 지리적 표시"라 함은 동일한 상품에 대한 지리적 표시에 있어서 타인의 지리적 표시와 발음은 동일하지만 해당 지역이 다른 지리적 표시를 말한다.
상표법 §2-①-3의4. "지리적 표시 단체표장"이라 함은 지리적 표시를 사용할 수 있는 상품을 생산·제조 또는 가공하는 것을 업으로 영위하는 자만으로 구성된 법인이 직접 사용하거나 그 감독 하에 있는 소속단체원으로 하여금 자기 영업에 관한 상품에 사용하게 하기 위한 단체표장을 말한다.

20) 2004.12.31 개정상표법에 의하여 2005.7.1부터 시행.

작성한 경우에는 특허받을 수 있다.

〈사례 2〉의 경우, 다단계영업방법 그 자체는 인간의 행위로서 '자연법칙을 이용한 기술적 사상의 창작'에 해당하지 않으므로 특허의 대상인 발명으로 인정되지 않아 특허받을 수 없다. 하지만, 영업방법을 인터넷이나 컴퓨터 등과 같은 기술적 구성요소와 결합시키면, 자연법칙을 이용한 기술적 사상으로 인정되어 특허대상이 된다. 이와 같은 것을 영업방법 특허 혹은 BM(Business Method) 특허라고 한다.

〈사례 3〉의 경우, 컴퓨터언어로서 표현된 컴퓨터프로그램은 저작물로 인정되므로 저작권의 대상이 된다. 또한 인터넷상의 웹페이지를 그 중요도에 따라 순위를 매기는 알고리즘을 일련의 절차를 수행하는 방법으로서 표현하면 특허의 대상인 방법의 발명으로 인정될 수 있으므로 특허로서 보호받을 수도 있다.

Ⅱ 지적재산권의 확보

1 갑돌이는 컴퓨터, TV 등에 널리 사용되는 액정표시소자(LCD)를 생산하는 회사에서 연구원으로 근무하고 있다. 그는 액정표시소자를 생산하는 제조방법 중에서 액정표시소자의 화질을 획기적으로 높일 수 있는 매우 중요한 기술을 개발하였다. 갑돌이는 이 기술을 특허출원하려고 하였으나, 특허인 경우 일정기간이 지나면 공개가 되므로 영업비밀로 유지하는 것이 더 좋을 수도 있겠다고 생각되어 고민하고 있다. 어느 편이 더 유리한가? 만일, 영업비밀로서 보호받고자 하는 경우에는 어떻게 하여야 하는가?

2 갑돌이가 발명을 하여 특허를 받고자 한다. 어떠한 절차를 거쳐야 하는가? 상표출원의 경우에는 어떠한가? 이때 갑돌이는 비용을 아끼기 위하여 대리인을 통하지 않고 직접 절차를 수행하고자 한다. 가능한가?

3 을순이는 치아를 하얗게 표백하는 기능을 가진 치약을 개발하여 '미백치약' 이라는 상표를 붙이고자 한다. 상표출원하여 등록받을 수 있겠는가?

1. 특허권과 영업비밀

1) 특허권의 특징

특허제도의 특징 중의 하나는 기술 공개의 '대가'로서 독점적인 권리인 특허권을 부여하는 것이다. 따라서 특허권을 획득하기 위해서는 특허의 내용, 즉 발명에 대한 공개가 필수적이다. 하지만, 특허출원인은 자신의 기술내용을 가능한 한 숨기고자 하는 것이 일반적이므로, 특허출원에 대한 심사단계에서 특허받고자 하는 발명이 특허출원 명세서에 적절하게 기재되어 있는지의 여부를 심사하여, 부적절하다고 판단되는 경우에는 특허출원을 거절하게 된다. 발명에 대한 기재가 적절한지의 여부는, 발명이 속하는 기술분야에서 통상의 지식을 가진 자(통상의 기술자, 종래의 당업자)가 발명의 상세한 설명의 기재로부터 쉽게 실시할 수 있는지의 여부로 판단한다.

특허출원의 공개는 원칙적으로 특허출원일로부터 1년 6개월이 경과하는 시점에 출원인의 의사에 관계없이 공개된다.[21]

2) 영업비밀의 특징

(1) 정의

영업비밀이라 함은 ① 공연히 알려져 있지 아니하고, ② 독립된 경제적 가치를 가지는 것으로서, ③ 상당한 노력에 의하여 비밀로 유지된 생산방법·판매방법 기타 영업활동에 유용한 기술상 또는 경영상의 정보를 의미한다.

(2) 영업비밀침해행위

영업비밀침해행위에는 다음과 같은 종류가 있다.

가. 부정취득행위와 관련된 침해행위

① 영업비밀의 부정취득사용·공개

절취(竊取)·기망(欺罔)·협박 기타 부정한 수단으로 영업비밀을 취득하거나, 그 취득

21) 국방상의 발명 등과 같이 특수한 경우에는 비밀유지가 되어 공개되지 않는 경우도 있고, 공개에 필요한 시기도 조기공개신청에 의하여 단축시킬 수도 있다.

한 영업비밀을 사용하거나, 공개하는 행위이다.

② 부정취득된 영업비밀의 악의 · 중과실의 취득사용공개

악의의 전득자(轉得者)에 관한 것으로, 영업비밀에 대하여 부정취득행위가 개입된 사실을 알거나 중대한 과실로 알지 못하고 그 영업비밀을 취득, 사용, 공개하는 행위이다.

③ 선의취득 후 악의 · 중과실의 사용공개

사후적 악의의 전득자에 관한 것으로, 영업비밀을 취득한 후에, 그 영업비밀에 부정취득행위가 개입된 사실을 알거나 중대한 과실로 알지 못하고 그 영업비밀을 사용, 공개하는 행위이다.

나. 부정공개행위와 관련된 침해행위

① 비밀유지의무자에 의한 부정한 사용 · 공개

계약관계 등에 의하여 영업비밀을 비밀로서 유지하여야 할 의무가 있는 자가 부정한 이익을 얻거나 그 영업비밀의 보유자에게 손해를 가할 목적으로 그 영업비밀을 사용하거나 공개하는 행위이다.

② 부정공개된 영업비밀의 취득사용 · 공개

악의의 전득자에 관한 것으로, 영업비밀이 비밀유지의무자에 의해 부정하게 공개된 사실 또는 그러한 공개행위가 개입된 사실을 알거나 중대한 과실로 알지 못하고 그 영업비밀을 취득하는 행위 또는 그 취득한 영업비밀을 사용하거나 공개하는 행위이다.

③ 선의취득후 악의중과실의 사용 · 공개

사후적 악의의 전득자에 관한 것으로, 영업비밀을 취득한 후 그 영업비밀이 비밀유지의무자에 의하여 부정하게 공개된 사실을 알거나 중대한 과실로 알지 못하고, 그 영업비밀을 사용하거나 공개하는 행위이다.

(3) 영업비밀의 보호

영업비밀의 정의에 규정된 요건을 충족하게 되면 상기와 같은 '영업비밀 침해행위'로부터 보호되어, 금지청구권, 손해배상청구권, 신용회복청구권 등을 갖게 된다. 어떤 내용이 영업비밀로 보호받기 위해서는 널리 알려지지 않을 것을 요건으로 하고 있으므로, 그 내용이 널리 공개되는 순간에 영업비밀로서 보호받을 수 없게 된다.

(4) 선의자에 관한 특례

거래에 의하여 영업비밀을 정당하게 취득한 자가 그 거래에 의하여 허용된 범위 안에서 그 영업비밀을 사용하거나 공개하는 행위에 대하여는 금지 또는 예방청구권, 손해배상청구권 및 신용회복청구권 등 규정을 적용하지 않는다.

이는 영업비밀에 관한 거래의 안정성을 확보하기 위한 것으로, 제3자가 정당한 거래에 의하여 영업비밀을 취득한 후에, 그 내용이 영업비밀에 해당한다는 것을 알게 된 경우에도 그 영업비밀을 계속 사용할 수 있게 하기 위한 것이다.

3) 특허권에 의한 보호와 영업비밀유지의 선택

(1) 특허권으로 보호받는 경우의 특징

이 경우의 장점으로는 타인이 동일한 기술에 대한 실시를 방지할 수 있는 독점배타적인 권리의 획득이 가능한 점을 들 수 있다. 하지만, 출원일로부터 20년이 지나는 시점에서 권리가 소멸되고, 그 후로는 누구나 그 기술을 실시할 수 있게 되므로 그 배타적인 권리는 한시적이라는 단점이 있다. 또한 기술의 진보가 빠른 영역에 속하는 기술은 특허출원으로부터 특허권설정등록에 의한 권리발생일까지 기간이 2년 이상의 장시간이 걸리므로, 특허권이 확보되는 시점에서는 이미 낡은 기술이 되어 특허권 획득의 실익이 없는 단점이 있다.

(2) 영업비밀로 보호받는 경우의 특징

이 경우에는 별도의 출원절차가 없으므로, 간편하게 보호받을 수 있다고 볼 수 있으나, 특허와는 달리 독점배타적인 권리가 발생하는 것이 아니므로, 타인이 동일한 기술을 정당하게 개발하여 실시하는 경우에는 특허권과는 달리 상대방의 실시를 막을 방법이 없게 된다. 또한 영업비밀로 보호되고 있는 권리에 대한 공시절차가 있는 것이 아니므로, 영업비밀의 내용이 불명확하므로 분쟁이 생긴 경우, 분쟁의 해결에 장시간이 소요될 수 있다.

반면에, 타인의 복제가 용이하지 않은 경우에는 영업비밀로 유지하면 일정한 기간이 경과한 후에 기술이 공개되는 특허의 경우와는 달리, 영업비밀로 유지되는 기간의 제한이 없으므로 보호기간이 특허에 비해서 장기간이 될 수 있다.

(3) 선택

어떠한 기술정보를 특허로서 보호받을 것인가, 영업비밀로서 유지할 것인가의 문제 앞의 여러 가지 요소를 고려하여 결정한다. 특히, 기술의 복제가 용이한 경우, 타인과 기술개발에서 경쟁관계에 있는 경우, 라이프사이클이 특허획득기간에 비해 긴 경우에는 특허로서 보호받는 것이 유리하고, 그 반대의 경우에는 영업비밀로 유지하고 있는 편이 유리하다.

2. 특허출원부터 등록까지

특허출원하기로 결정한 경우에는, 일정한 절차를 밟아 특허결정을 받은 후, 특허권설정등록에 의하여 독점배타적인 권리인 특허권을 획득하게 된다.

1) 특허출원

특허출원은 특허받고자 하는 발명의 내용을 일정한 형식에 맞게 작성하여 특허청에 제출하는 절차이다.

(1) 특허출원인

특허출원은 기본적으로 '발명자'가 할 수 있으나, 발명자로부터 특허출원할 수 있는 권리를 승계한 '승계인'도 할 수 있다.

(2) 출원전 준비사항

특허출원인은 특허청에 '출원인코드부여신청'을 하여 출원인 각각 고유한 번호를 부여받아야 한다.[22)]

특허출원서류는 서면뿐만 아니라 전자적인 방법으로 작성하여 플로피디스크나 인터

---

22) 특허출원과 관련된 구체적인 사항은 특허청 웹페이지 http://www.kipo.go.kr의 전자출원 항목에서 얻을 수 있다.

넷을 통하여 온라인으로 제출할 수도 있다. 서면이 아닌 전자적인 방법으로 서류를 제출하고자 하는 경우에는 사전에 '전자문서이용신고'를 하여야 한다.

(3) 특허출원서류

특허출원시에는 '특허출원서'에 '명세서', '도면' 및 '요약서'를 첨부하여 제출한다. 명세서에는 발명의 명칭, 도면의 간단한 설명, 발명의 상세한 설명 및 특허청구범위를 작성한다.

도면은 물건의 발명인 경우에는 반드시 작성하여야 하고, 방법의 발명인 경우에는 도면이 없어도 발명의 내용이 이해가 되는 경우에는 생략 가능하다.

요약서는 단순히 기술정보로서 활용하기 위한 목적으로 작성되고, 특허된 발명의 법적 보호범위를 정하는 데는 사용되지 않는다. 요약서는 요약·대표도·색인어로 구성된다.

2) 심사

특허출원이 있으면, 심사관에 의하여 특허법에 규정된 거절이유를 찾게 되어 거절이유를 찾으면 '거절이유통지'를 하여 거절이유를 극복할 기회를 주게 되며, 결국 이를 해소하지 못하게 되면 '특허거절결정'을 하게 된다. 거절이유를 찾지 못하거나, 원래의 거절이유를 출원인이 해소하게 되면 '특허등록결정'을 하게 된다.

거절이유의 종류로는 여러 가지가 있으나, 그 중 대표적인 것은 다음과 같다.

(1) 특허요건

산업상 이용가능한 발명으로서 다음 각 호에 해당하지 않아야 한다.

① 신규성

신규성은 특허출원된 발명이 이전 기술에 비하여 새로울 것을 요구하는 것이다. 신규성이 결여되어 특허받을 수 없는 경우는 다음과 같다.

1. 특허출원 전에 '국내' 또는 '국외'에서 공지(公知)되거나 공연히[23] 실시된 발명
2. 특허출원 전에 '국내' 또는 '국외'에서 반포된 간행물에 게재되거나 대통령령이 정하는 전기통신회선을 통하여 공중에 이용가능하게 된 발명

23) 공공연히 즉, 비밀로 유지되지 않은 상태에서 공중이 널리 알 수 있는 상태에서라는 의미.

여기서 대통령령이 정하는 전기통신회선의 대표적인 것으로는 인터넷 망을 들 수 있다.

② 진보성

신규성이 인정된다고 특허될 수 있는 것은 아니고, 신규성이 인정되더라도 종래기술과의 차이가 어느 한도 이상이 되지 않으면 특허될 수 없고, 그 차이가 일정한도 이상이어야 한다. 즉, '특허출원된 발명이 속하는 기술분야에서 통상의 지식을 가진 자(통상의 기술자, 당업자)'가 특허출원 전에 알려진 발명을 이용하여 특허출원된 발명을 용이하게 발명할 수 있는 경우에는 진보성 결여로 특허받을 수 없게 된다.

③ 확대된 선원

특허출원된 발명이 당해 특허출원일 이전에 출원되고 그 후에 공개된 특허출원문헌에 기록되어 있는 경우에는 특허받을 수 없다(특허법 제29조 제3항).

확대된 선원의 규정은 본건의 특허출원 이전에 본건과 동일한 발명의 내용이 다른 특허출원의 발명의 상세한 설명이나 도면에 기재되어 있는 경우에 적용된다. 즉, 본건의 특허출원시에는 다른 출원이 아직 공개가 되어 있지 않는 경우에는 본건의 신규성 내지 진보성 상실이 되지 않아 특허될 수 있을 것이나, 상기의 확대된 선원의 규정에 의하면 특허받을 수 없게 된다.

예를 들어, 선출원의 발명의 상세한 설명에 A, B, C가 개시되어 있으나, 특허청구범위에는 A, B만 청구한 경우, 후출원인이 상세한 설명에 C를 기술하고, 특허청구범위에 C를 청구한 경우, 아래에서 설명하는 선출원주의에 의하면 후원의 청구범위 C는 선출원의 청구범위에 그 기재가 없으므로 특허될 수 있을 것이나, 확대된 선출원주의가 적용되면 후출원의 청구범위 C는 선출원의 발명의 상세한 설명에 이미 기재되어 있으므로, 후출원은 특허될 수 없게 된다.[24]

이 규정은 선출원 특허의 명세서 또는 도면에는 기재되어 있으나, 특허청구는 되어 있지 아니한 내용에 대해서, 후출원자가 특허취득하는 것을 방지하기 위한 취지의 규정으로, 후원의 특허를 배제하는 선원의 지위를 통상의 청구범위 뿐만 아니라, 명세서 또는 도면까지 확장하였다는 의미에서 '확대된 선원' 규정이라고 불리기도 한다.

---

24) 이때, 선출원이 후출원 시점 이후에 공개되어야만 확대된 선원 규정이 적용된다. 만일 선출원이 공개가 되지 않으면 확대된 선원 규정은 적용되지 않는다.

(2) 선출원

동일한 발명에 대하여 다른 날에 둘 이상의 특허출원이 있는 경우에는 가장 먼저 출원한 자가 특허를 받는다. 발명의 동일성 판단의 기준은 특허청구범위의 기재를 기준으로 판단한다. 따라서 청구범위에 기재된 내용이 동일한 복수의 특허출원이 있는 경우에 최선 출원인이 특허받게 된다.

만일 동일한 발명에 대하여 둘 이상의 특허출원이 동일한 날짜에 있는 경우에는 협의에 의하여 정해진 하나의 출원인이 특허받을 수 있다. 만일 협의가 성립하지 않으면, 모두 특허받지 못한다. 이는 협의를 강제하기 위한 것이다.[25]

(3) 발명의 상세한 설명의 기재불비

발명의 상세한 설명에는 ① 기술분야, ② 해결하고자 하는 과제, ③ 과제의 해결수단 및 ④ 그 밖에 통상의 기술자(특허출원된 발명이 속하는 기술분야에서 통상의 지식을 가진 자)가 발명의 내용을 쉽게 이해하기 위하여 필요한 사항이 기재되어 있어야 한다.

(4) 특허청구범위의 기재불비

특허청구범위의 기재가 불비한 경우에 해당하여 특허받을 수 없는 경우는 다음과 같다.

① 특허청구범위가 발명의 상세한 설명에 의하여 뒷받침되지 않는 경우

발명의 상세한 설명은 기술공개서의 역할을 하므로, 발명의 상세한 설명에 기재되어 있지 아니한 기술내용에 대해 특허권이 부여되면 공개하지 않은 발명에 대하여 특허권이 부여되는 결과가 되므로, 이와 같은 문제를 방지하기 위한 규정이다.

예1: 청구항에 기재된 사항과 대응되는 사항이 발명의 상세한 설명에 직접적으로 기재되어 있지 않고, 암시도 되어 있지 아니한 경우

예2: 발명의 상세한 설명과 청구항에 기재된 발명 상호간에 용어가 통일되어 있지 않아서 양자의 대응관계가 불명확한 경우

---

25) 상표의 경우에는 동일한 상표에 대하여 복수의 출원이 동일한 날짜에 있는 때에는 추첨에 의하여 상표권자를 결정한다.

② **특허청구범위에 보호받고자 하는 발명의 내용이 불명확하게 기재된 경우**

불명확한 청구항에 대하여 특허권이 부여되면, 보호범위가 불명확하여 권리로서의 역할을 다할 수 없고, 특허요건 등의 판단이 불가능하게 되므로 이를 방지하기 위한 규정이다.

예1: 특허청구항에 '필요에 따라', '예를 들어', '및/또는' 등의 용어와 함께 임의 부가적 사항 또는 선택적 사항이 기재된 경우

예2: '약', '대체로', '주로', '대부분' 등과 같이 비교의 기준이 불명확한 용어가 사용된 경우

3) 등록

심사관에 의하여 거절이유를 찾지 못하거나, 기존의 거절이유가 출원인에 의하여 해소되면 '특허등록결정'을 하게 된다. 이때 출원인은 최초 3년에 해당하는 특허료를 납부하면서, '특허권설정등록'을 하게 된다. 이날로부터 독점배타적인 특허권이 발생하게 되고, 출원일로부터 20년이 경과하는 날에 소멸하게 된다.

3. 상표등록출원부터 등록까지

상표의 경우에도 특허권과 마찬가지로, 일정한 절차를 밟아 '상표등록결정'을 받고, '상표권설정등록'을 하여야 독점배타적인 권리가 발생한다.

1) 상표등록출원

(1) 출원인

국내에서 '상표를 사용하는 자' 또는 '사용하고자 하는 자'는 상표를 등록받을 수 있다.

(2) 출원 전 준비사항

특허에서와 마찬가지로, 특허청에 '출원인코드부여신청'을 하여 출원인 각각의 고유한 번호를 부여받아야 한다.

상표등록출원서류는 특허의 경우와 같이 서면 혹은 전자문서로 제출할 수 있다.

(3) 출원서류

상표등록출원서에는 가로, 세로 8센티미터 이내로 작성된 상표견본을 첨부하여 제출한다. 상표출원시에는 출원상표를 사용하고자 하는 상품, 즉 '지정상품'을 1개 이상 지정하여야 한다. 지정상품은 제1류로부터 제45류까지 구분되어 있으며, 제1류~제34류에는 상품이 구분되어 있고, 제35류~제45류까지에는 서비스업이 구분되어 있다. 예를 들어, 의료기계기구 등의 상품은 제10류에 속하고, 음식점, 제과점 등의 서비스업은 제43류에 속한다.[26]

지정상품은 제한 없이 자유롭게 지정할 수 있으나, 지정된 상품이 속한 상품류의 개수에 따라 수수료가 부과되고, 등록된 상표를 지정상품에 대하여 3년 이상 사용하지 않는 경우에는 불사용취소심판의 대상이 되어 상표가 취소될 수도 있으므로,[27] 상품류를 과도하게 지정하는 것은 실익이 없다. 상품과 서비스업을 동시에 지정하고자 하는 경우에는 '상표・서비스표 등록 출원'을 하고, 서비스업만을 지정하는 경우에는 '서비스표 등록 출원'을 한다.

2) 심사

상표가 등록받기 위해서는 '절차적 요건'으로서 출원의 형식을 충족하여야 하고, '실체적 요건'으로서 상표의 구성이 자타 상품의 식별력(distinctiveness)을 가져야 한다. 식별력은 자신의 상품(서비스)과 타인의 상품(서비스)의 출처를 구별하는 기능을 말한다. 상표법에는 상표등록의 실체적 요건과 관련하여 아래와 같이 규정하고 있다.

(1) 식별력이 없는 상표

① 그 상품의 보통명칭을 보통으로 사용하는 방법으로 표시한 표장만으로 된 상표(보통 명칭상표)

상품의 보통명칭에 해당하는 상표는 식별력이 없는 것으로 인정되어 등록받을 수 없다.

예 : Car(자동차)[28], Corn Chip(스낵제품), 호두과자(호두과자)

---

26) 각 '류'에 속하는 상품 및 서비스업 종류는 상표법시행규칙 별표 1 및 2에서 찾아 볼 수 있다.
27) 상표법 제73조 제1항 제3호
28) 여기서 Car(자동차)는 'Car'라는 상표를 '자동차'에 사용한다는 의미이다.

② **그 상품에 대하여 관용(慣用)하는 상표(관용상표)**

원래 상품의 보통명칭은 아니지만, 널리 그 상품을 가리키기 위한 명칭으로 널리 사용되게 된 명칭에 해당하는 상표는 등록받을 수 없다.

예 : 깡(과자), 정종(청주), Tex(직물), Xerox(복사기), Aspirin[29](의약품), 초코파이(과자)

③ **그 상품의 산지·품질·원재료·효능·용도·수량·형상(포장의 형상을 포함한다)·가격·생산방법·가공방법·사용방법 또는 시기를 보통으로 사용하는 방법으로 표시한 표장만으로 된 상표**

이와 같은 상표를 기술적(記述的, descriptive) 표장 혹은 서술적 표장이라고 하며, 등록받을 수 없다.

예 : 맛있는라면(라면), 영광굴비(굴비), 병천순대(순대), 퀵서비스(오토바이 배송서비스)

④ **현저한 지리적 명칭·그 약어 또는 지도만으로 된 상표(현저한 지리적 명칭)**

현저한 지리적 명칭은 지정상품과 관계없이 식별력이 없는 것으로 인정된다.

예 : 금강산, 뉴욕, 독일

⑤ **흔히 있는 성 또는 명칭을 보통으로 사용하는 방법으로 표시한 표장만으로 된 상표**

예 : 이, 김, 박

⑥ **간단하고 흔히 있는 표장만으로 된 상표**

예 : 123, ONE, ☆, △

⑦ **그 외 수요자가 누구의 업무에 관련된 상품을 표시하는 것인가를 식별할 수 없는 상표**

예 : 일반적인 구호(으라차차), 표어(Just Do It, Every Day Low Price, 출입금지), 인사말 (Good Morning), 유행어(쿵따리샤바라), 사람 동물 자연물의 사진

(2) 사후 식별력의 취득

원래는 식별력이 없는 상표이더라도 상표등록출원 전에 상표를 사용한 결과 수요자

29) Aspirin은 원래 아세틸살리실산(acetylsalicylic acid)을 주성분으로 한 의약품을 지칭하기 위하여 독일의 Bayer사에서 사용한 상품명칭인데, 이러한 성분을 포함한 의약품을 지칭하는 명칭으로 널리 사용되어 식별력이 소멸된 대표적인 상표명 중의 하나이다.

간에 그 상표가 누구의 업무에 관련된 상품을 표시하는 것인가 현저하게 인식되어 식별력을 취득한 것으로 인정되는 경우에는 그 상표를 사용한 상품을 지정상품으로 하여 상표등록을 받을 수 있다.

예를 들어, 라면에 사용되는 '맛있는라면'이라는 상표는 라면이 맛있다라는 것을 나타내는 서술적 표장에 해당되어 식별력이 인정되지 아니하여 상표등록이 될 수 없다.[30] 그러나 사용에 의하여 수요자들이 '맛있는라면' 상표가 붙은 라면의 출처를 인식하게 된 경우에는 사후 식별력을 취득한 것으로 인정되어 상표등록될 수 있다.

(3) 부등록사유

식별력을 갖추었다고 해서 모두 상표등록을 받을 수 있는 것은 아니고, 다음에 해당하는 상표는 비록 식별력을 갖추고 있더라도, 상표등록 받을 수 없다(상표법 제7조 제1항, 일부 생략).

① 대한민국의 국기・국장・군기・훈장・포장(褒章)・기장(記章), 외국의 국기・국장, 공업소유권보호를위한파리협약(이하 "파리협약"이라 한다) 동맹국・세계무역기구 회원국 또는 상표법조약 체약국의 훈장・포장・기장, 적십자・올림픽 또는 저명한 국제기관 등의 명칭이나 표장과 동일하거나 이와 유사한 상표, 대한민국・파리협약 동맹국・세계무역기구 회원국 또는 상표법조약 체약국・그 국가의 공공기관이 사용하는 감독용이나 증명용 인장 또는 기호와 동일 또는 유사한 상표

② 국가・인종・민족・공공단체・종교 또는 저명한 고인과의 관계를 허위로 표시하거나 이들을 비방 또는 모욕하거나 이들에 대하여 나쁜 평판을 받게 할 염려가 있는 상표

이와 관련하여, 의류를 지정상품으로 한 '인디언'이라는 상표에 대해서 특허청에서는 이 조항을 근거로 거절하였으나, 법원에서는 이 조항에 해당하지 않는 것으로 판단하여 결국 등록된 바 있고, 'JAMES DEAN'이라는 상표에 대해서, 이는 단순히 고인의 성명 그 자체를 상표로 사용한 것에 지나지 아니할 뿐 그 사람과의 관련성에 관한 아무런 표시가 없으므로 본 조항에서의 고인과의 관계를 허위로 표시한 상표에는 해당하지 않는 것으로 판단하여 등록을 인정한 바 있다.[31]

30) 이 경우 상표가 등록이 되지 아니하여 타인의 사용을 금지하지 못할 뿐으로, 특별한 사정이 없는 한 자신이 사용하는 것은 당연히 허용된다.

31) 대법원, 1997.7.11. 선고 96후2173 판결(JAMES DEAN 사건).

③ 국가 · 공공단체 또는 이들의 기관과 공익법인의 영리를 목적으로 하지 아니하는 업무 또는 영리를 목적으로 하지 아니하는 공익사업을 표시하는 표장(標章)으로서 저명한 것과 동일 또는 유사한 상표. 다만, 국가 · 공공단체 또는 이들의 기관과 공익법인 또는 공익사업체에서 자기의 표장을 상표등록출원한 때에는 그러하지 아니하다.

④ 공공의 질서 또는 선량한 풍속을 문란하게 할 염려가 있는 상표.

⑤ 정부가 개최하거나 정부의 승인을 얻어 개최하는 박람회 또는 외국정부가 개최하거나 외국정부의 승인을 얻어 개최하는 박람회의 상패 · 상장 또는 포장과 동일 또는 유사한 표장이 있는 상표. 다만, 그 상패 · 상장 또는 포장을 받은 자가 당해 박람회에서 수상한 상품에 관하여 상표의 일부로서 그 표장을 사용할 때에는 그러하지 아니하다.

⑥ 저명한 타인의 성명 · 명칭 또는 상호 · 초상 · 서명 · 인장 · 아호 · 예명 · 필명 또는 이들의 약칭을 포함하는 상표. 다만, 그 타인의 승낙을 얻은 경우에는 그러하지 아니하다.

⑦ 선출원에 의한 타인의 등록상표와 동일 또는 유사한 상표로서 그 등록상표의 지정상품과 동일 또는 유사한 상품에 사용하는 상표.

⑧ 상표권이 소멸한 날(상표등록을 무효로 한다는 심결이 있은 경우에는 심결확정일을 말한다)부터 1년을 경과하지 아니한 타인의 등록상표와 동일 또는 유사한 상표로서 그 지정상품과 동일 또는 유사한 상품에 사용하는 상표.

이는 상표가 소멸한 이후에 곧바로 등록을 허용하면 소멸한 상표의 기억 신용 등에 의하여 출처의 오인 · 혼동이 발생하는 것을 방지하기 위한 것이다.

⑨ 타인의 상품을 표시하는 것이라고 수요자 간에 '현저하게 인식'되어 있는 상표와 동일 또는 유사한 상표로서 그 타인의 상품과 동일 또는 유사한 상품에 사용하는 상표.

우리나라에서는 기존의 상표라 하더라도 등록되어 있지 않으면, 동일한 지정상품에 관하여 동일한 상표를 출원하여 등록받을 수 있으나,[32] 이미 타인의 상표라는 것이 현저하게 인식되어 있는 경우(주지상표)에는 등록될 수 없다. 이는 선사용자의 사용사실을 보호하고, 상품의 출처혼동을 방지하기 위함이다.

⑩ 수요자 간에 현저하게 인식되어 있는 타인의 상품이나 영업과 혼동을 일으키게 할

32) 이는 상표의 사용주의에 반대되는 개념으로 등록주의라고 한다.

염려가 있는 상표

상표를 사용하고자 하는 지정상품이나 지정서비스업이 타인의 상품이나 영업과 상이하더라도 출처의 혼동이 발생할 우려가 있는 경우에는 상표의 등록을 방지하여 타인의 '저명상표'를 보호하기 위함이다.

스포츠 용품에 관한 'NIKE' 상표가 국내에 먼저 등록되어 일정기간 사용된 후 이에 대하여 이루어진 존속기간갱신등록[33]의 무효가 다투어진 사건에서, 존속기간갱신등록 시점에서는 NIKE 상표가 국내에서 저명한 상표로 인정되므로 이와 동일 유사한 상표는 비록 지정상품이 상이하더라도 출처나 영업의 오인, 혼동의 우려가 있으므로 존속기간 갱신등록이 거절되어야 하며 이에 위반하여 한 갱신등록은 무효라고 판단한 바 있다.[34]

⑪ 상품의 품질을 오인하게 하거나 수요자를 기만할 염려가 있는 상표

예를 들어, 중국에서 생산된 고추장에 '순창고추장'이라는 상표를 사용하거나 중국산 수입 굴비에 '영광굴비'라는 상표를 사용하는 경우가 이에 해당된다.

⑫ 국내 또는 외국의 수요자 간에 특정인의 상품을 표시하는 것이라고 현저하게 인식되어 있는 상표와 동일 또는 유사한 상표로서 부당한 이익을 얻으려 하거나 그 특정인에게 손해를 가하려고 하는 등 부정한 목적을 가지고 사용하는 상표

컴퓨터게임에서 유명한 'STARCRAFT'(인용상표)와 유사한 '오리온 스타크래프트' 및 'ORION STARCRAFT'(본원상표)가 건과자, 비스켓, 캔디 등을 지정상품으로 하여 등록된 사건에서, 인용상표가 본원상표 출원시에서의 프로그램 출시 개수 및 인기도 등의 여러 가지 상황으로 보아 일반 수요자 사이에 저명한 상표라고 인정한 후, 본원상표는 인용상표를 모방한 것으로 추정하고 본원상표는 인용상표의 고객흡입력에 부당 편승하여 부당한 이익을 얻거나 원고의 상표를 희석화하여 원고에게 손해를 가할 목적이 있다고 인정하여 본원상표의 등록을 무효로 한 바 있다.[35]

⑬ 상표등록을 받고자 하는 상품 또는 그 상품의 포장의 기능을 확보하는 데 불가결한 입체적 형상만으로 되거나 색채 또는 색채의 조합만으로 된 상표

---

33) 최초의 상표권설정등록에 의하여 상표권이 10년간 확보되나 존속기간갱신등록에 의하여 10년씩 갱신할 수 있으므로 결국 반영구적으로 사용이 가능하다.

34) 대법원, 1989.6.27. 선고 88후219 판결(NIKE 사건).

35) 대법원, 2005.6.9. 선고 2003후649 판결.

상표권의 부여는 식별력을 갖는 상표를 보호하는 것에 그 취지가 있으므로, 상표의 독점으로 인하여 기능을 부수적으로 독점하는 것은 부당하고, 기능의 보호는 특허, 실용신안, 디자인 등의 기타 산업재산권으로 보호하는 것이 바람직하기 때문에 이와 같은 상표는 등록될 수 없도록 한 것이다.

⑭ 세계무역기구 회원국 내의 포도주 및 증류주의 산지에 관한 지리적 표시로서 구성되거나 동 표시를 포함하는 상표로서 포도주·증류주 또는 이와 유사한 상품에 사용하고자 하는 상표

(4) 선출원

동일 또는 유사한 상품에 사용할 동일 또는 유사한 상표에 관하여 다른 날에 둘 이상의 상표등록출원이 있는 때에는 먼저 출원한 자만이 그 상표에 관하여 상표등록을 받을 수 있다. 만일, 동일 또는 유사한 상품에 사용할 동일 또는 유사한 상표에 관하여 같은 날에 둘 이상의 상표등록출원이 있는 때에는 출원인의 협의에 의하여 정하여진 하나의 출원인만이 그 상표에 관하여 상표등록을 받을 수 있다. 협의가 성립하지 아니하거나 협의를 할 수 없는 때에는 특허청장이 행하는 '추첨'에 의하여 결정된 하나의 출원인만이 상표등록을 받을 수 있다.[36]

3) 출원공고

심사하여 거절이유가 없거나, 거절이유가 해소되면 출원공고를 하여 일반 공중심사에 붙인다. 출원공고일로부터 2개월 이내에는 상표등록이 되어서는 아니된다는 취지의 주장(이의신청)을 누구나 할 수 있고 이 경우 재심사하여 타당한 경우에는 거절결정을 한다.

4) 등록

출원공고 후 이의신청이 없거나 있더라도 거절이유가 없는 경우에는 심사관은 등록결정을 하게 되고, 출원인은 '상표권설정등록'을 함으로써 상표권의 효력이 발생한다. 상표권의 존속기간은 상표권설정등록일로부터 10년간이나, 존속기간갱신등록신청에 의하여 10년씩 그 기간을 갱신할 수 있으므로, 반영구적으로 효력을 가질 수 있다.

---

36) 이와 달리 특허에서는 협의가 성립하지 아니하거나 할 수 없는 경우에는 어느 누구도 특허될 수 없다.

4. 사례 해설

〈사례 1〉의 경우, 액정표시소자에 관한 기술인 경우, 국내외 다수의 업체가 경쟁적으로 기술개발을 하고 있고, 액정표시소자에 관한 기술은 자연법칙을 이용한 기술적 사상에 해당되어 특허의 대상이 되므로 특허로서 보호받는 편이 대체로 유리할 것이다. 하지만, 액정표시소자에 관한 제조공정에 관한 특수한 기술로서, 경쟁업체가 완성품으로부터 용이하게 그 기술을 추출하기 곤란하고 경쟁업체가 조만간 동일한 기술을 개발할 것으로 예상되지 아니한 경우에는 실제 일본의 S업체의 경우에서와 같이 영업비밀로서 유지하는 것도 좋은 방안이 될 것이다. 영업비밀로서 보호받고자 하는 경우에는 특허에서와는 달리 특별히 규정된 출원, 심사, 등록 등의 절차는 없으나, 지속적으로 비밀을 유지할 필요가 있다.

〈사례 2〉의 경우, 갑돌이는 우선 특허청에 출원인코드부여신청을 하여 고유한 출원인코드를 부여받아야 하고, 인터넷을 통한 전자문서로 출원하고자 하는 경우에는 전자문서이용신고를 하여야 한다. 그 후에 특허명세서를 작성하고 출원한 후 수수료를 납부하면 된다. 상표출원의 경우에도 출원인코드부여신청과 전자문서이용신고는 동일하고, 상표출원서를 작성하여 출원한 후 수수료를 납부하면 된다. 상표출원의 경우에는 워드프로세서 등을 이용하여 상표견본을 작성한 후 자신이 상표를 사용할 상품 혹은 서비스의 종류만 지정하면 되어 서류의 작성이 간단하므로 대리인을 통하지 않고도 출원이 가능하나, 특허의 경우에는 서류의 작성 특히 도면 및 특허청구범위의 작성에는 전문가의 도움이 필요하므로 대리인을 통하는 것이 현실적이다.

〈사례 3〉의 경우, 미백은 아름답고 하얗다는 의미로 일반 수요자들이 인식할 것으로, 치아를 표백하는 기능을 가진 치약에 사용되는 경우에는 미백치약이라는 상표가 치아를 하얗고 아름답게 만드는 치약으로 인식하여 그 치약의 품질, 효능의 표시를 나타내는 서술적 용어에 해당하므로 식별력이 없는 상표로 인정되어 상표등록을 받을 수 없다. 물론, 등록이 되지 않더라도, 상표로서 사용하는 데에는 제한이 없다.

Ⅲ 지적재산권 분쟁

1 갑돌이는 휴대폰을 제조하는 방법에 대한 특허권을 보유하고 있다. 갑돌이의 특허방법을 이용하여 제3자가 휴대폰을 제조하는 행위는 특허침해가 될 것이다. 그런데 상기방법으로 제조된 휴대폰을 사용하는 행위는 상기 제조방법의 특허를 침해하는가?

2 갑돌이는 레이저프린터에 관한 특허를 보유하고 있다. 그런데 을순이는 레이저프린터의 중요 부품에 해당하는 토너카트리지를 생산하여 판매하고 있다. 을순이의 행위는 레이저프린터에 관한 갑돌이의 특허를 침해하는가?

3 만일 갑돌이가 휴대폰에 대한 특허권을 보유하고 있고, 자신이 특허받은 휴대폰을 갑돌이가 제조하더라도 타인의 특허권을 침해하는 경우가 있을 수 있는가?

4 갑돌이가 휴대폰을 제조하는 중에, 누군가에 의하여 자신의 특허권을 침해하고 있으니 실시를 중지하라는 경고장을 받았다. 갑돌이는 어떻게 하여야 하는가?

5 갑돌이는 가방에 대하여 '언제나'라는 상표에 대한 권리자이다. 을순이가 시계에 대하여 '언제나'라는 상표를 사용하고 있다. 을순이의 행위는 상표권 침해를 구성하는가?

6 갑돌이는 음악 CD를 구입하여 이로부터 디지털 음원을 추출하여 이를 컴퓨터에 저장하고 다수의 접속자가 인터넷을 통하여 그 음악을 들을 수 있도록 하는 서비스를 제공하였다. 을순이는 인터넷을 통하여 그 음악을 청취하고, 나중에 다시 듣기 위하여 자신의 컴퓨터에 저장하였다. 갑돌이와 을순이의 행위와 저작권 침해 여부는?

1. 특허권 침해

1) 침해의 정의

특허권자는 '업으로써' 그 특허발명을 '실시'할 권리를 독점하므로(특허법 제94조) 타인이 정당한 권원 없이 특허발명을 '실시'하는 경우에는 특허권의 침해가 된다. 여기서 '업'은 사업을 의미한다. 따라서 개인적·가정적 실시는 특허권의 침해가 되지 않는다.

실시는 발명의 종류에 따라 다음과 같이 정의되어 있다(특허법 제2조).

(가) 물건의 발명인 경우, 그 물건을 생산·사용·양도[37]·대여 또는 수입하거나 그

물건의 양도 또는 대여의 청약(양도 또는 대여를 위한 전시 포함)을 하는 행위

(나) 방법의 발명인 경우, 특허된 방법을 사용하는 행위

(다) 물건을 생산하는 방법의 발명인 경우,

① 특허된 방법을 사용하는 행위

② 특허된 방법에 의하여 생산한 물건을 사용・양도・대여 또는 수입하거나 그 물건의 양도 또는 대여의 청약을 하는 행위

특허된 발명을 실시하고자 하는 자는 특허권자와 계약에 의하여 통상실시권을 허여받거나, 전용실시권을 허여받아야 한다. 통상실시권이 허여된 경우에는 등록을 요하지 않으나, 전용실시권은 등록이 효력발생요건이므로 전용실시권설정등록을 하여야 한다.

2) 간접침해

특허권 침해의 다른 유형으로 엄격한 의미의 침해는 아니지만, 특허권 침해로 보는 경우가 있다. 이를 간접침해라고 하며 다음과 같은 유형이 있다.

(가) 물건의 발명인 경우, '그 물건의 생산에만 사용하는 물건'을 업으로써 생산・양도・대여 또는 수입하거나 그 물건의 양도 또는 대여의 청약(양도 또는 대여를 위한 전시를 포함)을 하는 행위[38)]

(나) 방법의 발명인 경우, '그 방법의 실시에만 사용하는 물건'을 업으로써 생산・양도・대여 또는 수입하거나 그 물건의 양도 또는 대여의 청약(양도 또는 대여를 위한 전시를 포함)을 하는 행위

3) 침해의 판단기준

특허발명의 보호범위는 특허청구범위에 기재된 사항에 의하여 정하여진다. 따라서 침해의 여부는 다툼의 대상이 되는 물건 또는 방법 즉, '확인대상발명[39)]'과 특허청구범위를 비교하여 확인대상발명이 특허청구범위에 기재된 청구항과 일치하는 지의 여부를 판단하

---

37) 양도는 의사에 의한 소유권의 이전으로, 대표적인 것으로 유상인(대가 있는) 매매와 무상인(대가 없는) 증여가 있다.

38) 여기에서 '사용'이 제외된 것은 이 경우에는 결국 직접침해가 되기 때문이다.

39) 특허분쟁시, 분쟁의 대상이 되는 물건 또는 방법 즉 계쟁물을 실무에서 종전에는 (가)호발명이라고 하였으나 현재는 확인대상발명이라고 한다.

는 것으로 귀착된다. 이 경우 원칙적으로, 청구항에 기재된 모든 구성요소가 확인대상발명에 포함되어 있어야 한다. 다만, 청구범위에 기재된 기술사상과 확인대상발명의 구성이 완전히 일치하지는 않지만, 일정한 범위에 속하는 경우, 즉 '균등한 경우'에까지 특허발명의 보호범위가 확대되는 경우도 있다. 이를 균등론(doctrine of equivalents)이라 한다.

4) 추정규정

(1) 과실의 추정

고의 또는 과실의 위법행위에 의하여 발생한 손해에 대한 손해배상을 청구하는 경우, 청구인은 상대방의 위법행위에 대하여 고의 또는 과실이 있음을 증명할 입증책임을 지는 것이 원칙이다. 그러나 특허권을 침해한 경우에는 특별규정을 두어, 그 침해자의 행위에 대하여 과실이 있는 것으로 추정한다.

(2) 생산방법의 추정

물건을 생산하는 방법에 관한 특허를 보유한 자는 그 생산방법은 물론이고, 그 방법으로 제조된 물건에 대해서도 특허권을 주장할 수 있다. 그러나 물건은 동일하더라도 생산방법이 다른 물건에 대해서는 특허권을 주장할 수 없다. 따라서 물건을 생산하는 방법에 관한 특허를 보유한 자가 특허침해를 주장하기 위해서는 특정물건이 자신의 특허방법으로 생산되었다는 것을 입증하여야 한다.

하지만, 현실에서 어떤 물건의 생산방법을 주장·입증하는 것은 대체로 용이하지 않다. 이러한 입증책임을 완화시켜주기 위하여 특허법에서는 특별규정을 두어(특허법 제129조), 특허출원 전에 공지되었거나 공연히 실시된 물건이 아닌 신규한 물건을 생산하는 방법에 관하여 특허가 된 경우, 특허된 생산방법에 관한 물건과 동일한 물건은 특허된 생산방법에 의하여 생산된 것으로 추정한다.

2. 이용관계와 저촉관계

특허권은 특허발명을 독점적으로 실시할 수 있는 독점권의 성질뿐만 아니라, 타인이 특허발명을 실시하는 것을 금지할 수 있는 배타권의 특성을 지니고 있다. 따라서 어떠한 발명에 대하여 특허권을 획득하였더라도, 이것이 타인의 특허권의 범위에 포함된다면 타인이 가지는 특허권의 배타적 성질에 의하여 특허된 발명을 실시할 수 없게 된다. 이러한 예로는 이용관계와 저촉관계의 2가지가 있다.

1) 이용관계

타인의 발명에 포함된 기술사상을 포함하여 다른 기술적 요소를 추가하여 구성된 발명을 타인의 발명을 이용한 발명, 즉 이용발명이라고 한다.

이용발명인 경우에도, 종래기술과 대비하여 신규성과 진보성을 인정받으면 특허될 수 있다. 다만, 이용발명의 실시는 타인의 특허를 침해하게 되므로, 정당한 실시허락을 얻은 후 실시하여야 한다.

2) 저촉관계

'특허권 또는 실용신안권'과 '디자인권'과 '상표권'은 그 보호대상을 달리하고 있으므로, 하나의 사상에 대하여 '기술적 사상의 창작'에 초점을 둔 '특허권 또는 실용신안권'과 그 사상에 의해 발생하는 '미감'에 초점을 둔 '디자인권'과 그 사상에 의해 발생하는 '식별력'에 초점을 둔 '상표권' 등이 중복하여 존재할 수 있다. 이 경우에는 각 권리자가 실시하는 경우, 타 권리를 침해하는 결과가 초래된다. 이러한 경우를 저촉관계라고 한다.

특허권과 실용신안권은 보호대상이 '기술사상의 창작'으로 동일하여 특허권과 실용신안권이 동시에 존재할 수 없으므로, 저촉관계는 발생하지 않는다.

3. 특허권 침해에 대한 구제

특허권의 침해가 있는 경우에 특허권자 또는 전용실시권자는 민사적, 형사적 방법으로 권리침해에 대한 구제를 받을 수 있다.

1) 민사적 구제

민사적 구제방법으로는 특허법에 규정된 침해금지청구권, 신용회복조치청구권 및 민법의 규정에 따라 손해배상청구권, 부당이득반환청구권을 행사할 수 있다.

(1) 침해금지청구권 등

특허권자 또는 전용실시권자는 자기의 권리를 침해한 자 또는 침해할 우려가 있는 자에 대하여 그 침해의 금지 또는 예방을 청구할 수 있다. 이러한 금지 또는 예방청구는 사건으로서의 침해를 대상으로 하고 있으므로, 손해배상청구의 경우와는 달리 침해의 고의·과실은 묻지 않는다.

침해금지 또는 예방청구시에는 그 실효성을 확보하기 위하여 다음과 같은 행위도 청구할 수 있다.

① 침해행위를 조성한 물건의 폐기
② 침해행위에 제공된 설비의 제거
③ 기타 침해의 예방에 필요한 행위

(2) 신용회복청구권

법원은 고의 또는 과실로 특허권 또는 전용실시권을 침해함으로써 특허권자 또는 전용실시권자의 업무상의 신용을 실추하게 한 자에 대하여 특허권자 또는 전용실시권자의 청구에 의하여 손해배상에 갈음하거나 손해배상과 함께 특허권자 또는 전용실시권자의 업무상의 신용회복을 위하여 필요한 조치를 명할 수 있다.

(3) 손해배상청구권

고의 또는 과실로 특허권 또는 전용실시권이 침해되어 손해가 발생한 경우, 침해자에 대하여 민법[40]에 규정된 손해배상청구권을 행사할 수 있다.

특허와 같은 무체재산권이 침해된 경우, 그 손해액을 산정하는 것이 대체적으로 곤란한 경우가 많으므로, 손해액의 입증이 곤란한 경우가 많다. 이러한 입증책임을 경감시키기 위하여 손해액의 산정에 관한 특별한 규정을 두고 있다(특허법 제128조).

① 침해자의 이익액

특허권자 또는 전용실시권자가 고의 또는 과실에 의하여 자기의 특허권 또는 전용실시권

---

40) 민법 제750조【불법행위의 내용】고의 또는 과실로 인한 위법행위로 타인에게 손해를 가한 자는 그 손해를 배상할 책임이 있다.

을 침해한 자에 대하여 그 침해에 의하여 자기가 받은 손해의 배상을 청구하는 경우 권리를 침해한 자가 그 침해행위에 의하여 이익을 받은 때에는 그 이익의 액을 특허권자 또는 전용실시권자가 받은 손해의 액으로 추정한다(동법 제128조 제2항). 즉, 침해자의 이익액을 특허권자의 손해액으로 추정한다는 것이다. 이것은 어디까지나 추정규정이므로, 특허권자의 실제 이익액이 침해자의 이익액과 다르다는 사실을 주장입증하면 위의 추정은 깨어진다.

② 실시료 상당액

특허권자 또는 전용실시권자가 고의 또는 과실에 의하여 자기의 특허권 또는 전용실시권을 침해한 자에 대하여 그 침해에 의하여 자기가 받은 손해의 배상을 청구하는 경우 그 특허발명의 실시에 대하여 통상 받을 수 있는 금액에 상당하는 액을 특허권자 또는 전용실시권자가 받은 손해의 액으로 하여 그 손해배상을 청구할 수 있다(동법 제128조 제3항).

제3항의 규정에 불구하고 손해의 액이 동항에 규정하는 금액을 초과하는 경우에는 그 초과액에 대하여도 손해배상을 청구할 수 있다. 이 경우 특허권 또는 전용실시권을 침해한 자에게 고의 또는 중대한 과실이 없는 때에는 법원은 손해배상의 액을 정함에 있어서 이를 참작할 수 있다(동법 제128조 제4항). 이 조항은 실시료 즉, 로열티 상당액을 특허권자가 입은 손해액의 하한으로 규정한 것이다.

③ 법원의 재량

법원은 특허권 또는 전용실시권의 침해에 관한 소송에 있어서 손해가 발생된 것은 인정되나 그 손해액을 입증하기 위하여 필요한 사실을 입증하는 것이 해당 사실의 성질상 극히 곤란한 경우에는 제1항 내지 제4항의 규정에 불구하고 변론 전체의 취지와 증거조사의 결과에 기초하여 상당한 손해액을 인정할 수 있다(동법 제128조 제5항).

이는 손해의 발생을 전제로 하여, 손해액을 입증하기 극히 곤란한 경우에 법원이 재량으로 손해액을 산정할 수 있음을 규정하여 원고의 입증책임을 경감시킨다.

④ 법정 산정 방법

특허권자 또는 전용실시권자는 고의 또는 과실로 인하여 자기의 특허권 또는 전용실시권을 침해한 자에 대하여 그 침해에 의하여 자기가 입은 손해의 배상을 청구하는 경우 당해 권리를 침해한 자가 그 침해행위를 하게 한 물건을 양도한 때에는 그 물건의 양도수량에 특허권자 또는 전용실시권자가 당해 침해행위가 없었다면 판매할 수 있었던 물건의 단위수량당 이익액을 곱한 금액을 특허권자 또는 전용실시권자가 입은 손해액으로 할 수 있다.

이 경우 손해액은 특허권자 또는 전용실시권자가 생산할 수 있었던 물건의 수량에서 실제 판매한 물건의 수량을 뺀 수량에 단위수량당 이익액을 곱한 금액을 한도로 한다. 다만, 특허권자 또는 전용실시권자가 침해행위 외의 사유로 판매할 수 없었던 사정이 있는 때에는 당해 침해행위 외의 사유로 판매할 수 없었던 수량에 따른 금액을 빼야 한다(동법 제128조 제1항).

이를 간단히 도시하면 다음과 같다.

Min[41] (침해자의 양도수량, (특허권자의 생산가능량 − 실제판매량))

×

특허권자의 단위이익

↓

특허권자의 손해액

(4) 부당이득반환청구권

특허권 또는 전용실시권이 침해되어 손해가 발생한 경우, 침해자에 대하여 민법[42]에 규정된 부당이득반환청구권을 행사할 수 있다.

부당이득반환청구권은 법률상 원인 없이 타인의 재산 또는 노무로 인하여 이익을 얻고 이로 인하여 타인에게 손해를 가한 자에 대하여 청구가 가능하므로, 침해의 고의·과실을 묻지 않는다. 따라서 침해의 고의·과실을 입증할 수 없는 경우에도 청구할 수 있는 실익이 있다.

2) 형사적 구제

(1) 침해죄

특허권 또는 전용실시권을 침해한 자는 7년 이하의 징역 또는 1억 원 이하의 벌금에

41) 이 식에서 Min(A, B)는 A와 B 중에서 작은 값을 취한다는 의미이다.

42) 민법 제741조 【부당이득의 내용】 법률상 원인 없이 타인의 재산 또는 노무로 인하여 이익을 얻고 이로 인하여 타인에게 손해를 가한 자는 그 이익을 반환하여야 한다.

처한다. 이 죄는 특허권자·전용실시권자 또는 법정대리인 등의 고소가 있어야 하는 친고죄이다.[43] 친고죄의 고소기간은 범인을 알게 된 날로부터 6개월이므로(형사소송법 제230조 제1항) 침해자를 안 날로부터 6개월 이내에 고소하여야 한다.

(2) 몰수 등

법원은 침해죄에 해당하는 침해행위를 조성한 물건 또는 그 침해행위로부터 생긴 물건은 몰수하거나, 피해자의 청구에 의하여 그 물건을 피해자에게 교부할 것을 선고하여야 한다. 피해자는 법원의 선고에 의하여 물건의 교부를 받은 경우에는 그 물건의 가액을 초과하는 손해의 액에 한하여 배상을 청구할 수 있다.

4. 특허권 침해에 대한 대응

특허권자로부터 특허권 침해라는 권리의 대항을 받은 경우에는 다음과 같은 대응을 할 수 있다.

1) 적극적 대응방법

특허권 침해를 주장하는 상대방의 주장이 유력하지 않을 경우 다음과 같은 대응을 할 수 있다.

(1) 권리범위확인심판의 청구

실시품 즉, 확인대상발명이 특허권자의 특허청구범위에 의하여 보호되는 범위에 속하지 않는다는 주장을 하면서, 소극적 권리범위확인심판을 특허심판원에 청구한다.

(2) 특허무효심판의 청구

특허에 신규성, 진보성 결여 혹은 명세서의 기재불비 등의 하자가 있음을 주장하면서, 특허무효심판을 특허심판원에 청구한다.

---

43) 특허법 제225조【침해죄】 ① 특허권 또는 전용실시권을 침해한 자는 7년 이하의 징역 또는 1억 원 이하의 벌금에 처한다. <개정 1997.4.10, 2001.2.3>
② 제1항의 죄는 고소가 있어야 논한다.

2) 소극적 대응방법

특허권 침해를 주장하는 상대방의 주장이 유효하다는 것을 전제로, 다음과 같은 행위를 할 수 있다.

(1) 실시권 설정계약

특허권자와 통상실시권 혹은 전용실시권의 계약을 체결한다.

(2) 특허권의 매입

특허권을 적당한 금액을 지불하고 매입한다.

5. 상표권 침해

1) 침해의 정의

상표권자는 '등록상표'를 '지정상품'에 관하여 사용할 권리를 독점한다.[44] 따라서 정당한 권원 없이 타인의 '등록상표'를 타인의 등록상표와 '동일한 지정상품'에 사용하는 것은 상표권의 침해가 된다. 여기서, 상표의 '사용'이라 함은 다음의 3가지를 의미한다.[45]

① 상품 등에 사용하는 행위
② 상표가 붙은 상품을 유통시키는 행위
③ 상표를 광고적으로 사용하는 행위

2) 침해로 보는 경우

상표권의 경우에도, 특허에서와 마찬가지로 엄격한 의미의 침해뿐만 아니라, 다음과 같이 일정한 경우를 침해와 동일하게 취급하여 상표권자의 권리를 확대하여 보호하고 있다.[46]

① 타인의 등록상표와 '동일'한 상표를, 지정상품과 '유사'한 상품에 사용

44) 상표법 제50조.
45) 상표법 §2-①-6.
46) 상표법 제66조【침해로 보는 행위】.

② 타인의 등록상표와 '유사'한 상표를, 지정상품과 '동일·유사'한 상품에 사용

이를 정리하면 다음과 같다.

동일유사 여부	상표	동일		유사	
	상품	동일	유사	동일	유사
침해의 유형		침해	침해간주	침해간주	침해간주

그 외에도 다음과 같은 '침해의 예비행위'도 침해로 간주한다.

① 침해행위를 하기 위한 목적으로 '상표'를 교부·판매·위조·모조 또는 소지하는 행위

② 상표가 부착된 상품을 양도·인도하기 위하여 '소지'하는 행위

6. 저작권 침해

1) 저작권의 침해

저작권자는 공표권, 성명표시권, 동일성유지권의 저작인격권과 복제권, 공연권, 공중송신권, 전시권, 배포권, 대여권, 2차적 저작물작성권의 저작재산권을 가지므로[47], 타인의 저작물을 정당한 이유 없이 복제 등의 행위를 하면 저작권을 침해하게 된다.

저작권은 저작자의 창작성을 보호하는 취지의 규정이므로, 타인이 우연하게 동일한 저작물을 창작하는 경우에는 원저작자의 권리가 미치지 않는다. 즉, 저작권 침해에서는 특허권 침해와 달리 침해자가 '타인의 저작물에 의거하여' 이를 이용하였을 것을 요건 중의 하나로 하고 있다.[48] 따라서 그 확률이 비록 높진 않지만 우연히 동일한 저작물이

47) 특허권 등의 타 지적재산권에서는 권리자가 권리를 '독점한다'는 표현을 사용하여 타인의 실시행위가 권리침해가 되는 점이 명확한 반면에, 저작권법에는 저작권자가 권리를 단순히 '가진다'라고만 되어 있어 타인이 권리자가 누리는 권리의 내용과 동일한 행위를 하였을 때 저작권자의 권리침해를 야기한다는 점이 명확하지 않게 되어 있다.

48) 실제로 타 저작물에 '의거하여' 자신의 저작물을 작성하였는지의 여부를 직접적으로 증명할 수 있는 경우가 많지 않을 것이므로, 이를 위한 간접적인 입증방법으로 미국에서는 저작물에 대한 접근(access)의 가능성과 저작물 사이의 유사성(similarity)을 들고 있다. 두 저작물 사이의 유사성이 우연한 일치로서는 설명될 수 없는 현저한 유사성(striking similarity, 예를 들어 동일한 위치에 동일한 오타가 존재한

창작된 경우에는 저작권 침해가 성립하지 않는다.[49]

이러한 점은 타인이 우연하게 완성한 동일한 발명에 대해서도 특허권을 주장하여 독점적인 권리를 향유할 수 있는 특허권과는 매우 상이한 점이다

2) 권리의 다발로서의 저작권

특허권이 특허발명을 '실시'할 수 있는 하나의 권리로 구성되는 점과 달리, 저작권은 공표권, 성명표시권, 동일성유지권, 복제권, 공연권, 공중송신권, 전시권, 배포권, 대여권, 2차적 저작물작성권 등으로 다양한 권리의 집합으로 구성되는 점이 특징이다.

예를 들어, 가요의 음원을 복제하여 노래방기기를 제작하고(가요의 복제), 이 노래방기기를 노래방에서 일반대중을 상대로 작동하기(가요의 공연) 위해서는, 저작권자로부터 가요에 대한 복제권 및 공연권에 대하여 모두 정당한 사용권을 확보하여야 한다. 만일, 가요 음원에 대한 복제권은 확보하였더라도 가요에 대한 공연권을 확보하지 않은 상태에서 노래방기기를 일반대중을 상대로 작동하면 저작권 침해가 된다.[50]

3) 저작재산권의 제한

저작권 있는 저작물을 저작권자의 허락 없이 사용하면 원칙적으로 저작권 침해가 될 것이나, 일정한 경우에는 저작재산권을 제한하여 저작물을 자유롭게 이용할 수 있는 경우가 있다. 이를 미국에서는 공정이용(fair use)이라고 한다. 우리나라에서 저작재산권의 행사가 제한되는 경우 중 일부를 들면 다음과 같다.

① 재판절차 등에서의 복제(저작권법 제23조)

② 학교교육목적 등에의 이용(동법 제25조)

고등학교 및 이에 준하는 학교 이하의 학교의 교육목적상 필요한 교과용 도서에는 공표된 저작물을 게재할 수 있다.

③ 시사보도를 위한 이용(동법 제26조)

다든지 하는 것)이 있는 경우에는 접근 가능성에 대한 입증이 필요 없다.

49) 흔하지 않은 이러한 예로는, 송영식 · 이상정, 저작권법 개설, 세창출판사, 2003, 120면 참조.

50) 대판, 2001. 9. 28, 2001도4100.

④ 공표된 저작물의 인용(동법 제28조)

공표된 저작물은 보도, 비평, 교육, 연구 등을 위하여 정당한 범위 안에서 공정한 관행에 합치되게 이를 인용할 수 있다. 예를 들어, 연구 논문, 보고서 등에서 타인의 저작물을 인용하고 그 출처를 밝히는 경우에 해당한다.

⑤ 영리를 목적으로 하지 않는 공연, 방송(동법 제29조)

⑥ 사적이용을 위한 복제(동법 제30조)

공표된 저작물을 영리를 목적으로 하지 않고 개인적으로 이용하거나 가정 및 이에 준하는 한정된 범위 안에서 이용하는 경우에는 복제할 수 있다.

예를 들어, 음악 CD를 구입한 후 음원파일을 추출하여 압축하고 이를 MP3 플레이어 내에 저장하여 개인적으로 청취하는 경우, 음원파일의 추출, 압축, 저장 행위는 저작인접권의 대상인 음반의 복제에 해당하여 저작인접권을 침해하지만, 영리를 목적으로 하지 않고 개인적으로 이용하는 경우에 해당하므로 이와 같은 행위는 사적이용을 위한 복제에 해당하여 허용된다.

7. 사례 해설

<사례 1>의 경우, 물건을 생산하는 방법에 관한 특허의 경우, 특허된 방법을 사용하는 행위뿐만 아니라, 그 방법에 의하여 생산한 물건을 사용·양도·대여 또는 수입하거나 그 물건의 양도 또는 대여의 청약을 하는 행위까지 특허 침해를 구성하므로, 제3자의 휴대폰 제조행위와, 제조된 휴대폰을 사용하는 행위 모두 특허침해를 구성한다.

<사례 2>의 경우, 갑돌이는 레이저프린터에 관하여 특허를 보유하고 있고, 을순이는 그 부품에 해당하는 토너카트리지를 생산하는 경우, 토너카트리지 자체는 레이저프린터와는 그 구성이 동일하지 않으므로 특허권의 직접침해를 구성하지는 않는다. 그러나 토너카트리지가 특허제품인 레이저프린터를 생산하는 데에만 사용되고 다른 용도가 없는 경우에는 특허권에 대한 간접침해를 구성하게 되어, 특허권침해금지청구 및 손해배상청구 등의 대상이 된다.

<사례 3>의 경우, 비록 갑돌이가 자신의 특허를 실시하더라도 타인의 권리와 이용 또는 저촉관계에 있을 수 있다. 즉, 타인의 발명 또는 실용신안과 이용관계에 있는 경우에는 타인

특허권 또는 실용신안권의 침해가 될 수 있고, 타인의 디자인, 상표와 저촉관계에 있는 경우에는 타인의 디자인권, 상표권을 침해할 수 있다.

〈사례 4〉의 경우, 본문의 내용을 참조하여 적극적 대응으로 권리범위확인심판이나 특허무효심판을 청구할 수 있고, 소극적 대응으로 실시권 설정계약이나, 특허권의 매입 등의 행위를 할 수 있다.

〈사례 5〉의 경우, 상표는 동일하다고 인정되나, 그 상표가 사용되는 상품이 가방과 시계는 동일 혹은 유사하다고 인정되지 아니할 것이므로, 상표권 침해를 구성하지 않는다.

〈사례 6〉의 경우, 음반제작자는 저작인접권자로 음반에 대한 복제권, 배포권, 대여권, 전송권을 가진다. 갑돌이가 구입한 음악 CD로부터 음원을 추출하여 이를 컴퓨터에 저장하는 행위는 음반의 복제에 해당하고, 음원을 인터넷을 통하여 대중이 접속하여 이용하게 하는 것은 전송에 해당하므로, 갑돌이의 행위는 음반제작자의 복제권 및 전송권 침해가 된다.

을순이가 인터넷을 통하여 음악을 청취하는 것과 전송권 침해 여부를 검토하면, 전송권에서는 저작물을 공중이 이용하도록 '제공'하는 행위, 즉 송신만이 문제될 뿐이므로 을순이의 행위는 음반제작자의 전송권 침해를 구성하지는 않는다. 그러나 이와 같이 인터넷에 접속된 컴퓨터를 통하여 음악을 청취하는 경우에 만일 전송된 음악 파일이 하드디스크에 저장이 되어 영속성이 인정되는 경우에는 복제로 볼 수 있게 되므로[51] 을순이의 행위는 음반제작자의 복제권 침해에 해당한다. 만일 이 경우에 단순히 RAM에만 일시적으로 저장이 된다면 영속성이 인정되지 않아 복제로 인정되지 않아 복제권 침해로 되지 않을 것이다.

한편, 을순이가 전송된 음악을 자신의 컴퓨터에 저장하는 행위도 음반의 복제에 해당하므로 음반제작자의 복제권 침해가 된다. 다만, 을순이의 행위가 비영리이며 가정 내에서와 같이 한정된 장소에서 이루어진 경우라면 저작권법 제30조 소정의 사적이용을 위한 복제에 해당하여 허용될 수 있다.

---

51) 서울중앙지법 2006.2.15. 선고 2005노480 판결(벅스뮤직 사건).

제 14 장

국 제 법

Ⅰ. 국제법 총론

Ⅱ. 국제법 각론

I 국제법 총론

1. 국제법 일반

1) 국제법과 국제사회

사회가 있는 곳에는 법이 있다는 말이 있으니 이는 모든 사회에는 그 구성원들 간의 관계를 규율하는 사회규범으로 법이 있음을 의미한다고 하겠다. 그것은 국제사회의 경우에도 마찬가지이어서 국가들로 구성된 국제사회에도 법은 존재하는 바, 그 법을 우리는 국제법(international law)이라고 한다.

그러면 국제사회는 어떻게 구성되어 있는가? 과거 국제사회의 정당한 행위자는 국가뿐이었다. 그러나 이러한 국가중심의 국제사회는 최근 크게 변하였으니, 국가 간의 관계만을 대상으로 삼아 온 국제법도 함께 변하게 되었다. 국가에 이어 국제사회에 주체로 등장한 것은 국제기구이다. 두 차례의 세계대전을 거치면서 등장한 국제연맹과 국제연합의 활동을 주목할 필요가 있다. 오늘날에는 개인의 국제법상 지위도 강화되어 국제법이 부여하는 권리를 향유하고 의무를 부담하게 되었다. 그 외에 다국적기업과 비정부간기구(NGO)의 활동도 활발하지만, 이들은 아직은 국제법의 주체로 인정받지 못하고 있다.

국제사회의 이러한 변화를 고려할 때, 국제법이란 주권국가와 국제기구, 개인, 다국적기업, 비정부간기구 등 국제사회를 구성하는 행위자들 간의 관계를 규율하는 규범이라 정의할 수 있다.

2) 국제법의 법원

국제법의 법원에 대한 가장 권위 있는 규정은 국제사법법원(ICJ) 규정 제38조라고 한다. 국제사법법원 규정 제38조는 국제조약과 관습법, 법일반원칙을 주요 법원으로 삼았으며, 선례와 학자들의 학설을 법규칙 결정을 위한 보조수단이라고 하였다. 또한 분쟁당사자들이 합의하는 경우에는 형평과 선에 따른 재판도 가능하다고 하였다.

국제법에서 중요한 법원은 조약과 관습법이다. 그 중에서도 국가 간의 명시적인 합의인

조약은 가장 중요한 법원이며, 특히 국제경제법과 국제환경법에서는 절대적으로 중요하다.

3) 국제법과 국내법의 관계

국제법과 국내법을 명확하게 구분한다는 것은 결코 쉽지 않다. 그러나 국제법과 국내법은 여러 가지 면에서 상이할 뿐 아니라 양자의 충돌시 해결방법을 찾아야 하므로 그간 많은 연구가 이루어졌다.

국제법과 국내법의 관계에 대해서는 크게 이원론과 일원론의 두 가지 학설이 대립하고 있다. 국제법과 국내법의 관계와 관련하여 2원론을 세운 학자는 트리펠(Triepel)과 안지로티(Anzilotti)이다. 이들은 국제법과 국내법은 여러 가지 점에서 다르며 적용영역도 다르기 때문에 양 규범의 충돌은 염려할 필요가 없다고 하였다. 그러나 2원론은 국제법과 국내법 간의 분립성을 지나치게 강조하는 약점을 가지고 있다.

국제법과 국내법이 하나의 법질서에 속한다는 일원론 중에서는 국제법 우위의 일원론이 중요하다. 국제법 우위의 일원론은 국제법과 국내법은 하나의 법질서에 속하되 양 규범의 충돌시 국제법의 우월성이 인정된다는 이론으로, 오늘날 대다수 학자들의 지지를 받고 있을 뿐 아니라 국제사회의 현실에도 부합한다.

2원론과 국제법 우위의 일원론 중에서 논리적으로 타당하고 오늘날의 현실에 보다 부합하는 것은 국제법 우위의 일원론이다. 그러나 국제법의 우위는 절대적이 아니라 상대적인 것이다. 만일 국제법이 국제법에 어긋나는 국내법을 직접적으로 무효화할 수 있다면 국제법의 절대적 우위를 인정할 수 있을 것이나 국제사회의 현실은 거기까지는 미치지 못하고 있다.

2. 국제법의 주체

1) 의미

법의 주체란 법규운용의 형식상 한 단위(unit)로 법률행위를 할 수 있는 자를 의미하며, 자신이 행한 법률행위에 따른 권리와 의무를 향유 내지 부담하는 자를 의미한다. 따라서 국제법의 주체 역시 국제법상 권리와 의무를 향유 내지 부담할 수 있고 국제사회에서 일정한 법률행위를 할 수 있는 실체를 의미한다.

어떤 것을 국제법의 주체로 인정할 것인가 하는 데 대해서는 학설의 대립이 있었다. 근대 국제법의 성립 이후 상당히 오랜 기간 동안은 주권국가만이 국제법의 주체로 인정되었으나, 현재는 국제기구와 개인도 그 주체성을 인정받고 있다.

2) 국가

(1) 국가의 구성요소

국가는 가장 중요한 국제법의 주체이므로 국제법상 국가의 정의를 분명히 하는 것은 매우 중요하다. 국제법에서는 일반적으로 국가가 되려면 영토, 인구, 정부, 주권을 가지고 있어야 한다고 본다. 국제법상 국가의 성립요건으로 정부를 드는 것은 국제사회에서는 대외적으로 국가를 대표하고 영토 전체에 대해 실효적 통제를 할 수 있는 조직이 필요하기 때문이다.

(2) 국가승인

국제사회에는 초국가기구가 존재하지 아니하기 때문에 신생국은 기존의 다른 국가로부터 승인을 받아야 원활한 국제관계를 유지해 갈 수 있다. 국가승인이란 신생국이 다른 기존의 국가들로부터 하나의 국가로 인정을 받는 것을 말하는데, 많은 국가로부터 승인을 획득하게 되면 그 국가는 다른 국가와의 관계에 있어 보다 빠른 시일 내에 안정성을 누리게 될 것이다.

(3) 영토획득

국가가 영토를 취득하는 방법으로는 국가행위에 의한 것과 자연적 방법에 의한 것이 있다. 국가행위에 의한 것으로는 선점, 할양, 병합, 정복이 있으며, 자연적 방법으로는 첨부가 있다.

그 중에서 선점은 한 국가가 이제까지 어떤 국가에도 속하지 아니하였던 무주지나 다른 국가가 영유권을 포기한 지역을 자기의 영토로 취득하는 것이다. 현재 지구상에는 무주지가 없기 때문에 선점의 제도적 가치는 많이 줄어들었으나 수많은 영토분쟁 해결에 있어서 여전히 중요한 위치를 차지하고 있다.

3) 국제기구

(1) 의미

오늘날 국제기구는 국가 다음으로 중요한 국제법 주체로서 국제사회에서의 역할이 점차 커지고 있다. 국제기구들은 국가나 다른 국제기구들과 조약을 체결하기도 하고, 헌장이 규정한 범위 내에서 강제력 있는 결정을 하기 때문이다.

국제기구란 어떤 공동의 목적을 위해 주권국가 간에 이루어진 국제적 합의에 의해 설립되는 국제적인 정부간 기구(international governmental organization)로 국가들을 그 회원으로 한다.

(2) 국제연합

1차 대전 이후 체결된 베르사이유조약에 따라 창설된 국제연맹은 최초의 보편적 국제기구로, 집단안보 원칙에 따라 국가 간 분쟁을 평화적으로 해결하기 위한 제도들을 가지고 있었다. 그러나 국제연맹은 2차 대전을 막아내지 못하여 붕괴되고 말았다.

2차 대전 이후 국제연맹을 대신하여 새로운 보편적 국제기구로 등장한 것은 국제연합, 즉 유엔이다. 유엔은 국제평화와 안전의 유지를 목적으로 회원국들에게 강제력 있는 명령을 내릴 수 있는 권한을 가지고 있으나, 안전보장이사회 상임이사국들의 거부권 행사로 그 본래의 기능을 제대로 수행하지 못하였다. 그러나 유엔은 국제평화와 안전의 유지 말고도 국가 간 경제적 · 정치적 · 문화적 · 사회적 협력을 증진하기 위한 다양한 기능을 맡고 있다.

유엔은 그 주요기관으로 총회, 안전보장이사회, 경제사회이사회, 신탁통치이사회, 국제사법법원, 사무국을 두고 있다. 한편, 유엔은 경제 · 사회 · 문화 · 보건 분야의 목적을 효율적으로 달성하기 위하여 16개 전문기구와 특별협정을 체결하여 밀접한 협력관계를 유지하고 있다.

(3) 지역기구

요즈음 유럽연합(EU)의 결속강화와 북미자유무역지대(NAFTA) 창설을 계기로 지역기구들이 주목을 받고 있다.

1950년 프랑스 외상 슈망(Schuman)이 독일의 석탄과 프랑스의 철강을 결합시키자는 선언을 계기로 시작된 유럽통합의 역사는 1965년 유럽공동체(EC)의 출범, 1986년 단일유럽법 제정, 1990년 10월 독일 통일을 거치면서 발전에 발전을 거듭하여 그 영역은 확장되고 제도는 더욱 정비되었다. 1992년 2월에는 마스트리히트(Maastricht)조약이 체결되어 유럽공동체는 유럽연합으로 바뀌었으며, 경제적·사회적 통합을 더욱 강화하고 단일통화 유로를 도입하기로 합의하였다.

4) 개인

(1) 법주체성

국제법은 근대 이후 주권국가 간의 관계를 규율하는 규범으로 성립되었으며, 현재에도 주로 국가 간의 관계를 규율하고 있다. 따라서 오랫동안 개인은 국제법상 주체로 인정받지 못하였다. 그러나 20세기 들어서면서 개인에게도 일정한 범위에서 국제적 법인격을 인정하게 되었다.

오늘날 대부분의 학자들과 국제관행은 개인을 국제법의 주체로 인정하고 있다. 그러나 개인이 국제법의 주체로 인정되는 것은 제한된 범위에서이며, 개인은 국제법이 인정하는 특별한 권리와 의무의 주체가 될 수 있을 뿐이다.

(2) 외국인의 지위

오래 전에는 외국인은 적국인이나 첩자와 비슷하게 취급되었다. 교통수단의 발달로 인적교류가 빈번해지면서 외국인에 대한 시각은 개선되어 적국인 취급을 받지는 않지만 내국인에 비해 차별대우를 받는 단계를 지나, 오늘날에는 내국인과 평등한 대우를 받는 단계로 접어들었다. 더구나 2차 대전 이후 세계무역의 자유화를 주도해 온 GATT와 WTO는 최혜국대우와 함께 내국인대우를 기본원칙으로 삼고 있어 외국인 간에는 물론 내·외국인 간에도 평등한 대우의 원리가 정착되게 되었다.

내·외국인 평등대우 경향에 따라 외국인의 법적인 권리·의무가 내국인의 그것과 유사해지고 있지만, 외국인이라는 신분에서 오는 차별은 계속 존재한다. 각국의 국내법상 외국인의 권리는 전반적으로 상당히 신장되었으나 참정권을 비롯한 공법상의 권리는 제한이 불가피하며, 사법상 권리도 일부 제한받고 있는 것이다.

(3) 국제적 인권보호

한 국가가 자국 영토 내의 사람들을 어떻게 대우하는가 하는 것은 그 국가의 국내문제에 속하는 사항이므로, 인권문제란 기본적으로 영토국가의 재량에 속한다고 보는 것이 전통적인 견해였다. 그러나 계몽주의 시대 이후 개인의 기본권 보장은 국가의 존재이유인 동시에 법의 목적이 되었으며, 이러한 경향은 2차 대전 이후 국제법에도 파급되어 국제인권법은 국제법에서도 중요한 분야가 되었다.

유엔헌장은 모든 사람의 인권과 기본적 자유를 신장하는 것을 그 목적의 하나로 삼았으나, 종족과 성 · 언어 · 종교에 따른 차별 없이 모든 사람의 인권과 기본적 자유를 보편적으로 존중해야 한다는 일반적인 규정을 두었을 뿐이다. 이를 보완하기 위해 유엔총회는 1948년 비록 법적인 구속력은 없는 권고적 성격의 것이지만 보편적인 인권선언문인 세계인권선언(The Universal Declaration of Human Rights)을 채택하였다. 이어서 1966년에는 조약으로서 법적인 구속력을 가지는 국제인권규약(International Covenants on Human Rights)을 채택하였다.

3. 국가의 대외관계

1) 조약체결

(1) 조약

국가 간의 명시적인 합의인 조약은 국제법의 법원들 중에서 가장 중요한 법원이다. 최근 들어 국제경제법과 국제환경법 같은 새로운 법분야들이 등장하면서 조약은 더욱 중요해지게 되었으며, 규범의 보편적 적용을 목적으로 하는 다자조약이 급격히 증가하고 있다.

(2) 조약당사자

조약을 체결할 수 있는 국제법의 주체는 국가와 국제기구이다. 국가는 국제법상 가장 완전한 주체로 가장 완전한 조약체결능력을 가진다. 국제기구도 설립목적과 기능에 따라 제한을 받기는 하지만 국제법의 능동적 주체로서 조약을 체결할 수 있다. 반면에 개인과 다국적기업은 조약체결능력을 가지지 못한다.

(3) 조약체결절차

1969년 체결된 '조약법에 관한 비엔나협약'은 조약의 체결절차에 관해 상세한 규정들을 두었다. 과거에 조약은 일반적으로 교섭, 서명, 비준, 효력발생으로 이어지는 단계를 거쳐 체결된다고 생각되어 왔다. 그러나 오늘날 조약체결절차는 매우 다양하고 복잡해졌으니, 1969년 비엔나협약은 조약은 조약문의 교섭과 채택·인증, 조약의 구속을 받는다는 동의, 효력발생, 조약의 등록과 공고 순으로 체결된다고 하였다.

(4) 조약의 무효

조약이 체결절차에 따라 체결되었다고 해서 모든 조약이 의도한 대로 효력을 발생하는 것은 아니며, 거기에는 몇 가지 조건이 필요하다. 조약이 효력을 발생하려면 조약은 조약의 당사자가 될 자격이 있는 주체에 의해 체결되었어야 하며, 하자 없는 의사표시가 이루어졌어야 하고, 내용이 적법타당하고 이행가능해야 한다.

이러한 조약의 성립요건 또는 조약의 무효 원인 중에서 특별히 중요한 것은 의사표시의 하자 문제이다. 국제법은 강박, 강행법규 위반 등을 통하여 체결된 조약은 당연히 무효이며, 국내법 규정 위반, 착오, 사기, 부패를 통해 체결된 조약은 무효화될 수 있다고 하였으나, 그 의미를 확정하기가 곤란한 부분들이 있기 때문이다.

(5) 조약의 종료와 정지

조약의 종료 또는 소멸이란 조약이 일정한 시점 이후 효력을 완전히 상실하여 조약당사국들에게 더 이상 어떤 권리도 부여하지 않고 의무도 부담시키지 않게 되는 것이다. 반면에 조약의 정지 또는 중지란 조약은 그대로 존재하되 일정 기간 동안 효력발생을 중단하는 것이다. 당사국들이 새로운 조약을 체결하였거나 기존의 조약을 폐기하기로 합의한 경우는 물론이고, 조약에 대한 중대한 위반이 있거나, 조약의 이행이 현실적으로 불가능해진 경우 및 중대한 사정변경이 있으면 조약은 종료되거나 효력발생이 정지될 수 있다.

2) 외교관계

(1) 외교관계법

국가 간의 공식적인 대화채널인 외교관계는 아주 오래된 제도이기 때문에, 외교관계를 규율하는 국제법 규칙들 역시 수 세기에 걸친 국가관행의 결실들이다. 1961년에 체결된 '외교관계에 관한 비엔나협약'은 그러한 관행들을 성문화한 것으로 외교관계에 관한 가장 중요한 문서이다.

(2) 외교관과 사절단의 직무

1961년 외교관계에 관한 비엔나협약에 의하면 외교사절단의 장은 대사(ambassador), 공사(minister), 대리대사(Chargés d'affaire) 등 세 가지 계급으로 구성되어 있다. 또한 외교사절단은 주로 대사인 사절단의 장을 위시하여, 일반적으로 외교관이라 부르는 외교직원, 사무 및 기술직원, 노무직원으로 구성된다.

외교사절단과 그 구성원들은 접수국에서 파견국을 대표하며, 접수국 내에서 자국의 이익을 보호하고, 문제가 생기는 경우 접수국 정부와 교섭하며, 접수국의 정세와 동향을 관찰하고 보고한다. 그러나 오늘날 외교관들의 가장 중요한 임무의 하나는 경제・통상 외교이다.

(3) 외교특권과 면제

외교관과 외교사절단은 그 맡은 특수한 기능을 수행하기 위하여 접수국 내에서 특별한 대우를 받는다. 외교사절단과 외교관에게 부여되는 이러한 특권적 지위를 외교특권과 면제(diplomatic privileges and immunities)라고 하는데, 외교특권과 면제는 외교사절단 전체에게 부여되는 것과 외교관 개인에게 부여되는 것으로 나눌 수 있다.

외교사절단에게 부여되는 특권 중에는 사절단의 공관에 대한 불가침권이 있다. 외교사절단의 공관은 불가침이기 때문에 접수국의 관헌도 사절단의 장의 허가가 없이는 공관에 마음대로 들어갈 수 없으며, 접수국은 외교공관을 보호하기 위하여 모든 적절한 조치를 취할 의무를 진다. 외교공관의 불가침과 관련하여 제기되는 문제로 외교공관이 정치범을 보호할 권리가 있는가 하는 데 대해서는 학설과 관행이 일치되어 있지 않다.

외교관 개인에게 부여되는 가장 중요한 특권은 신체의 불가침권이다. 외교관은 어떤 경우에도 체포 또는 구금당하지 아니하며, 접수국은 외교관의 신체・자유・품위가 침해받지 않도록 필요한 조치를 취하여야 한다. 또한 외교관은 접수국의 재판관할권으로부터도 면제를 누린다. 특히 형사재판관할권의 면제는 절대적이어서, 외교관은 접수국 형법에 위반된 행위로 인하여 소추되거나 처벌되지 아니한다.

3) 국가의 국제책임

(1) 국제책임법

한 국가가 다른 국가의 법익을 침해하게 되면 거기에 대해 책임을 지는 것은 국제관계에서도 마찬가지이다. 그러나 국제법의 여러 분야 중에서도 국제책임법은 역사도 짧고 규범화도 미진한 분야에 속한다. 전통 주권이론에 의하면 완벽한 존재인 국가는 불법을 행할 수 없다는 생각이 지배적이었기 때문이다. 2차 대전 후인 1949년부터 유엔에서는 국제법위원회를 중심으로 국제책임법을 정비하기 위하여 노력을 기울이고 있으나, 아직은 별다른 성과를 거두지 못하고 있다.

(2) 국제책임의 성립

한 국가가 작위 또는 부작위로 국제의무를 위반하여 다른 국가에게 피해를 주게 되면 국가의 국제책임이 성립하게 된다. 조금 더 구체적으로 말하면 국가의 국제책임은 일반적으로 국제법에 대한 위반이 있고, 그러한 위반행위에 대한 책임을 국가에 귀속시킬 수 있으며, 위법성을 조각하는 사유가 없을 때 성립한다고 본다.

국제법위반이란 국제조약과 국제관습법에 대한 위반을 말하며, 일반적으로 국가공무원의 행위를 국가의 행위로 동일시 할 수 있을 때 국가책임은 발생하게 된다. 국제법에 대한 위반행위가 있었다고 하더라도 일정한 사유가 있을 때에는 그 위법성이 조각되어 국가의 책임은 사라지게 되는데, 그러한 위법성조각사유로는 상대방의 동의, 불가항력, 조난, 긴급피난 등이 있다.

(3) 국제책임의 해제

국제불법행위가 성립하고 위법성조각사유가 없으면 국제법위반으로 다른 국가에게 피해를 준 국가는 그에 따른 국제책임을 부담하게 된다. 국제불법행위 중에서 국제범죄에 속하는 행위에 대해서는 별도의 형사책임 문제가 거론될 수 있지만, 일반적인 국제불법행위의 경우에는 민사적인 방법에 의한 배상문제가 발생하게 된다.

국가가 자신의 국제책임으로부터 벗어나기 위해 사용할 수 있는 방법으로는 원상회복과 금전배상이 주로 사용되고 있다.

4. 분쟁의 평화적 해결

1) 분쟁의 평화적 해결의무

분쟁의 평화적 해결은 국내법과 국제법을 불문하고 모든 법의 가장 중요하고 현실적인 목적이다. 국제법에서 국제분쟁의 평화적 해결의무가 각국에 부과되기 시작한 것은 20세기 들어서이며, 구체적으로는 1919년 국제연맹규약과 1928년 부전조약에 이르러 확립되었다고 본다.

오늘날의 국제연합도 헌장 제2조 제3항에서 모든 회원국은 국제분쟁을 평화적 수단에 의해 해결해야 한다고 하여, 회원국들에게 분쟁의 평화적 해결의무를 부과하였다.

2) 분쟁해결방법

국제분쟁의 해결방법은 크게 두 가지로 나누어진다. 그 하나는 외교적 방법이라 불리우는 것으로, 교섭 · 중개 · 심사 · 조정이 여기에 포함된다. 다른 하나는 법적 방법으로 중재와 국제사법법원에 의한 사법적 해결이 여기에 속한다.

외교적 방법에서는 분쟁당사국들이 분쟁 자체에 대한 통제권을 계속 보유하며 그 결정이 법적구속력을 가지지 못하는 데 비해, 법적 방법에서는 제3자가 구속력 있는 결정을 내린다는 점에서 차이가 있다.

3) 외교적 해결방법

(1) 교섭

교섭은 분쟁해결 방법 중에서 가장 많이 사용될 뿐 아니라 분쟁해결시 제일 먼저 거치는 단계이다. 교섭이란 분쟁당사국들이 다른 국가나 국제기구의 도움 없이 직접 만나서 그들간의 분쟁을 해결하는 것이다.

(2) 주선과 중개

교섭을 통한 분쟁해결에 실패하는 경우에는 국가 · 국제기구 · 개인과 같은 제3자가 개입하는 분쟁해결 방법이 시도되어진다. 제3자가 개입하는 분쟁해결 방법으로는 주선과 중개가 있다.

주선이란 분쟁당사국들이 다시 교섭에 임할 수 있도록 제3자가 도와주는 것이며, 중개란 분쟁당사국들의 만남을 주선하는 데 그치지 않고 나름대로 분쟁내용을 조사하며 해결방안도 제시하기도 하는 것이다.

(3) 국제심사

심사위원회와 같은 국제적인 기관이 분쟁의 원인된 사실들을 명확히 조사하여 분쟁을 해결하는 것이다. 따라서 국제심사는 사실문제에 관한 견해차이나 오해가 분쟁의 주요 원인인 국제분쟁 해결에 매우 효과적이다.

(4) 조정

조정이란 조정위원회라 부르는 국제기관이 분쟁해결에 나서는 방법이다. 조정위원회에서는 분쟁에 관련된 사실들은 물론이고 법률문제도 함께 다루는데, 국제심사제도의 한계를 극복하기 위하여 도입된 제도라고 할 수 있다.

조정위원회가 작성하는 조정안은 판결이 아니라 제안이므로 구속력을 가지지는 못하지만, 당사국들은 일정한 기간 내에 수락 여부를 통보해야 한다.

4) 법적 해결방법

(1) 중재

중재재판이란 외교적 해결과는 달리 구속력 있는 결정을 하면서도, 사법적 해결과는 달리 재판정의 구성과 재판절차 및 준칙을 마련하는 데 있어 당사국들의 폭넓은 재량이 허용되는 분쟁해결 방법이다. 중재법원은 분쟁당사국들이 지명하는 중재관들로 구성되는데 분쟁당사국들에 의해 임시로 설치되기도 하고, 일정한 범주에 속하는 분쟁들을 다루기 위해 상설적인 조직으로 설립되기도 한다.

중재는 이처럼 분쟁해결에 분쟁당사자들의 의사가 많이 반영되므로 사법적 해결에 비하여 유연할 뿐 아니라, 절차도 비공개로 진행할 수 있어 분쟁당사국들이 선호하고 있다.

(2) 국제사법법원

중재재판과는 달리 국제사법법원(International Court of Justice; ICJ)은 상설적인 재판기관으로 적용할 법과 절차도 미리 정해져 있는 보다 제도화된 국제분쟁해결기관이다. 국제사법법원은 임기 9년인 15명의 재판관들로 구성되며, 동일한 국적의 재판관이 두 명 이상이 되어서는 안 된다. 재판관 선출은 유엔 총회와 안보리에 의하여 이루어지는데, 총회와 안보리 양쪽에서 절대다수표를 획득한 사람이 재판관이 된다.

법원에 소송을 제기할 수 있는 자격은 국가에 한정된다. 유엔의 주요기관들은 소송당사자는 될 수 없으나 법적인 문제에 관하여 권고의견을 요청할 수 있다. 개인이나 법인도 법원에 소송을 제기할 수 없다. 국제사법법원은 임의관할을 원칙으로 하기 때문에 원칙적으로 당사국들이 합의하여 법원에 부탁하는 사건에만 미친다. 이러한 합의를 특별협정(Special Agreement)이라고 한다.

국제사법법원은 판결을 포함한 모든 문제를 출석한 재판관 과반수 찬성으로 결정한다. 국제사법법원의 판결은 당사자 사이에서 당해 사건에 대해 구속력을 가지며, 최종적이므로 상소할 수 없다.

Ⅱ 국제법 각론

1. 국제해양법

1) 해양의 중요성과 해양법

해양은 지구표면의 70% 이상을 덮고 있다. 해양에는 풍부한 어족자원이 있을 뿐 아니라 석유와 같은 광물자원들이 매장되어 있으며, 최근에는 심해저의 망간단괴 개발문제가 관심을 끌고 있다. 또한 해양은 국가 간 교통로로서도 매우 중요하다.

해양의 이러한 중요성으로 인하여 해양은 수많은 국제분쟁의 원인이 되어 왔다. 해양법(the law of the sea)은 해양에 관련된 국가들의 이익과 활동을 조정하여 분쟁을 방지하고, 분쟁이 발생한 경우에는 이를 평화적으로 해결하기 위한 국제법 분야라 하겠다.

2) 해양법의 역사

근대 해양법은 그로티우스의 '해양자유론'(Mare Liberum, 1609)이 발표된 17세기경에 시작되었다고 본다. 그로티우스의 해양자유론은 본래 영국과 네덜란드가 스페인과 포르투갈의 제해권에 도전하는 데 사용되었으나, 오늘날까지 수백 년간 유지된 해양질서의 근간을 형성해 왔다.

오늘날의 해양질서는 1982년 제3차 유엔해양법회의에서 채택된 '유엔해양법협약'(United Nations Convention on the Law of the Sea)에 의해 규율되고 있다. 해양법협약은 320개 조문과 9개의 부속서로 구성되어 해양공간, 경계획정, 환경보호, 과학적 조사, 기술이전, 분쟁해결 등 거의 모든 해양문제를 다루고 있다.

해양법협약은 영해를 12해리로 확장하였고, 국제해협 통행제도를 정비하였으며, 경제수역과 심해저제도를 새로이 도입하여 해양질서를 근본적으로 바꾸어 놓았다.

3) 해양의 구분

과거에는 해양에는 영해와 공해만 있었다고 해도 과언이 아니다. 그러나 인간의 해양 사용방법이 다양해지고 해양개발능력이 향상됨에 따라, 국가의 해양관할권은 점차 확대되고 그에 따라 새로운 법제도가 등장하게 되었다. 해양은 연안국의 관할이 미치는 수역인 영해, 대륙붕, 경제수역과 국제공역인 공해, 심해저로 크게 나눌 수 있다.

4) 국가관할권이 미치는 수역

(1) 영해

영해란 영해기준선으로부터 일정한 거리까지의 수역으로 연안국의 주권이 미치는 곳이다. 영해는 영토, 영공과 함께 국가의 영토주권이 미치는 국가영역을 구성하는 것이다.

영해의 너비를 측정하기 위한 출발선을 영해기준선(baseline)이라고 한다. 영해기준선은 일반적으로 썰물시 드러나는 해안선을 연결하는 저조선(low-water line)으로 한다. 그러나 해안의 굴곡이 심하고 연안에 많은 섬들이 있는 경우에는 육지나 섬의 외측점을 직선을 기준선으로 한다. 영해의 폭에 관해서는 오랫동안 3해리가 유지되었다. 그러나 해양법협약은 영해의 너비를 12해리까지 할 수 있다고 하였다.

연안국은 영해에서 주권을 갖는다. 따라서 연안국은 영해는 물론 그 상공과 해저에서 별다른 제한이 없는 한 포괄적이고 배타적인 관할권을 행사한다. 그러나 영해에서의 연안국의 주권도 일부 제한을 받으니, 다른 국가의 선박들은 연안국에게 피해를 주지 않고 통행할 수 있는 권리를 갖는다(무해통행권).

(2) 대륙붕과 경제수역

1945년 미국은 대륙붕에 인접해 있는 국가가 대륙붕의 지하와 해저의 천연자원에 대해 관할권을 갖는다는 트루만선언을 발표하였다. 그 후 많은 국가들이 미국의 조치를 따르게 되었고, 1958년에는 대륙붕협약이 채택되어 연안국은 수심 200미터까지 또는 천연자원 개발이 가능한 곳까지의 해저와 지하에 있는 각종 자원에 대해 관할권을 행사할 수 있게 되었다. 해양법협약에 의해 오늘날 대륙붕의 범위는 더욱 확대되었으나, 경제수역의 등장으로 대륙붕의 제도적 가치는 상대적으로 줄어들게 되었다.

1982년 해양법협약은 국가관행으로 내려오던 어업수역 등 갖가지 주장들을 배타적경제수역(Exclusive Economic Zone)으로 성문화하였다. 영해기준선에서 무조건 200해리까지 연안국의 관할권을 인정해주는 이 제도의 등장으로 연안국의 해양에 대한 관할권은 더욱 확대되게 된 것이다. 경제수역에서 연안국은 해저 · 지하 · 상부수역의 자원에 대해 주권적 권한을 가지며, 인공섬이나 각종 시설을 건설하여 사용하고, 해양환경을 보호하는 데 있어 우선적인 권한을 갖는다.

5) 국제공역

(1) 공해

공해(high sea)란 영해나 경제수역과 같이 연안국의 관할권에 속하는 해양을 제외한 나머지 해양을 의미한다. 원래 해양은 대부분이 공해였으나, 영해에 이어 경제수역과 같이 연안국의 관할권이 미치는 수역들이 등장하면서 공해의 범위는 축소되었다.

일찍이 그로티우스(Grotius)는 소유를 불가능하게 하는 해양의 자연적 유동성과 해양자원의 무궁무진함, 자연법적 통상권에 근거하여 해양은 모든 사람 모든 국가에게 개방되어야 한다고 하여 공해의 자유를 주장하였다. 따라서 공해에서는 항해의 자유, 어업의 자유, 상공비행의 자유, 해저전선과 도관설치의 자유 등의 공해의 자유가 인정된다.

그렇지만 공해의 자유는 다른 국가가 누리는 공해의 자유를 방해하면 안 되므로 결코 무제한한 것이 아니다. 공해상을 항해하는 선박은 다른 선박들의 이익을 고려하여 항해의 안전과 해양환경보존에 관한 규칙들을 준수해야 하며, 공해상을 나르는 항공기도 항공규칙을 지켜야 한다. 특히 어업의 자유는 공해상 생물자원의 보호와 관련하여 최근 많은 제한을 받게 되었다.

(2) 심해저

1982년 해양법협약은 심해저란 제도를 처음으로 성문화하였다. 심해저란 어떠한 국가의 관할권에도 속하지 아니하는 수역의 해저와 지하를 의미하는데, 이곳에는 구리·닉켈·코발트·망간과 같은 상업적 이익을 갖는 광물들을 함유하고 있는 엄청난 양의 망간단괴가 있어 세인의 관심을 끌고 있다.

해양법협약은 심해저와 그 자원은 인류의 공동유산(common heritage of mankind)이라고 하였다. 따라서 심해저와 그곳의 자원은 국제공동체 전체에 귀속되었으며, 개발에 따른 이익은 인류전체 특히 개발도상국 국민들의 복지를 위해 사용되게 되었다.

2. 국제경제질서

1) 국제경제법

국제경제관계에 관한 법은 국제법의 여러 가지 분야 중에서도 가장 중요한 분야의 하나가 되었다. 이처럼 국제법에서 국제경제법이 중요해진 것은 최근들어 세계경제의 국제화가 심화되었기 때문이다.

국제경제법의 의미에 대해서는 매우 다양한 견해들이 있다. 국제경제법에는 국제적 요소와 경제적 요소를 담고 있는 모든 법적인 주제들이 포함될 수 있으나, 그러면 국제경제법에는 기본적인 국제경제질서에서부터 통화·금융·투자·무역 등 국제경제활동에 관련된 모든 국제법 및 국내법이 포함되게 되어 그 범위가 지나치게 넓어지게 된다. 따라서 그 범위를 적절히 제한해야 하는데, 국제법은 전통적으로 최소한 법률관계의 한쪽 당사자가 국가이어야 한다는 기준을 유지해 왔으므로 주로 기본적인 국제경제질서와 한 국가와 외국인 또는 외국기업 간의 경제관계를 다룬다고 하겠다. 국제경제법의 주요 주제는 국제무역 · 국제통화 · 국제투자라고 할 수 있다.

2) 국제통화제도와 IMF

화폐는 국제금융과 국제무역의 수단이기 때문에 건전한 국제경제질서 수립을 위해서는 통화의 안정이 필수적이다. 그런데 2차 대전 이전에는 각국이 자국화폐의 환율을 자유로이 변경할 수 있는 주권적 권한을 보유하고 있어 폐해가 컸었다. 따라서 1930년대 대공황과 같은 파국을 면하기 위하여 환율의 안정을 위한 장치가 필요해졌고, 그러한 요구에 부응하기 위하여 1944년 브레튼우즈회의를 통해 국제통화기금(IMF)이 설립되었다.

IMF는 국제무역의 확대와 균형성장, 고용 및 소득증대는 물론 다자간 결제제도 수립과 외환거래규제의 철폐를 목적으로 한다. 유엔 전문기구의 하나인 IMF는 모든 회원국 대표들로 구성되는 총회와 집행이사회를 가지고 있는데, 양 기관에서의 표결에는 투표가중치제도가 적용되어 각국의 투표는 분담액에 상응하는 가치를 가지도록 되어 있어 분담액이 큰 서구국가들에 의해 좌지우지되고 있다.

외환문제와 관련하여 IMF는 본래 금본위제에 입각한 환율안정과 회원국 간 통화의 강제태환을 원칙으로 삼았었다. 그러나 1978년 킹스턴협정에 따라 금본위제는 공식적으로 종식되고 변동환율제로 이행하였다.

IMF는 극심한 수지불균형을 겪고 있는 회원국에 대해서는 외환을 제공하고 정책조정을 지원하는 등 세계경제의 경찰역할을 수행하고 있다. 수지불균형으로 외환위기를 겪고 있는 국가는 여러 가지 방법으로 재원을 조달할 수 있지만, 그들이 최종적으로 기댈 수 있는 곳은 IMF이다.

3) 국제투자

전통 국제법에서 외국인 투자문제는 전적으로 영토국가의 주권에 속하는 사항이었다. 따라서 얼마전까지 국제법에서 외국인 투자문제는 외국인의 손해에 대한 국제책임이란 관점에서 다루어졌다. 그러나 세계의 경제환경이 바뀌면서 이제 국제투자문제는 국제법의 주요 관심대상으로 등장하였다.

외국인 투자의 모든 것을 규율하는 포괄적인 조약이나 문서는 아직 존재하지 않는다.

따라서 외국인 투자에 관한 국제법은 여러 종류의 규범들과 문서로 짜깁기된 상태에 있다고 말할 수 있다. 즉, 외국인 직접투자에 관한 국제법은 국제관습법과 양국간 또는 다자간에 체결된 조약들로 구성되어 있다.

국제투자제도와 관련된 주요 문제들로는 외국자본 도입에 대한 각국의 태도, 일단 도입된 외국자본에 대한 대우, 국유화 등으로 인한 투자활동 파탄시 분쟁해결 방법 등이 있다.

국제사회에서는 한 국가와 외국인 간 투자관련 분쟁의 해결을 위하여 국제투자분쟁해결센타(ICSID)를 설립하였다. 또한 우루과이라운드를 통하여 국제무역에 관한 통일된 규범이 마련하였듯이 외국인 투자분야에서도 통일된 규범을 마련하기 위하여 1995년 이후 OECD 주도로 '다자간투자협정'(Multilateral Agreement on Investment; MAI)을 체결하기 위하여 노력하고 있다.

4) 국제무역

(1) GATT와 WTO

국제적인 상거래는 오래전부터 행하여져 왔다. 따라서 국제무역에 관한 질서를 역사적으로 추적해 보면 상당히 오래전까지 소급해 올라간다. 그러나 오늘날의 국제무역질서와 유사한 형태의 제도가 뿌리를 내린 것은 2차 대전 이후이며 그 주역은 '관세 및 무역에 관한 일반협정'(GATT)이었다.

그런데 GATT는 본래 하나의 조약으로, 1947년 아바나에서 열렸던 국제회의에서 설립하기로 합의되었던 국제무역기구(ITO)가 출범도 하지 못하고 좌초되는 바람에 갑자기 국제무역의 관리자가 된 것이다. GATT는 그 사이 국제무역환경의 변화에 대응하기 위하여 여러 차례 다자간 무역협상을 가져왔으나, 그 한계를 극복하지 못하고 세계무역기구(WTO)에 그 임무를 넘겨주게 되었다.

1986년 우루과이에서 시작된 우루과이라운드는 1994년 4월 모로코의 마라케쉬에서 대단원의 막을 내렸는데, GATT체제의 한계를 극복하고 보다 효율적인 무역질서를 세우기 위하여 세계무역기구(WTO)를 설립하기로 하였다. WTO 출범을 계기로 세계경제는 비로소 하나의 규범과 하나의 기구로 통일되어 한지붕 경제권을 형성하게 되었으며, 산업과 무역의 명실상부한 세계화와 국경 없는 무한경쟁시대가 개막되었다.

(2) 세계무역기구의 기본원칙

GATT와 WTO는 '차별 없는 무역의 원칙'과 '수량제한금지의 원칙'을 기본원칙으로 삼고 있다. 차별 없는 무역의 원칙은 다시 '최혜국대우의 원칙'과 '내국인대우의 원칙'으로 나눌 수 있다. 최혜국대우란 모든 국가는 자국영역 내에서 외국인이나 외국제품 간에 차별을 하면 안 된다는 것이며, 내국인대우는 국산품과 외국산품 및 내국인과 외국인 간에 차별하지 않는 것이다. 수량제한금지란 각국의 자국산업 보호는 오직 관세에 의해서만 이루어지며, 쿼타의 사용이나 수출입 허가와 같은 수량제한 조치들은 금지된다는 것이다.

(3) 관세 · 비관세장벽

최근들어 국제무역은 빠른 속도로 자유화되고 있다. 그러나 현재에도 갖가지 제한적인 조치들로 인하여 국가 간 상품이동은 제한받고 있다. 수입제한 조치들은 크게 관세장벽(tariff barrier)과 비관세장벽(non-tariff barrier)으로 나누어진다. 관세장벽에 속하는 조치로는 수입관세에 관련된 조치들이 있다. 그러나 비관세장벽에 속하는 조치들은 매우 다양하여, 수입쿼타, 수입허가절차, 안전 및 환경기준 등이 자유무역을 제한하는 장치들로 사용되고 있다. WTO협정은 각종 관세 · 비관세장벽을 철폐하기 위한 다양한 제도들을 도입하였다.

(4) 공정무역규범

오늘날의 국제무역질서는 일찍이 리카아도(Ricardo)에 의해 체계화된 비교우위론에 입각하여 자유무역이 모든 국가에게 이익이 된다는 국제공동체의 공통된 신념에 기초해 있다. 그런데 유한한 자원의 최적배분은 오직 자유무역에 의하여 달성될 수 있으며, 자유무역질서는 공정한 경쟁을 보장하는 '공정무역'이 보장되지 않는 한 공허한 구호에 그치게 될 것이다.

국제무역이 공정한 경쟁 하에 이루어지도록 보장하기 위하여 국제사회가 도입한 장치들이 몇 가지 있다. GATT와 WTO협정은 덤핑이나 보조금 지급에 따른 시장왜곡을 시정하기 위해 '반덤핑관세'(anti-dumping duties)와 '상계관세'(countervailing duties)를 부과할 수 있게 하였으며, 긴급수입제한조치의 발동도 엄격히 제한하였다.

(5) WTO 분쟁해결절차

GATT의 최대 약점 중의 하나는 분쟁해결절차의 미비이었다. 따라서 분쟁해결제도의 개혁은 우루과이라운드에서도 가장 중요한 의제의 하나가 되었으며, 그 결과 '분쟁해결 규칙과 절차에 관한 양해'가 채택되어 보다 체계화된 분쟁해결제도가 수립되었다.

WTO에서의 분쟁해결은 협의절차, 패널에 의한 조사 및 보고서 작성, 패널보고서에 대한 상소기구의 재심, 패널과 상소기구 결정의 채택, 채택된 결정의 집행의 다섯 가지 단계로 진행된다. 이 중에서 가장 중요한 절차는 패널절차이다. 3인 또는 5인의 위원으로 구성되는 패널은 분쟁사실을 조사하고 관련 법규정을 검토하여 보고서를 작성하는데, 그 보고서는 분쟁해결기구의 결정에 절대적인 영향을 미친다.

3. 국제환경보호

1) 국제환경법

현재 우리 인간의 유일한 생활터전 '지구호'는 갖가지 오염과 환경파괴로 인하여 병들어 가고 있다. 이러한 환경문제에 국제적으로 대처하기 위하여 등장한 국제환경법은 아직은 형성단계에 있다. 그러나 국제환경법은 일단 환경문제에 관련된 국제법이라 정의할 수 있을 것이다.

국제환경법은 역사는 짧지만 관심영역은 매우 다양하고 광범위하다. 국제환경법에서 다루는 주제는 국경을 넘는 오염(transboundary pollution) 문제와 전지구적 문제로 나누어 볼 수 있다. 여기에서 말하는 전지구적 환경문제란 해양오염, 대기오염, 생물다양성 파괴, 오염물질이동 등 전지구적인 대처가 필요한 문제들이다.

2) 국경을 넘는 환경오염

국경을 넘는 환경오염이란 한 국가에서 발생한 오염물질이 국경을 넘어 다른 국가에게 영향을 미치는 것이다. 국경을 넘는 환경오염과 관련하여 제기되는 국제법적인 이슈로는 환경오염방지 의무, 주의의무의 수준, 환경피해로 인한 국제책임의 범위, 분쟁해결 방법 등이다. 국경을 넘는 환경오염 문제를 다루는 데 있어서 까다로운 문제의 하나는 전통적으로 국제사회가 인정해 온 영토주권과 환경보호의무를 어떻게 조화시키는가 하는 것이다.

3) 대기오염

대기오염과 관련하여 제일 먼저 제기된 문제는 산성비에 의한 피해이었다. 산성비 문제에 대처하기 위하여 체결된 국제협약으로는 유럽과 북미지역 국가들이 체결한 '장거리월경대기오염협약(Convention on Long-Range Transboundary Air Pollution; LRTAP)이 있다.

오존층 보호도 세인의 관심을 끈 환경문제 이었다. 성층권의 오존층이 파괴되어 자외선 침투라는 끔직한 현상이 발생할 것이라는 연구결과에 따라, 국제사회에서는 오존층 보호를 위하여 노력하였다. 국제사회는 1985년 오존층 보호를 위한 비엔나협약을 체결한데 이어, 1987년에는 몬트리올의 정서를 채택하여 염화불화탄소(CFC)와 할론의 생산과 소비를 규제하게 되었다.

산업혁명 이후 누적되어 온 온실가스로 인하여 지구온난화 현상이 나타나 기상이변과 해수면 상승으로 인한 피해가 우려되고 있다. 국제사회는 이산화탄소의 배출을 규제하기 위하여 1992년 기후변화협약을 체결하였으며, 1997년에는 교토의정서를 채택하여 일부 국가들이 달성해야 할 구체적인 목표를 설정하였다.

4) 생물다양성 보호

생물다양성 보호를 위해서는 몇 가지 방법이 동원될 수 있다. 그러한 방법 중의 하나는 멸종위기에 처한 야생동식물의 공급원과 수요처 간의 연결고리를 차단하는 것이다. 1973년 워싱턴에서 체결된 '멸종위기의 야생동식물 국제거래협약(CITES)은 야생동식물을 세 가지로 분류하여 그 국제거래를 규제하기 위하여 체결된 것이다.

1992년에는 생물다양성협약(Convention on Biological Diversity)이 채택되었는데, 생물다양성의 파괴를 방지하고 생물자원의 경제적 가치를 보호하기 위한 국제사회의 기본법이 되었다. 그런데 이 협약은 생물다양성 보호를 위한 기본적인 골격을 세운 데 불과하므로 추가적인 합의를 통하여 그 내용이 보완되어야 한다.

찾 아 보 기

ㅅ

ㅇ

ㅈ

ㅊ